U0573413

| 光明社科文库 |

探究鱼尾狮

——新加坡治理体系的关键细节

李韶鉴◎著

光明日报出版社

图书在版编目（CIP）数据

探究鱼尾狮：新加坡治理体系的关键细节 ／ 李韶鉴
著 . --北京：光明日报出版社，2024.4

ISBN 978‐7‐5194‐7888‐9

Ⅰ.①探… Ⅱ.①李… Ⅲ.①国家—行政管理—研究
—新加坡 Ⅳ.①D733.93

中国国家版本馆 CIP 数据核字（2024）第 064155 号

探究鱼尾狮：新加坡治理体系的关键细节
TANJIU YUWEISHI：XINJIAPO ZHILI TIXI DE GUANJIAN XIJIE

著　　者：李韶鉴

责任编辑：章小可		责任校对：郭玫君
封面设计：中联华文		责任印制：曹　净

出版发行：光明日报出版社

地　　址：北京市西城区永安路 106 号，100050

电　　话：010-63169890（咨询），010-63131930（邮购）

传　　真：010-63131930

网　　址：http：//book. gmw. cn

E‐mail：gmrbcbs@ gmw. cn

法律顾问：北京市兰台律师事务所龚柳方律师

印　　刷：三河市华东印刷有限公司

装　　订：三河市华东印刷有限公司

本书如有破损、缺页、装订错误，请与本社联系调换，电话：010-63131930

开　　本：170mm×240mm			
字　　数：324 千字		印　　张：19	
版　　次：2024 年 4 月第 1 版		印　　次：2024 年 4 月第 1 次印刷	
书　　号：ISBN 978‐7‐5194‐7888‐9			
定　　价：98. 00 元			

序言一

新加坡这个被迫独立的蕞尔岛国，何以能在缺乏资源、没有腹地、地缘政治环境恶劣等种种极其不利的情况下，不但生存下来，还在短短数十年内从一个落后贫穷的殖民地跃升为人均 GDP 名列世界前茅的现代化国家？这种超乎常理的现象是怎么会发生的？"小红点奇迹"的奥秘在哪里？

这是李韶鉴先生在本书中尝试回答的问题。这是一个大胆的尝试，毕竟这个课题涉及面很广、纵横交错，从各种不同角度和途径进行探讨的中外学者也已很多，要另辟蹊径创建独特的叙事并不容易。

但这难不倒孜孜不倦研究新加坡多年的韶鉴，他选择了"治理体系"这个关键主题，可说是抓到要害，踩到点上，找到了一条可以有理有据说好新加坡成功故事的主线。

是的，新加坡的良治有目共睹，闻名于世。它之所以能绝处逢生，存活下来之后还茁壮成长，走出自己的康庄大道，在经济、社会、科技、环境、安全等各方面取得令人瞩目的成就，傲然立足于国际社会并对世界做出了本身的一份贡献，在很大程度上应归功于良好的治理。

新加坡的治理体系因此引起了广泛的兴趣，成为许多大小国家学习借鉴的对象。正当"民主是否必然产生良治"这个问题由于许多实行民主政治的国家治理不善、政府瘫痪而备受争论之际，《探究鱼尾狮：新加坡治理体系的关键细节》这本书的面世是适时而恰当的，为有兴趣者提供了很好的参考。

韶鉴聚焦这个主题，紧扣着这条"故事主线"，从经济发展、社会管理、公共服务、国防外交和继承创新这五大方面阐述良好的治理体系如何使新加坡成为一个成功的国家，发挥得淋漓尽致。他对新加坡研究得很认真，对这个岛国的发展动态跟得非常紧，搜集和整理资料的能力很强，书中的一些信息相当及时，连 2023 年的最新情况和数据也可以找到。

他以一个外人的身份和客观的视角，从外往里透视，对新加坡的治理体系进行细致观察，盘点梳理后，对其宏观模式及微观细节做出了综合归纳，成就了这本资料完整、条理分明的综述性著作。本书对于了解新加坡治理体系的理念、实践以至效能大有助益。对一般读者来说，这是一本很有价值的引介新加坡概况的入门书；熟悉新加坡的专家学者则可以各取所需，从个别课题的详细资料中获取所需的论据和数字，进一步研究。即使我这个"身在此山中"的新加坡人，也偶尔能在书中"发现"一些平时忽略的细节，重新温习一下。

韶鉴是河北省社会科学院财贸经济研究所高级经济师、城市经济研究中心首席专家，对新加坡的兴趣始于20世纪八九十年代看到一些著名儒家学者对新加坡的论述，过后在地方政府工作期间有机会与新加坡的投资者、政府官员及国会议员接触交流，获得启发，开始有系统地研究这个受到邓小平推崇的岛国，二十多年来发表了一些有关新加坡的论文，也参加了国内的一些学术交流活动。我就是在参加深圳大学2008年的"改革开放30周年与新加坡经验"研讨会上认识他的。

士别16年，刮目相看，看到韶鉴对新加坡的研究卓然有成，很为他高兴。这本书的出版，就是他交出来的一份研究新加坡的靓丽成绩单，能为本书写序，是我的荣幸。

林任君（新加坡《联合早报》前总编辑）

2023年11月19日

序言二

在这个癸卯年的七月，收到李韶鉴先生热情洋溢的邀约，要我为其新作《探究鱼尾狮：新加坡治理体系的关键细节》作序。与其他多数研究者不同的是，李韶鉴是一位有长期政府工作背景的研究者，他在四川、重庆、贵州等地的市县政府曾长期担任领导职务，在实际工作当中他应该会遇到许多地方政府治理方面的问题，并使他有一些关于行政效能、经济政策、社会治理等方面的学术思考。或许他的选题有缘于此。

作者是上世纪90年代毕业于四川大学的历史学硕士，大约在10多年之前曾与我联系，提出到新加坡国立大学读第二硕士的想法，但由于种种原因未能成行。后来他离开政府机关去学术机构工作，我也曾应他邀约，参加过他就职的河北省社会科学院组织的国际学术研讨会，也在"新加坡河北论坛"的微信群里时有互动和分享。这个微信群并不大，只有来自新中两国的几十位学者、官员和企业家，但是发现在群里有多位我们共同的老朋友，有几位还经常在《联合早报》发表一些评论文章，让我感到李韶鉴虽没有在新加坡长期学习工作，但是他了解新加坡、认知新加坡的渠道是立体和多元的。

过去偶尔读到作者关于社会治理和经济政策的评论文章，感觉他是一位有思想深度和系统见解的学者——观察经济社会现象把握问题本质、分析发展过程深入关键、梳理政策措施透视机制细节。在初步看了这本书稿后，便更加印证了这个感觉。

在这本书中，作者把新加坡的发展表现总结成"两个发展，两种和谐，一个现象"——经济快速发展、国家认同增强，国内社会和谐、国际关系和谐，人民行动党长期执政。这个总结可以说是高度浓缩了新加坡的发展成就，揭示了人民行动党不同时期的明智决策，呈现了"小红点"一步步走向不平凡的风雨历程。

作为一名在新加坡国立大学从事公共政策研究的学者，我认为本书作者对新加坡的经济发展的一系列分析是客观准确的。从英殖民地时代的转口贸易为主的经济结构，到独立之后历经多轮次的产业迭代升级，建立起国际一流的数码技术、电子材料、精细化工、生物科技等先进制造业，以及高度国际化现代化的金融体系和旅游服务业。新加坡始终重视科技进步、人才培训和打造国际化营商环境，成功把握了有利时机，在整体上欠发达的东南亚快速崛起，人均经济总量在今天已经位居世界前列。

　　新加坡治理高效率的密钥是什么？不同的观察者或许有不同的结论，但有一点是明确无疑——国家治理体系是一个国家的组织机构和系统要素的软件集成，不能割裂使用。从上世纪80年代开始，不断有来自许多国家地区的官员、学者、企业家到新加坡考察访问、参观交流，从中借鉴了一些经验做法并取得了一定成就，但新加坡的经验似乎不能轻易移植、全面奏效，其中奥妙也正在于此。建国58年来，新加坡取得的发展成就全球瞩目。世界各地对新加坡现象的学术研究著作数量很多，新加坡政府官员和企业管理者也撰写了大量回忆和总结性文章、书籍，但很少像李韶鉴先生这本书能一一从体制设计、政策制定去系统化分析探究新加坡。这本书关注新加坡体制运行效率，在近27万字的著作里整体上展示了新加坡国家治理的有效做法，对每一个需要全面了解新加坡国家治理的人来说，这本书都可以作为一本有益的参考著作。

顾清扬（新加坡国立大学李光耀公共政策学院教授）

2023年10月23日

目 录
CONTENTS

绪　论

治理"小红点"的靓丽成绩

新加坡被视为东南亚海洋里的一颗"小红点",它于 1965 年独立建国,却与全世界多数国家取得独立地位不同——它是被迫独立的。1965 年独立时,新加坡人口不到 200 万,没有任何内陆腹地,同时缺乏淡水资源,世界上很多人难以相信它能够在这个内外矛盾重重的小岛上存活发展,更无从想象在几十年后会呈现勃勃生机,成为许多国家学习借鉴的样板。

然而,新加坡顽强地生存了下来,而且成为世界上最成功的小型国家。新加坡只用了不到 30 年的时间就实现了现代化,成为东南亚最先进和工业化程度最高的国家,在政治稳定、经济发展、国家认同、社会管理、国家安全等方面都取得了骄人的成就。这与其自然资源匮乏、没有内陆腹地、移民社会、人才缺乏、长期处于殖民统治之下、刚独立时所处的恶劣的国际环境等一系列不利于社会稳定和经济发展的因素形成鲜明对比,超出了人们一般的想象和经济发展的常规,"新加坡的独立生存违反了一切政治和经济概念",以至于经济界和学术界都把新加坡的发展称为"小红点奇迹"。

人民行动党从 1959 年在尚属殖民地的新加坡取得执政地位以来至今,已向新加坡人民交出了靓丽的成绩单。"开国之父"李光耀先生也创下辉煌的政治成就,得到了国际社会的广泛关注和积极评价。

第一节　发展与和谐并行的国家治理模式

卡尔·马克思(1818 年 5 月 5 日—1883 年 3 月 14 日),马克思主义的创始人之一,第一国际的组织者和领导者,马克思主义政党的缔造者和国际共产主义运动的开创者。马克西米利安·卡尔·埃米尔·韦伯(1864 年 4 月 21 日—1920 年 6 月 14 日),是德国社会学家、历史学家、政治学家、经济学家、哲学家,是现代西方一位极具影响力的思想家,与卡尔·马克思和埃米尔·

杜尔凯姆并称为社会学的三大奠基人。

在对社会发展动力的认识上，马克思认为"根据唯物史观，历史过程中的决定性因素归根到底是现实生活的生产和再生产"①。韦伯认为"马克思把社会发展的所有原因最终都归结为经济原因，似乎人成了只知追求自己的经济利益的动物"②，而西方基于特定文化历史传统的"资本主义精神"，才是推动西方社会大发展的主要动力。

在服务发展目标的国家治理问题上，马克思关注的不是国家的政治组织形式，而是以"普遍利益"为掩护的政治形式背后的经济利益，亦即以一定生产方式为代表的经济关系，而且认为社会结构（社会关系）最终不是来自政治关系，而是来自经济关系。韦伯认为"社会主义一旦建立之后必将强化官僚制，亦即实行官僚制专政而不是无产阶级专政"③。

一百多年之前，马克思与韦伯观察分析社会发展问题的角度以及归因上置于两端，前者强调物质因素，后者强调精神因素。

如果从物质和精神两条轴线出发，分别从国家治理体系的经济政策、价值观培育两个方面来分析，把对发展动因的理解、对两种要素权重的判断交给读者自己，就不失为是一种合理办法。

本书第一章、第二章的结构即依此安排，来分析人民行动党如何推动经济增长和引领国民价值认同，新加坡今天的经济活力和精神力量是怎样精心筹划、战胜挑战而最终"有志者事竟成"；第三章、第四章则分别阐述人民行动党在不同时期怎样渡过一次次危机，如何巧妙把握历史契机，以及打造新加坡和谐社会、营造和谐国际关系的关键细节和有效做法。

从新加坡建国以来的发展历程来看，人民行动党一党延续执政，国家治理效率极高，无论从经济建设还是从价值观塑造的角度来观察，都实现了"两手抓""两手硬"的效果，经济发展和国家认同实现了齐头并进。当今的新加坡，经济持续发展，国家认同增强，社会运行良好，国际生存环境趋于平稳，建国六十年来表现出的特点可以总结为"物质与精神两个发展、国内与国际两种和谐、一党长期执政"现象。

---

① 《马克思恩格斯选集》第 4 卷，人民出版社，1956，第 477-479 页。
② 苏国勋，《新教伦理与资本主义精神——韦伯思想引论》，上海人民出版社，1988，第 318-322 页。
③ 苏国勋，《新教伦理与资本主义精神——韦伯思想引论》，上海人民出版社，1988，第 318-322 页。

一、经济发展与价值认同：两种发展动力

新加坡独立时面临的形势非常严峻，社会发展困难重重。那时候，它被贫穷困苦所笼罩——失业、屋荒、经济凋敝，社会秩序混乱，环境肮脏不堪，公务员投机取巧，华族里方言盛行、普遍认同地缘会馆，种族之间围绕着政治地位、文化教育展开争斗，而其国内的种族争端又在周边国家引起一系列反应，这都蕴藏着难以预料的危机。

（一）经济实现快速增长

李光耀回忆当初情形："我们眼前困难重重，生存机会非常渺茫。新加坡不是个自然形成的国家，而是人为的。它原是个贸易站，英国把这个贸易站发展成为它全球性海上帝国的一个枢纽。我们把它继承过来，却没有腹地，就像心脏少了躯体一样。"①

当时的《星期日泰晤士报》（1965 年 8 月 22 日）刊载理查·休斯的文章："花费一亿英镑建成的英国基地一旦关闭，新加坡的经济将会垮掉。"《悉尼先驱晨报》（1965 年 8 月 10 日）也载："三年前，新加坡独立是行不通的概念。从目前的情况看来，它依然是行不通的。"李光耀也坦陈，当时，"我也有同样的忧虑，却没有表露心中的感受。我的职责是维持士气，为人民点燃希望，而不是打击他们的信念"。被迫独立，面临着与马来西亚众多同志政治上的强行割裂，以及对国家生存前途的担忧，使得这个政坛强人在电视上面对新加坡人时掉下眼泪。贫穷落后而险恶的现实，迫使新加坡把吸引外资作为发展经济的核心策略——吸引发达国家的资金，不仅可以尽快摆脱生存的危机，也是基于自身安全的考虑。

新加坡为了快速发展，确立了政府主导型市场经济发展模式，即在政府调控和干预下的开放式的市场经济模式。这种经济发展模式避免了市场固有的自发性和盲目性等弱点，保证了新加坡经济既充满活力又免于放任。政府在充当新加坡经济发展决策者的角色、制定经济社会发展战略的同时，还直接对宏观经济管理和分配进行调控，通过法定机构积极参与经济活动。

经过四十多年的努力，新加坡在经济建设和其他社会发展领域都取得了令世人瞩目的成就。自 1965 年到 2000 年，它的年均经济增长率超过 7%，进入 21 世纪以来，仍然保持较快速度增长。到 2004 年，这个国土面积仅有682.3 平方公里、人口已达 400 万的小国，其国民人均年收入达到 29610 美

---

① 李光耀，《经济腾飞路：李光耀回忆录》，外文出版社，2001，第 3 页。

元，世界排名第九，外汇储备达 2300 亿美元，成为全球五大外汇储备国、四大金融中心之一。

到 2022 年，新加坡的人均 GDP 达到了 7.9 万美元，是日本当年的两倍还要多。根据中国（深圳）综合开发研究院 2022 年 9 月发布的全球金融中心指数报告（GFCI32），新加坡超越香港成为亚洲金融中心，全球排名第三，仅次于纽约和伦敦。在瑞士洛桑国际管理发展学院 IMD 发布的《2022 年世界竞争力年报》中，对经济表现、政府效率、企业效率及基础设施四个领域的 20 个项目进行评估，前 10 强依次为丹麦、瑞士、新加坡、瑞典、中国香港、荷兰、中国台湾、芬兰、挪威、美国，中国大陆排第 17 位，新加坡排名亚洲第 1，全球第 3。

（二）价值认同培育形成

新加坡是一个移民国家，其社会的显著特点是多种族、多宗教、多文化和多语言。由于多种族的缘故，新加坡虽然是世界上最小的国家之一，却又是世界上宗教较复杂的国家之一，各类信徒覆盖了全国人口的 86.9%。在东南亚地区，多种族社会是一个显著特点，虽然各国竭尽所能地致力于国家的缔造，民族主义与反殖民主义虽足以支持独立运动，但是缔造一个具有生命力的民族国家，对这个地区所有国家来说，仍是艰辛且具挑战性的重大任务。

"国家意识"是指人们对自己国家的归属感与认同感，这是一个国家赖以团结人心、凝聚力量的精神支柱。国家认同极其重要，是因为一个民族的国家意识是一种"软国力"，它能够增强国民的爱国热情，对于促进经济发展和保持社会政治稳定至关重要。没有这种国家认同，就不能建立一个稳定社会的基础。

在新加坡，"国家意识"的确立极其困难。一是建国初期的新加坡没有共同的语言，文化传统、宗教信仰、移民社会的特征决定了其文化认同上的不稳定性；二是缺乏较长时期的稳定统治权，也缺乏对某一统治权的认同：在殖民时期效忠于英王，日占时期服从过天皇，在 20 世纪 60 年代前期又归属过马来亚联邦，其效忠和归属的对象多次变更，导致了新加坡居民在国家归属与认同上的脆弱性；三是新加坡国民对祖先居住国的认同感和归属感依然强烈，这些都能从新加坡宣布独立后的一些群众社会活动中体现出来。

新加坡是 1965 年被迫宣布独立的，在此以前没有思想准备，从李光耀当年向世界宣布"新加坡将永远是一个建立在自由与正义的原则基础上的民主独立的主权国家"时起，人民行动党就同时向国民提出了培养"国家意识"的任务，"新加坡面对的难题，是怎样结合一个高度多元社会，以创造一个实际的认同"。时任人民行动党秘书长的李光耀解释说："新加坡人是一个出生、成长或居住在新加坡的人，他愿意维持现在这样一个多元种族的，宽宏大量、乐于助人、向前看的社会，并时刻准备为之献出生命。"①

针对多元种族宗教并存的复杂情况，人民行动党制定了符合新加坡国情的宗教政策。一方面实行宗教自由政策，人民行动党及其政府确认新加坡为多宗教国家，除邪教外，各宗教的教规与正当活动受到尊重，提倡宗教与民族间的互相容忍精神，确保多元宗教在法律的范围内活动。另一方面禁止宗教团体插手政治，反对任何宗教与政治结合，各宗教教义不得加进政治内容。这一宗教政策的实施确保了新加坡社会的长期稳定，也使人民行动党的执政地位得以长期稳固。

从自身的实际出发，新加坡政府制定和执行平等的语言政策，又重点提升英语和华语的地位，使新加坡成为一个多语言与多官方语言的社会。新加坡政府还培育和发展既体现新加坡各民族特点，又保留了儒家文化的合理内核的社会文化，总结归纳出包容多元文化传统的共同价值观——国家至上，社会为先；家庭为根，社会为本；关怀扶持，同舟共济；求同存异，协商共识；种族和谐，宗教宽容。这是新加坡政府于1991年1月正式发表的《共同价值观白皮书》中提出的五大共同价值观，并进而大力倡导。1997年，新加坡政府规定每年7月21日为种族和谐日，由各族人民共同组织、参与庆祝活动。2002年1月，时任新加坡总理的吴作栋在一次面对1700多名社会各界代表发表谈话时提出建立新加坡社会的"族群互信圈"，以促进族群之间的沟通，避免让恐怖行动等外来因素破坏社会和谐与族际关系。在被美国记者诘问时，李显龙也指出："亚洲价值观是对一系列价值的简单概括。其中包含几个内容：社会长远发展之道，个人和社会之间的平衡，支持我们的祖先在中国、印度及东南亚代代相传的行为规范。除非我们真的傲慢自大或者习惯数典忘祖，否则我们不会抛弃这些价值观。最好的办法是延续这些价值观，并让它们在新环境中找到落脚点。请记住，我们不是美国人，我们也不需要装作美国人，否则很难在东南亚谋发展。"②

在新加坡全社会对共同价值观的有效倡导，以及与西方大国在价值观上的多次较量，不仅维护了新加坡政府的信誉和尊严，也为新加坡政府赢得了国民认同和国际声誉，新加坡国民凝聚力和自豪感逐步增加。加上新加坡骄

---

① 亚历克斯·乔西，《李光耀》，上海人民出版社，1976，第368页。
② 《李显龙答美国记者问》，2004年08月03日转自《青年参考》。

人的经济成就，使得新加坡国民对"新加坡人"的自我认同迅速提升，对祖先居住国的认同趋于淡化。

蒂凡那，新加坡人民行动党的发起人之一，在1979年人民行动党成立25周年的时候，撰写了《新加坡人：元老和少壮》一文发表在《行动报》纪念特辑上。文中提出："新加坡的少壮一代，最终将取代元老一辈，因此，他们在良好和巩固的基础上，将取得更好的成绩。少壮一代在国家建设上将不会面临难题。这个国家已经建立起来。20年以前，如果人家问起我们，我们将回答说是华人、马来人、印度人或欧亚混籍人。但在今天，如果人家问我们——特别是年轻人问同样的问题，必将异口同声地答道：'我们是新加坡人。'"①

二、国内社会与国际关系：两个和谐环境

（一）国内社会环境和谐有序

新加坡建国初期，国力十分弱小，国内政治局势动荡、秩序混乱，民族冲突时有发生；经济基础薄弱，产业结构单一，失业现象十分严重，资源和市场严重依赖周边国家（特别是马来西亚和印度尼西亚）；军事上基本是一片空白。这种状况在很长一段时间里没有得到根本的改善。可以说新加坡独立初期连作为一个独立国家的基本能力都是十分欠缺的，以至于连它本身也不愿意从马来亚联邦中独立出来。②

为了缩小贫富差距，新加坡政府制定和实施了许多福利措施，穷人得到了较多的照顾，但新加坡并不是一个福利国家。因为新加坡政府认为，"授人以鱼，不如授人以渔"，主张调动人们的劳动积极性，通过创造更多的财富来消灭贫穷。力争做到公平竞争和为每个人提供一个合理的机会，这正是新加坡政府社会保障制度的重点。

新加坡政府主要通过以下两方面来实施社会保障计划：一是保持经济持续增长；二是推行政府组屋政策，使居者有其屋，其他的福利措施，则由个人或社会来承担。政府制定的中央公积金制度规定政府公务员、企业职员、一般工人都必须参加公积金储蓄，个人和雇主各交付一半的资金，这约占每月工资的40%。政府的公积金局收存这些钱，而这些钱的主要用途就是盖房子。之后将盖出的房子平价卖给老百姓，并且老百姓在买房子的时候，可以

---

① 蒂凡那，《人民行动党：1954～1979》，新加坡人民行动党中央执行委员会，行动报25周年纪念特辑，1979，第170页。

② 约翰·F.卡迪，《战后东南亚史》，上海译文出版社，1984，第161页。

使用自己的公积金或者实行分期付款。同时，政府还规定高收入者不得购买政府盖的平价房子，这一政策保障了一般百姓和低收入者的利益。除了解决国民的住房问题外，新加坡政府还制订了各种各样的社会福利计划，对弱势群体提供其他方面的帮助。

政府积极引导各种社会风气。如每年7月都开展"国民礼貌月"活动，对在活动中做得好的公民，政府会授予其荣誉，而新闻媒体则会将之作为典范进而大力宣传；对反面典型则公开曝光，相关部门还要对其进行处罚。良好的社会风气、优美的环境和对环境的有力保护，使新加坡成为"花园之国"，得到世界各国人士的赞赏，并选择在新加坡举办各种国际会议，从而引得外国旅游者纷纷慕名而来。与新加坡本国人口相比，每年到新加坡旅游的外国旅客相当于本国人口的两三倍。仅2000年，旅游人数就超过800万人次，这在世界上都是少见的。

自1968年以来，除了在人民行动党执政初期政局有些动荡外，新加坡就没有发生过大的政治冲突和流血事件，即使在亚洲金融危机期间也没有发生社会动荡，各种族人民友好相处，是世界上少有的政治、经济、社会协调发展的国家，这在整体上形成了协调、和谐的社会。总部设在香港的"政治及经济风险顾问公司"发表的《亚洲情报》报告称：该组织在2006年访问了1000多名在亚洲区工作的外国商人，其目的是了解他们对亚洲区政治形势的看法。结果显示，外商认为新加坡是亚洲区12个国家和地区中政治最稳定的国家。

（二）周边国际关系趋于稳定和谐

新加坡独立初期国际形势严峻，意识形态的对立使世界分成两大阵营，以美国为首的资本主义阵营把东南亚视为阻挡共产主义势力（特别是社会主义中国）"南进"的前沿阵地，东南亚华人被想象为中国在东南亚的"第五纵队"。在上述国际环境的压力之下，新加坡要想求得生存和发展，必须十分注意与周边国家关系协调，实际上它也是小心翼翼地这样做的。新加坡建国伊始，总理李光耀提出的建国方针就是"生存方针"，即新加坡谋求大国在政治上的"多边支持"，经济上的"多边融入"，使新加坡在大国的包围之中取得平衡，以之作为生存和发展的基础。在涉及敏感的种族宗教问题时，自然要格外谨慎，有意淡化华人意识，优待马来族，尽可能避免因民族问题而破坏国内稳定和损害与马来西亚的外交关系。

新加坡处理对外交往的具体做法是：同东西方发展经贸往来以推动本国的经济发展；在政治和外交上推行大国平衡外交；韬光养晦，与邻国特别是马来西亚尽力保持良好的关系。新加坡首任外长、人民行动党创始人之一——拉惹勒南在新加坡独立初期就讲："鉴于我们是资源有限的小国，我们的外交政策将是对内目标之伸长，也是一种为了确保新加坡生存和独立繁荣而对施展于此地区的压力和反压力所作的反应。"① 作为小国，新加坡呼吁重视美国在东南亚军事存在的作用；同时作为英联邦成员，积极寻求有效的保护和经济合作的平台，收到了实际意义上的利益。因此，新加坡这样一个小国不仅在冷战时期复杂的国际环境中生存了下来，而且也就是在这一时期新加坡的经济实现了快速发展，取得了令世人瞩目的成绩。

冷战后的国际环境对新加坡而言，既是机遇又是挑战。在分析了具体困难的基础上，新加坡政府调整了对外政策，抓住各种有利的机会，避开各种风险。人民行动党认识到东南亚地区的稳定对于新加坡经济的发展有重要作用。因此，新加坡十分重视区域经济合作，积极推动东南亚国家联盟（简称东盟）、亚太经合组织等区域经济合作组织的建立和运作。总之，新加坡独立以来人民行动党及其政府的外交战略和外交政策是符合实际的，实践证明也是正确的。与此同时，国际环境的缓和又为人民行动党长期执政奠定了基础。

在各种国际会议当中，新加坡已建立起"微型超级大国"形象，赢得了广泛的国际声誉。它是东盟成员国中活跃的一员，以其在内政外交上的优异表现取得了其他成员国的信任，经常代表东盟发言。国家安全得到保障，与邻国和谐相处，与建国初期面临的种种严峻考验相比，已是柳暗花明，周边国际生存环境实现了大逆转。

三、强调效率和秩序的新加坡模式

在多个政党并存竞争的情况下，新加坡人民行动党自 1959 年以来连续赢得每次大选，从而长期执掌国家政权；而人民行动党在一党长期执政的情况下始终保持廉洁和活力是新加坡的政治文明成就之一。在政府廉洁程度被国际权威调研机构历年评为亚洲第一、世界前茅的同时，新加坡实现了经济腾飞，成为"亚洲四小龙"之一。

新加坡人民行动党执政的表现为一党独大、延续执政，同时多党竞争共存的政党关系模式。就新加坡政治形态而言，一方面，相对于西方两党制或多党制的轮流执政模式，新加坡人民行动党一党长期执政；另一方面，相对于许多国家和地区的执政党的腐败、衰落的局势，长期执政的新加坡人民行

---

① 陈乔之，《冷战后东盟国家对华政策研究》，中国社会科学出版社，2001，第 245 页。

动党却始终保持廉洁和活力，且成绩骄人。

一党独大、延续执政是指新加坡人民行动党自1959年以来在参加的竞选中一直保持胜绩，特别是20世纪60年代后期以来更具有绝对优势地位，连续赢得大选长期执掌政权；所谓同时多党竞争共存，是指新加坡有20多个政党是合法存在的，每次大选都有几个政党参与竞争。吕元礼教授指出，新加坡的政党制度虽然不同于典型的两党制或多党制，但也不同于严格意义上的一党制或一党专政制：首先，在宪制范围内活动的一切政党均享有合法地位，各种政治派别均享有依法组织政党的自由；其次，宪法并未规定人民行动党为唯一执政党，各个政党可以参加竞选，执政党的地位是由选民在没有外力压迫下的匿名投票选举决定的，人民行动党是靠选举授权而不是靠宪法垄断或其他形式垄断所决定；最后，执政党的执政地位有可能随着国内各派政治力量的变化而变化。

在西方政治理念和舆论当中，由于竞争性选举被认为是民主的本质，竞争双方或多方的此起彼落便成为民主的一种自然现象，两党或多党轮流执政也就被许多人认为是民主的必然表现，而新加坡人民行动党连续40年乃至更长时间的长期执政便被视为不民主的表现。与上述观点不同，新加坡人民行动党政府强调只要政府是由人民选出来的，同时这个选举是在公正与平等的方式下进行的，反对党可以自由选派候选人参加，当选的政党又富于自律而能够组织一个廉洁政府，那么，是否实行两党制是无关紧要的事情。

一方面，新加坡人民行动党一党独大地长期执政是"自然而然"的。从理论上说，两党制不失为一种有效的制度。轮流执政的两大政党不仅可以在国会里发挥互相监督的作用，也可以在竞争中各自不断完善。但是，一种政治生态的产生，并非人为制造出来的，而是自然发展演化出来的。两党制的出现也是如此。一般来说，两党制的两个政党分别代表两股均势的力量。在新加坡，自从1966年前社会主义阵线决定退出国会做非宪制斗争，却因没有取得人民的支持而被淘汰后，新加坡就没有任何一个反对党有足够的人力资源能组成与人民行动党抗衡的阵容。

另一方面，新加坡社会存在着不同种族、宗教和语言群体，其社会结构存在天然的脆弱性，新加坡人民行动党一党独大、长期执政是新加坡政治形势的一种需要。李光耀等新加坡领导人不认为"像英国的工党及保守党那样的跷跷板、来回的运转交换政权是必要的"。新加坡的情况也不能同美国相提并论。"管理美国就像指挥一艘航空母舰一样，没有倾覆的危险。相反，管理一个像新加坡这样的年轻小国则好比在独木舟上开速射枪一样，受到外在因素——如世界贸易增长的速率、经济困难以及国际政治中的各种迂回曲折——的主宰。为了在急流中求生存，新加坡的领导人就必须具有高超的艺术和技术，而不便于随便更换舵手。"①

需要指出的是，新加坡政党关系中的一党独大与多党竞争等两方面并不决然对抗排斥，而是可以相辅相成。实际上，多党竞争加强了政党之间的监督与制衡，特别是在野政党对执政党的监督与制衡，力促了执政党的廉洁与活力。新加坡外交部长杨荣文说："我们作为一个政党，必须为下一次选举操心，这促使我们自我约束，并且在付出最少代价的情况下，努力实现长远的目标。如果我们不必为选举操心，无论我们出发点有多好，都会使我们变得草率和傲慢。选举是使我们保持平衡和诚实的方式。"在当前的情势下，没有一党独大，新加坡就难有安稳的局面；没有多党竞争，执政党就缺乏外力的制衡。

事实证明新加坡当政者的论断，人民行动党执政业绩辉煌，反对党上台希望渺茫，因为"新加坡是个反对党找不到反对空间的地方"。

新加坡取得的经济成就，是人民行动党凝聚国民对新加坡的国家认同、增强国民归属感的有力推动，也是人民行动党建设和谐社会、实现社会公平的物质基础，同时为新加坡在国际关系格局中越来越强势的地位提供了物质保障，更是人民行动党一党独大、延续执政的业绩佐证；而国家认同的逐步形成加强，使人民行动党更有效地凝聚民心、增强感召力，保证了施政的效率；和谐社会氛围的形成，使人民行动党在掌握政权、率领人民群众前进的道路上增强了信心，也赢得了国际社会的认可与尊重；而良好国际关系的取得，与不同文化类型国家的有效沟通，使新加坡这一小国能发挥足够的世界影响力。

2013年8月6日，李光耀在总统府发布新书《李光耀观天下》，书中主要收录了他对世界大国和国际趋势的分析与见解，阐述了他的世界观："我是名副其实的自由主义者，因为我不会拘泥于某一种关于治理世界、治理社会的理论。我是务实的，我愿意直面问题"，"世界在变，我们也在变，同时又保持自己的特色。"

不可避免有一些人对新加坡的前途感到悲观，比如，美国政治学者塞缪尔·亨廷顿曾经说："李光耀带给新加坡的正直和效率很可能将与他一同走进坟墓。"李光耀在与传记作家汤姆·普雷特对话时，李光耀说，"我的人生并

---

① 吕元礼，《亚洲价值观：新加坡政治的诠释》，江西人民出版社2002年出版。

不靠哲学或是理论来指导。我把事情做好,让别人从我的成功之道中总结原则","柏拉图、亚里士多德、苏格拉底,我没仔细读过","你可以说我是'功利主义者',我只在乎行得通的事情"。人民行动党创党元老之一的拉惹勒南说:"所谓新加坡道路,就是政治上的社会主义,经济上的资本主义。"

第二节　在世人眼中有争议的岛国

新加坡人民行动党 1959 年以来的延续执政,不仅创造了新加坡经济奇迹,更是摸索出了一种独具特色的政治模式——把西方制衡与监督机制同东方传统价值观念的积极成分完美结合起来。新加坡的成功,给新加坡人民带来了富裕安稳的生活,也给各国执政党带来了值得借鉴的经验,更给学术界带来了深刻的启发和热烈的讨论。

一、学术界对新加坡的研究

中国学术界对新加坡经验的研究,从最初的研究新加坡在城市规划、建设和管理、经济发展、社会公共管理及保障机制等方面所积累的成套和成熟的经验,逐渐深入其精神文明、意识形态、组织机构、执政经验、执政理念、执政前景等,呈逐年深化之势。

中国国家社会科学基金作为支持中国最高水平社会研究项目的资助方,也把对新加坡人民行动党研究列入规划项目中。2003 年批准立项了深圳大学吕元礼教授主持的"新加坡一党长期执政的领导方式研究";2005 年又将"新加坡、韩国等新兴工业化国家执政党的历史与经验教训研究"作为研究课题,这是世界上其他国家政党从未在中国社科研究中享受过的"殊荣"。此外,刘建军教授主持了复旦大学亚洲研究中心资助项目"一党执政下的现代化——新加坡人民行动党研究"。2006 年,教育部批准了河南师范大学孙景峰教授主持的人文社科规划课题"新加坡人民行动党执政地位的延续机制研究"。从 2003 年到 2006 年,河南省教育厅也相继批准了三项人文社会科学规划课题,分别是"中国与新加坡政党制度比较研究""新加坡人民行动党执政经验研究"和"延续机制与执政安全:对长期执政的新加坡人民行动党的个案研究"。

2004 年年底,中共中央对外联络部部长王家瑞在中共中央党校主办的《学习时报》上撰文指出:从世界政党政治的实践看,执政党加强执政能力建设，有一些共性的东西。虽然各国政党的执政模式不同，它们的性质、信仰、纲领、执政理念、社会基础等都千差万别，但作为执政党，这些党在执政能力建设方面仍存在一些共同的规律。文章阐述了英国工党、新加坡人民行动党等国外政党的种种成功经验。特别提出新加坡人民行动党在选拔干部方面形成了一套规范化、程序化的工作制度，其目的是将社会中最优秀的年轻人网罗到本党内。①

2005 年 5 月，人民出版社出版了河南师范大学政治与管理科学学院教授孙景峰著的《新加坡人民行动党执政形态研究》一书，全面分析探讨了新加坡人民行动党的执政环境、执政理念、执政机制、执政合法性、执政经验、执政前景等问题。这是中国学术界第一本系统研究新加坡人民行动党的学术专著。

华东政法大学的李路曲教授指出，20 世纪 60 年代以来，新加坡人民行动党推行和发展了一种国家合作主义的政策和思想，国家合作主义是在新加坡的民族运动、文化交汇、历史传统、经济发展以及国际环境压力等多种因素的综合作用下产生的，它是一种"超阶级"的带有民主色彩的现代化导向明确的现代政治集权主义。要研究和了解新加坡经济是怎样起飞的，首先必须了解这个国家执政党的指导思想的理论基础。

新加坡人民行动党自 1959 年以来连续在大选中获胜并蝉联执政。对这一现象，中国学者也在努力探求其中的原因。深圳大学的吕元礼教授指出，新加坡人民行动党长期执政同时又充满活力的原因在于：其一，以实用主义为保持活力的思想源泉；其二，以自我更新为保持活力的组织基础。就长期执政何以保持诚实而言，新加坡人民行动党的成功经验是：其一，以"好人"为保持诚实的载体；其二，以高薪为保持诚实的依托；其三，以"自净"为保持诚实的保障。吕元礼认为，成功地实现政党文化从革命到执政的转型是新加坡人民行动党成功的关键原因。他主要从党的指导思想、属性色彩、政治观念和权威模式等方面论述了新加坡人民行动党的政党文化转型，具体包括从高调的意识形态转型为低调的实用理性、从"最能关心工人利益"转型为"代表国内各方面的利益"、从"破坏"的"决定一切"的政治观转型为"建设"的服从经济的政治观，以及从超凡魅力权威转型为法理权威。而赵大生教授指出，新加坡政府有两手：一手是促进社会与经济的发展与繁荣，其

---

① 王家瑞，《国外政党的执政经验教训值得研究借鉴》，载于 2004 年 11 月 19 日《学习时报》。

手段主要是提供优惠、扶持与服务；另一手则是对社会与经济行为进行规范，其手段主要是法制，也辅之以教育，亦即所称进行法治与德治。优惠、服务、法制、教育都是政府应当提供的公共物品。

广西民族大学郑一省博士于 1992 年在《东南亚》发表《新加坡的民族关系及存在问题》一文，该文从多元政治、多元语言、多元教育、多元宗教以及多元经济角度分析了新加坡政府多元种族政策对促进民族关系和谐所起的作用。同时，该文还指出："新加坡民族关系融洽和谐，但并不意味着各民族对一切事物的看法已达一致。由于各民族的传统观念，宗教习俗尚有一定距离，因而新加坡的民族关系还存在一些问题。"然而，总的来看，由于"政府实行多元种族政策，极力维护民族团结，把国家的生存与发展建立在消除民族隔阂、民族偏见及缓和民族矛盾的基础之上，因此，新加坡出现了新型的民族关系，新加坡政府承认多民族之间的差异，并引导人民逐渐消除差异，实现民族和睦的经验是值得吸取的"。①

中国政法大学蔡定剑教授，在应新加坡国立大学东亚所邀请做访问研究并对新加坡的制度亲历考察后，撰文指出：国内一些官员、学者所推崇的所谓新加坡经验其实存在很多的偏颇和误解，在很大程度上误导了人们对新加坡的了解。以"高薪养廉"为例，确实新加坡高级领导人的收入基本上是世界上最高的。但是，有两点需要注意：一是拿 100 万新加坡元（简称新元）以上高薪的人很少，政府部门只有 30 人左右。二是这个薪金是政府给他们的全部收入，部长包括总理都没有专职司机和汽车，上班开自己的车，有大型公务活动政府才会派车。他们需要纳税，没有政府的退休金和医疗保险，都要自己买商业养老和医疗保险。

相对于我国大陆学术界，台湾地区对新加坡人民行动党的研究更早。早在 20 世纪 70 年代，台湾地区就开始了对新加坡进行研究，出现了洪镰德、顾长永、陈鸿渝、古鸿廷、王荣川等一大批专家，台湾地区高校的硕士论文和博士论文也较多地以新加坡人民行动党执政经验为选题。

很多海外华人学者也在关注新加坡，对这个小国取得的成就表现出浓厚的兴趣。在探讨文化因素对新加坡成功的影响时，儒学大师、哈佛大学教授杜维明指出："这种特殊类型的资本主义强调自我是各种关系的中心，义务感，自我约束，修身，取得一致意见和合作。它高度重视教育和礼仪。它注重信用社区和政府的领导。其经营的风格涉及既学习一整套实际技能又学习

---

① 郑一省，《新加坡的民族关系及存在问题》，载于《东南亚》，1992 年第 4 期。

如何工作的一种程序和仪式。"①

匹兹堡大学许倬云教授在谈到东方传统文化与新加坡经济发展的良好契合时讲："说到这一点上，我甚至敢于做这样一个梦：新加坡，一个小小的城邦很可能会成为世界上其他地方所瞩目的一个未来全球性的种子。这样一个伟大的全球性文化将代表很多伟大传统的融合。新加坡已经是这样一个国家：它的成功不仅在经济方面，而且也在它的社会以及人的性格和成就上，四个伟大的传统在这里快乐地和平共处。"②

新加坡本土的独立时政评论员蔡裕林先生，自 2011 年起，先后推出《李光耀时代 VS 后李光耀时代》《新加坡模式：挑战与应变》《后李光耀时代何去何从》等具有影响力的书籍，他在 2023 年推出的《李光耀思想解读与探究》是一本专门就李光耀思想进行系统性的理论诠释的图书。蔡裕林先生认为："李光耀思想是独特的。作为它的载体（表现形式）新加坡模式也是独特的。它既不同于中国的一党专政政治体制，也有别于西方倡导的绝对自由民主。但这个模式根植于儒家思想的社会根基，也立足于西方民主法治和科学理性的前提下演变，因此，既与传统的中国文化有着延续与演变，也有着与西方现代先进的思想与科学的融合与本土性，这是读懂李光耀思想和新加坡模式的必经之路。"

二、国际社会对"小红点"奇迹和李光耀的评价

在当前的这个世界上，新加坡的经验和李光耀这个名字，得到来自不同经济发展水平、不同意识形态人士众多的肯定评价和尊重。

联合国前秘书长安南说："所有发展中国家要从第三世界步入第一世界的抱负，能真正做到的却不多，新加坡正是少数成功的例子。"

美国前总统尼克松上任伊始就派财政部长约翰·康纳利周游世界实地考察，后来康纳利向尼克松谈到新加坡之行的开场白就是："新加坡是世界上管理得最好的国家。"③

尼克松对新加坡的成功和李光耀的治国之道也是赞赏有加，他说："李光耀是第一流的世界政治家。"尼克松把他称作见过的"最有能力的领导人之一"，拿他与丘吉尔相提并论。

---

① 杜维明著、高专诚译，《新加坡的挑战》，生活·读书·新知三联书店，1989，第 109 页。
② 杜维明著、高专诚译，《新加坡的挑战》，生活·读书·新知三联书店，1989，第 173 页。
③ 理查德·尼克松，《领导者》，世界知识出版社，1997，第 460 页。

　　美国前国务卿基辛格也提道:"李光耀让这一代每位同他交过手的美国领袖受惠。因为他在国际事务上坚决把自己国家的未来同民主国家的命运放在一起,不是消极地、被动地,而是积极地应对我们这个时代的种种斗争,做出了重大的政治贡献。"

　　美国第 41 任总统乔治·赫伯特·沃克·布什曾说:"我在漫长的公共服务生涯中遇见了许多睿智的、能干的人,但没有一个像李光耀这么令人印象深刻。"美国第 42 任总统比尔·克林顿也曾说李光耀是"过去五十年来世界上最智慧、最博学、最有效率的领导人之一"。

　　前联邦德国总理施密特说:"当我在 20 年前第一次会见新加坡总理李光耀时,就对他留下深刻印象。我深为李光耀这个人所吸引,直到今天还是如此。他是非凡的,他对全球政治经济了如指掌。他也是个英明和精细的政治家。美国和欧洲国家的许多领袖都从他的智慧中获益,特别是他对中国作为世界强国的评价,以及他对自己坚信的亚洲价值观的分析与说明。"

　　英国前首相撒切尔夫人形容他为"20 世纪最有才干的治国实践者"。英国前财政大臣希利说:"李光耀是 20 世纪最杰出的政治家之一。他吸收了中华文化和英国传统中最优良的部分,然后凭着过人的才智,把政治实用主义提升到一个新的境界。这是新加坡得以成为一个值得亚洲,甚至亚洲以外国家学习的模范城市国家。"另一位英国前首相托尼·布莱尔在其所著《旅程:我的政治生涯》中提到"我认为,李光耀是我遇到的最睿智的领导人"。

　　韩国前总统金大中阅读了《李光耀回忆录》后谈道:"每一次跟李光耀先生见面,他的智慧、视野以及对历史和社会的深刻了解,都给我留下深刻的印象。无论你站在哪种政治立场,你都能从回忆录中看到一位深具政治眼光的领袖,怎样在世界政局的汹涌潮流中把一个弹丸小国发展成繁荣兴盛的现代社会。你也能读到他对亚洲和世界的精辟见解,句句都给人深深的启发。"

　　南非前总统德克勒克,曾说李光耀"就像一位在社会这块最大的画布上作画的艺术家。他对世界有着敏锐的判断力,我在 20 世纪 90 年代早期见到他时,他对我们南非的形势做了非常深刻、务实的评价"。

　　2013 年 9 月 16 日李光耀九十周岁诞辰,时任德国总理默克尔则在贺函中赞扬李光耀在过去 50 多年来意志坚定地塑造新加坡的命运,带领新加坡迈向和平与繁荣。她说:"您通过慎重周全的治国之道,让东盟在亚洲发挥调和稳定的力量,您可以为本身的成就感到自豪。"

　　国际顾问公司总裁兼首席执行官戴维·罗斯科夫·加藤罗斯科夫在其2012 年推出的著作《权力》中曾说:"这个小岛(新加坡)直到 1965 年才真

正成为一个独立的国家，但它是世界上治理最好的国家。和其他很多到访过新加坡的人一样，我也感到很惊讶，怀疑是不是古希腊人和李光耀在发展城邦时有什么共同的发现……在领导新加坡的半个世纪中，李光耀逐渐成长为世界上最卓有成效、偶尔具有争议性的领导人。"

石油输出国组织（OPEC）前秘书长苏波罗托讲："他的个性可以用坚定、果断、高瞻远瞩来形容。他治理新加坡的方法，可作为治理任何一个社会的模范，这对发展中国家尤其贴切。要把国家治理好，并不代表要受欢迎；要受欢迎反而容易把治理国家的工作搞砸。"

哈佛大学肯尼迪政府学院教授格雷厄姆·艾利森（Graham Allison）说："自尼克松以来的每一位美国总统都将李光耀视为世界顶级的中国观察家。他能理解中国，理解中国领导人及其内部做出的选择。我们比以前更需要李光耀这样的人，因为他能独立、智慧地观察中国和美国。"艾利森在与人合作的著作《李光耀论中国与世界》中，将李光耀称作"特级大师"。

在2015年3月23日李光耀去世时，俄罗斯总统普京在唁电中称："新加坡在社会经济和科技领域取得的成就，与李光耀这位杰出的国务活动家息息相关。""在担任新加坡总理和其他政府公职的数十年中，他赢得了国民真正的爱戴和尊重，以及最高的国际声望。"

美国总统奥巴马也在李光耀去世当日发表声明，向李光耀家人以及新加坡人民致哀，他同时在声明中盛赞李光耀是一位真正的历史巨人、现代新加坡之父、亚洲事务的伟大战略家。

同日英国首相卡梅伦也表示，李光耀的历史地位不容置疑，是"最伟大的政治家"之一，他还回顾英国已故前首相撒切尔夫人的话称："除了李光耀以外，世界上没有任何一个国家的领袖令她如此佩服。"

潘基文也形容李光耀是"亚洲的传奇人物，因为他极强的领导能力和治国才能而备受尊敬"。澳大利亚总理阿博特发表文告指出，李光耀在50年前凭着远见和决心，带领一个处于弱势的新兴国家，从独立走向全世界最成功的国家之一。

报道李光耀去世消息时，美国《华尔街日报》称，李光耀将这个前英国殖民地转变为全球贸易金融中心。李光耀的核心原则包括致力打造高效廉洁的政府，采取有利营商的经济政策等，吸引巨额外国资本和诸多跨国公司云集新加坡，将本国生活水平从第三世界提升到世界一流。

《日本经济新闻》也刊文指出，李光耀在担任新加坡总理的30多年里，为如何高效治理资源贫乏的城市国家，并不断发展经济而呕心沥血。他经常使用"力求生存"一词，不断鼓舞小国的国民。李光耀正视新加坡的各种局限，用一种彻底的现实主义眼光，开辟了一个全球独一无二的、适合新加坡的生存之道。

美国《纽约时报》则称，李光耀作为新加坡的国父和首任总理，将这个小小的岛国变成全亚洲最富有和腐败最少的国度之一。"新加坡和李光耀一样，高效、理智、廉洁、务实、有远见而且富于创造力。"

三、中国对中新关系的定位

新加坡以它高速的经济发展、廉洁高效的政府和优美舒适的环境赢得了世界的普遍赞誉，新加坡的治国经验特别为改革开放后的中国政府所重视。

1976年，在李光耀访问中国的晚宴上，邓小平同志盛情邀请李光耀日后再来中国访问。李光耀回答说，等中国从"文化大革命"中恢复过来他就来。邓小平说那需要很长时间。李光耀表示异议：你们真要追上来，甚至会比新加坡做得更好，根本不会有问题；怎么说我们都不过只是福建、广东等地目不识丁、没有田地的农民的后裔，你们有的却尽是留守中原的达官显宦、文人学士的后代。

1978年11月，邓小平同志访问新加坡时，在与新加坡政府正式会谈之后，他又与李光耀闭门单独谈了3小时。这以后邓小平同志对学习新加坡的经验高度重视，并对高层领导多次谈到要向新加坡学习。邓小平同志此次访问新加坡的另一重要收获就是会见了新加坡人民行动党的创始人之一、时任新加坡副总理的吴庆瑞，并邀请吴庆瑞访华，为中国经济发展提出建议。应邓小平同志之邀，1979年吴庆瑞首次访华，邓小平同志在会见时表示希望吴庆瑞在退职之后担任中国国务院的经济顾问。1985年，中国国务院正式聘请吴庆瑞为中国沿海开发区经济顾问兼旅游业顾问。吴庆瑞每年都要到深圳等四个经济特区进行考察，考察之后都到北京向邓小平等中央领导和国务院负责人提交考察报告，就沿海地区的对外开放、提高科技水平、吸引外资等方面提出建议。中国中央政府与地方政府的领导人都对吴庆瑞考察的结果和真诚的建议给予高度评价，称他对中国的改革开放发挥了重要作用。

1992年，邓小平同志在南方谈话中讲到赶超"亚洲四小龙"时指出：要大胆吸收和借鉴当今世界各国反腐倡廉的有效方式和途径。邓小平同志以新加坡为例说：新加坡的社会秩序算是好的，他们管得严，我们应当借鉴他们的经验，而且比他们管得更好。

1993年11月20日，时任中共中央总书记的江泽民同志在西雅图会见新加坡总理吴作栋时说："中国十分重视同新加坡的合作和新加坡建设自己国家的经验。"1993 年 5 月 13 日，时任国务院副总理的朱镕基同志会见新加坡内阁资政李光耀时也说："中国政府和我本人都非常重视新加坡的经验，尤其是经济发展、计划、管理、搞工业园区的经验。"

1992 年，中共中央派出以宣传部副部长徐惟诚为团长的中国精神文明考察团赴新加坡考察访问。考察团在新加坡期间，李光耀、吴庆瑞等新加坡国家领导人会见了考察团。这次考察揭开了中国全面总结和吸收新加坡经验的序幕，其考察成果《新加坡的精神文明建设》一书于翌年 1 月由红旗出版社出版。随后，中共中央组织部也派团访问新加坡。此后，国家和各省、市都派出了多批考察团考察新加坡的政党、政府、经济、司法、金融、社会保障、精神文明、城市规划和建设等，他们回国后大都写出了相关的考察报告，为吸取新加坡经验提供了第一手的感性材料。

在借鉴新加坡经济建设经验的实践过程中，最突出的和最有成效的当数苏州工业园区。苏州工业园区成立了借鉴新加坡经验办公室，这是中国最大的吸收新加坡经验的机构。但是，用新加坡内阁资政李光耀的话说，新加坡的经验在他们的脑子里，以前并没有多少书面总结。为了向苏州介绍经验，他们动员了 500 多家企业和各类机构进行总结，几乎所有政府部门均直接参与其中。到 2001 年 6 月，新加坡参与向中方传授经验工作的人员已超过 3700 人次。

中国政府的很多高级领导人都访问过新加坡，大量的地方政府官员也被派往新加坡学习和培训。《李光耀回忆录》和《李光耀 40 年政论选》出版发行之后，在中国广受欢迎。同时，新加坡南洋理工大学举办的"中国市长班"已开办多期并培训了数百名中国高级官员。

中国香港特别行政区前行政长官董建华曾经说："李光耀的确是我们这个时代的一位伟人。在过去的 50 年里，李资政带领新加坡渡过了一个又一个的经济和政治难关。他的远见和理念不仅影响新加坡，也将影响整个亚洲的世世代代。"2006 年 7 月，香港特别行政区行政长官曾荫权前往新加坡访问，他在行前接受新加坡传媒采访时表示："新加坡有很多东西值得学习。例如，治安方面、市容方面和城市设计方面，都是她很大的长项。还有，香港特区政府里的主要官员，只有少量是从商界进来的，差不多所有部门官员，都是由公务员体制升上来的。而新加坡有些不同，他们在中层、高层都看到有由军队部队进去的，来自商界的也有，他们用什么手段可以引进这些才干？怎样能够做出一个更加完善的管治制度？这一点值得香港学习。"① 他还说到，新加坡培养政治人才的经验值得学习，希望此行深入了解成功之道。他亦提到，自己最欣赏的政治家，分别为已故国家领导人邓小平、新加坡内阁资政李光耀及英国前首相丘吉尔。②

新加坡的经验，已经得到相当一部分中国官员的认可与赞赏。中国在有效借鉴新加坡经济建设经验的同时，也逐步开始借鉴其国有企业管理、精神文明建设、司法、政党建设等社会发展方面的经验。

李光耀曾说，新加坡能做出来的成绩，中国必定能做得更出色。中国在改革开放前由于自我孤立和美国的封锁，为此付出了惨重的代价；但是中国现在已经追赶上来了。2002 年年初，李光耀在接受美国《读者文摘》杂志访问时说："将来改变中国的是受过教育的中国人，而不是美国人、欧洲人、日本人或新加坡人。他们当中最聪明、最优秀的会站出来，纵目观察世界，找出应予学习的榜样。"

2004 年 6 月，李光耀接受中国中央电视台国际频道采访时说："你们在二三十年后，会比我们做得更好。我们每培养一个高素质的科学家，你们就能培养出四五千名同等优秀的科学家，我们该怎么做？在五十到一百年之内，或许六七十年间，你们会像日本和美国，到时我们得向你们学习，因为你们会有新的发现，你们已经把人送上了外太空，'神舟'五号。没有人向你们透露他们的秘诀，是你们自己探索出来的，你们有办法这么做，那我们该怎么办？我想我们接受这个事实，那就是在五六十年后，我们必须向你们学习。

"那是不是说我们就没有希望了？不！我们在新加坡，在东南亚，都有可以扮演的角色——这个角色在经济上对你们有利，也对我们有好处。你们要走出去，你们要到东南亚去发展，新加坡是最好的选择。"

面对来自全球的赞誉声和纷纷提出学习新加坡的现象，李光耀说："他们选出我国制度的一些点滴，但我们则将这些点滴连接在一起。"李光耀指出，中国刚开放门户时，对外界缺乏认识，因此新加坡是其获取知识和信息的来源，但中国以后将超越新加坡，到时将轮到新加坡向中国学习。李光耀认为，中国的科技将迎头赶上，到时他们将有新的发明及申请专利权，并通过其他国家进行分销。再过 50 年，中国的科技将超越日本，中国的经济规模将变成

---

① 《曾荫权赴新加坡访问》，中国新闻网，2006-07-16。
② 《曾荫权今日赴新加坡访问了解政治人才培训》，今视网，2006-7-15。

日本的 5 倍。①

2015 年 3 月 23 日李光耀去世，在致新加坡的唁电中习近平主席指出"李光耀先生是新加坡共和国的缔造者，也是广受国际社会尊重的战略家和政治家。李光耀先生是中国人民的老朋友，是中新关系的奠基人、开拓者、推动者，同中国老一辈领导人共同确立了中新关系发展方向，为增进两国人民友谊、开拓两国合作做出了重要贡献"，同时还说道"我曾多次同李光耀先生会面，就中新合作及国际和地区形势深入交换意见，至今记忆犹新。李光耀先生的逝世，是新加坡人民的损失，也是国际社会的损失。"

2021 年 10 月 15 日，中新建交 30 周年之际，习近平主席同新加坡总理李显龙通电话时说"中新作为近邻和伙伴，政治上相知互信，合作中与时俱进，交往中互学互鉴"。2023 年 3 月，习近平主席会见来访的新加坡总理李显龙时指出，"你此次访华期间，我们把中新关系提升为全方位高质量的前瞻性伙伴关系"，"中方把新加坡置于周边外交优先方向"，并强调未来两国合作要使"高质量"成为中新合作最鲜明的标识。

作为一个经济社会健康发展、内外环境稳定和谐的成功范例，新加坡的国家治理经验已经引起世界很多地区和国家的关注，一些国家和地区也真诚提出要向这个"小红点"学习，并开展"第三方"合作，与新加坡携手共同开辟国际市场。

---

① 蒋汉杰，《选择做个新加坡人》，中国侨网 2007 年 07 月 20 日。

第一章

把握转型升级关键，焕发经济活力

独立初期的新加坡是东南亚的一个岛国，传统经济以商业为主，转口贸易和航运业也较发达。20世纪50年代至70年代，李光耀在对苏联、中国的社会主义计划经济、国营经济体制和欧美、日本的自由市场经济、自由企业制度的发展进行了比较研究以后，确定了新加坡外向型经济的发展道路。由于政府适时调整经济发展战略，采取了一系列强有力的政策措施，积极发展外向型经济，大力引进外资、西方先进的工艺技术和管理经验，从而使新加坡经济获得了强势增长，在20世纪70年代跨入了"新兴工业化国家"行列，并在21世纪到来之际迈进了发达城市国家的门槛，到2020年人均经济总量已经达到日本的两倍。新加坡奇迹般的经济成就一直为经济学界所关注。

第一节　政府主导下的不断跨越

在新古典经济增长理论中，一个国家或地区的经济增长主要依赖于生产要素，即土地、资本、劳动力和企业家才能的潜在存量和实际投入的流量。以新加坡的自然条件而论，其土地和自然资源十分有限，虽然通过围海造田使其国土几乎增加了一倍，但依然是弹丸之地。而与土地资源相关的自然资源，包括石油、天然气及各种生产资料基本依赖进口，甚至喝的水和建房子的黄沙都需要从马来西亚进口。所以，在封闭的经济环境下，新加坡要保持持续的经济增长是不可能的。正因如此，新加坡在建国之初就确立了市场开放的基本国策。

以什么样的产业来支撑经济至关重要，而市场开放带来的自然资源涌入对新加坡提出了较高的国际支付能力的要求。新加坡在建国之初，以自身环境条件为基础，20世纪60年代以港口、化工等为主；20世纪70年代后开始逐步建立了完备的基础设施，以电子、金融和旅游业的发展实现了经济起飞；

20世纪90年代发展房地产遭遇挫折后，迅速以IT产业赶了上来；到2020年之后，国际贸易自由化渐行渐远，走向去全球化，新加坡作为发达的小国经济体不得不面对新的环境挑战。

一、产业持续升级的六个阶段

（一）独立初期发展劳动密集型经济

刚独立的新加坡是个发展中国家，人均国内生产总值不足600美元，基础设施匮乏，资本欠缺，工业生产仅供国内消费。当时的经济主要依靠低端贸易，以自由转口贸易为主要经济活动，很少有外国直接投资。

1965年，新加坡脱离马来西亚后，面临两个问题：不仅失去了可提供生产原料的广大腹地，也失去了能消化生产成品的庞大国内市场。英军撤离以后，新加坡失业与劳工动乱的情况也非常严重。为了创造就业机会，劳动密集型产业成为政府发展经济、稳定社会的选择。

新加坡政府以优厚的奖励政策吸引外资流入，发展外向型工业，使本国企业积累工业化经验，推动新加坡经济逐步进入国际经济体系。1961年，以1亿新元预算成立的新加坡经济发展局（EDB）也着手挑起重任，开始说服外国投资者将新加坡视为有利于经商的好地方。新加坡经济发展局在中国香港和纽约首次开设了海外中心，力求借助更佳地争取外国投资。与此同时，美、日等先进国家当时正面临国内工资上涨的压力，企业向外寻找新的投资方向，新加坡的优厚政策，正吸引了这些外资的流入。同时，新加坡的优越地理位置、开放型贸易体制、优良的港湾设施、以英国法为基础的法制以及勤劳和加强技术培训的员工，都成为新加坡吸引外资流入的重要因素。

新加坡的工业化道路以生产服装、纺织品、玩具、木制产品和假发的工厂起步。裕廊工业区原是新加坡西岸的沼泽地区，因工业发展成为新加坡第一个工业区。除了发展劳动密集型的制造业之外，新加坡政府发展资本与技术密集项目，如推动石油化学工业的发展，建立了蚬壳东方石油以及大众钢铁厂。在20世纪60年代末期，新加坡即已成为重要的石油提炼中心。

（二）向资本与技能密集产业延伸

到了20世纪70年代，失业问题已经得到解决，工业正蓬勃向前发展。经济发展局也将新加坡定位为可快捷设立新运营处的地点，突出新加坡已预先建设工厂，并且随时有可用的技术、熟练的劳工队伍等优势。经济发展局在欧美及亚洲各处相继设立了更多的办事处。

新加坡的工业基础在这个时期扩展开来，同时开始制造更为精密的产品，其中包括电脑部件、电脑外围设备、软件配套以及半导体。这不仅带来了新的投资，尤其是在电子业方面，也促使产品多元化，使新加坡贸易出口在全球经济不景气的情况下，仍得以大幅度提高。

此时，一些跨国公司因在新加坡的制造业获得较快发展，进而选择在新加坡进行研发。这显示其有长远发展的信心，也推进其在新加坡建立工业基地。德州仪器便是这样做的跨国公司之一，该公司专职于制造半导体及集成电路，向全球市场供应。在新加坡，德州仪器投入了 600 万新元，仅用 50 天便将生产线设置完成。这是新加坡经济发展局花费 6 个月的时间获得的一项大投资，也掀开新加坡电子产业发展的序幕。

1971—1976 年，经济发展局下属的海外中心先后于苏黎世、巴黎、大阪和休斯敦开设。此外为了专注于工业培训，新加坡在本土成立了一个人力与培训机构，并于 1971 年制订了海外培训计划。在此计划下，一些年轻的新加坡技术工人远赴德国，参与了学徒式见习计划。同时，新加坡经济发展局也就联合政府建立培训中心的构想，开始与印度的塔塔集团、荷兰的飞利浦以及德国的罗莱展开讨论。以这种独特的合伙方式进行劳工队伍培训，既是破天荒的创举，也是新加坡投资促进计划向前迈进的一大步。

1975 年的全球经济衰退虽然稍微拖慢了新加坡的发展，但新加坡的经济始终保持着一定的敏捷度与灵活度。经济发展局在此期间争取了更多的工业项目，也是在这个时期，制造业超过商贸业，成为新加坡经济当中最大的组成部分。

20 世纪 70 年代新加坡政府重建新加坡沿岸设施与物流设备，使之成为全球最繁忙的货柜港。现在，新加坡已逐渐成为东南亚地区主要的造船、修船与油轮建造中心。

工业化可以创造就业机会，金融与银行业的拓展也可减轻失业的压力，基于早期的商业贸易转口经验，新加坡在原有的设施基础上，扩大并加强银行与金融活动，希望成为全球性的金融中心。

1970 年，新加坡开放外商银行进入市场并成立金融管理局（简称金管局），以统管新加坡的金融与外汇市场。1973 年，金管局公布境外金融措施，让国际知名银行在新加坡进行境外金融业务。新加坡的股票交易中心也于 1973 年成立。

（三）发展知识密集产业经济

20 世纪 80 年代的新加坡展开了政府提倡的"第二次工业革命"，投入诸如研发、工程设计以及电脑软件服务等知识密集活动。

当年的贸易与工业部长吴作栋，就 1981 年预算案发表讲话时表示："本计划的主要目的，是要将新加坡发展成以科学、技术、技能和知识为基础的现代工业经济体。"新加坡政府公布推动制造业朝向高科技和资本密集型产业发展，以高生产力与高增值作为目标，鼓励以资本替代劳动的生产，提高附加值。

政府采取的主要措施包括改变工业生产关系与劳工管理体系，以提高生产力；推广并提高教育、职业培训等提高生产力水平的投资；扩大并推广外资奖励措施，以吸引高科技企业到新加坡投资。

为了应付高科技企业对专门劳工的需求，经济发展局与日本、德国和法国三国政府联合成立了技术机构，培训针对电子与工程方面的专业人才。经济发展局也负责掌管及发放技能发展基金，以鼓励各界进行符合需要的人力培训。旨在刺激私人业界进行研发的科学园，在新加坡国立大学旁边建立起来。通过政府的机器人租赁计划展开的各项降低成本、融资与技术咨询，帮助制造商提高自动化水平。

政府为了加快从劳力密集产业向高科技产业转型的步伐，采纳了一套高工资策略。然而，随着全球经济逐渐放缓，企业的工资负担大为加重，新加坡也滑入了经济衰退的困境。时任贸易与工业部长的李显龙领导了一个经济委员会，深入探讨如何才能恢复竞争力。该委员会最深远的一个影响就是提出启用灵活工资制度，让企业员工的薪酬涨幅取决于公司本身的盈利多寡。该委员会的另一项重要建议是，要求经济发展局协调推动经济活动的所有方面。经济发展局于是以将新加坡转为全面业务中心为新目标，开始广泛吸引金融、教育、时尚生活、医药、信息技术与软件业等各种国际服务企业。

新加坡的经济增长，是以制造业和服务业为两大动力源泉。另外，推动新加坡本地企业发展也变得越来越重要。1986 年，经济发展局设立了小型企业局，拟定了多套协助计划以帮助小型企业实现增长。

这些措施的推行在 10 年之内把新加坡的经济发展推向另一高峰。20 世纪 80 年代初奠定的高科技产业基础，使新加坡迅速成为东南亚工业化水平最高的国家。

（四）重视向海外发展

随着知识经济的发展，新加坡意识到要立足国际市场，需要向高科技产业与信息产业等发展。20 世纪 90 年代初，新加坡政府重新检讨新加坡经济发展方向，公布经济蓝图；鼓励本国企业多元化，发展新技术，进军国际市场。

该蓝图的基本目标是提升新加坡的全球竞争力，将制造业和服务业作为经济发展的主要推动力。

为了达到全球竞争力提升的目标，新加坡吸引海外专业人才的流入，增加政府、工商业界与学术界就经济问题的对话；教育人民，促进与区域间各国的经济交流，增进国际视野。

开发新的竞争力评估标准，以随时观察短期或中长期竞争力变动情形，并尽早发出警报；发展新加坡成为多国企业的营运总部，并促进国内企业发展，以降低新加坡经济的脆弱性。

到了 20 世纪 90 年代，经济发展局在全世界已有 16 处投资促进中心，其扮演的角色也有所扩展，成为通过策略规划合伙关系、帮助企业塑造及设计活动的商业建筑与设计师。

"全球化"成为新的目标。经济发展局将目光投向全球，寻找金融、技术、人力与信息等各方面的资源。新加坡仍在寻求吸引海外投资，尤其是在高增值产业方面，但发展与国内经济相连的外界经济，对新加坡的经济竞争力而言更是至关紧要的。

在新加坡以外创造经济空间，目的是要促使新加坡公司和驻新加坡跨国公司把对资源的高度依赖，分布到资源丰富的国家，借此参与区域的整体增长；与此同时，仍在新加坡本土的经济活动，则向更高端的经济层次迈进。

新加坡借助本区域其他国家的土地与人力资源建立工业园，使经济获得了新的发展空间。这些工业园多设在中国、印度、越南及印尼。

（五）在 21 世纪不断提升科技要素

到 2000 年，在新加坡运营的跨国公司有 7000 家左右，其中大约半数拥有区域性业务。2000 年，新加坡成为世界上第一个宽带网络遍及全国的国家。新加坡此时的经济结构既多元又平衡。强健的制造业与服务业是新加坡经济的两大支柱，种类繁多的商家及从事较高增值服务的企业，都大大活跃了新加坡的经济。

21 世纪初，新加坡已是融入地球村的开放式市场经济的国家，同时拥有高效率、灵活而又有适当能力的劳工队伍。此外，新加坡的企业、工会和政府三者之间合作良好，关系稳定和谐，自新加坡建国以来极少因劳工动荡而发生混乱。新加坡政府提倡的是亲商环境，鼓励跨国公司及本国公司在新加坡进行投资与扩展。

新加坡政府力求能够预见问题，并且提出有效的解决方案。经济发展局制定了几套策略来实现本国在 21 世纪经济发展的蓝图，确保作为货品、服务与信息中心的新加坡持续与时并进，竞争力常保强盛。这些策略的内容是：

（1）扩大新加坡经济腹地，把7小时飞行范围内的国家，视为通商腹地，包括中国和印度。

（2）通过低税率等政策，激发人民的冒险精神，鼓励新加坡人创业，建立一支业务国际化的本国企业队伍。

（3）成立"全国革新理事会"，改变新加坡人的思维，不再墨守成规，而是更有革新精神。

（4）加强新加坡的出口竞争力，同时提升本地企业的服务素质。为了达到这些目标，政府将提升制造业的水平，出口科技含量高的产品，协助中小型企业和零售商提高生产力。

（5）让更多新加坡人接受大专教育，培育更多本国人才，吸引世界各地的人才，并且留住本国精英。

新加坡面对许多新的挑战。科技的发展以及全球化的趋势，改变了世界经济，美国和日本经济增长速度放缓，中国经济快速发展所带来的挑战，区域经济和政治局势的动荡，使新加坡不得不找寻并孕育新的、具有增长潜能的经济领域。新加坡政府认为新加坡经济必须提升、转型并保持活力，这是保持经济增长、制造新就业机会、增加国人财富的唯一途径。

（六）"百年变局"和新冠疫情之后

新加坡在2021年年初制定了制造业2030愿景，目标是要在10年内，把制造业增值提高50%，将新加坡打造为先进制造业的全球业务、创新和人才中心。之后为了推动落实制造业2030愿景，新加坡又推出制造业产业转型蓝图的更新版，涵盖电子、宇航、能源与化学、精密工程，以及物流五大领域。

但从特朗普2016年就任美国总统和西方贸易保护主义泛起之后，世界经济格局和地缘政治来到一个新的历史转折点。三年的新冠疫情导致全球供应链中断，逆全球化的浪潮加剧，俄乌战争爆发进一步冲击供应端与加剧地缘政治冲突。

被作为新加坡第四代领导团队"接班人"的副总理兼财政部长黄循财发布2022年《携手前进新时代》财政预算案，提出"面对全球日益增长的经济民族主义以及保护主义，新加坡这个外向型的小经济体必须做出调整、在经济领域重新定位，并为未来更新社会契约"。要开展一场"新加坡携手前进"运动，涵盖"六大支柱"主题：经济、教育、医疗、建设、环境和身份认同，让新加坡每个人都有机会参与这个运动，每一个"支柱"都会由一名部长负责。黄循财希望通过这项运动让政府洞悉人民心声、责任和要履行的公民义务，并一起努力，将共同的愿景和目标化为现实。

黄循财在 2023 年五一劳动节集会上发表主旨演讲时指出，虽然国际贸易环境发生变化，新冠疫情却提升了新加坡作为可靠与值得信赖商业中心的国际声誉，新加坡必须抓紧这个机会，提高国家的竞争力。他强调新冠疫情及地缘政治紧张等因素令全球贸易出现显著变化，世界大国纷纷投入大量资金试图建立各自的战略产业，新加坡无法同样以大笔津贴来吸引跨国企业来新投资，而是要凭着足智多谋与创新、胆量和进取心取胜。对于深化新加坡优势领域创新能力，新加坡政府要继续大力投资在研发和创新，并与全球领先的公司携手合作。黄循财很形象地说："新加坡可能很小，但是这个小红点比以往任何时候都更明亮。"

二、政府主导型经济发展模式

20 世纪 70 年代以来，西方的一些经济学家和政治家，常常把新加坡作为自由放任主义理论的成功典范。其理由无非是：新加坡是自由港，政府对外实行全面的开放政策，对内实行市场经济，但这并不全面。

新加坡一方面对外开放，实行市场经济；一方面又加强对经济生活的干预和调节，这是新加坡外向型经济发展区别于快速发展的东亚其他地区的重要特征。

与中国台湾地区、韩国比较，新加坡和中国香港特区是属于彻底型的外向型经济。因为新加坡和中国香港特区本身都是自由港，经济体制完全是开放型的，商品进入的限制很少，关税也不高；价格基本上由市场调节，政府只对少数商品（如糖、水泥）实行控制；不实行外汇管制，外资企业的利润和资本自由汇出，对外资的进入也不加控制，不搞国有化，也不实施反垄断法；有完善的金融市场，黄金和外汇交易方便；政府亦无指令性计划；在制造业和大部分经济活动中，一般都以私人企业为主导。

（一）政府主导全力引进外资

引进外资发展经济是新加坡外向型经济的又一大特征和最主要的内容，新加坡利用外资的主要形式是吸引外国直接投资，这占到外资利用的 90% 以上，这个比例大大超过其他亚洲新兴工业国家和地区。政府认识到，要让人民尽快致富，只有同掌握财富的人——西方人打交道。因此，新加坡对外国投资者是完全开放的。由于采取了鼓励外来投资的各类优惠政策，外国投资持续不断地涌入新加坡。

1963 年，在新加坡的外国直接投资仅有 500 万美元，1983 年已增至 119.1 亿美元，1989 年又增至 241.2 亿美元。20 世纪 70 年代末至 80 年代末的 10 多年时间里，外国直接投资净增长了 4.65 倍。其中增长速度最快的时间段是 20 世纪 80 年代初，80 年代中期增长趋势相对放缓，1986 年后又开始出现回升的局面。

（二）开放与干预的平衡

实行市场经济，并不意味着新加坡政府对经济生活实行自由放任，相反，政府对经济的干预和调节作用是很大的。主要表现在以下几方面：

第一，国家拥有相当一部分土地、资本和劳动力，并对它们进行有效的管理。政府拥有的土地占全国土地的 70%，并可根据发展的需要，以一定的价格征用其他土地。政府是新加坡的最大"雇主"，政府雇员占全部就业人数的 20%。

第二，国家除直接控制部分商品价格外，还通过税收优惠提供高效率的基础设施服务等手段，影响产品的相对价格，调节资源的分配。在劳动力价格方面，政府通过工会组织对全国薪金理事会的影响，对全国雇员和工人的工资和薪金的增长进行调节。

第三，国家垄断全国的基础设施和社会服务事业，并提供电话、邮政、港口、机场、工业用地、广播电视和大部分医药卫生和保健服务。国家还向居民提供受教育的机会和居住的条件。

第四，国家直接参与生产活动，与私营企业进行合作和竞争。国家建立了大批国有企业和与私人合资的企业。如新加坡开发银行，其股份大部分由政府控制，主要从事商业银行业务，并在许多私人企业中拥有投资。

第五，在政府各部门的管辖之下，新加坡设立了许多专门机构，负责制定和执行经济与社会生活的各个计划和政策。如经济发展局负责制定、执行各种投资优惠计划和政策，并通过实施税收优惠、津贴、补助、贷款和股份参与等方式，影响私人投资。

第二节 科教人才政策与信息化国际化

新加坡经济的强势增长，除借助其作为国际港口的优势发展转口贸易之外，更得益于它合理的战略决策，这主要包括新加坡政府一直重视职业技术培训、吸引人才、发展高科技产业，大力推进新加坡的信息化建设，为经济发展提供最有效的支持，以及努力开拓国际资源环境，等等。同时，公共服务的输出，是小小国家新加坡创造的奇迹，这为新加坡带来经济收益的同时，更为其创造了良好的国际环境。

一、高水准职业教育和终身学习

为了发展经济及解决严重的失业问题，推动经济由劳动力密集型向知识密集型发展，把新加坡建设成为经济发达、科技进步、国民文化素养较高的国际化大都市，新加坡政府自建国之初起就非常重视职业培训，在全社会树立终身学习的风气。

（一）调整教育发展战略，改革高等教育

发展具有高度工艺技术的精密产品工业，就要有高水平的工程技术人才和具备高度工艺技术的熟练工人，以及谙熟现代生产工艺及管理方法的管理人员。主要内容包括：（1）增加各种专业学校的招生人数，满足经济发展对毕业生人数的需求；（2）增设工业发展中急需的专业，如民用工程、电子工程、机械制造、造船、修船等专业；（3）改革课程设置，开设范围广泛的选修课程，以适应学生的不同爱好和能力，为学生打下更广博的知识基础；（4）提高教育质量，尽量减少不合格者和掉队者；（5）节约开支，把教育资源浪费减少到最小。

（二）提倡终身学习，发展职业技术教育

新加坡政府认为，不可能教给一个 6 岁的孩子或 25 岁的青年在 25 岁和 65 岁之间所需要的全部知识。终身学习应成为人们生存之必需，其中，继续教育又是最重要的环节。新加坡政府除了一如既往重视发展正规教育以外，还十分重视发展继续教育，特别是终身教育、终身学习体系。

职业教育与终身学习体系由学校教育、继续教育、在职培训和民众联络所组织的各种文化、教育培训活动等组成。新加坡的终身学习体系大体上是由以下几部分组成：（1）由大学、理工学院、工艺教育学院开设的各类短期的、业余时间的培训课程；（2）由工商企业办的各种职工培训课程，分为岗前培训和在职培训，这有工商企业自己办的，也有委托教育机构办的；（3）由新加坡的社会基层组织、民众联络所举办的各种文化、教育培训活动。

除了这些面对全体国民的正式教育、继续教育和终身教育以外，新加坡政府还为工艺教育学院和理工学院的毕业生制定了一套能协助他们在整个工作生涯中不断提高自身素质的架构。所谓提高，就是让已获得工业技师证书的毕业生通过学习拿到理工学院专业文凭，或从专业文凭提升到大学文凭；或者举办帮助人们获取新知识、提升技能的短期进修班，学员毕业后可获得更高级的证书和专业文凭。

从 20 世纪 60 年代以来，新加坡工艺教育学院和五所理工学院均开办了许多继续教育课程。

新加坡教育系统、工商企业、公私立机构以及社区基层组织所提供的终身学习培训课程种类很多。如果从教育层次划分，终身学习的课程大致可分为三级：

第一级是工人提高计划。这一级的计划又可分为三类：

（1）由新加坡工艺教育学院开办的业余时间的继续教育，例如，培智（best）教育和汇智（wise）教育等课程，培训对象是那些没有小学、中学或高中学历的员工。因此，课程分层次从小学到高中，按需施教。学习科目有英语、华语、数学、历史、科学等。

（2）由工艺教育学院开办的短期的、业余时间的技能训练课程。例如，单元技能培训、壮年工友与时并进训练等，课程内容包括各种专业技术的实用技能，如电子维修、建筑制图等。

（3）实地培训。如在职培训课程、学徒培训计划等。这些培训计划都是工厂的内部培训，通过培训提高员工的技能水平。通常这类培训机构都会与工艺教育学院联合举办阶段测验，或连续评估考试，让员工达到全国技术等级要求。

第二级是为中上层的工程人员或管理人员开设的专业文凭或证书课程。课程通常是由新加坡的四所理工学院和新加坡管理大学，依据生产及社会需要确定。除了开办传统的工程和工商课程外，也通过与私人企业界或大专院校的密切合作提供多元化的学科培训。通过这些培训，相关人员获得新知识，思维得到训练，综合能力得到提高。

第三级是由新加坡国立大学、南洋理工大学、新加坡管理大学和新加坡开放大学受教育部委托主办的各类学术性提高课程。这几所大学一般采取学分制，研究生修满规定的学分达到相应要求，并完成学位论文后，可以获得相应的学位。学分制允许学生按照自己的时间和进度，配合自己的学术专长和个人发展的需求来选修课程。

（三）设立终身学习基金和李光耀提升奖学金

为支持新加坡国民终身学习，新加坡政府专门设立了终身学习基金。该基金的款项主要由政府的财政预算盈余和社会筹款组成。

　　终身学习基金主要用于支持新加坡正在实施的各种各样的培训计划，如职工联合总会开办的职工技能提高计划。此外，这项基金也将资助开发新的培训计划，以协助提高新加坡全体国民的就业能力，并优先考虑与数码信息科技的开发、应用有关的培训计划。新加坡政府正在发展一套全国数码信息科技教育计划，帮助其国民掌握在工作上和生活中所需的数码信息科技技能。新加坡政府希望所有国民，不论老少，都对数码信息科技有所了解，或是能比较熟练地使用。

　　为了鼓励工艺教育学院和理工学院的学生终身学习、不断提高，新加坡教育部设置了李光耀提升奖学金。李光耀提升奖学金的基金主要来自《李光耀回忆录》下册销售后所得的部分收入，首次得奖的是 10 名工艺教育学院学生和 5 名理工学院学生。

　　随着终身学习基金和李光耀提升奖学金的设立，新加坡建立起了一套有始有终、从学前直到退休的终身教育系统。新加坡认为随着大多数国人已经有机会接受中小学和高等教育，接下来的任务就是要把继续教育普及化，培养国人终身学习的精神。这种职业教育和终身学习机制的形成，为新加坡经济快速发展提供了良好的人力资源基础。

二、一流的数字化水平

　　20 世纪 80 年代以来，在新加坡政府的推动下，以发展信息产业为重点，积极建设信息基础设施，使这个国土面积狭小的国家成为亚太地区的电子商务中心和信息化强国，创造了信息化的奇迹。新加坡政府认为，在新世纪到来之际，构成国家经济主体的基础支撑将发生变化，宽带数字通信网络和先进的信息技术将成为知识经济腾飞的新的推动力，并将使人们的工作、生活和休闲方式产生革命性的变化。新加坡从 20 世纪 80 年代后期就开始在全国范围内建设高速通信网络，开展计算机应用服务。通信基础设施被视为国家经济战略的一个重要方面，整个技术开发都在政府的统筹规划下进行，这也是新加坡信息化建设成功的关键。

　　（一）加快推进信息化建设

　　新加坡的信息化建设始于 20 世纪 80 年代初，到目前为止，国家信息化建设的蓝图已经随着科技和时代的发展更新了多个版本。

　　蓝图一：国家计算机计划。1981 年，新加坡提出了国家计算机计划，当时政府部门中只有财政部和国防部有计算机，但有很多民事服务面临提高效率的问题。因此，国家开始推动民事服务的计算机计划，培养 IT 人才。目前，新加坡已经有 20 多万的 IT 人才。

蓝图二：全国资讯科技蓝图。20 世纪 80 年代末，计算机和通信技术开始融合，新加坡为适应这一变化，在 1986 年制定了全国资讯科技蓝图，重点放在研发工作上，国家电脑局成立了研发部门专门负责开发新的 IT 技术。

蓝图三：智能岛计划。1992 年，新加坡再次提出 IT 2000 计划，即智能岛计划。以 ATM 交换技术为核心、光纤同轴混合网（HFC）和 ADSL 并举的新加坡综合网担当"智能岛"主干神经的重要角色，经由局域网接入所有的办公室、公共场所和家庭，向社会各领域提供信息技术应用和服务，改善人们的生活质量。在实施这一计划的过程中，新加坡政府"软硬"并举，从科研到产品和应用进行了统筹规划，同时以各种优惠政策鼓励私人企业参与。1996 年 6 月，为了推动"智能岛"计划，新加坡调整互联网的发展方向，投资 8200 万新元，开发国家宽带信息高速公路项目"新加坡一号"（Singapore One），目的是让每个家庭、每个教室都拥有计算机，为每个新加坡人提供交互式多媒体业务。"新加坡一号"是新加坡 IT 2000 计划的重要组成部分，由国家计算机委员会、国家科技局、新加坡电信管理局、经济发展局和新加坡广播局共同协调，开发运营。1997 年 6 月，"新加坡一号"顺利建成，其用户已达 1.1 万，约 140 种应用，投资已经超过 2 亿美元。有计划、分阶段的信息化工程卓有成效。10 年来，新加坡 IT 业保持着高达 38% 的年平均增长率，已有 50% 以上的家庭拥有个人电脑，25% 的家庭使用互联网，95% 以上的行业应用信息技术，"新加坡一号"已成为新一代宽带多媒体通信基础设施。

蓝图四：21 世纪资讯通信技术蓝图。1999 年 12 月，新加坡电信管理局和国家电脑局合并成新加坡资讯通讯发展管理局，新机构的主要职能和权限是根据法案规定，对信息通信技术行业进行管制和促进，战略目标是将新加坡建设成为全球信息通信中心之一。2000 年 4 月，资讯通讯发展管理局制定了"21 世纪资讯通信技术蓝图"。新加坡政府意识到，数字经济已经不是一个自动化的问题，而是一个社会经济问题。因此，在该计划的实施过程中，新加坡全面开放电信市场，落实了电子政务行动计划，并加大对电子商务的推动力。

蓝图五：联城计划。2003 年，新加坡再次制定了"联城"（Connected City）计划，目的是将新加坡与世界上大的国家、大的城市连接起来，成为四通八达的"联城"，进而发展成为亚太地区的电子商务枢纽，使这个城市国家的传统行业从电子商务中得到新生，成为世界信息通信强国。该蓝图还描绘了个人、机构和公司如何利用信息通信技术，创造新的价值、丰富自己的生活的美好前景。"联城"计划的一个重要任务就是建立多层次的伙伴关系，这种伙伴关系不仅局限于行业内部，也拓展到行业与政府之间以及新加坡与其他亚洲、北美洲和欧洲市场之间。

几十年来，新加坡为建设"智能岛"采取了政府和企业相结合，以发展IT产业为重点和技术引进与本土开发并举的方针，从信息基础设施硬软两个方面来培养人才，从总体上提高国家信息化水平。

（二）新加坡电子政务

新加坡从 1981 年起就开始发展电子政务，长期以来，新加坡政府都在不遗余力推行各部门集成化、一体化的电子服务，并建立了专门管理机构，全速推动电子政务的发展进程。新加坡数字政府的建设过程，从 20 世纪 80 年代至今大致经历了以下四个阶段：

第一阶段：信息技术普及阶段（1980 年至 1990 年）。新加坡在 20 世纪80 年代初就开始了对电子政务的探索，尝试通过信息技术的普及和培训来提高政府的工作效率。新加坡政府先后制定了《国家计算机计划（1980—1985）》《国家 IT 计划（1986—1991）》等战略规划，提倡办公无纸化、自动化和全社会的电脑化，为各级公务员配备电脑并对其进行信息化培训。在这期间，新加坡政府先后开发了 250 多套计算机管理系统，并建立了一个覆盖 23 个部门的计算机互联网络，旨在促进政府部门之间的数据共享和政企间的数据交换。

第二阶段：国家科技计划阶段（1990 年至 2000 年）。随着国家计算机与IT 计划的实施，信息技术在各级政府和全社会已得到了广泛的应用，在此基础上新加坡政府又制定了《国家科技计划（1991—2000）》《IT2000 智慧岛计划（1992—1999）》，致力于打通信息孤岛，促进数据交换共享和互联互通，并建成了国内第一个宽带网络，政府开始基于互联网为公民提供服务。同时，新加坡政府于 1996 年宣布实施《覆盖全国的高速宽带多媒体网络计划（Singapore One）》，旨在建设一个集高速和交互为一体的多媒体网络信息服务平台，公众可通过该网络享受 7×24 小时全天候服务。

第三阶段：电子政务行动计划阶段（2000 年至 2006 年）。2000 年新加坡政府出台了第一个电子政务行动计划——《e-Government Action Plan I》，提出要在全球经济日益数字化进程中将新加坡发展成电子政务领先的国家。在第一个计划启动三年后，新加坡政府又推出了新的计划《e-Government Action Plan II》，该计划的愿景是在未来三年间打造一个网络化的政府，实现数字化业务系统的部门全覆盖。在此期间，新加坡政府还推出了《信息通信 21 世纪》《互联网新加坡》等战略规划，促进 IT 技术的整合与应用，打造一个在任何时候、任何地点都能获得信息服务的高效能社会。

第四阶段：智慧国建设阶段（2006 年至今）。经过 21 世纪初电子政务和信息技术产业的发展，新加坡的国家影响力逐步上升。2006 年，新加坡政府提出了"智慧国 2015 计划"。这是一个为期十年的信息通信产业发展蓝图，旨在充分利用信息通信技术（ICT）提高新加坡的经济竞争力和创新能力，将新加坡打造成一个信息技术应用无处不在的智慧国家、一个全球化的城市。该计划从根本上加快了数字政府建设，实现了"多个部门、一个政府"的目标。2014 年 6 月，新加坡提出了智慧国计划的升级版——"智慧国 2025 计划"，这是全球首个政府统筹的智慧国家发展蓝图。该计划旨在使用科学技术为民众创造更加舒适且充满意义的生活，利用互联网、物联网、数据分析和通信技术，提升民众生活质量、增加商业机会、促进种族团结。比起上一个计划所侧重的 ICT 建设，新的十年计划将秉持"大数据治国"的全新理念，推动建立全国性数据连接、收集、分析的操作系统，并通过对大数据的处理和分析，准确预测公民需求，优化公共服务供给，使公民享受到更加及时和优质的公共服务。

完善的资讯通信网络及发达的信息科技水平，使新加坡在资讯通信科技的应用及在这个领域的竞争力表现突出，连续 5 年在世界经济论坛所发表的全球信息科技报告中名列前茅。

作为亚洲的一个城市小国，在政府的推动下，几十年来新加坡以发展信息产业为重点，积极建设信息基础设施，使这个国土面积狭小的国度成为亚太地区的电子商务中心和信息化强国，为新加坡经济的快速发展提供了高效率的支撑。

（三）新加坡与《数字经济伙伴关系协定》

数字技术在全球经贸活动中，发挥着越来越重要的作用。虽然全球经济增长乏力，但数字经济依然呈现出强劲韧性，逆势上扬。从全球经贸数据分析看，数据跨境流动对经济增长形成的推动力，已超过了传统的投资与贸易。

但是在世贸组织（WTO）现行规定下，尚没有针对数字贸易的专门规则，现有的相关规则制定也大多集中于 WTO 框架下的协定文本及附件中，已无法满足全球数字贸易发展带来的规则需求。正因为缺少全球性规则和一致性监管方案，数字经济发展不同程度地遭到了市场准入限制、本地化要求、知识产权、数据隐私、网络安全、税收和管辖权不确定性等壁垒和挑战。

正是在这种国际贸易环境下，《数字经济伙伴关系协定》简称"DEPA"应运而生。DEPA 由新西兰、新加坡、智利于 2019 年 5 月发起、2020 年 6 月签署，目前已经生效，是全球首份数字经济区域协定。该协定涵盖商业和贸易便利化、数据问题、新兴趋势和技术、创新与数字经济、中小企业合作等16 个模块，对国际数字经济活动和交流提出了比较全面的规则安排。

DEPA 协定由商业和贸易便利化、商业和消费者信任、数字身份、中小企业合作等 16 个主题模块构成，相关成员国不必同意 DEPA 的全部内容，可选择符合自己利益诉求的模块选择性加入。DEPA 的作用和价值是多方面的。首先，将促进签约国之间的数字贸易。其次，将共同促进可信赖的数据流动。最后，将促进企业对数字体系的信任和对数字经济的参与。

2021 年 11 月，中国正式申请加入 DEPA。2023 年 1 月，《韩国—新加坡数字伙伴关系协定》（简称 KSDPA）正式生效，新加坡在推进 DEPA 方面又迈出重要一步。这是继新加坡与智利、新西兰和澳大利亚签署 DEPA 协议后，与贸易伙伴签署的第四个数字经济协定，也是新加坡首次与亚洲国家达成的DEPA。

三、吸引全球人才

（一）新加坡的人才引进

新加坡的人才引进始于 20 世纪 70 年代。为了与"亚洲四小龙"中的其他"小龙"进行竞争，新加坡政府注重引进技术水平高的专业人员，来满足制造业等劳动密集型产业和金融服务业等资本密集型产业的需要。随着大批外籍技术人员与非技术人员的涌入，新加坡的外资引进和经济发展都有了长足进步，其人才引进政策也进一步完善。

新加坡引进各种层次人才的目的有三个：一是促进引进外资；二是扩展关键行业，以利竞争；三是改进服务行业水平。目前在新加坡居住的 400 多万人口中，外国人占了近 1/4。

新加坡政府吸引外国人才的优惠政策有：（1）减免税，即企业和公司在招聘人才方面的支出可以享受减税；（2）提供高薪和住房；（3）提供培训，在新加坡金融界工作的外籍人员可参加由政府资助的国内外培训；等等。引进的外国专家已从过去承担咨询方面的工作到现在能参与行政和企业管理，有些甚至已在政府部门中担任局级干部，或在高校中担任校长等重要职务。新加坡统计局的数据表明，目前有 8 万多名外籍高、精、尖人才受雇于新加

坡的跨国公司，如微软、通用等；3 万多名信息与通信专业技术人员中，30%
来自国外；高等院校中近 40%的教授和讲师为外国人。

外国人才的大量流入，推动新加坡的经济增长率从 1966 年的 9%上升到
1980 年的 28%。离开外籍人才的补充，新加坡的 IT 业就不可能在亚洲地区位
居前列。有一个成功的例子是新加坡发展银行聘请了摩根士丹利公司的一位
高级主管担任首席执行官，这位主管又介绍了其他国家人才到该银行效力，
结果该银行的股票市值一年内增加了 5 倍，净利润从 1998 年上半年的 1.663
亿新元增至 1999 年上半年的 6.55 亿新元。

在体育和文化方面，新加坡通过引进中国运动员和教练，使本国的羽毛
球和乒乓球水平有了飞速提高，每支职业足球队都有 5 名外援，国立交响乐
团 87 名乐手中，也有 51 名乐手来自国外。正如新加坡政府领导人所说，新
加坡要想在世界大赛中进入甲 A 层次，就必须引进外国运动员，否则根本拿
不到名次。体育比赛是这样，搞经济也必须如此，要想在竞争中领先，新加
坡必须"苦干加巧干"，引智政策就是"巧干"成功的例子。

为了提高引进人才的效率，新加坡政府已将人才引进统一划归人事部全
方位协调和管理，并通过国际合作促进科技创新。①特别是对发展经济急需的
高科技、电子、通信、金融等专业人才，优先从速引进，同时控制输入普通
的劳工。为了留住人才，近几年新加坡每年都签发 3 万张永久居留证，并允
许部分外籍专业人士成为新加坡公民。这些成熟的引进体制，保护了国外投
资者的利益，也增强了他们在新加坡发展的信心。

总结建国 50 多年的人才引进经验，不难发现，新加坡正是利用经济环境
的低潮，在积累人才资源方面抢占先机，才使本国经济竞争力在全球范围内
一直保持领先地位。

（二）政府推动科技进步与产业升级

新加坡政府将科技发展看作经济发展重要环节，并且致力于推动科技基
础建设，制定科技政策，参与和资助科技研究。其中最重要一项工作是设置
科技机构，统筹制定和执行科技政策。

新加坡用立法的方式设立经济发展局、国家计算机局和国家科学与技术
局，负责推动科技政策。这些机构是由国会立法所产生的自主性政府机构，
有特定的功能。它们的自主性，使其在运作时更具弹性，避免了国有单位的

---

① 陈强，《新加坡发展科技与创新能力的经验及启示》，《中国科技论坛》，2012 年 8 月，
第 139-145 页。

烦琐规定。由于它们是立法产生的，必须对法令负责，这包含可被诉讼，不像政府机构拥有特权和可免除诉讼。这些机构内的人员不是由公职人员委员会所挑选的，但这些人员必须接受相关部门监督，机构预算也须经相关部门审核通过。所有这些规定让他们执行任务时能随机应变，灵活有弹性，又有节制与约束，不至于超越权限。

经济发展局的首要功能是吸引外资，并运用自己在全世界的网络搜集信息，为政府提供长远规划。其中一项主要成就是在 20 世纪 60 年代吸引跨国公司前来新加坡投资，并逐渐引导资金流入高科技产业。1981 年成立的国家计算机局，主要功能在推动政府和全国计算机化与计算机教育，并且发展本土计算机工业。它所推动的人民服务项目计算机化（Civil Service Computerization Program）在全球被视为典范。瑞士洛桑国际管理学院（IMD）公布的"全球竞争力年度报告"将新加坡在信息有效运用一项评定为世界第一。国家科学与技术局成立于 1991 年，资助和奖励各项科研计划，并提供研究经费。

进入 20 世纪 90 年代后，新加坡经济持续增长，其亲商政策更是声名远播，举世皆知。经济发展局在世界各地设立了将近 20 个海外办事处，推动新加坡迈向环球化和区域化。经济发展局鼓励国内外公司在新加坡设立总部，把新加坡作为跳板，借以进入亚洲及世界其他地区。目前已经有 4000 多家跨国公司在新加坡设立区域总部。

进入 21 世纪，越来越多的公司面对企业增值的挑战，将研究与发展作为主流，步入高科技和知识密集领域。这有助于新加坡成为亚洲太平洋地区的创新枢纽，并培育出高技能、高质量的研发、创新人才。

四、倾力海外发展

（一）政府倡导，实施海外发展战略

截至 2016 年年底，新加坡海外投资规模达到 7646.75 亿新元，相比上一年增加 615.51 亿新元，占 GDP 比重达到 186.37%。积极发展海外经济是促进新加坡经济快速发展的重要引擎，同时也是新加坡发展成为发达国家以及国际金融中心的重要手段。[①]

新加坡政府提出了经济"地区化"，计划将外汇储备的 30% 作为区域化投

---

① 冉珍梅，《新加坡实施海外经济发展战略的历程、策略与启示》，《管理纵横》，2017 年第 11 期，第 18 页。

资基金，涵盖的地区主要包括中国、印度及东南亚地区。新加坡海外发展的目标是在 20 年内使其海外经济规模达到国内生产总值的 25%～30%，从而建立一个强大的外层经济力量。新加坡对外投资的大幅上扬要部分归功于政府的海外战略措施。

新加坡政府对本地企业家们说，海外尤其是在亚洲，发财致富的机会很多，要赶快去占领那里的市场，在海外发展经济实力。李光耀指出："新加坡必须长出第二只翅膀——到海外发展，发扬企业精神及敢于冒险。……我们必须适度冒险，培养自身的企业家，设立创业基金以协助有创新精神、有干劲及有胆识的小企业家。当然，不是每一个人都会成功，但是，如果每三个人中有两个在海外发展成功的话，我们就大有收获。"为了推动本国企业家走出国门，在海外建功立业，新加坡政府主要领导人一马当先，频繁地出访一些被确定为应该重点投资的国家，为本国企业家投石问路。李光耀、李显龙、王鼎昌等近年来均多次访问中国，亲自到山东、苏州等地考察投资环境，确定大规模投资的地点。在其他一些被认为比较适合投资的国家和地区，如越南、印度、印尼的巴淡岛也都留下了他们的足迹。

新加坡政府通过经济发展局等政府机构帮助本国企业做了大量的投资前期工作，直接促成了大量海外投资项目。在对华投资中，新加坡政府积极加强与中国各级政府的合作，如山东—新加坡商业理事会，新加坡—四川工作委员会以及新加坡—湖北贸易与投资促进委员会，以双方高层的合作模式推动对华投资。

新加坡政府还积极为企业海外投资提供指导和咨询。新加坡贸易发展局制订"市场与投资发展协助计划"，为企业提供信息咨询服务与海外市场调查的费用资助。新加坡促进海外投资的机构有：区域商业理事会、生意协调委员会、资料交换所、海外企业促进委员会。

新加坡市场的局限加上日益激烈的全球化竞争，意味着无法继续单靠贸易和外来投资作为经济增长的动力，因此必须积极拓展海外经济空间。由于许多国家都有意借鉴新加坡公共服务领域的经验，新加坡政府于是决定成立"新加坡公共事务协作公司"（Singapore Cooperation Enterprise，简称 SCE），这是由新加坡国务资政吴作栋倡导并于 2006 年 12 月 5 日在新加坡福康宁俱乐部正式成立的。该公司的成立，一方面通过对外合作促进了国家利益，一方面也为进驻本国的外国公司开拓了商机。

公共服务的外销，为新加坡赢得的不仅仅是经济收益，更进一步确立了新加坡的国际声誉，赢得了更为安全的国际生存环境，同时也使新加坡人产生了更强的国家荣誉感和更深刻的国家认同。

（二）扩大腹地与面向中国

在经济全球化的大环境下，新加坡政府和业界充分认识到，像自己这样一个岛国，在没有腹地、缺乏自然资源、自身市场有限的情况下，将自身融入世界经济，特别是区域经济是新加坡经济发展的必由之路。为此，新加坡政府实施了扩大腹地战略，把七小时飞行范围内的国家和地区，视为通商及经济发展腹地。这包括东盟成员国、中国、印度、澳大利亚、新西兰以及日本和韩国等广大的亚太地区。

与有关国家签署自由贸易协定成为新加坡扩大腹地战略的一项重要举措。新加坡已同日本、澳大利亚、新西兰、美国以及欧盟等签署了自由贸易协定，并正在与韩国、印度以及加拿大和墨西哥等国磋商双边自由贸易协定。在东盟内部，新加坡积极推动包括贸易、投资自由在内的区域经济一体化进程。另外，新加坡在中国—东盟自由贸易区的倡议、研究和谈判的过程中，积极大力推动，希望中国—东盟自由贸易区的建立能为中新经贸合作带来更大的发展。

由于文化和历史的原因，中新两国有着特殊的关系，两国的经贸往来源远流长。中新建交以后，两国之间的各方面关系都得到了迅速的发展，相互成为主要的经贸伙伴。近年来，世界经济不景气，新加坡经济也进入低速增长阶段。中国经济持续健康快速发展，整体经济规模不断扩大，综合国力不断加强，因而越来越引起新加坡的重视。中国经济快速发展和市场不断开放为中新经贸合作提供了广阔的合作空间和机会，新加坡政府号召"搭上中国经济发展的顺风车"，把同中国的经济合作定位为其经济发展的第四个引擎（前三个分别是美国市场、电子产业及周边市场）。

为推动同中国的经贸合作，新加坡贸工部多次组团访问中国，考察中国东北、西北和东南部地区。贸工部还分期分批地派遣政府官员和政联公司负责人前往中国清华大学等著名学府学习中国经济体系。经过两国的共同努力，中新双边经贸合作取得了较大的成绩。在国家级合作层面，从1994年设立的苏州工业园，到2007年的天津生态城、2010年启动的广州知识城以及2015年的重庆互联互通项目，新加坡与中国合作不断深化，此外还有大量与地方政府合作的小的项目也在不断推进之中。

新加坡高明之处就在于，经常能准确把握中国的对外贸易合作项目负面清单调整的动态，第一时间出现在被剔除出负面清单的领域，从而取得不俗业绩。

（三）海外经济战略的三大支柱

第一支柱：新加坡的政府机构和国有企业在对外投资中的影响力十分显著。

新加坡政府关联公司为政府所有或控股的企业，主要包括新加坡政府投资公司和淡马锡控股公司。这些投资以证券、外汇投资为主，也涉及工业、房地产等领域。

1994年1月，李光耀提出一个重要的战略抉择：将700多亿美元的外汇储备与中央公积金，每年动用2%~3%，以后逐年扩大，投资于东亚等地的基础设施、工业项目。这笔巨大的投资，已对新加坡的海外经济产生强有力的推动作用。

淡马锡控股公司代表财政部监管大部分的政府关联公司，公司所属上市公司的市值占新加坡交易所股票总市值的1/3以上，包括新加坡航空公司、胜宝旺企业集团、新加坡发展银行、新加坡电信集团、新加坡科技集团、吉宝企业、百腾置地、新加坡能源公司、东方海皇轮船公司、港务局集团等。淡马锡集团在华投资项目包括冠太发展有限公司、上海茂昌阁大酒店有限公司、苏州工业园区等。

第二支柱：新加坡私人企业对外积极发展，它们多为新加坡中华总商会的成员。

在新加坡，较有影响的私人企业有丰隆集团、泛联集团、创新科技、大华银行集团、华侨银行集团等公司。这些企业的规模、地位不及本行业的政府关联公司，但经营灵活、各具特色，对外投资不乏成功的例子。

第三支柱：跨国公司驻新加坡的区域总部，更是凭借出色的跨国投资经验频频出击海外。

在新加坡5000多家外资公司、机构，相当一部分是跨国公司的区域总部（全球500家最大企业中大都在新加坡设有机构）。在新冠疫情之后这种趋势更加明显，一些跨国公司通过其驻新加坡的区域总部对外进行投资，包括进行可行性研究和具体实施。这些区域总部的对外投资多采取独资或与新加坡企业联合投资的形式。例如，美国柯达公司对中国感光行业的投资事宜是由柯达公司在新加坡的区域总部负责决策的。

第三节   不断崛起的区域金融中心

新加坡独立初期就以建成"亚洲苏黎世"为目标，利用其作为国际贸易港的有利条件加速发展金融市场。为了促进金融市场的发育成长，新加坡政府通过提供税负和管理上的种种优惠，重点培植了亚洲美元市场和金融期货交易所。

20 世纪 90 年代中期以前，新加坡传统的监管，主要注重业务合规性，通过设立较高的从业标准和制定严格的法律制度，来确保银行不会承担过高风险。但随着现代科技的发展，金融创新的深化，金融业的日益全球化、一体化及竞争的加剧，金融管理局意识到银行业只有进一步开放和创新，才能获得发展。因此，1997 年以后，金管局对以合规监管为重心的金融监管体系进行了调整，转向以风险监管为核心，给予金融业更多的创新和发展空间。他们一方面逐步放松管制，改变对所有银行一刀切的做法；另一方面，围绕官方监管、公司治理、市场约束三大现代监管支柱构建风险监管体系。同时，注重发展风险监测、衡量和控制技术，如对市场风险、流动性风险、科技风险等设立专门部门和引进专业人才进行监管。这样就推动着新加坡进一步朝世界金融中心稳步发展。

一、有序发展的金融市场

独立初期，新加坡针对当时本国银行机构少、实力差、素质低的实际情况，考虑到如果马上让外国大银行进来，会压制本国金融业的发展，于是有意识地通过各种途径促使银行业进行收购合并，以壮大本国银行的实力。

新加坡银行业被公认为世界上最强健、最具安全性的银行体系之一。杰出的形象得益于其平稳健康的经济和政治环境、有利的律法和税收政策、优良的诚信记录等。新加坡政府的支持加上自由化政策的推动，造就了如今的新加坡银行业结构。截至 2023 年，有超过 150 家存款机构，包括全资银行、合格全资银行、批发和商业银行以及融资业务，构成了新加坡的银行体系。

根据新加坡金融管理局（MAS）的数据显示，新加坡截至 2023 年年初有139 家取得牌照的银行机构及经销商。其中，只有 6 家是本地银行，星展银行、华侨银行和大华银行是新加坡的三大银行。

新加坡离岸金融市场、证券市场和外汇市场都逐步发展起来，共同组成国际金融市场。在作为国际金融市场发展的阶段，各个市场相互起到协同作用，使新加坡国际金融市场形成了其应有的特征。证券市场对提供企业的长期资金是有效的，而且亚洲各国也拥有亚洲美元债券市场。外汇市场也拥有世界第四位的经营规模，对亚洲各国货币的经营远远超过了东京市场。在有着各种金融手段的今天，这种体系的金融市场的发展对确立国际金融市场的地位是不可或缺的。

随着新加坡作为金融中心地位的提高，政府通过改革完善了新加坡的金融体系，近年来，新加坡的金融体系主要有以下变化：

（1）1968年，新加坡建立了亚洲美元市场，这是其金融国际化的重要里程碑。到2004年，新加坡的外汇市场规模居全球第四，平均日外汇交易额为1010亿美元。

（2）将现行的英国式的由会员管理的股票交易管理制度改为美国式的由政府及银行组织参与管理的管理制度。

（3）建立证券期货市场，允许个人用公积金购买黄金、股票等，促进新加坡金融市场向更加国际化的方向发展等。

（4）打造财富管理中心。自1998年以来，新加坡开始着力打造财富管理中心。由于金管局出台了很多有吸引力的政策，因此有很多在中国香港的基金经理转到了新加坡。从金管局的资料看，新加坡的基金管理数量由1998年的870亿美元上升到2003年的2700亿美元。

二、不断完善金融体制

新加坡是亚太地区金融和资本市场最发达的国家。其金融体制主要由政府金融机构、各类银行以及各类专业金融机构组成。

（一）政府金融管理机构

1. 新加坡金融管理局

为了更好地实施货币政策、加强对金融机构的监督管理、促进金融产业的发展，新加坡成立了金融管理局，实施对国内金融的全面监管。金管局行使除中央银行发行货币之外的全面行政管理职责和职能，注重提高自身的宏观调控能力和金融管理水平，并按照国家总体经济政策对宏观经济进行调控，促进货币、信贷与利率的稳定，服务于经济的增长。新加坡金融管理局是政府的银行，也是银行的银行，但不是发行货币的银行，它实际上是新加坡除了不发行货币以外履行中央银行职能的政府银行，因此被认为是"实际上的中央银行"或"不发行货币的中央银行"。

金管局下设的银行署负责对银行机构的监管，银行署下设7个处，其中6个处负责对118家商业银行的监管，另外一个为资源培训处。其中银行监管处又分若干小组，每组3~4人，负责对几家银行的全面监管。2001年，为适应银行业的迅猛发展，银行署专设了资源培训处，统筹安排银行监管人员的专业学习，资源培训处根据监管人员的特长和监管业务发展的需要，对每个监管人员进行专长培训，并把其检查特长保存在案。一旦实施现场检查，资源培训处就会合理地把与检查项目有关的人员安排到检查组，从专业上保证现场检查的质量，较好地优化了现有的监管资源配置。

2. 新加坡货币委员会与货币局

新加坡货币委员会是决策机构，它的常设机构是新加坡货币局，其主要任务是管理新加坡货币的发行和维护货币的完整，防止伪造，确保新加坡元的发行有充足的外汇做发行准备。货币管理局的主要职能是发行政府钞券和铸币，起到中央银行的货币发行职能。新加坡着眼于稳定货币流通，专门设立货币委员会，有助于增强国际金融机构和公众对新元的信心。

（二）新加坡官方的专业金融机构

1. 新加坡投资局

新加坡投资局的主要职责是管理金融管理局和货币委员会聚集的资产。随着新加坡外汇收入的不断增加，外汇资产余额越来越大，其数量大大超过了支持新元发行以及稳定新元汇率的法定准备金的要求，需要尽可能使其保值、增值。考虑到国际投资的风险很大，为了保证投资安全，新加坡专门设立了高规格的政府投资局。投资局的任务是将这些多余的资金投资于股票、证券、黄金及房地产上，为国家赚取利润。

2. 中央公积金局

早在1955年新加坡就建立了中央公积金制度，这是一项属强制性又带社会福利性质的法定储蓄基金，只用于购房付款定向用途的支付。并规定：凡在新加坡有薪金收入（包括各种津贴）的人，都必须与其雇主将其月薪的一定比例交存中央公积金局，在雇员退休或因残无法劳动时，则可以用这笔储蓄来维持生活。聚集的资金主要用于购买各种有价证券和不动产投资，允许用公积金购买公共房屋、投资政府批准的证券和私人住宅产业及交付保险费。

3. 储蓄银行

储蓄银行即原邮政储蓄银行，其在1972年经过改组后与邮政系统脱钩，按公司法单独组建属国有的储蓄银行，专业经营吸引公众储蓄，用于购房货款和对政府债券的投资。

4. 出口信贷保险公司

1975 年，新加坡政府为支持对外贸易的发展，帮助出口商避免遭受付款和毁约的损失及协助出口商及时向银行融资而建立了出口信贷保险公司。

（三）商业银行

1991 年，新加坡有商业银行 137 家，其中新加坡本国银行仅 13 家，所占比例不足 10%，外资银行达 124 家。为避免国内金融市场出现不必要的竞争和适当保护本国银行，全部商业银行被划分为全面性业务、限制性业务和离岸业务三类。

（四）非银行金融机构

新加坡的非银行金融机构有证券银行、金融公司、货币经纪人公司、代理融资公司、租赁公司、保险公司、出口信用保险公司、股票交易所、单位信托公司、证券业理事会和黄金交易所等，都是根据法律规定的范围和形式从事业务经营的，资金来源与运用均有特定的限制。

此外，新加坡还有一批租赁公司、证券交易所、外国银行代表处、国际货币经纪商和国际金融交易等非银行金融机构，加上新加坡已有一定规模的外汇市场、股票市场、债券市场、黄金市场、金融期货市场及亚元（亚洲货币）市场等金融市场共同构成了新加坡多元化的金融体系。

三、新加坡金融管理特点

（一）货币管理机构与金融管理机构分置

新加坡中央银行的职能分别由货币委员会及金融管理局两个机构履行。新加坡在其独立后继续保留货币委员会及其执行机构货币局，其目的是维护人们对新加坡元的信心。实践证明，这一做法是符合新加坡国情的，它有利于稳定金融，促进经济的发展。

（二）汇聚了大量有实力的外资银行

新加坡金融对外开放程度高，在其银行体系中外资银行在数量及资金实力上占有非常重要的地位。外资银行资产和存款分别占商业银行总资产及总存款的 80% 以上，特别是主要对非居民开展金融业务的离岸银行相当发达，促使新加坡成为一个重要的国际金融中心。

（三）发展非银行金融机构

新加坡银行注意发展本国的金融业，除十几家本国银行外，还发展了大量的其他金融机构，而且随着国际金融业务的不断创新与新金融机构的不断建立，金融业与金融市场的迅速发展更加促进了新加坡经济的稳定增长。

（四）全面推进金融服务的优化

第一，业务品种多样化。新加坡的银行业，善于根据货币市场需要，拓展金融产品。如大华银行，内设 46 个业务组来组织相关的业务活动，其业务品种包括银行信贷、金融融资、证券银行、投资管理、信用卡、黄金及期货、外汇买卖、股票经纪等，还经营地产、租赁、旅游、旅馆、咨询与研究服务、电脑服务、贸易、造胎、制造、船务、采矿等。同时还为居民提供购屋贷款、装饰贷款、用车贷款、办理旅行支票、公积金管理以及"财路"服务等，代客支付电费、水费、煤气费、电话费、产业税、公房管理费等。发展银行、华侨银行、侨联银行大体也是如此，成为"金融百货公司"。

第二，服务手段信息化并同国际金融中心联网，大大增进了国际贸易往来及其资金清算。新加坡国际金融交易所成立后，逐步发展成为亚洲重要的金融期货交易所。新加坡股票交易所早在 1988 年就与美国自动报价股市联结，1989 年采用完全电子数据化的交易室系统，与伦敦、纽约、东京、香港等各金融中心实行电脑联网。

第三，新加坡在金融业务发展上强调"系统化"。即银行为客户提供一条龙服务，服务种类由浅入深，从简单的存款到复杂的代客户管理资产业务，满足不同层次、不同要求的客户的多方面需要。

四、有效遏制金融风险

（一）金融立法和适时干预

新加坡的法律规定，新加坡政府对金融业的行政管理由执行新加坡中央银行职能的金融管理局全面承担，可供依据的主要法律有：金融管理局法、商业银行法、金融公司法、保险公司法、证券法和外汇管理规章，特别是1983 年修订后的新加坡商业银行法，在吸取西方国家银行法的传统长处的基础上，结合新加坡实际，使修订后的银行法既有一定的灵活性又有较强的可操作性。同时授予金融管理局负责审批银行的设立、颁发银行执照和经营亚元（亚洲各国货币）业务许可证，以及对银行的管理、监督、稽核和处罚的权力。

为防范金融危机，新加坡政府对汇率进行有效的行政干预。一是谨慎的财政政策，这使得货币管理局只需要集中精力于其稳定物价的主要职责即可；

二是货币管理局的市场公信力，来自它所持续执行的货币政策，即保持低通货膨胀率和长期的经济增长；三是金融管理局在新加坡元问题上的非国际化政策以及其拥有的大量外汇储备也避免了汇率的大幅波动，从而较好地保持了货币政策的稳定。

（二）对商业银行的监管

1. 严格的市场准入及信用认定

第一，提高资本充足率。新加坡金融管理局在 2000 年以前一直要求银行资本充足率不得低于 12%，其中核心资本充足率不得低于 10%。2000 年 9 月 19 日，金管局将核心资本充足率调低至 8%，但仍然要求资本充足率不得低于 12%，资本标准远高于《巴塞尔协议》规定的 8%。第二，准确的信用认定。为保证外国银行机构的稳健经营，金管局允许世界排名前 500 的银行到新加坡设立机构。对这些银行，除资本金和排名须符合要求外，银行的资信、股东结构、银行的战略和服务、风险管理等还要受到金管局的调查。20 世纪 70 年代，国际商业信贷银行（BCCI）连续三次向金管局提出设立机构的申请，但该银行结构复杂、属地不清、经营资信不好，三次都被拒之门外。1991 年该银行倒闭清算，损失金额超 100 亿美元，足见金管局判断的准确。严格的市场准入标准及信用认定，保证了新加坡银行业的稳定。

2. 银行风险分级

2001 年，新加坡颁布了公司治理准则，建立了新加坡银行业风险评级体系，并于当年 3 月首次对新加坡的所有银行进行了评级。该评级体系参照美国骆驼评级标准制定，本地银行为 camelots，外资银行为 platos，其中 c 表示资本充足率，a 表示资产质量和信贷风险，m 表示管理水平，e 表示盈利，l 表示流动性风险，o 表示操作风险，t 表示技术风险，s 表示市场风险敏感度，p 表示母行支持。在具体评级时，要对以上各项内容逐项评级，然后确定相应的风险权重，进行加权汇总，最后得出评级结果。新加坡银行业风险评级共分 5 级，第 1 级为最好，第 5 级为最差。对银行的评级根据非现场数据每半年重审一次，现场检查则对涉及的评级项目进行重审。根据评级结果和银行对新加坡金融业的影响程度，金管局会对银行做监管级别分类，并采取相应监管措施。

3. 业务报告和现场检查相统一

如今，新加坡的现场检查和非现场监管人员是合并的，其中非现场监管信息主要来自统计和市场信息、内外部审计报告、现场检查报告、风险评级及其他监管者。现场检查计划的制订要查阅被查银行的外部审计报告、历史资料及非现场分析，最后确定检查范围。金管局的银行现场检查，主要侧重于对各项业务风险控制环节的检查。

4. 采用最先进的信息管理系统

新加坡金管局参照美联储的信息管理系统，结合新加坡实际，并按更进一步的发展需求，设计、开发了自己的信息管理系统，该系统包括现场检查、非现场分析、风险评级、预警、管理资讯等功能。

5. 有效的外部审计

新加坡金管局规定新加坡的本、外资银行财务报表必须由指定的四家世界著名的会计师事务所进行审计。"安然事件"后，为了防止会计师事务所同银行接触时间长而产生道德风险，金管局又率先规定银行每5年必须更换会计师事务所。新加坡银行监管人员会把检查的结果同审计报告比较，如发现有较大的出入，可向金管局事务所提出。同时，金管局也有权指定更换审计人员和会计师事务所。

6. 规避风险的资金管理

（1）在资金安排上，坚持负债资产的比例管理，各商业银行除了按存款的60%每天向金管局交纳准备金外，另外20%的资产还必须保持高度的流动性，以应付可能的存款提取。（2）在资产运用上，严格按照负债的来源、期限、性质来确定资产的运动方向和结构，以防止出现资产负债结构不对称可能引起的资金不平衡状况。（3）在贷款坏账防范方面，新加坡银行普遍采取了抵押贷款方式，一般均要占到其全部放贷的90%以上；对每年的坏账损失，都要求在业务费和资本收益中及时给予报损，防止坏账长期不处理而积少成多造成财务风险。（4）为防止银行资金过度流入高收益低流动的房地产业，规定了银行投入房地产业的资金不得超过自身资本金的40%。新加坡各家银行的各个融资环节，对项目风险、管理风险、市场风险、政治风险都有预防措施，同时货币发行也坚持以足够外汇储备为后盾，赢得了货币的稳定。

（三）金融市场"国际化"与货币"非国际化"

新加坡政府积极地扶持金融市场，其采取的关键举措之一是仅对金融市场实行国际化而不让货币国际化。即不是利用本国货币的信用，而是利用与国内金融市场分离的离岸市场，借用国际货币美元的信用来形成金融市场。

新加坡政府采取的金融业国内业务与国际业务严格分离的策略，在银行业上体现得尤为突出。它按业务范围将银行分为三大类，即全面银行执照；限制银行执照；离岸银行执照。其中，国内银行多为全面银行执照，限制银行执照和离岸银行执照多为外资银行。对前来经营的外资银行采取国内业务限制较严、岸外业务管理较宽的措施。这样既吸引国际性的外资银行与金融机构前来设点经营，又防止规模有限的国内金融市场因大量引进外资金融机构而受到过度冲击。

在全球金融自由化的影响下，1978年新加坡全面撤销外汇管制法令下的监管条文，使资金的内外流通更加顺畅，与此同时，新加坡对国内金融市场始终进行相对严格的管制，坚持新元不国际化的策略。新加坡金融管理局规定：银行必须事先经当局批准，才可向非居民客户或准备将资金用在境外的居民客户发放额度在500万新元以下的贷款。新加坡坚持防止新元流出境外，将稳定国内金融体制的主动权掌握在手中。新加坡经济规模偏小，对新元的流向如果不加管制，流出境外的新元会汇聚成不易驾驭的规模，对国内金融体系的稳定构成威胁。

在1998年亚洲金融危机之际，马来西亚总理马哈蒂尔等曾建议亚洲区域内的贸易结算使用新元。对此，当时的新加坡总理吴作栋说："如果新元被用于贸易结算，本国的金融将会无法管理。"新加坡虽然是国际金融市场，却实行国内交易与国外交易完全分离的独立结算方式，不让新元国际化，在国内实行独立的金融行政，丝毫不因舆论而有所动摇。

（四）行之有效的汇率制度

1997年，泰国、印尼、韩国等相继发生金融危机。这些原先实行固定汇率制的国家在金融危机中被迫放弃了固定汇率。1999年，美国麻省理工学院教授克鲁格曼在蒙代尔-弗莱明模型的基础上，结合对亚洲金融危机的实证分析，提出了"不可能三角"（Impossible triangle/Impossible trinity theory）。"不可能三角"即一个国家不可能同时实现资本流动自由，货币政策的独立性和汇率的稳定性。也就是说，一个国家只能拥有其中两项，而不能同时拥有三项。如果一个国家想允许资本流动，又要求拥有独立的货币政策，那么就难以保持汇率稳定。如果要求汇率稳定和资本流动，就必须放弃独立的货币政策。

与日本完全自由浮动的汇率制度相比，新加坡的汇率制度对于新加坡经济近几十年来的高速发展和稳定增长起着巨大作用，汇率的管制是审慎而成功的：

第一，预先确定一个不对外公开的汇率区间（称为政策带）。为了使汇率保持在合理的区间内，新加坡金融管理局通常会进行"逆风干预"。当汇率超出汇率区间即买卖外汇，使汇率重新回到政策带的范围之内。为了避免币值的偏差，新加坡金融管理局也会周期性地调整汇率浮动区间，一般来说，调整周期在 3 个月左右。

第二，选择一篮子货币作为汇率参照。金管局选择不对外公开的一组能够在一定范围内维持新加坡元稳定的国际货币，作为其汇率的参照。各种货币的选择取决于新加坡与该国的贸易依赖程度，其所占权重并不对外公布，同时，根据新加坡贸易依存的变化，其货币的具体组成会周期性调整。固定汇率制可能会导致新加坡难以消化来自国外的打击，所以在权衡利弊后新加坡并没有选择固定汇率。就新加坡袖珍而开放的经济环境而言，汇率是保持国内物价稳定的最有效工具。而达成这个目标的唯一途径就是，新加坡元与一篮子货币挂钩而不是盯住单一货币。

第三，稳妥调整汇率。即所谓爬行汇率，如果有必要调整汇率，则会循序渐进地进行，从而避免突然大幅调整的风险。新加坡的汇率制度减轻了金融市场和宏观经济短期过度波动所带来的负面影响。长期来看，无论是名义汇率还是真实汇率，新元都呈上升趋势，上升的汇率抑制了进口和国内的通货膨胀。1981—1997 年，新加坡国内通胀平均在 2.3%，比同期平均 4.6% 的国外通货膨胀率要小。不仅如此，在经济高速增长时期，升值的新加坡元不仅冷却了国外需求，而且疏解了薪酬压力，缓和了国内需求。此外，新元的真实上浮激励了出口商，使得他们不断推动价值链以保持竞争力。

五、吸引国际金融业者落户

在亚洲财富管理与基金管理行业的蓬勃发展带动下，新加坡凭借优越的地理位置及良好的金融基础设施等，成功地吸引了不少国际金融服务业者到本地设立据点或扩大在本地的业务活动。

金融管理局提供的资料显示，到 2006 年，超过 600 家金融机构把新加坡当作业务基地。金融服务业现占新加坡国内生产总值的 11% 左右，比 20 世纪 70 年代的仅 5% 扩增了一倍以上。

金融机构选择在新加坡设立据点，可以有效利用新加坡的地理和经济优势，开拓亚洲区域的市场，为亚洲区域的客户或企业提供服务。新加坡坐落在东南亚地区，人口构成多元化——说英语的华裔、印度裔、马来西亚裔和印尼裔员工，具有本地文化和多种语言技能，能够很好地应对整个地区的业务。新加坡的金融业在深度和广度方面都在不断增长，除了规模较大的银行以外，越来越多在财富管理和结构融资领域具备特殊专长的业者也来到新加坡落户。新加坡对待外来移民的政策也具有吸引力，包括住房质量和为子女选择国际学校在内的各种福利。

瑞士皮克蒂特与塞银行（Bank Pictet & Cie）将其亚洲固定收益投资部门设在了新加坡，该部门目前管理价值 280 亿美元的债券。部门主管来吉夫·德米洛（Rajeev De Mello）认为，"日本处在亚洲的边缘，所以并不能够很好地覆盖其他市场"，"新加坡拥有一个人才蓄水池，在这里能找到来自各个地方的人"。

许多国际著名的银行和金融服务业者已在新加坡设立区域总部，通过新加坡来开展和管理亚太地区的业务，包括花旗银行、渣打银行、巴克莱资本（Barclays Capital）、瑞银（UBS）与德意志银行（Deutsche Bank）。一些本来已落户新加坡的业者，近来仍继续在本地壮大阵容及扩大业务规模。渣打银行、德国 DZ 银行、大和（Daiwa）及道富（State Street），过去一年内纷纷把业务扩展到私人银行领域。据德意志银行新加坡分行总监陈宗治介绍，新加坡分行是德意志银行在亚太区最大的办事处之一，也是其在本区域的战略性区域中枢。德意志银行旗下的多个业务单位如环球市场（Global Markets）、资产管理、私人理财、环球银行交易等，都把新加坡作为区域中心。同时，新加坡分行也是德意志银行在本区域的技术基础设施的神经中枢。

中资银行可以借助新加坡金融中心地位，与印尼、菲律宾、马来西亚等周边地区的外资企业、外资同业加强联络建立业务关系，比如，目前印尼客户已与新加坡分行开展人民币存款等业务。①

新加坡对基金经理们同样具有吸引力，为了通过发展金融行业来刺激经济增长，新加坡出台了对冲基金的税收优惠政策——管理超过 50 亿新元的基金的管理费收入可以免税。因此落户新加坡的基金也越来越多，新加坡金融管理局的数据显示，对冲基金的数量在 2005 年增长了 51% 达到 109 家，资产总额同比增长一倍，超过 100 亿美元。从目前趋势看，新加坡依然能够吸引更多的投资者前往，因为其金融管理机制不像日本那样烦琐。毕马威（KPMGLLP）的公司调查年报显示，日本的企业所得税率为 40.7%，是全亚洲最高的，是新加坡 20% 税率的两倍。新加坡金融管理局主管货币政策的副董事经理王宗智说："基金经理们已经肯定了新加坡处在亚洲中心的地理优势，透明的税制和清晰的监管制度也是非常重要的因素。"因此，"所有世界顶级的私人银行都已经在这里派驻人手"。

2007 年 5 月，李光耀在访问意大利接受报纸采访时指出，新加坡和欧洲

---

① 徐力，《孔德之容 唯道是从——中国工商银行新加坡分行拓展海外人民币业务之道》，《海外视界》，2012 年第 3 期，第 48 页。

有着长久的经济联系，也是许多欧洲公司的区域总部所在地，仍然可以针对在中国发展业务所须注意的问题，为欧洲公司提供看法。此外，他表示，新加坡也是一个很大的金融中心，规模跟中国香港不相上下，而且在很多领域，例如，在财富管理方面，已经领先于后者。

2003 年新加坡开始成立财富管理机构（WMI），财富管理规模 4650 亿美元，到 2022 年已经达到 4.7 万亿美元，增长了 10 倍。其中参与者广泛，包含了传统基金经理、私募股权、风险投资、对冲基金还有家族办公室。

随着新冠疫情结束和国际上不同经济力量的角逐，财富管理中心在新加坡迅速兴盛起来，周边区域的大量家族财富转移到新加坡，来自另一金融中心城市香港的家族转移资金尤为显著。财富管理中心主要提供四大方面服务：

一是家族信托。协助客户成立私人家族信托公司，实现资产隔离和债务隔离，并注重赋予客户对信托资产较大管理权。

二是法律与税务规划。针对新加坡本地以及国外的法律与税务提供专业咨询，使客户得到专业法律服务和依法下，实现最大的税收优惠和激励。

三是投资管理。为客户进行多样化的全球资产配置，在谨慎的风控把握下，实现资产增值，更保证资金投向安全可靠，风险可控。

四是保险规划。在高端医疗、万能寿险、大额年金等保险品种进行专业遴选，帮助客户通过杠杆、贷款等多种工具实现保险、传承、投资功能。

六、统筹发展数字金融

（一）数字银行

数字银行是网上银行、手机银行、手机钱包、网上开户、网络营销等的总称，数字银行更依赖于大数据，分析和采用新技术改善客户的使用体验，开始出现就受到新加坡政府重视。相较于传统银行，数字银行不再依赖于实体分行网络，而是以数字网络作为银行的核心。

数字银行相对于传统银行优势还是比较明显的，总结起来有以下四点：

1. 数字化服务。赋予传统银行数字形态，通过数字化服务，满足用户消费、存取、转账、移动支付等需求。

2. 发卡高效便捷。数字银行发卡十分快速且便捷，境内外用户可以通过云闪付 APP、商业银行 APP 或手机钱包等多种渠道快速申卡、绑卡和用卡，优化用户用卡体验，同时实现卡码合一，可手机一键调取无界闪付卡和无界卡二维码，任选手机闪付或二维码支付。

3. 支付安全。数字银行通过支付标记化、通道加密、实时风控等全方位的技术手段，对卡号、有效期等信息进行全程防护，保障用户的资金与信息安全。

4. 支付互通性。助力跨行业合作和场景的互联互通，借助 Token2.0 数字支付体系，用户可以自主选择将数字银行卡推送到电商、公交、手机钱包等支付场景，并配套丰富的专属卡权益，构建互联互通的数字支付生态。

新加坡作为世界著名的金融中心之一，目前正通过发放数字银行牌照、制订发展规划、实施数字支付法规等方式丰富本国的数字金融生态，努力在即将到来的数字经济时代成为全球数字金融领跑者。

（二）电子加密货币

自 2008 年中本聪提出比特币白皮书以来，加密行业经历了快速但受到质疑的发展历史，很多加密行业业者本身目前也开始改变看法，认为完全没有任何形式的监管的"去中心化"应用场景只是一个不具现实性的"乌托邦"。

白士泮曾经担任新加坡金融管理局银行机构监管署长、新加坡金融管理局学院院长，他认为新加坡有先发优势，在 2016 年前后就已经开始允许加密货币的应用试验尤其是对金融机构与企业作为用户，推出了针对金融科技创新的监管沙盒。但由于加密货币价格波动剧烈，投机性强，新金管局经常警告散户不要碰它。新加坡的政策态度应该说是相对的谨慎稳健。

香港对加密货币的态度自 2022 年起开始转变，发出积极拥抱虚拟资产政策的宣言后开始密集举办相关的大会活动，港府官员也纷纷为加密货币行业站台。香港积极的政策态度影响到新加坡。

白士泮认为，任何创新发展，都要同时兼顾市场诚信，安全与投资者保护，尤其是弱势群体如普通市民和年长者。这些监管措施强化了多年来金管局经常针对弱势投资者的口头警诫，转而针对加密货币业者，要求他们保护弱势投资者。

在保护客户利益前提下，新加坡金管局一直积极鼓励金融机构和企业研发加密货币的应用场景，如国内银行间支付与国际银行间跨境支付，证券交易的清/结算与代币化资产的交付等，以改善金融服务的效率。

（三）去中心化金融与 Web3.0

Web3.0 也被称为"分布式互联网"，是一种未来的互联网，它没有中心化的控制权，而是以分布式的方式运作。Web3.0 是一个新时代开放和智能的互联网，是一个网络工具，它最终的价值在于与实体金融、经济和社会结合。

2022 年以后，中国香港发布多项政策支持 Web3.0 相关企业的发展，开放姿态越来越明显，而新加坡对相关行业监管范围更广泛、政策更严格，在传统金融体系下如何推进以 Web3.0 为核心的去中心化金融体系成为新挑战。

新加坡认为关键是目前监管体系的建设，要与去中心化金融之间取得协调适配。传统金融业的监管主体是明确的，但在没有中介机构的去中心化金融，监管机构就有必要先厘清权力，利益与责任所在，以确定监管对象。在这方面，新加坡创新的监管方式——"监管沙盒"提供给创新者和监管者的协作环境，双方共同尝试，也为监管者提供了"边做边学"的机会，更好了解新技术风险并及时调适发展或监管措施。①

（四）数字亚元

白士泮曾很超前地提出一个构想——"数字亚元"，也提出了一些初步建议，比如，在多边框架和技术团队的支持下开展相关的可行性研究，当前美元霸权下的经济形势严峻，各国面临巨大货币错配和汇率风险，对于"数字亚元"起步的可行性与进一步发展，得到国际金融界关注。

但是数字亚元最大的挑战是它没有建立在扎实的国际经贸合作基础上，不容易达成国际共识。相比之下，金砖国家（BRICS）正在筹划以黄金为储备的新货币在可预见的未来落地的概率比较高，正是因为金砖国家经贸合作基础较强，以及共同的政治利益。

第四节　破解国企治理的世界难题

淡马锡（Temasek）是新加坡的旧名，意指"海边的城市"，淡马锡控股（简称淡马锡）隶属新加坡财政部，管理部分国家储备，资金全为国有，但作为豁免私人公司，不必像上市公司一样对外公开业绩或年报，以往只会将年报呈交财政部和董事会等少数人。

另一家同时隶属财政部的管理国家储备的机构是新加坡政府投资公司（GIC）。GIC 于 1981 年成立，是时任副总理和新加坡金融管理局主席吴庆瑞的点子，建国总理李光耀是 GIC 的首任主席。到 2020 年，GIC 如今在全球 10 个城市设有办事处，在 40 个国家投资，涉及多种资产，是全球最受好评的主权财富基金之一。自成立以来，GIC 取得了平均超过 5% 的实际年度回报率，

---

① 吴敏，《白士泮谈 web3.0 金融新赛道之争：香港、新加坡都将在其中扮演重要角色》，《华夏时报网》，2023 年 7 月 19 日。https://m. chinatimes. net. cn/article/128821. html.

显著增长了新加坡储备金的国际购买力，也保持在财政部所设定的风险范围内。

目前淡马锡和GIC是新加坡两大国有资产管理机构，以不同模式帮新加坡政府从市场中获取利润。它们通过国家储备净投资回报贡献（Net Investment Returns Contributions，简称NIR），帮助政府应付每年的国家预算开支。新加坡大大小小的公共设施，至少有一部分来自GIC和淡马锡的贡献。

两者不同的是，GIC的目标是取得良好的长期投资回报，以维持并加强储备金的国际购买力。因此，GIC在投资上相当保守，主要在公开市场投资，私募资金和房地产等另类投资则占较小的比重。

GIC则是新加坡政府拥有的私人企业，由新加坡财政部长全资持有。按GIC官网的介绍，GIC与政府是投资经理与客户的关系。GIC作为"投资经理"帮客户（政府）管理资产（新加坡的储备金，包括自独立以来所累积起来的财政盈余）。GIC不持有这些资产，所赚取的投资回报全额归政府所有，GIC则向政府收取投资服务管理费。

新加坡于1974年创立淡马锡是为了拥有及以商业方式管理独立初期由新加坡政府所持有的投资与资产，以便让当时的财政部能够专注于政策制定与监管的核心职责。淡马锡在全球都拥有投资组合，获授予信贷评级，也发行国际债券。淡马锡唯一的股东是由新加坡财政部长作为代表的法人团体。

淡马锡通过三种方式为新加坡的财政预算和储备金贡献价值：第一，按照税务法令，向新加坡政府缴税。第二，向股东（由新加坡财政部长代表）发放股息。从20世纪90年代末到2005年，这些股息在净投资收入（NIR）框架下，50%供政府开销，50%归入储备金。政府只有在特殊的情况下，并获得新加坡总统批准才能动用储备金。同时，淡马锡股息直接归入储备金。第三，在NIR框架下，淡马锡还必须将预期长期实际收益（扣除通膨影响后）的一半供政府动用，作为国防、医疗、教育等方面的开支，以及建国一代配套等社会开支。以下重点以淡马锡为例，来分析新加坡是如何解决国企治理这道世界级难题的。

一、淡马锡的组建与起步

（一）淡马锡控股的组建

自1974年成立以来，由新加坡政府控制的淡马锡控股成为新加坡核心行业的把持者。作为政府公司，它管辖着20多家政联公司，间接控制的企业约有 2000 家,是当今世界上最著名的国有控股公司之一。在淡马锡管理的 20 多家政联公司中,1/3 是上市公司,2/3 是其全资公司。淡马锡渗透在新加坡经济的各个角落,从电子行业到交通运输业,甚至动物园都有其踪迹。新加坡 10 家规模最大的公司中,淡马锡涉足 7 家。根据估算,淡马锡所持有的股票市值占到整个新加坡股票市场的 47%,可以说是几乎主宰了新加坡的经济命脉。

淡马锡的表现可谓出类拔萃,令他国的国有企业难以望其项背。2006 年 3 月所公布的资料显示,淡马锡在 80 家公司持有 5%~100% 的股权,约一半资产分布在国外,在金融、电信、工程、运输、物流等领域都有较大的发展。下属知名企业包括新加坡航空公司、星展银行、新加坡电信,也持股中国建设银行、中国民生银行、中国银行等金融机构。

淡马锡的成就,使不少国家对新加坡在管理国有企业方面的经验很感兴趣。李光耀认为:"新加坡的国有企业由淡马锡的核心控股公司淡马锡经管。在 20 世纪 60 年代,政府积极地成立各类公司,率先进入私人企业不愿进入的领域;至 20 世纪 80 年代,淡马锡的下属公司发展成熟,逐步私有化并且上市。最近几年,淡马锡在海外进行风险投资,其长期目标是建立一个投资组合,使其资产的 1/3 在新加坡,1/3 在发达国家,1/3 在亚洲其他国家地区。新加坡财政部是淡马锡的单一股东。财政部要确保一个有能力的董事会来管好淡马锡。政府不会干预淡马锡及其子公司的日常管理,也不会给淡马锡或其子公司任何特殊照顾。淡马锡以商业原则经营,自由选择本地或外国合作者,而且必须和其他公司一样,通过竞争投标才能获得政府项目。"

李光耀说:"良好的治理并非来自意识形态驱动,需要非常务实,适应一国的国情和文化。适用于中国的办法未必适用于印度。中国应该找到适合自己的办法。的确,正是良好的治理环境使新加坡成为全球的金融枢纽,基金经理们在这里管理着总额达 7200 亿美元的资金,其中 80% 是离岸资金,80% 在新加坡之外投资。良好的治理不仅使淡马锡受益,也惠及亚洲和世界上其他地区。在全球化背景下,为了保持高速增长,淡马锡必须吸引海外人才,加强本地人才队伍。有能力的人可以选择哪里更适合自己和家庭生活。良好的治理有助于吸引人才,例如,安全的环境、平等的机会、好的教育和医疗条件,高质量有效率的公共服务系统和充满活力的社会环境,都有助于吸引人才。"

新加坡在吸引优秀人才进入国有企业管理层方面,也有独到之处。有效的招聘制度、与国际接轨的管理模式、完备的监管体制、良好的生活条件与收入，都是一流企业管理人才进入和长期为新加坡国有企业服务的基本保证。所以，新加坡国有企业的效率是其他国家国有企业难以比拟的，甚至在许多领域与私营企业竞争也不落下风。

（二）淡马锡与下属公司（淡联企业）的关系

淡马锡下属的公司和企业大多与新加坡经济发展历程息息相关。比如，新加坡航空公司（Singapore Airlines）就是在新加坡脱离马来西亚独立之后，与马星航空公司（Malaysia-Singapore Airlines）分家后成立的；而胜科海事公司（SembCorp Marine）则在当年英军撤出远东地区时，船厂设施开始投入商业化营运后成立的。这些公司都志在发展高经济效益的业务、维持与创造工作机会，并一同为新加坡经济的活力、发展与繁荣做出贡献。

根据淡马锡章程，淡马锡控股（私人）有限公司负责持有并管理新加坡政府在各大企业的投资，目的是保护新加坡的长远利益。为了协助进一步扩大、强化和深化新加坡的经济架构，淡马锡致力于不断培育下属的公司和企业，让它们苗壮成长，进而成为优秀的、强大的跨国公司。

第一，发扬企业价值观。淡马锡致力于进一步发扬和巩固优秀的企业文化，充分体现坦诚与诚信、以实力进取、卓越的表现以及勇于创新的精神。

第二，全神专注于核心实力。集中力量，专注于提升核心竞争力，通过价值的创造、客户的满意和股东的理想回报来加以体现。同时，淡马锡将逐渐从非核心业务中退出，并让所有股东们享有最可观的长期投资利益。

第三，人才的培育。全心全力地培养一批素质高、能力强，在国际竞争中站得住脚的高级工程人员与管理精英。同时，不断培养出色的公司员工，为成功的企业奠定优秀的人才基础。

第四，持续性的发展。通过系统化地贯彻高素质的企业领导、严谨的财务纪律、一丝不苟的商业运作，以及企业行为的制约，淡马锡致力于为企业争取更大的发展空间，使企业获得持久性的增长。

第五，注重发展策略。为了建立强大的国际或区域企业，淡马锡通过企业间的整合、收购、合并、合作以及必需的精简过程，加以实现企业发展的策略。淡马锡将从一些非核心业务以及不具国际发展潜能的企业中退出。为了进一步使新的产业在新加坡得到充分的发展，淡马锡注重投资于这些新兴业务。

淡马锡期望下属公司在激烈的全球竞争中，依靠优良的商业传统，不断创新、研发新技术、开拓新市场，以争取优异的商业回报。同时淡马锡定期检讨下属公司的商业价值与发展潜能，通过精简或整合的形式，来提高股东的长期投资回报。

（三）淡马锡下属公司的不同类型

第一种类型：政府监控并扮演控股和主导角色的企业。

首先，在关键资源上的控股。一些与新加坡的国家安全和重要经济利益息息相关的经济资源；或由于市场监管架构尚未完备，有关业务仍然在国内呈现垄断状态的企业，淡马锡将继续持有这些关键资源的控股权。这包括水、电和煤气供应，机场管理和海港业务。

其次，监控与国策执行有关的行业。在这些行业的控股，能够确保政府更有效地贯彻和执行一些基本国策，并为国民提供基本服务，或在公众利益的前提下实行相关的监控工作。这包括监控博彩行业、大众媒体、接受政府津贴的医药服务、教育事业和政府组屋，以及公共康乐设施，包括动物园和飞禽公园等。

只要这些企业仍旧需要政府的控股或支持，新加坡政府就继续在这些第一种类型企业中持有大多数的股权。如果这些企业对新加坡的经济利益不再具有战略性的影响，或市场上的角色有可能被取而代之，或宏观监管架构已经成立，政府便退出或减少其所持的股权。

当淡马锡代表政府来管理第一种类型企业时，淡马锡将会确保这些企业在财务和管理上是严谨妥当的、在运作上是以客户为本的、在贯彻策略及营运效果上是绝佳的、在盈利上是可观的，并能够全面实现企业本身的宏观目标。

第二种类型：具有国际或区域发展潜能的企业。

无论是私人或政府控股的新加坡企业，在长期发展的前提下，这些企业都不能仅仅依靠国内市场来维持生存。因为整个企业发展的趋势是朝向高科技、日益开放的市场，而政府的干预也日渐减少。第二种类型企业是一批有潜力进军区域甚至国际市场的公司。一些公司，例如，新加坡国际港务集团（PSA International）就充分地利用全球性的商业网络迈向国际市场的；而另一些公司，例如，星展银行（DBS Group）也发掘了区域性的商机，成功拓展了集团在海外的业务。

淡马锡鼓励下属的第二种类型企业与其他的公司或股东们进行区域或国际性的发展。只要这些举动具有策略上的意义或有利于公司的营业，淡马锡通过新股的发行或收购与合并，来减持下属有关公司的股份，以便进一步支持它们在走向区域或国际市场的同时，争取长期的效益。

为了进一步协助新兴产业在新加坡得到充分发展，淡马锡倾向于投资具有区域或国际发展潜能的新兴业务。此类业务群大多属于新兴行业，风险大、投资高、收效周期长，所以新加坡的私人企业一般无力或不愿承担此类风险。淡马锡在做出这些投资时，将会经过一番谨慎的挑选。

（四）淡马锡经营模式的发展变化

在不断发展变化的经济形势驱使下，淡马锡已逐步退出与新加坡整体经济策略或与淡马锡营运宗旨不再有关联的企业。淡马锡也协助吉宝企业（Keppel Corporation）和新加坡电信（Singapore Telecommunications）这类原属政府机构的企业公开上市，拓宽了这些企业的控股架构，支持它们的业务更上一层楼。近年来，淡马锡下属的公司也同样从一些非核心业务中退出，并将拥有的一些公司挂牌上市。

淡马锡将继续精简与整合有关的控股公司，尽所能提高股东们的投资回报。同时，逐步退出一些没有区域或国际发展潜能或者不再需要政府投资的企业。如此一来，淡马锡将能够把财力与管理资源集中投入成功的区域或国际企业，为新加坡的经济发展做出贡献。

尽管由新加坡财政部全资控股，但淡马锡本身的定位是一个总部位于新加坡的亚洲投资公司，其终极目标是"作为成功企业的积极投资者与股东，淡马锡致力于股东长期价值的不断增长"。因此，从根本上来说，淡马锡是一个严格遵循商业原则的私人公司，其两大任务就是投资和控股。

淡马锡作为一个商业机构，所有活动都是基于商业原则，对各企业或增加投资，或决定退出，都完全根据商业利益来做出判断，所有决定都是为了保证股东的最好回报。作为政府与企业的中间人，一方面淡马锡可以隔断政府对国有企业的直接干预；另一方面淡马锡作为投资控股公司，又为股东（政府）赚取良好的回报。

二、淡马锡治理结构分析

淡马锡总裁何晶2004年在淡马锡成立30周年时说，政府一开始就让国有企业独立运作，不让政治干涉专业经营与策略的制定，这是新加坡国有企业成功的最大原因。

虽然是企业的股东，但是新加坡政府刻意地尽量避免参与政府关联公司的各项商业决策。无论是新航要买哪种型号的飞机，或港务集团，或新电信要在海外进行任何投资，政府是不加干预的。这种自律、无为而治的精神，确保淡马锡下属的企业能够充分地依据正确的经商原则，不断发展、不断壮大，而在此同时，不受任何行政性的干预，或受与商业无关的政府指令的干扰。

　　淡马锡企业之所以能够茁壮地成长，是因为政府刻意地实行无为而治的政策，不干预这些公司在营运或商业上的种种决定。有许多公司，无论是政府或是家族企业，它们之所以会失败，是因为它们无法成功地分清控股责任与管理责任。以新加坡航空公司（简称新航）为例，新航和世界上许多国有航空公司不同，它不需要征求淡马锡或政府的意见以决定要购买哪一类型的飞机、经营哪一条航线，或其他种种营运上的抉择。当然，新航的成就也离不开新加坡政府的贡献，但这些贡献仅限于良好的行业监管以及以新加坡首席谈判者的身份进行国与国之间双边航空权谈判。然而，在具体经营方面，新航会全权决定并根据短期或长期的营运目标选择具体的飞行路线。新航的前任主席比莱（Pillay）曾经解释自己对新航所做出的主要贡献，就是不让政府干涉新航的业务经营而已。

　　这种独特也值得敬佩的控股方式，令新加坡国有企业在和世界其他各地同类型企业相比时，能够脱颖而出。总结其主要经验有四。

　　（一）明确界定政府与淡马锡的责权

　　淡马锡以新加坡的长远利益为前提管理其投资，但是，新加坡的长远利益有别于新加坡政府的利益。用企业来打一个比方，把政府视为股东的代表，这个代表是在每届大选中产生的；而淡马锡真正的股东们就是过去、现在与未来的每一位新加坡公民。这个比喻是恰当的，因为根据新加坡宪法第五号规章规定，淡马锡是三大直接受到民选总统指令制约的新加坡公司之一。

　　根据宪法的第五号规章，有关的公司或法定机构的总裁或董事会成员在接受委任前必须首先得到民选总统的核准。这意味着淡马锡董事会及其行政总裁有保护公司的利益与资产的责任，并确保公司万一遇到一届任意挥霍的政府，或面对一些有损公司效益的行政指令时，能够继续确保公司的利益不受到损害。换言之，淡马锡有责任为现在以及下一代新加坡公民的这些资产保值增值。

　　新加坡政府授权淡马锡和下属公司按照商业模式灵活运作。同时政府也刻意自制，不干预淡马锡和其他国有企业的管理与商业决策，给了淡马锡相当的自主权。淡马锡控股与政联公司之间，始终保持着"一臂之距"的交往。淡马锡管理的国有资产，主要属竞争性领域，新加坡港务局、税务局、苏州新加坡工业园等，并不由淡马锡经营。也正因如此，淡马锡投资更多的是按照市场化和资本效益最大化的原则进行的一种资产组合投资控股。因此，新加坡财政部对淡马锡的影响并不大。

　　新加坡政府对于国有企业一向坚持能者居其位的用人原则，任命有能力的人，确保决策过程透明化，给予其充分的信任，同时也赋予其相应的责任。淡马锡董事会成员和总裁的任命和免职由财政部部长牵头，各政府部长及专家组成的提名委员会推荐，并须经民选总统同意。董事任期不超过三年，期满有资格被续聘。

为了达到保值和增值目的，淡马锡董事会必须向总统负责并确保每次投资的交易价格符合其公平市场价值。未经总统批准，淡马锡的年度营运预算或计划中的投资项目不能动用过去的储备金。淡马锡董事长和总裁必须每半年向总统证明当前和以往储备金报表的正确性。淡马锡定期向财政部提供财务报告和简报。不定期和财政部审查股息发放政策，在现金回报和再投资之间寻求最优组合。

制定投资和其他商业决策是淡马锡董事会和管理层的职责，总统和政府不介入决策制定过程，淡马锡作为企业负有唯一的任务就是对股东负责，获得利润。

（二）淡马锡董事会的组成

淡马锡董事会成员来自不同的商业领域，具备丰富的投资和管理经验。淡马锡董事会的九位董事中，其中五位（包括一位新西兰人）还担任跨国公司、新加坡上市公司和私人公司的高层主管，三位（包括一位董事长、一位执行董事兼总裁、一位董事）曾任职于商业机构和政府部门，另一位是现任财政部常任秘书。政府只派一位财政部官员担任淡马锡董事，显示其遵循不介入淡马锡商业运作的原则。

2004年九位董事中，执行董事兼总裁何晶（新加坡总理李显龙的夫人）是唯一的内部董事，但她不担任董事长职位，不是审核委员会成员，也不介入其自身的业绩评估和薪酬的决定。因此，淡马锡本身的公司治理制度在很大程度上确保了监督权和管理权的分离。董事会中的公务员，代表了政府出资人的利益，更多是考虑到国家宏观的公正因素；而另外富有经验的民间企业人士，则保证了企业在市场竞争中的运营效率。

淡马锡管理层拥有一批面向全球招聘的、熟悉不同行业投资环境的专家。譬如，从世界级金融机构如汇丰银行、花旗银行、美国运通聘来的金融专才，他们每个人都有自己的强项。

淡马锡依照新加坡公司法和其他相关法律法规来操作。新加坡公司法规定公司在董事会的领导下经营其业务：淡马锡董事会为其管理层提供指导和方针；董事会决定各委员会、总裁和管理层的授权范围，批准经审核过的年度报告；在总裁回避的情况下，董事会审核其业绩和年度评估报告；董事会下设常务委员会、审核委员会及领导力发展和薪酬委员会三个专门委员会。

此外，淡马锡也和外部专家保持良好的合作关系，进行广泛的交流。综合公司内外部专家的意见，使淡马锡能有效监督和判断下属公司的经营业绩。

（三）淡马锡与下属公司责权清晰

作为股东，淡马锡严格按照市场规则，监督下属公司，不参与所投资公司的投资、商业和运营决策。下属公司的决策由各自的管理团队制定，并由各自的董事会监管。如果需要股东的批准，他们则会向所有的投资者征求意见。至于下属公司的投资政策，淡马锡完全交由其各自的董事会与专业团队负责，基本上不介入。

根据公司章程，淡马锡实行"积极股东"的管理手法，即"通过影响下属公司的战略方向来行使股东权利，但不具体插手其日常商业运作"。淡马锡和其他投资者行使权利的主要方式是通过审读及时完整的财务报告。因此，淡马锡与下属公司的关系同它们与其他机构投资者的关系一样，都是商业利益关系。

淡马锡对企业董事会的成员只是提出建议，必要的时候也会运用股东权力。淡马锡并不直接任命所投资的公司的管理者，而是由下属公司积极工作，在国际上寻求合适的经理人。鼓励所属公司到境外聘请专业董事与职业经理人是淡马锡的重要政策。通过董事会，寻找最合适的人选在董事会里担任独立董事。为确保董事会的人选是优秀的，淡马锡会严格地考察每一位董事的品德、经验和能力。淡马锡对董事的要求就是，首先品德一定要好，还要正直诚信，而最重要的就是他们在市场上的经验和能力。

比如，淡马锡的一家下属公司要去海外发展，则需要国际市场经验。如果这家公司董事会里的每一位成员都是土生土长的、没有海外工作经验的新加坡人，那么为保证该公司能成功地拓展海外业务，淡马锡就会要求该公司招聘一位在当地工作过的人担任本公司的董事。

总的来说，淡马锡深信只有挑选一批出色的、办事能力强及品德高尚的职业经理人，并让他们全权负责下属公司的运营，才能实现淡马锡的保值增值。对下属公司的运营，淡马锡的立场是绝不干预。为了提升下属公司董事会成员的素质和能力，淡马锡积极物色具有不同专业背景、技能、国籍的董事人选，将他们推荐给下属公司。同时，淡马锡也物色和推荐合适的总经理人选，力求在董事会内部形成有效的监督与制衡。

《经济观察报》在采访淡马锡时，曾经提出这样的问题：那这能保证淡马锡的意志在下属企业的董事会里体现吗？淡马锡回答：淡马锡不需要董事会体现淡马锡的意志，因为淡马锡的意志就是让他们赚钱，让他们给淡马锡很好的回报，这跟董事会的意志是一样的。

淡马锡下属公司董事会的人选，并不限制公务员担任。淡马锡认为，优秀的人才本来就非常难找到，不能因为是公务员就不能担任董事。如果规定公务员不能担任董事，等于是缩小了选人的范围。这些下属公司董事的薪酬和淡马锡职员的薪酬都是市场化的，因为没有市场化的薪酬就请不到优秀的人才来经营公司。

下属公司聘请自己的会计师事务所制作财务报表、审计报告等。淡马锡认为下属公司和会计师事务所合谋用虚假的报表等来欺骗自己，并不会是一个长久的做法，就像安然公司一样，终究会暴露出来。

因此，淡马锡把对下属公司的工作重点放在建立公司的价值观、公司的重点业务、培养人才、制定战略发展目标，并争取持久盈利增长等宏观工作上。但在必要的情况下，为了维护公司的利益，为了确保淡马锡下属公司能够可持续的发展，淡马锡会毫不犹豫地以股东身份积极地在公司董事会和公司管理中发挥应有的作用。

（四）董事会多方制衡机制

在对其下属公司的管理上，淡马锡的具有特色的独立董事设置发挥了重要作用。

为保证独立董事在董事会的责任和作用发挥，物色独立董事时淡马锡注意把握两点：首先，所选的独立董事一定不是为个人利益去担任董事的，而是有其他方面的动力，对这样的人淡马锡才会放心把他放在下属公司的董事会里；其次，一旦成为一家公司的独立董事，那在法律上就有义务为该公司的利益着想。独立董事所做的任何决定都要从该公司的利益出发，法律对独立董事有严格的要求，如果公司出了问题而独立董事对此负有责任的话，就会被追究法律上的责任。

独立董事没有薪酬，他们基本上都是非执行董事，每年只有两三万新元象征性的酬劳。正因如此，淡马锡要寻找独立董事非常不容易。最优秀的人才，只有在世界范围内寻找，可是这样就需要付出很多的资源和精力，成本很高，所以淡马锡也是在能力所及范围内，在全世界寻找合适的人选。

现在，淡马锡非常鼓励下属公司引入更多的独立董事，但是并没有限定董事会的人数、董事会里内部和外部董事的比例各占多少，都是看每家公司的具体需要，小公司大概 8 名董事，大公司就至少需要 12 名董事。

淡马锡派进各下属公司董事会的董事都是淡马锡的职员，一般他们只是担任董事，很少担任董事长的——只占全部下属公司的约7%——很多董事长是从人才市场上选聘来的。

淡马锡下属公司董事会的实质，是淡马锡派驻的独立董事、职业经理董事与内部董事的三方制衡关系的建立，通过这种制衡和相互监督的机制，发挥董事会所有成员的智慧，监督董事会成员与职业经理履行职责。淡马锡创造了一个国有企业高效经营的奇迹，但其公司治理结构并不复杂，而淡马锡也就此节省了大量的管理成本。

三、淡马锡面临的重重挑战

（一）淡马锡作为成功国有企业的利益取向

自1974年成立以来，由新加坡政府拥有的淡马锡控股成为新加坡核心产业的把持者。它渗透了新加坡经济的各个角落，从电子行业到交通运输业甚至动物园都有其踪迹。

淡马锡成立以来的30多年里，平均每年为股东提供了超过16%的总投资回报率，这是根据股息的派发与股东资金的增长来计算的。若以投资的市场价值计算，截至2004年的30年中，每年回报的本利总和将超过18%，其中还包括平均每年为6.7%的股息收益。

20世纪80年代初期，随着新加坡经济基础逐步稳固，其GDP增长平均保持在6%。1986—1998年，新加坡经济更进入迅速发展阶段，GDP平均增长高达8.5%。此时的淡马锡，几乎完全控制了新加坡的经济命脉。而当时新加坡的经济发展也进入快车道，淡马锡的平均投资回报率，曾高达18%。一些大型的跨国公司是淡马锡参考的对象，如果和这些跨国公司的业绩相比较，淡马锡回报率遥遥领先。

淡马锡向股东提供的回报是相当可观的，这也反映了新加坡经济在过去30年里所取得的长足发展。原因是淡马锡下属的一些主力企业一直广泛地参与本地基本设施的建设和基础服务的提供，如通信、能源和航空业。再加上有效的管理，这些公司的业绩表现自然能够充分体现新加坡经济本身的发展。

同时，淡马锡作为一个商业机构，对各公司或增加投资，或决定退出，都完全根据商业利益做出判断。以大众钢铁为例，在1975年，淡马锡首次在该公司投资了290万新元。11年后，即1986年，淡马锡完全退出。再过了12年，淡马锡于1998年决定再次在大众钢铁投入资金，因为当时淡马锡认为与大众钢铁联手在巴西进行投资，是一项具有良好回报潜质的投资。到了2004

年，淡马锡又一次完全退出了大众钢铁及其巴西的分公司。这些年在大众钢铁的投资，让淡马锡总共取得了 14% 的投资回报率，净利润为 9800 万新元。

淡马锡一度被称为新加坡经济的"发动机"。"淡马锡期待在亚洲市场上稳定的份额增加"，淡马锡的主席在一份报告中这么讲道，这预示着淡马锡的新目标：成为亚洲经济的"发动机"。2003 年，淡马锡的表现惊人，公司的平均投资回报率创纪录的高达 46%，外界普遍认为这是何晶 2002 年出任淡马锡首席执行官后大胆扩张的结果。国际两家评级机构——标准普尔与穆迪投资都在其财务报表发表后给予淡马锡控股 AAA 的最高信用评级。

1998 年，亚洲金融危机之后，新加坡经济遭重挫，淡马锡的日子也同样艰难，到 2002 年其平均回报率跌落至 3%，而同期世界 500 强企业的平均投资回报率达到 13%。实际上，淡马锡在过去的 30 年中，平均投资回报率也曾经高达 18%。2008 年金融危机之后，投资回报率更是一度下降到 9% 左右。如此大幅度的投资回报率下跌使得淡马锡的高层决策者不得不考虑是否改变发展策略。

淡马锡发展受阻的原因是明显的。分析家指出，新加坡经济的黄金时代已经过去，世界经济新的高增长地区是包括中国在内的一些发展中国家。如果淡马锡仍然固守本土的话，将失去扩张的最佳时机。

2002 年何晶担任淡马锡总裁之初就调整发展策略。她提出的新战略的 1/3 已经开始实施。淡马锡正试图把自己的发展与亚洲其他高速发展地区的经济捆绑起来。在上任未来的 10 年里，淡马锡计划将总投资的 1/3 投放在亚洲市场。中国、印度和越南等新兴市场是淡马锡在亚洲的投资热点。

（二）淡马锡的风险管理

淡马锡控股作为新加坡财政部拥有的国际化的投资公司，在经历了几次经济危机的洗礼后，逐渐总结出一套成熟的投资策略。

淡马锡的业务遍布全球，在法律与合规环境不断演变、各国政府加强监管的大背景下，如何规避投资对象国所在的法律和政治风险变得越发重要。其面临的风险主要有社会风险、政治风险和法律风险等三类风险。[1]

第一是社会风险。在海外，淡马锡的扩张并非一帆风顺。2006 年，泰国爆发了驱逐淡马锡的群众抗议活动。事情缘由是 2006 年 1 月淡马锡通过在泰国的子公司收购了泰国前总理他信家族所持有的臣那越电信集团 96% 的股

---

① 张奕辉，《淡马锡的风险管理策略及其对中国国企海外投资的启示》，《中国经济报告》，2021 年第 6 期，第 76 页。

权，而他信家族把这次的出售收益按泰国的法律予以免税处理。舆论一片哗然，矛头直指淡马锡与新加坡政府的密切关系及其神秘性质，并指责淡马锡公司与他信"勾结"。恰在此时，泰国发生政治动荡，泰国前总理他信被迫辞职。淡马锡从此不再享有泰国政府的宠爱，而且要面对的第一个头疼问题是如何避免臣那越被泰国政府强制私有化。因为，按照泰国政府的规定，一家上市公司里股东不能持有高出 15% 的股份，而淡马锡持有的臣那越集团多家子公司的股份都在 42% 以上。

第二是政治风险。在亚洲其他国家和地区，淡马锡的扩张步伐也屡屡受阻，而且公开说"不"的多是来自政府的权威声音。这一方面是因为淡马锡的政府色彩，但更多的还是因为很多人怀疑淡马锡的投资活动是否隐含某种政治目的。在马来西亚，淡马锡触犯了该国关于在未获批准前外国机构不得收购马来西亚金融机构 5% 以上股权的规定，抢在该国政府采取惩罚措施之前匆忙出售了所持有的马来西亚南方银行 4000 万股的股份。在韩国，该国将淡马锡公司划定为非银行机构，禁止淡马锡拥有韩国银行 10% 以上股份，并且拒绝星展银行购买韩国外换银行。在印度，政府也不允许新科电信媒体公司对本地手机运营商 Idea Cellular 公司的控股权超过印度巴蒂电信投资有限公司在其中所拥有的股份。

第三是法律风险。近年来，淡马锡将目光放在了增长潜力较高的印尼市场，但还是在投资过程中遇到了印尼国内民族主义和反垄断的问题。在淡马锡投资较为积极的、东南亚最大的国家——印度尼西亚，国会议员们担心新加坡有可能垄断印尼的电信部门。因此，他们集体游说淡马锡下属企业新加坡电信公司放弃对印度尼西亚手机运营商印尼卫星通信公司的控股权，理由是淡马锡有能力垄断市场和操纵定价。

由于淡马锡具有浓厚的政府背景特色，其在海外对能源、通信、金融等重要领域进行投资收购时，会遭遇投资对象国民族主义情绪反抗，投资对象国家也不能完全放下戒备。因此，淡马锡在投资时尽量隐藏自己的国有企业色彩，努力包装成一家与私人公司无差别的商业投资公司，但是有时候媒体报道后往往背后有政治因素起作用，遇到这种情况，只能通过法律诉讼或者政府游说解决问题。总体来看，淡马锡在投资时会尽量避开国外的投资禁区和陷阱，以免在投资账面上遭受重大损失。

为规避风险，淡马锡发展出一套风险管理策略，主要有三方面：

一是建立了"两把钥匙"体系。在风险管理上，淡马锡为了更好地监控风险，其内部建立了规范的审计制度和监督机制。在淡马锡内部，高层会直接介入风险控制，比如，进行风险预警和管理就是董事会的重要职责，而董事会下属的执行委员会和审计委员会则分别负责具体的风险控制工作，并且会把风险管理纳入流程。其投资提案参照"两把钥匙"体系，由市场团队和行业团队共同提交投资委员会审核。根据投资规模或风险程度，投资提案可能上报执行委员会或董事会以做出最终决议。在此过程中，其他职能团队也可以提供额外的专业建议和独立评估。

二是不预设界限。淡马锡在国际市场上的投资组合主要以股权为主，这意味着年度同比回报波动幅度较大，个别年份的负回报风险较高。无论是对资产类别、国家、行业、主题或单一企业的投资，淡马锡都不会预先设定资本集中度的界限或目标值，具有大额单项投资和长期持有投资组合的灵活性。同时，审慎地管理资金杠杆比例和流动性，确保即使在极端压力下，仍能保持韧性与灵活性。

三是注重长期受益而不是短期估值。淡马锡会在不同经济和市场周期中监测和管理风险，包括资产层面的具体风险。评估各类风险情境对投资内涵价值的持续影响。这些变化的综合情况可以让淡马锡对投资组合在每一种情境下的现值和未来收益变动做出预估。淡马锡并不按短期市值计价的变化来衡量投资组合，而是考虑企业的长期受益。

（三）社会性职能与企业利润目标的矛盾

淡马锡为了继续海外扩张的步伐、筹措大量资金，必然要脱售现有国内机构的股票，这对国内股票市场和企业来说是一个巨大的不定因素。同时，外向发展意味着淡马锡有可能逐渐脱离政府管理，必须在经济利益和社会责任之间找到新的平衡点。

2004年11月4日，淡马锡忽然脱售它所持有的3.39亿股新加坡电信的股票。这次脱售引起了一定的市场动荡，11月5日，新加坡电信股价下滑9分至2.36新元。同样的情况发生在2004年1月，淡马锡脱售3.92亿股新加坡电信股票以及13.6亿新元可转换成新加坡电信股票的债券时，也曾经拉低新加坡电信股价6.8%。这意味着淡马锡还将脱售另外10%新加坡电信股权，使它最终持有的新加坡电信股权降至50%以下。而这导致的结果是，新加坡电信的股价很可能会有一个长时间的疲软，既然投资者已经知道淡马锡控股仍将继续脱售新加坡电信股票，那么他们对这只股票的需求将减弱。

然而，为了积累海外扩展的资金，淡马锡的做法是不可避免的。2004年1月股票抛售以后，淡马锡曾经承诺在半年内不会有再次抛售的计划。即使已经超过了半年的期限，中小股民还是对11月4日的抛售表示不能接受。

淡马锡这次减持新加坡电信股权对这只股票在公开市场的流通性提升有利，但是，中小股民则有不同的看法：因为淡马锡的脱售，使他们必须面对抛售，担心未来股价会持续走低，从而影响自己的利益。这种担心在市场上的表现是，雷曼兄弟和瑞士信贷第一波士顿股票机构在淡马锡脱售后，立刻把新加坡电信的股票评价级别降低。

淡马锡的外向战略不仅仅影响到股票市场，其外迁带来的后果也体现在失业问题上。淡马锡过去一直是一个国家控制的投资机构，实际上，在它的投资中不可避免地包括了一些带有慈善性质的项目。最具体的事例是，它曾雇用了 3500 名员工从事半导体制造业，但是，这个雇用计划使得它每年损失7.8 亿美元。

对以投资回报率为最高准则的淡马锡来说，这些低回报的制造业未来必然是剥离的首选。然而，因此造成的失业人口增加和一系列社会问题不得不被政府考虑在内。

淡马锡的定位是什么，怎样在追求更大投资回报率和国内稳定这两方面找到一个平衡点，是淡马锡和新加坡政府需要面对的问题。

四、面向 21 世纪的对策

面对充满变数的新世纪，淡马锡通过改革和重组来增强自身优势。具有与众不同的知识产权、强有力的竞争优势以及在本区域或全球有良好增长潜能的企业，是淡马锡关注和感兴趣的投资方向。在这改革过程中，淡马锡把投资重点放在以下三个大的方面。

（一）亚洲国际型企业

在宏观的层面上，淡马锡对亚洲中期到长期的展望是很乐观的。虽然1997 年的金融危机令许多亚洲国家遭受沉重的打击，但宏观的经济指标显示，亚洲正在稳健复苏。从巴基斯坦到中国，从泰国到印度，亚洲各国的外汇储备均处于破纪录的高峰，通货膨胀受到了控制，而利率也被大大调低。从印度到韩国的企业，不但完成了重组的工作，也通过彻底的改革得到显著的提升，进而成为在国际上更具竞争力的大型企业。企业素质不断优化，以及更多地引进很多国际企业的良好的经营策略，比如，在制造方面做好成本控制，或能够在每个季度迅速结算企业的重要财务数据。这些企业不但与本国企业展开竞争，也在国际舞台上与跨国公司抗衡。这是一个不断学习的过程，是跨行业、跨地区的学习过程，亚洲企业正在群体崛起。

淡马锡要求自身的每一项投资都必须拥有独具的优势，其下属公司也应如此。淡马锡对投资是开明的，愿意随时考虑减低或退出其在下属公司的股权，或减至以少数股东的身份来继续持股，只要这么做能够确保淡马锡得到长期的投资回报。

与此同时，在一些淡马锡有兴趣的行业，如果淡马锡发现一些值得投资并有潜力能跨国经营的公司，淡马锡就积极投资这些公司，并持有其少数或大多数的股权。

（二）亚洲服务型企业

随着亚洲经济的复苏和增长，逐渐产生了一个不可忽视的阶层，那就是中产阶层。而经济的增长也造就了一批要求高、品位高的消费人士。亚洲新兴的中产阶层将为亚洲今后的经济发展奠定基础。

在这样的环境之下，淡马锡认为在亚洲的银行和金融业上呈现着投资良机，淡马锡通过参与金融行业的投资，更全面地分享到亚洲各国经济复苏和增长所带来的各种潜在利益与回报。淡马锡同时还对亚洲的电信业、医疗保健和教育事业，具有浓厚的投资兴趣。因为今后这些行业的发展与亚洲不断壮大的中产阶层和不断提升的消费能力息息相关。

近年来，淡马锡对印尼的银行业所进行的直接投资便足以反映淡马锡愿积极参与亚洲经济的成长并做出贡献的投资理念。

除了在亚洲的服务行业投资，淡马锡还会在新加坡及其他国家和地区寻找各种投资机会。淡马锡的投资焦点是放在那些有出众的优势和竞争力，同时拥有走向区域、走向世界发展潜力的企业。

（三）亚洲资源型企业

亚洲地域辽阔，各种自然资源丰富，劳动力众多且廉价，民众勤劳节俭，储蓄率高。除少数国家仍然处在墨守成规、故步自封的状态下之外，亚洲各国都已意识到市场经济和自由贸易的作用，特别是中国、印度这些亚洲大国以及中东地区都坚定不移地开放市场，进行经济和政治改革，这为发展资源型企业提供了广泛空间。

在重视亚洲的同时，淡马锡还要留意来自美国的种种影响，而欧洲和日本正在逐步地恢复它们的经济活力。总的来说，淡马锡在亚洲看到的是广泛的经济复苏和增长——各消费领域以及各配套行业如能源业、原材料业等的需求的增长趋势。

淡马锡及其下属公司开始走出区域、走向世界时，其各项投资都反映出淡马锡对亚洲和世界各地的兴趣及参与，而公司的利润便有相当一部分来自海外事业及投资。淡马锡及下属公司和海外事业及投资在不久的将来都能充分体现亚洲经济蓬勃发展的活力。总的来说，淡马锡致力于让自己的投资充分发展，以便从新加坡到亚洲各国和全世界的经济成长中取得长远的回报。

着眼于新加坡的未来，淡马锡在致力于为其股东创造持久的盈利和效益同时，也通过事业发展来为新加坡国民及下一代做出贡献。

五、淡马锡与当前中国

淡马锡成立 30 年之际才首次揭开自己神秘的面纱，根据公开发表的 2004 年年报披露，截至 2004 年 3 月底的财政年度，投资在新加坡海内外各个领域的金额达 900 亿新元（约合人民币 4388 亿元），当中估计最少有 2% 投资于中国的公司，即超过 18 亿新元（约合人民币 88 亿元）。当时的淡马锡主席丹那巴南在年报中说："虽然淡马锡仍然是一家豁免私人公司，但是淡马锡决定今年首次公开淡马锡的集团年报，使淡马锡扮演的长期股东及活跃投资者的角色更为明确。""亚洲正在发展，在中国和印度的推动下，淡马锡相信淡马锡会加大其在亚洲的投资组合，使之成为亚洲领先或者新兴企业的活跃投资者。"

淡马锡将加大在海外的投资，2004 年之后的 10 年内将 2/3 资产分散投资于新加坡之外，其中一个重点是中国，故淡马锡已在北京设立代表处。但淡马锡贯彻其极度低调作风，没有为办事处的开幕举行任何仪式及活动，而北京办事处的人员数额也不固定，将根据工作需要进行调整。

2004 年，淡马锡的投资组合共 900 亿新元，当中最大部分投资于新加坡的公司，比例达 52%。组合中包括新加坡电信 65% 的股权、星展银行 28% 的股权、CapitaLand61% 的股权、新加坡航空 57% 的股权、港务集团 100% 的股权、新加坡电力 100% 的股权及新加坡科技 100% 的股权。其中 CapitaLand 持有凯德置地（中国）投资，该公司为外商独资投资有限公司，在北京投资房地产项目。

根据淡马锡 2022 年 7 月发布的财报，截至 2022 年 3 月 31 日，其投资组合净值为 4030 亿新元，较上一财年增长 220 亿新元，但增幅相较之前下降。1 年期股东总回报率为 5.81%，相较去年的 24.53% 也有较大波动。从区域分布来看，新加坡（27%）和中国（22%）继续是占比最高的两个国家，但相比上一财年，中国占比下降 5 个百分点，新加坡占比则增加 3 个百分点。

淡马锡全球科技与消费投资联席总裁、全球企业发展联席总裁、中国区主席吴亦兵认为，淡马锡应该专注长期投资，追求"世代向荣"。当前，在充满不确定性的世界中塑造具有韧性的投资组合，成为淡马锡反复强调的内容。

2022 年之后，中国资产经历"完美风暴"——疫情风险、地缘政治风险以及监管风险等集中暴露，但从 2023 年上半年算起，风险已在消退。首先，中国国内经济政策逐步明确，宏观经济政策从管理风险到鼓励增长，对平台经济、数字经济等给予明确鼓励态度。其次，疫情防控进入常态化阶段，针对新冠病毒表现的新特性采取更加精准的防控举措。

淡马锡在 2022 年新冠疫情之后的投资战略是：在中国和美国集中于成长性投资，在新加坡则是防御性投资。成长性投资的特征是顺周期，特别是非盈利的高科技企业，在降息周期和加息周期，估值水平会有较大波动。

淡马锡在新加坡持有的主要是防御性资产，在新加坡以外主要是针对未来成长预期进行的主题性投资，包括供应链数字化改造、创新生命科学、可持续发展等。

2022 财年，淡马锡在北美，投资了为半导体行业提供高精密度、高产量机器人和污染控制解决方案公司、多云网络安全平台、农业科技公司等；在欧洲，投资了氢气运输和储存技术公司、规模化 DNA 测序企业；在印度，投资视力矫正眼镜零售企业、教育科技公司以及增持网约车平台企业。

而在中国，淡马锡看重在制造型经济向创新型经济转变过程中，数字经济、生命科学以及新能源领域的创新机会。

数字经济是首要关注领域。淡马锡认为，中国供应链优势无可替代，而要想保持这个地位就需要进行数字化改造和持续技术革新。

其次，淡马锡在生命科学领域保持高度关注。沈晔表示，中国创新型生命科学是 2015 年之后伴随监管变化逐步发展起来的，而且香港上市"18A"规则的推出，让投资人找到了退出的渠道，这都成为创新型生命科学发展的重要推手。

中国过去以普药为主，创新型药非常少。这些年出现不少创新药企业，进入较早的头部企业现在已经优势明显，得到资源多，管线也非常丰富。后面涌出的创新型药剂公司，在争夺人才、管线区分等方面就比较困难。但淡马锡进入得比较早，在有些利好还没有出现时就开始投，这几年跟着市场一起成长，所以目前创新药领域的头部企业，已经是淡马锡非常重要的投资领域。另外，中国整个医药行业有比较大的进口替代的空间，这一点在医疗器械领域更加明显。

淡马锡还非常关注医疗服务领域的机会。尽管暂时民营医院在整个医疗体系里面占比较小，但是中等收入群体不断扩大，对医疗服务有了更多的要求，民营医院也是一个具有成长性领域。

　　最后，淡马锡非常关注可持续发展领域的机会。一方面，针对能够真正解决减排、减碳的目标，已经可以看到产品、解决方案的企业；另一方面，针对新能源产业链上不同技术路线的头部企业。

　　中国在能源领域已经积累了优势，将自然资源瓶颈问题，变成了一个制造需求，比如，风能、光伏，都已经做到世界第一，且不仅在中国制造，还出口到全世界。中国在输电领域的解决方案也非常领先，从使用端看，中国已经成为全球电动汽车最大的市场。在这些领域，都是淡马锡优先考虑的投资方向。

第二章

培育社会价值认同，凝聚精神力量

　　世界上许多国家都存在种族和宗教问题。二战之后的民族独立运动和20世纪的全球化进程，使一些原来不存在种族、宗教问题和已经基本上解决了种族、宗教关系问题的发达国家在种族和宗教关系上也出现了新的变数。许多种族、宗教冲突虽然发生在国内，但其蔓延和影响日益具有广泛的国际性，成为一个世界级难题，对人类社会构成越来越严重的威胁。在新形势下如何协调国内种族、宗教关系，维持社会和谐，是许多国家和国际社会共同面临的问题。新加坡是一个城市小国，却在多种族、多语言、多宗教信仰的条件下成功地找到了处理这种多样性并且维持社会和谐的特有方式。

　　新加坡立国之初，就国内局势而言，它面临三方面的威胁，即经济落后国力孱弱、种族宗教矛盾尖锐、各族居民缺乏对新加坡的国家认同，新加坡生存危机严重。新加坡政府从来就没有在政治和法律上明确把国民区分为不同民族，在平时反复强调并向人民灌输的是新加坡是多元种族社会，各民族相互平等，提倡相互容忍和共进。政府采取各种措施淡化种族差异意识，积极培育共同的国家意识和"新加坡民族"的一体感。新加坡领导人一直为之奋斗的目标，也是要将国内各民族的"非新加坡成分"改造为"新加坡成分"，将原先来自不同国家和地区的移民改造成不以种族划分的新加坡国民，建立起一个互相容忍、和睦共处的社会。①

---

① 周聿峨，《东南亚华文教育》，暨南大学出版社，1995年，第94页。

第一节　多元融合的共同价值观

一、多元种族宗教共处的世界级难题

1965 年新加坡独立以来，其经济和社会发展取得了举世瞩目的成就。在此过程中，国内民族关系复杂的新加坡政府并未受到来自民族宗教关系方面的大的影响，而相对融洽的民族关系对整个国家的建设起到了积极的作用。

截至 2020 年 6 月，新加坡总人口 568.58 万，其中居民 404.42 万（包括 352.32 万公民和 52.1 万永久居民），非本地居民 164.16 万。其中华族占 74.3%，马来族占 13.5%，印度族（包括巴基斯坦人、斯里兰卡人和孟加拉人）占 9.0%，其他民族占 3.2%（包括亚洲其他国家和地区人、其他各洲人和混血人）。这个基本上都是外来移民的国度因其种族构成复杂，有"世界人种博览馆"之称，同时它又是除中国外的唯一以华人为主体民族的国家。①

作为移民国家的新加坡，不同的种族带着自己的语言、文化、宗教和价值观念纷至沓来，组合成了一个多种族大家庭、一个罕见的多元社会、一个五彩缤纷的宗教大观园，这里汇集了世界上形形色色的宗教。除拥有佛教、道教、伊斯兰教、基督教、印度教、耆那教、锡克教等各大教派外，新加坡还拥有最古老的犹太教、拜火教，也拥有最年轻的天理教以及华族所新创的"儒、佛、道"三教合一和"儒、道、释、耶、回"五教合一的宗教。众多的宗教，造就了新加坡人宗教信仰多元化。

新加坡各族群都有自己的宗教信仰、文化传统和语言，经济社会发展水平各不相同，加上各种族的"母国"之间存在十分微妙的关系，相互之间易发生矛盾和冲突，并导致与周边国家关系的紧张。新加坡的种族矛盾主要发生在华人和马来人之间，同时这种矛盾还与佛教和伊斯兰教的矛盾交织在一起。新加坡独立之前，联邦执政党企图瓦解新加坡华人的经济实力和宗教信仰，引起华人族群的不满，使种族矛盾和宗教矛盾日益尖锐。1964 年 7 月，大批马来人举行伊斯兰教纪念活动，同华人发生了武力冲突，造成 8 人死亡，

---

① 商务部国际贸易经济合作研究院，中国驻新加坡大使馆经济商务处商务部，对外投资和经济合作司，对外投资合作国别（地区）指南新加坡（2021 年版）［R/OL］. http：//www.mofcom.gov.cn/dl/gbdqzn/upload/xinjiapo.pdf.

341 人受伤。几天之后，再次发生流血事件，又有 22 人死亡，461 人受伤。新加坡政府不得不颁布戒严令，动用军队、警察来控制州内局势。

虽然华人在新加坡人口中占有绝对多数，但在地理位置上，新加坡北隔柔佛海峡与马来西亚相望，西南隔新加坡海峡与印尼的苏门答腊为邻，位于东南亚马来人伊斯兰世界的中心。这种环境决定了新加坡国内的族群关系状况必然会对周边邻国产生影响，同时周边邻国族群关系又对新加坡产生影响。由于华人在新加坡人口中占多数，国内的其他族群和许多邻国都担心新加坡以华人为主。因此，在第二次世界大战后很长一段时间内，新加坡的政治领袖在对中国关系的处理方面都十分小心谨慎，以免引起国内少数族群和周边国家的疑虑和猜忌。

在许多国家和地区，不同宗教和教派之间存在着纠纷与矛盾，由于处理不当而导致流血冲突与宗教战争的事件在历史上屡见不鲜。新加坡各种宗教能够长期和平相处，与政府对宗教的正确认识及基于这种认识而制定的多元宗教政策的导向、制衡作用是分不开的。

二、培育主体种族的国家认同

通过人民行动党半个多世纪的努力，新加坡人民的国家认同意识大为加强。首先，第二次世界大战后出生的新一代，没有太多新加坡早期历史上亲中或亲英的情感牵系，因此所受影响较小，比较容易塑造。其次，第二次世界大战后中国移民停止，本国出生的华人的数目和比例迅速增加，使华人的出生背景单纯化。最后，新加坡政府积极塑造新加坡人的国民认同。

（一）二战打破了新加坡的旧格局

第二次世界大战后，大英帝国面临分崩离析的命运，被迫从新加坡与马来西亚逐步撤退，抛下那些已加入英籍的海峡华人；1949 年，新中国建立后的侨务政策，切断了新加坡华人的认同纽带。随着英国与中国影响的减弱，以及新加坡共和国的诞生，华人面临国家认同的大转变，大批原来持有英国护照和中国国籍的华人，被迫转换身份、成为新加坡公民。对许多中老年人以及在旧时代成长的年轻人而言，这是个痛苦的过程。即使身份改变了，感情上的转移也需要时间。但这是一个转折点，新加坡华人旧的国家认同分裂，亲中和亲英的族群分裂现象从此趋于淡化；而新的国家认同意识经过人民行动党的塑造则逐渐加强。

（二）独立后刻意淡化"华族"色彩

其实，新加坡独立之前，在朝向自主和新加坡马来西亚合并的道路上，执政党——人民行动党领袖已经开始压抑种族认同意识，以便让路给国家认同意识。1962年，新加坡中华总商会领导华人向日本追讨"血债"，政府接过其领导工作，使它成为全民的共同行动，并让六位非华人加入原由华人组成的行动委员会，以淡化"华族"的色彩。后来，政府又阻止华人为数千名受害的同胞建立大型墓园。

独立前后，新加坡政府努力淡化种族意识尤其是华人的族群意识，是有其国内外因素的考虑。执政者为了避免猜忌和挑起内部的种族矛盾，遂有意压抑华人身份。在这种政治氛围下，华校的衰落及由此而酝酿的文化危机，也就被漠视了，以致后来深刻地影响了年青一代对华族的文化认同和种族认同。

在民族性社会团体的政策方面，新加坡政府采取了各种非强制性的措施限制华人社团的作用。例如，独立后不再从传统帮派社团首领中挑选高层管理人员，政府高级官员也大都不加入传统宗乡会馆的活动等。华人身份既然受抑制，方言群认同或地籍认同也会受到限制。其实，第二次世界大战以后，随着移民意识与本土意识的消长，地籍认同意识已面临挑战。新加坡独立后10年，血缘性的公会和地缘性的会馆数目没再增加，而且多数组织也很少活动。当然，华人旧社团组织的弱化，也受现代化的发展和本身功能削弱等因素影响。

（三）不同教育背景导致再次分裂

第二次世界大战后，新加坡华人社会还是很明显地存在两大社群的分裂，不过是新一轮由受华文教育者和受英文教育者的社群分裂，取代了第一轮海峡华人与中国移民的社群分裂。这种对立局面至今仍留有痕迹。

虽然原本分裂新加坡华人的国家认同和出生地认同的因素已经淡化，但是长期以来语言、教育和文化的分歧没有改变。首先，尽管新加坡独立后华人当家做主，但是历史的累积、英语的优势以及国内外局势的发展，促使政府选择延续殖民地时代偏重英文和英文教育的发展政策。其次，新加坡华人尤其是大批华校生，不可能在短时间内抛弃掉民族意识和文化情怀。最后，随着1956年南洋大学开始招生，华文教育系统发展至此已趋于完整。同时，从1946年到1954年，华校注册学生总人数一直是超过英校。

第二次世界大战后数十年，新加坡华人社会由不同教育背景的华校生和英校生两大社群组成，他们的身份认同意识可以从社会、政治、文化等层面区分检视。在社会上，他们人以群分，在各自的社群中交友，在各自组织的团体中活动。他们的社会地位也有差别，英校生在社会分层结构上处于比较高的位置，他们中的佼佼者成为国家领袖、高级公务员、专业人士如律师和医生；华校生在政治领导斗争中败将下来，在工作方面处处受挫，其中一些转入商场施展拳脚，在会馆、学校、商会活动中建立个人在华人社会的地位。在政治上，中国和英国影响力的减退而新生国家不可能一下子改变当时中老年人和已成长的年轻人的思想感情，他们之中许多人对于中国国民或英国子民的身份还是很眷念的。因此，谈论中国或西方事物时，华校生和英校生的观点和反应截然不同。在文化上，华校生和英校生分别倾向中西文化，从事不同的文化活动，阅读不同语言的报纸杂志，观看不同语言的电视节目，各自关心华文教育和英文教育的发展。

不过，两大社群间出现了受过良好教育的通晓中英两种语言的中间群体。其中，多数是华校生，在学生时代或工作之后掌握了英文；少部分为英校生，可能受华校出身的父母影响或个人的兴趣而学习华文。这些双语者视野比较宽广，眼光也比较深远，他们可以跨越华校生和英校生两大社群，跨越中西方两种文化。第二次世界大战后两大社群的矛盾并没有缓和，虽然双方没有严重的大冲突。

（四）对文化失根的焦虑和应对的措施

从自治到建国初期，因为周边国家排斥华人及中华文化，以及新马种族关系呈现紧张状态，新加坡政府于是置种族意识于国家认同之下，试图淡化华人的种族身份，强调国民意识；同时以中性语言团结各族，更重要的是，为了提高实用价值，政府加强英语在政府、商业、资讯、社会等各方面的应用；大力发展英文教育，允许家长为孩子自由选择英校。

在天时、地利、人和的条件都缺乏的环境中，华校新生人数锐减。从1959年起，华校小学就无法再维持过去的优势，一年级注册新生人数不再超过英校小学，而且与英校的差距越来越大。华校小学生新生人数的急剧下降，最终导致华校解体。1987年，华校纳入以英语为主导的统一源流；而唯一的中文大学——南洋大学早在1980年即跟当时的新加坡大学合并，成为新加坡国立大学。与此同时，政府在学校积极推行两种语文政策。对华族来说，学生要学习英文和华文，但是华文不过是单科学习科目，要求程度不高。

在殖民地时代，华校一直是传承中华文化的重地。华校的存亡对华族及其文化影响重大，这是一般华文教育者的共识，也是华人长期以来为华教奋斗的一股动力。面对华校系统的分崩离析，华文教育者所受的打击最为沉重。这期间以及以后的时间里，有关的学者、教师、文学和戏剧工作者、报人、知识分子等，在心态上大多数偏向悲观，为失去文化的根基深深感到焦虑。

20 世纪 70 年代末，新加坡政府对华人母族文化流失表示深切关注，并采取行动。现代化的发展和英语的广泛应用，使新加坡迅速走向西化，年青一代受到西方价值观和风气的影响，变得崇尚个人主义、自由主义和颓废文化。为了挽救价值观迷失问题，新加坡政府转向中华文化，寻找道德支援，以抗拒"西方歪风"。政府也提倡采取双语教育模式，为了使华族的母语和中华文化的生存空间能在学校里扩大，于是 70 年代末诞生了特选中学，80 年代又开始设立中学儒学课程；社会上则有华语运动和儒学的复兴活动。20 世纪 90 年代末，政府又宣布新的华文教育政策，让更多学生修读较深的华文课程，还通过举办"华族文化月"等文化活动扩大影响。

（五）对华语的淡漠和文化断层

到 20 世纪末，华族语言和文化的退化痕迹已相当明显。2000 年官方的人口调查显示，5~14 岁的华人在家里讲华语或方言的百分比，从 1900 年的 76.5%跌至 2000 年的 63.9%（其中讲华语者只增进 2%），跌了 12.6 个百分点；但是讲英语的百分比，则从 1900 年的 23.5%升至 2000 年的 35.8%，增加 12.3 个百分点。反观马来族群的同年龄层，他们在家里讲马来语的百分比只跌了 1.5 个百分点，从 1900 年的 91.6%下降至 2000 年的 90.1%。可见缺乏民族宗教的华人，受语言和教育政策的冲击最大。而文化断层早已出现。学校、报界、电视台、商界、出版界、文化和社会团体，都出现断层现象。许多方面的调查研究也显示，华族传统文化的流失，远比马来族群迅速。

语言和文化的流失似乎已经影响到年青一代的种族认同意识。1999 年 12月，新加坡国立大学社会学系高级讲师张汉音博士公布了他关于文化价值观调查中有关种族认同的结果。共 811 名中学至初级学院的学生接受调查，统计数字显示，华人中只有 78.4%选择来世要再做华人，其他则将白人当作第一选择，其次是日本人；而马来族学生则有高达 91.9%最希望自己还是马来人。另外，又有 807 名年长者接受调查，其中 94.9%选择来世愿意再做华人。尽管有人质疑这项调查的分析，但如果跟上一代本族长辈和同代马来族同辈的数字比较，可以看到新加坡华人种族认同在降低。

上述调查激起华人社会极大的震荡。结果发布的当月，《联合早报》发表了至少 23 篇的报道和评论文章；而《海峡时报》也有 10 多篇的报道与评论。大致而言，华文报再度反映了受华文教育者的文化焦虑感，他们的想法比较一致，将族群认同、文化认同和国家认同紧密联系在一起。而英文报的观点比较多元化，有些意见接近华文报的言论，有些认为事情不到如此严重，更有认为种族认同的淡化有利于"环球文化"的认同。这项调查的另一意义就是不同语言背景人士的反应，让人再次察觉新加坡华人身份认同意识的分歧。

20世纪90年代中国与新加坡建交，接着越来越多新加坡人到中国投资和发展，同时越来越多中国专业人才到新加坡工作和居住，经济文化交流的增加，使华语的地位又有所加强。

（六）面向未来的新加坡华人文化

近两百年来，新加坡华人一直处于东西文化的交汇之下，除了要适应本土多元种族的社会环境和本区域复杂的政治氛围，还要面对远处东西风长期的交相吹刮。19世纪下半叶，中英两国对新加坡的政治和文化影响巨大；到20世纪末，未曾停息的西风随着全球化趋势而加紧吹袭，中断一时的东风则借其经济崛起而重展魅力。新加坡华人长期在东西文化之间徘徊，身份认同意识也随之转变。

出生地和方言是新加坡早期华人互相界定的基础，出生地认同随着在新加坡本土出生华人的增加而改变，第二次世界大战后中国移民停止更使之单纯化。方言群认同则长期停留在华人社会中，一直到20世纪70年代末讲华语运动、推广普通话展开后才消退。

随着中国经济的发展和中华语言文化的复苏，加上大批新移民的到来，分裂华人认同的新旧因素又交织在一起，形成新加坡历史上的第三轮华人社群分裂。

从各类认同意识相继消退的角度来考察，可以看到这样一种演变：从海峡华人归顺英国，再到独立后大量新加坡华人从中国移民转为新加坡公民，又到中国改革开放以来的新移民，见证了华人对自身中国人认同的淡化。

2022年9月24日，副总理兼财政部部长黄循财为新加坡黄氏总会新大厦主持开幕典礼，谈到宗乡会馆和社团所扮演的角色，黄循财说："早期，像黄氏总会这样的社团主要为南来的移民提供帮助，协助他们在异乡落地生根。多年来，随着我国社会的发展，今天的新加坡华社已经在这个多元种族和多元文化的社会里，建立起属于自己独特的身份认同感。"黄循财还说到在中美博弈越发激烈的背景下，"新加坡势必会受到影响，但无论我国做出任何决定都不是在选边站，而是为了维护新加坡和新加坡人的利益。"

总理李显龙也多次指出，"新加坡人有自己的历史和文化，所以必须有自己的观点和立场"。要抵制外来因素影响，除了政府层面的努力之外，就个人而言，则应注意分清对母族文化认同，与对特定政府乃至党派的政治效忠之间的巨大分别。否则在云谲波诡的国际政治中，不以新加坡利益为先，不认清我们的国家利益所在，则于国于家皆有危险。①

随着国际形势的变化，新加坡政府逐步调整语文教育和文化政策，鼓励各族发展族群文化，允许电台重新播放方言简要新闻，接受大批中国和马来西亚华人移入。在追求现代化和国际化的道路上，新加坡华人没有抛弃传统文化，他们正在寻找属于自己的文化传统与价值观，寻找现代情境中欠缺的精神和文化资源。

三、尊重和倾斜照顾少数种族权益

在新加坡总人口当中，马来人所占比例仅次于华人，是新加坡最主要的少数种族，但由于历史文化与经济等方面的种种原因，在新加坡社会中一直处于弱势地位。新加坡政府比较重视马来族的利益，并针对处于强势的华人，采取淡化华族意识，甚至加以限制的政策，以此"良苦用心"来平衡国内民族关系（特别是华族和马来族），尽量避免因与母国的关系问题而导致民族争端。

新加坡政府努力解决民生问题——发展经济、解决失业和屋荒问题等，通过学校教育——改编教科书、每天举行国旗升降礼和宣读誓约，建构社会网络——成立人民协会、公民咨询委员会、民众联络所、居民委员会，其他如实行国民服役制度、掌控和利用大众传媒等。值得注意的是，不管是何种途径，强调的是各种族的团结一致，也制造机会让各种族聚集在一起，混合学校的创建、政府组屋的分配、新的社会组织，都是试图打破种族界限，将各族团聚在国家的旗帜下。新加坡政府把国家意识明确摆在种族认同之上。

（一）对少数种族的鼓励性社会政策

独立前后，新加坡的华人主要从事经济、贸易和教育事业，文化水平较高，生活较富裕。新加坡的印度人中也约有30%属于非劳动阶级，如商人、货币兑换商、小店主、办事员、医生、律师、银行家和政府工作人员等。马来人多数居住在农村，从事农业、渔业，收入水平低，生活困难。收入水平和物质生活的差距是种族矛盾的原因之一。面对马来族在经济社会发展方面相对落后的现实，新加坡政府既对马来族实行特殊的政策，又在推进经济快速发展过程中努力为马来人提供平等机会，引导他们发奋向上，通过自身的努力改变现状，避免因成为特权族群而滋生消极的等、靠、要观念。

当新加坡还是马来西亚的一部分时，李光耀就同意给马来人特殊权利，

---

① 纪赟，《从历史看移民融入的艰巨性》，《联合早报》2022年9月29日。

如享受补助房贴和免费教育。但是李光耀坚持马来人必须利用机会通过教育和同其他种族的接触发展自己，不能永远依赖特殊权利。在新加坡独立前的1964年7月，李光耀在马来人的一次集会上明确指出：自己渴望调整和消除各族之间的发展不平衡。如果社会上的一部分人落后于其他人，国家的统一与完整就会受到损害。马来人问题主要体现在教育、就业和住宅三方面，其中教育最为重要。针对当时绝大多数马来人只读完小学的现实，李光耀强调："一旦马来人也像其他人那样受到教育，具有才能，那么他们得到更好的职业和享受更高生活水平的能力也就自动地跟着来了。"独立后，新加坡宪法明确规定："政府应该承认新加坡原居民马来人的特殊地位，政府应以这种态度行使职能，因而保护、保障、支持、照顾、促进马来人在政治、教育、宗教、经济、社会和文化方面的利益和马来语言，应是政府的职责。"为使马来人得到更多的教育机会，增强其自我发展能力，新加坡政府决定，凡是出生在新加坡的马来人，都可以免交学费上小学、中学，并且鼓励他们中学毕业后考入大专学校，政府给予适当补助。在李光耀"设法让马来人受到培训，使他们适合工业工作和成为熟练的技术人员"思想的指导下，政府还在建筑行业、木材业、勤杂工等方面对马来人进行职业培训。

新加坡经济的高速增长为各个种族提供了越来越多的就业和增加收入的机会，加之政府协调族群关系方面政策得当，原贫穷落后的马来人经过几十年的努力，经济社会地位也得到迅速提高，与其他族群的距离不断缩小，并最终成长为完全融入新加坡主流社会、具有新加坡特质的新加坡人。随着新加坡现代化、产业化进程的加快，马来族群的教育文化水平不断提高，成为产业工人的马来人与日俱增，更有一些受过良好教育的马来人进入"白领"阶层。1966年马来人就业者中具备中学毕业和大专文化程度的只占0.9%，到1980年上升到了3.5%，从事专业、技术和经营管理工作人员的比例也由1966年的4.9%上升到1980年的5.5%。据新加坡政府公布的2000年人口普查报告，1990—2000年从事高层次职业的马来人增长迅速，尤其是从事政府公务员、管理人员、专家及技术人员的马来人比例与10年前相比，几乎都是成倍增长，从事纯体力劳动的马来人比例则在逐步减少（参见表2.1）。另有数据表明，在新加坡公务员中，在20世纪60年代，马来人只占2.4%，印度人占11.5%，欧亚人占12.6%，华人占73.5%；到70年代，马来人上升到20%。在高等学校的大学生中，马来人从20世纪60年代的0.7%，上升到80年代的4%。

国家经济的快速发展和职业的改变，提高了马来人的收入水平。有数据表明，20 世纪 70 年代后半期是马来人收入增长的黄金时代。从 1974 年开始，马来人平均收入的增长率超过了其他种族。1974—1979 年，马来人的平均收入年均增长 7.7%，而同期华人的增长率只有 6.1%。2000 年，新加坡政府公布的人口普查报告显示，马来人中等家庭的收入已由 1990 年的 1880 美元增加到了 2000 年的 2708 美元，大大缩小了与其他民族之间的收入差距。

表 2.1　新加坡马来民族 2000 年职业分布与 10 年前比较①

职业	1990（%）	2000（%）
政府公务员和管理人员	1.1	2.9
专家与专业人员	2	4
技工、技术员及相关人员	8.6	16.4
办事员、文书人员	16	20
商人及服务员	15.4	16.2
制造业工人及相关人员	37.7	27.5
清洁工及重体力工人	16.2	10.7
其他	3	2.3

（二）对少数种族参与政治生活的扶持

新加坡全国人口中，华人占大多数，执政的人民行动党和政府的多数领导人也是华人。为防止华人的"大民族主义"，新加坡政府采取了消除种族沙文主义和宗教极端主义政策，消除华人族群所强调的中华特质，以避免其他族群和邻国把新加坡看作中国在海外势力的延伸。新加坡共和国宪法明确赋予马来人以原居民身份，规定在宪法面前各民族一律平等，将新加坡确立为多元种族、多元语言的国家。此外，为避免少数族群的利益受到伤害，新加坡还依照宪法规定创立少数民族权利总统理事会。委员会的主席由最高法官担任，有 4 名常务委员和 12 名非常务委员。在这 16 名委员中，马来族人 3 名、印度族人 3 名、欧亚混血人 2 人。委员会的宗旨是，在种族与宗教歧视问题上就议会所通过的议案向议会和政府提出建议。

少数族群的政治地位和参与权受到特别关注。独立伊始，新加坡政府就采取措施——在政府内阁中必须有马来人代表，这项措施后来成为一条不成文的规定。在政府正部级部长中，一般都有 3~4 位是马来族和印度族。少数

① 胡灿伟，《新加坡现代化进程中的马来人》，载于《东南亚》，2001 年第 4 期。

民族还当选或出任过国家总统、人民行动党副主席和国会副议长等职位。1988年，新加坡国会通过的小组议员法案及团体选区法案，在国会议员选举中采取选区划分制度，即将选区划分为"单选区"（Single-member Constituencies）和"集选区"（Group Representation Constituencies）两种。在单选区中，得票最多的候选人赢得该选区的议席；在集选区中，实施"政治组合"竞选：由各个政党推出一个由4人组成的小组（现在已升至6人），这4个人中至少包含一名少数民族，得票最多的小组获得该选区的全部议席。1991年的议会选举共选出81名议员，其中21人是由单议员选区选举产生，其他60人由15个团体代表选区选举产生，华人当选62名、马来族人当选10名、印度族人当选7名。1997年第九届议会大选中，当选的83名议员中有15位是少数民族。

华人占新加坡人口的绝对多数，但政府并没有把华语作为唯一的官方语言，而是把华语、马来语、泰米尔语，以及英语确定为四种官方语言。政府公平合理地对待每种语言的使用，政府官方文书以四种语言公布，新闻媒体也以四种语言发布消息。儿童在校必须学习两种语言：英语和他们的母语。

佛教是新加坡的主要宗教，但政府没有将其确立为国教。为将新加坡建设成为宗教和谐、信仰自由、各宗教平等的社会，新加坡实行政教分离，政府不排除任何宗教，也不以何种宗教为国家的主导宗教。1988年12月，李光耀在佛教总会开戒典礼上向全国人民表示："宗教是民族文化中的重要一环，信徒要有自己的道德价值观念。但宗教组织必须与国家政治制度分开，要为全国的人民利益和国民经济做出努力。我希望在我国占大多数的佛教与各宗教互相容忍，树立一个好榜样，这对多元种族、多元宗教的新加坡非常重要。"为保持宗教平等，新加坡还建立了"宗教和谐总统委员会"，就宗教事务向总统提供建议。该委员会由9人组成，由前任最高法官担任主席。在9人中，6人分别被指派代表锡克教、基督教、佛教、印度教、伊斯兰教和天主教。

2021年6月25日，当时的财政部部长黄循财在新加坡政策研究所和拉惹勒南国际研究院联办的"族群与种族主义"线上论坛表示，在一个多元种族社会，少数种族难免会活得比较辛苦。因此，华族应该多尽一点力让少数族群安心，体恤对方的需求和感受。要通过包容、信任和妥协来改善新加坡的多元种族相处模式，决不能煽风点火，分裂族群，激起互相的敌意和报复心理。"没有一个族群能够事事如愿以偿，但各族通力合作，我们能够造就的必定更多，强过我们只关注自身利益的做法。""不应该坚持为自己的族群争取最大的利益和权利；或将任何妥协视为必须受到批判的不公不义；或无限放大任何有冒犯或侮辱之嫌的言行。"

四、多元化宗教信仰政策与共同价值观

宗教问题在民族关系中占有重要地位，对宗教派别复杂的新加坡更是如此。新加坡的宗教主要有五种，按人口数量排列依次是佛教（大部分是大乘佛教，小部分是上座部佛教）、基督教、伊斯兰教、道教和印度教。其中信仰佛教和道教的主要是华人（部分斯里兰卡人信仰上座部佛教）；信仰基督教的各族人都有；信仰伊斯兰教的主要是马来人和巴基斯坦人；印度移民主要信仰印度教。有趣的是，各种宗教及宗教与文化之间还有融合现象，比如，玉皇大帝与包公大人可居同一祭坛；观音庙内供奉达摩祖师；齐天大圣、济公、包公也有寺庙。马来人信奉伊斯兰教，但也有人供奉拿督神。还有"儒、佛、道"三教合一的莆田三一教和"儒、道、释、耶、回"五教合一的德教会，体现了新加坡的宗教和谐。宽容与和谐是新加坡宗教关系的特征。

在新加坡，大体上不同的民族有不同的宗教。这种错综复杂的局面使得新加坡政府在处理宗教问题时十分小心，因为宗教问题处理得好坏，直接影响着民族关系。在世界上许多国家和地区，多元宗教之间的纠纷和矛盾导致的流血冲突事件与战争屡见不鲜，然而新加坡的情况并非如此。自1965年独立以来，新加坡基本上没有宗教冲突，各宗教组织和团体之间互相尊重，和睦相处。

长期以来，新加坡政府把促进种族和谐作为政府工作的一个重要内容和基本目标。为了实现种族和谐，新加坡政府在住房、政治、经济及教育上做了不懈的努力。在住房方面，实行种族混合居住政策，以改善各族人民之间的关系，促使他们互相了解。在政治上，保证各民族一律平等，不给任何种族以特权，并实行"集选区"制，使少数民族在国会中有足够的代表以反映和维护他们的利益。在经济上，打破职业的种族界限，增加就业机会，实行公平分配，大力发展生产力，为各民族提供均等的参与经济建设和享受经济成果的机会。在文化上，努力培养新加坡各族人民的文化认同。和谐的种族政策取得了明显的效果，新加坡自独立以来就没有发生过民族冲突，种族隔阂也基本消除了，各种族和谐相处。新加坡学者的调查显示，新加坡公民中不论华人、马来人还是印度人都认为自己是新加坡人。多元一体化的和谐种族政策促进实现了宗教和谐。

　　（一）兼容并包的多元宗教政策

　　第一，宗教平等，不设国教，公民宗教信仰自由。新加坡各宗教平等和公民的宗教信仰自由在国家宪法中有明确的规定：新加坡现存的各种宗教及教派都被承认是合法的，它们有权招收信徒和按照教义、教规开展宗教活动；各族人民、每个个人都有权选择自己的信仰；信奉任何宗教的人在社会上和供职过程中不受歧视，各宗教团体在行使自由权时不能超越一定界限，以免由于出现各种争取信徒和改变他人信仰的宗教竞争，从而妨碍信教自由和宗教团结。

　　以政府名义宣布某种宗教为国教是宗教冲突的重要根源之一。鉴于其他东南亚国家设立国教所导致的宗教冲突和社会混乱的教训，新加坡不设国教，让各宗教处于平等的地位，如李光耀所言，新加坡宗教政策的独特之处是"一切宗教都可以自由地兴旺发达"。同时，新加坡政府规定，宗教信仰自由，人人都有权信奉并宣扬自己信仰的宗教。信仰自由政策还包括新加坡政府一视同仁地对待各种宗教，允许各宗教团体建立自己的教会组织、办学校、出刊物、成立福利机构等。

　　但值得注意的是，新加坡政府在坚持以上原则的同时，实际上对马来族在宗教方面也有一定的照顾。比如，在宪法第6条中就明确规定了成立一个总统顾问委员会协调伊斯兰宗教事务；在国家机构设置方面，社会发展部下面专门设有伊斯兰教事务委员会，特设伊斯兰教法庭等。对其他民族的宗教则无类似的规定。

　　第二，促进和实现各种宗教之间的和谐、容忍与节制。新加坡的《维持宗教和谐白皮书》中规定了新加坡各宗教团体和信徒在处理与其他宗教关系时必须共同遵守的准则，包括认清新加坡是一个多元种族、多元宗教的社会，应该特别留意避免冒犯其他宗教的感情；各宗教信仰共同的道德价值，应加以强调；尊重他人信仰的自由，也尊重他人选择或拒绝某种宗教的权利；约束本宗教的信徒、教徒、教会负责人或传教人员，不让他们对其他宗教和宗教团体有任何不敬的行为；不鼓动和煽动本教的教徒，仇视或以暴力对付其他宗教或宗教团体；等等。

　　第三，坚决反对宗教干涉和介入政治，实现宗教与政治的严格分离。因为在多元宗教国家里，宗教一旦参与政治，其文化特质中宽容、和平的一面就受到抑制，进而影响各个宗教之间和睦相处的关系。所以，新加坡在宪法、其他法律以及政府领导人讲话中再三强调"宗教与政治必须有严格的区分""宗教团体不应该卷入政治"。新加坡有不少国会议员都是基督教徒或伊斯兰教徒，但这并没有改变政府的非宗教性观点。新加坡政府一再强调："部长和议员，不论他们信仰何种宗教，在处理选民的事务时，都必须格外意识到非宗教性的必要，因为（他们）代表许多不同宗教信仰，或是没宗教信仰的选民。"

1988年12月，在一个宗教活动大会上李光耀讲："宗教是一个民族文化最重要的一环，它教导信徒们道德价值和范围，也照顾信徒们的精神、道德和社会福利。但是宗教团体必须把人民的经济和政治需要留给非宗教团体，如政党去处理，这是因为如果任何一个宗教团体设法确定我国人民的社会经济议程的话，其他宗教团体也会纷纷效法。一旦人们基于对宗教的虔诚而在社会经济问题上被动员起来，结果对大家都没有好处。……把宗教和政治分开，各宗教信仰之间的相互容忍，在多元种族、多元宗教的新加坡来说，是非常重要的。"①

第四，新加坡还通过种种法律手段来维护各宗教间的和谐。如新加坡政府提倡宗教自由，但又规定宗教自由"并未授权予任何人可以任意触犯有关公共秩序、公共福利或道德的一般法律"。此外，新加坡政府通过立法形式，确立了一些基本原则，作为新加坡各种宗教团体与信徒在处理与其他宗教关系时必须遵守的准绳。

新加坡政府认为，多元种族导致多元宗教，种族矛盾会加深宗教隔阂，种族的和谐则可以促进宗教的和谐。为此，新加坡政府将每年的7月21日定为种族和谐日，并于1988年1月通过了《多元种族社会议案》，正式倡导建立一个多元种族、多元文化和多元宗教的社会，并以此作为公正与稳定的基础，即实行多元一体化的种族政策，以维护种族的和谐。具体讲，就是新加坡政府正视和承认多元种族的存在，给每个种族以平等的地位，但又强调多元统一于"新加坡民族"。

新加坡政府于1990年制定并实施的《维持宗教和谐法案》，为管理宗教提供了准绳。其主要内容有：（1）尊重和保持各宗教的特点，提倡各宗教的平等、互相尊重、和谐共处，使各宗教的传统文化都有自由的成长空间。（2）在处理宗教与政治，宗教之间，宗教内部，宗教与社会的关系上，该法案都做了严格的规定，划定了界限。（3）设立了权威机构"宗教和谐总统理事会"，其职能是"考虑并向内政部长报告由内政部长或议会转给理事会并影响到新加坡宗教和谐的事务"。（4）赋予内政部长下达限制令的权力，如内政部长认定

① 李光耀，《李光耀40年政论选》，现代出版社，1994年，第313页。

任何宗教团体机构中成员或神父、僧侣等具有或试图具有以下行为："导致不同宗教团体之间的敌视、仇恨、恶意情绪；借宣传、信仰任何宗教之名进行推动政治事业或政党事业的活动；借宣传、信仰任何宗教激发对新加坡总统或政府的不满，发现有人企图利用宗教危害社会安全、种族、宗教和谐的言论"，部长可以发出限制令，限制此人的言论和行动。违犯限制令者，地方法院可处 2 年以下的监禁，并处 1 万新元以下的罚款，再犯者可处 3 年以下的监禁，并处 2 万新元以下的罚款。《维持宗教和谐法案》建立了一种机制，起到了警示、预防的作用，促进了新加坡的宗教和谐。该法案颁布以来还没有发出过一次限制令，只警告过两次。

在和谐的宗教法律下，新加坡宗教界从事宗教事务，进行宗教活动，都自觉地在国家法律的范围内进行，管理严谨、运作规范。新加坡所有宗教、宗教活动场所须向内政部社团注册局申请登记注册，并按章程开展活动。

（二）倡导共同价值观

1991 年，新加坡国会批准发表了《共同价值观白皮书》，推出了力图为新加坡国内各民族、各阶层、不同宗教信仰的民众所共同接受和认可的五大"共同价值观念"，即"国家至上，社会优先；家庭为根，社会为本；关怀扶持，同舟共济；求同存异，协商共识；种族和谐，宗教宽容"。多年来，新加坡政府始终不渝地倡导并大力践行这一共同价值观，取得了理想效果，为推动新加坡经济的发展、保持政局稳定、维护社会秩序、净化社会风气发挥了重要作用。

新加坡政府专门成立了"国家意识委员会"，从 1988 年开始，政府每年都要开展一次"国民意识周"活动，在国民中开展各种爱国主义教育，向国民灌输"我是新加坡人"的国家意识，增强国民对新加坡的认同感和归属感。

新加坡政府领导人也经常公开发表讲话，号召国民要确立牢固的国家意识。1996 年，时任新加坡总理的吴作栋先生在发表国庆献词时就指出："进入 21 世纪，我们面对一个比经济更重大的问题，那就是要使全民达成共识，决定我们要一个怎样的新加坡，然后共同努力达到目标。"他强调"我们现在必须完成比发展经济和创造美好生活更重要的工作，那就是培养新加坡人的认同感和建立国家的特质"。面对现代化过程中东西方文化的双重冲击，新加坡政府准确定位，明确其文化的东方属性，坚持"技术上依赖西方，精神上固守东方"，大力倡导儒家思想，坚持东方价值观。吴作栋强调，在工业化、现代化的进程中，什么都可以改变，什么都会变，但关系到新加坡生存和发展的东方价值观决不会改变。

　　李光耀也强调：我们是工业化和现代化的学习者，我们向日本人学习，向欧洲人学习，向美国人学习，但是我们不想要西方的一切，新加坡人必须继续保持亚洲人的本质，因为新加坡永远是亚洲的一部分。绝不能让新加坡成为东方社会中的"洋化小国"，成为被西方同化的"伪西方社会"，即只有西方文明之表而无西方文明之实；虽是东方人，但已丧失东方社会特征和价值观念，成为不东不西的社会，这会亡国亡族。

　　在李光耀的倡导下，新加坡将儒家的"八德"作为"治国之纲"和社会道德标准。李光耀在全面总结儒家学说的基础上指出，儒家思想的核心是"忠、孝、仁、爱、礼、义、廉、耻"，并以这八种德行作为新加坡政府的"治国之纲"和新加坡每一位公民都必须具有的道德品质。

　　李光耀结合新加坡现实情况，对儒家的"忠"做出了新的解释。他说，"忠"就是忠于国家，就是爱国，就是要把国民培养成具有强烈凝聚力的新加坡人，使国民具有强烈的国家意识。他赋予"忠"两层含义：一是要有认同感和归属感，即每个新加坡人都要意识到自己是新加坡共和国的国民，要认同和归属于新加坡，把新加坡看成是自己的故乡而扎根于斯；二是国家利益至上，当个人利益与国家利益发生冲突时，要以国家利益为先，牺牲个人利益，在必要时甚至牺牲生命来维护国家利益。所谓"孝"就是要孝敬父母、尊老敬贤；"仁"与"爱"就是富有同情心和友爱精神，要关心他人；"礼"和"义"就是讲究礼貌和礼节，对外国人不要卑躬屈膝，对同胞应一视同仁；"廉"就是为官的德行，是做官的基本道德规范，它要求新加坡的官员树立为国服务、为众人服务的思想，要有为国为民牺牲奉献的精神；"耻"就是指人们的羞耻之心，号召国民堂堂正正做人，为社会进步、富国强民做贡献。① 新"八德"吸收了儒家的精神，又超越了中国古代儒家的传统思想，更便于被新加坡各族人民所认同。在全球已实现高度工业化并已开始向信息化社会过渡的国家中，在物质文明高度发展的同时精神文明也得到发扬，而未发生道德危机的极少数国家之一就是新加坡。

　　新加坡通过文化再生运动反对全盘西化，倡导共同价值观，即所谓"东方价值观"或称作"亚洲价值观"，其核心就是借鉴中华民族优秀传统文化，特别是中国古代的儒家思想文化。当然，新加坡政府所倡导的并不是原原本本的中国古代儒家文化，而是经过改造和选择的现代新儒学。②

---

① 杨松，《新加坡、中国德育的几点比较》，载于《辽宁教育研究》，2001 年第 7 期。
② 陈立思，《当代世界的思想政治教育》，中国人民大学出版社，第 296 页。

2002 年 10 月，时任新加坡总理的吴作栋提出了制定宗教和谐准则的构思，由政务部长率领的工作委员会和所有主流宗教群体携手合作，集思广益拟定了《宗教和谐声明》。

2003 年 7 月 21 日，新加坡政府发表了《宗教和谐声明》，鼓励新加坡人在每年种族和谐日的一周内朗诵此声明——"宗教和谐是确保我国多元种族、多元宗教社会之和平、进步与繁荣的要素。我们决心通过互相容忍、信任、尊重和了解，强化宗教和谐。我们将始终如一，确认国家的世俗性，提升社会的凝聚力，尊重各人的信仰自由，既增广共同空间也尊重彼此差异，促进宗教间的沟通，从而确保在新加坡宗教不会被滥用来制造冲突与不和。"这一声明肯定了宗教和谐的重要性，确认宗教和谐是维护新加坡多元种族、多元宗教社会之和平、进步与繁荣的要素，必须通过相互容忍、信任、尊重与了解来强化宗教和谐。该声明是 21 世纪新加坡人民的行动准则。为促进准则的实行，拟定此声明的所有宗教群体的代表们组成了跨宗教和谐圈（IRHC）。《宗教和谐声明》的制定与实行，将进一步促进新加坡的宗教和谐相处。

第二节　文化教育制度支撑

一、理性确定各种族语言法律地位

为了加强民族团结、培养"新加坡人"的国民意识，独立后新加坡政府先后采取了一系列措施，面对复杂的语言状况，慎重、恰当地处理国家的语言问题，制定并实施了正确的语言政策与语言教育政策，使新加坡各种族友好相处，使各种语言资源在国家建设与社会进步中发挥着各自的作用。

（一）多种族语言并存的小国

由于新加坡独特的地理位置和种种历史的原因，自 1819 年英国宣布新加坡为自由贸易港并制订和实施大规模的移民方案以后，许多国家的人们纷纷移民来到这里就业、经商、开发或创办企业。当时的移民大部分来自中国南方，如广东、福建、浙江等地，也有来自印尼、印度、巴基斯坦、锡兰（现在的斯里兰卡）、菲律宾等国的。移民带来了他们各自种族的语言，因此新加坡在 19 世纪中后期就成为一个多民族、多语言的国家。如今，新加坡已发展成为世界东西方文化交汇的枢纽，是真正意义上的国际化城市国家。

　　新加坡人的种族很多，各个种族的人们又使用着各种不同的语言或方言变体。据美国 SIL International （2002） 的资料表明，在新加坡使用的语言共有 21 种之多。在此仅对新加坡 4 种官方语言的基本状况及其在媒体中的使用情况做以简单的介绍。

　　英语是随着英国殖民主义者的到来传入新加坡的外来语言。无论是作为英国的殖民地还是英联邦的成员国，在新加坡，英语一直是管理国家和统治人民的行政语言，也是各级各类学校的主要教学语言。所以，直到今天，尽管在新加坡的英国血统的人占新加坡全国人口的比例不足百分之一，但是由于历史、政治、经济等原因，英语仍是新加坡政府的行政语言，是新加坡最重要的商业和社会用语，也是新加坡各种族用于沟通的最为重要的语言。

　　然而，在新加坡这片原本就不讲英语的土地上，英语在与其他种族语言的长期接触中，逐渐形成了与标准英国英语相去甚远的新加坡地方英语变体。该变体的广泛传播和流行，严重地影响到新加坡各级各类学校的标准英语的教学，引起了新加坡政府的高度关注。从 2000 年起，新加坡政府便在全国范围内开展了大规模的"讲标准英语运动"，以便有效地遏制"新加坡英语"的进一步传播和流行。

　　华语在新加坡的历史要远远超过英语的历史。早在英国人登上新加坡岛之前，那里就已经住有母语为华语的 30 名华人，而当时全岛的居民才只有150 人左右。在英国人将新加坡开辟为自由港继而成为英国的殖民地之后，新加坡吸引了一批又一批的外地人和外国人前来工作。于是，由中国福建、广东、海南等地的大批华人涌入，致使岛上华人人口在 1836 年就多达 13700 人，超过该岛原居民马来人的数目 （12500 人）。到 1860 年，华人人数达到 49000人，占全岛人数的 61%。1970 年新加坡举行的人口调查显示，华族人仍占绝大多数，在全部人口 207.4 万中，华人有 158 万占 76.2%。2006 年人口普查资料显示，华人已占常住人口的 75.27%，而到 2020 年又下降为 74.3%。

　　新加坡华人来自中国各个不同地区，他们使用的语言或方言也各不相同，据新加坡统计局的有关资料，新加坡的华人所使用的华文方言共计多达 23种。为了扭转华语方言杂乱的局面，促进华族新加坡人之间的沟通和了解，在李光耀的大力倡导下，新加坡政府从 1979 年开始在全国华人中开展了推广华语（普通话）运动，收到了较好的效果，使华人在社会及家庭中使用方言的人数逐年减少，而使用华语普通话的人数逐年增加。

　　马来语是新加坡的原居民马来族人的母语，是新加坡这一岛国内历史最悠久的语言。由于新加坡原居民的风俗习惯等文化属于马来文化的一个分支，所以，新加坡建国之后就不得不强调马来语的重要性。这就是新加坡将马来语作为其国语并作为四种官方语言之一的原因所在。新加坡马来人使用的马来语涵盖了爪哇语、玻亚尼语和德拉威地安语等。新加坡 2002 年人口资料显示，居住在新加坡的马来族人口共有 45.5 万，占全国总人口的 13.9%。

尽管马来语是新加坡唯一的国语，但是在使用程度和功能范围方面，远远比不上英语和华语。然而，由于历史和文化的原因，几乎所有的马来族人在家庭中都使用马来语。

泰米尔语是印度南部的一种语言，它是随着印度移民的到来而传入新加坡的。泰米尔语是新加坡国内使用人数最少的官方语言，其使用者大多是 19 世纪因贫困而移民到新加坡的印度人后裔，也包括 20 世纪 40 年代以前移民到新加坡做橡胶园劳工、低层次管理人员或技术工人的印度人及其后裔。据新加坡统计局的有关资料，2002 年居住在新加坡的印度人共有 25.8 万人，占新加坡总人口的 7.9%。

新加坡的四种官方语言均用于电视、广播和新闻出版，但电视观众、电台听众和报纸读者的人数大不一样。例如，在电视节目安排方面，虽然新加坡媒体集团的频道播放所有四种官方语言的节目，但英语和华语节目占用了 80% 的播放时间，而且凡是非英语节目，均配有英文字幕。在新加坡广播公司管理经营的 10 家电台中，英语台有 4 家、华语台有 3 家、马来语台有 2 家，而泰米尔语台只有 1 家。在 2002 年进行的一次新加坡广播节目收听率调查中，位居排行榜前 3 位的全都是华语频道。在新加坡报业控股属下的 7 份主要报纸中，有英文报纸《海峡时报》（*The Straits Times*）1 家，华文报纸 5 家：《联合早报》《联合晚报》《新明日报》《星期五周报》和《大拇指》，马来文报纸及泰米尔文报纸各一家。①由此可见在新加坡社会中四种官方语言的使用程度。

（二）新加坡语言政策

1. 从实际出发，合理确定各种族语言的法律地位

在多民族、多语言的社会中，国家的语言政策问题是各个种族的人们普遍关注的政治敏感问题。语言问题处理不好，往往会引起种族冲突，从而影响国家的政治稳定和经济发展。这种现象，在世界上许多多语言国家时有发生。因此，新加坡政府对敏感的语言问题一直采用慎重、灵活和实用主义的

---

① 刘汝山、鲁艳芳，《新加坡语言状况及语言政策研究》，载于《中国海洋大学学报》（社会科学版），2004 年第 5 期。

态度。

1963 年新加坡加入马来西亚，成为马来西亚联邦的一个州。新加坡政府便在其州宪法中明确地把马来语、华语、泰米尔语和英语这四种语言均定为新加坡的官方语言（Official Languages），把马来语规定为国语（National Language）。这显然把在新加坡使用最广泛的三大种族语言（马来语、华语和泰米尔语）和超种族语言（英语）放到了平等的位置上。1965 年，新加坡脱离马来西亚联邦成立新加坡共和国。新加坡政府在对原来的州宪法进行修订时，这一政策又原封不动地保留在新宪法中。

每一个种族所使用的语言都获得政府公平合理的对待，政府官方文书以四种语言公布，媒体新闻也以四种语言发布消息。在这四种语言中，英语是唯一中立而不代表任何族群的语言，所以新加坡政府特别鼓励用英语作为各族沟通的工具。英语的使用有助于学习西方科学技术，以及和其他国家发展贸易，在讲究各族平等的立场上，英语的使用也较为中立。在政府的重视与推广下，英语的应用能力在新加坡成为决定个人升迁的重要因素，也一直是新加坡社会最占优势的工作语言（Dominant Working Language）。

长久以来的实践证明，新加坡这一语言政策的制定和实施，不仅对在新加坡这样一个多语言国家中避免种族利益冲突，维持与发展和谐、统一的文明社会具有重要意义。同时，多语言政策对新加坡经济、贸易、文化的发展以及处理好国际关系也起到了重要作用。

2. 推行简体汉字，实行汉字横排横写

由于种种原因，在 1969 年以前，新加坡华文教学一直使用繁体字。之后，新加坡政府参照中国政府推行简化字等做法，对华文推行了一系列的改革活动，其中最重要的就是推行简化汉字和实行汉字的横排横写。

推行简体汉字的活动始于 1969 年。由新加坡教育部向社会颁布了由 502个繁体字简化为 498 个简体字的《简体字表》。该表在其后 5 年的试用过程中获得了成功，受到华人社会的普遍支持。在第一次试行简体汉字的基础上，1974 年新加坡教育部又颁布了含有 2287 个简体字的《简化字总表》。1976年，新加坡教育部对《简化字总表》进行了修订，使新加坡华文简体字与中国的简化字完全接轨。但是，对中国最后一次的简化字方案，当时新加坡政府认为方案不尽合理，非常审慎地没有同步。

在汉字的书写与排版方面，新加坡也对传统的书写和排版方式进行了改革。新加坡教育部于 1974 年颁布并实施关于教科书由左向右横排印刷的规定，同时，新加坡政府的所有文件，包括公函、通告、招贴等，以及各种华文报纸、杂志和其他出版物等，全部实行自左向右的书写与排版方式。这不仅提高了新加坡学生的华文学习效率，对于促进和加强新加坡华人与中国的语言文字交流极为有利。

3. 讲标准英语

自从新加坡成为英国殖民地以来，英语一直是殖民者管理国家和统治人民的行政语言，也是新加坡各族人民沟通的通用语。在与华语、马来语以及泰米尔语等多种语言长期广泛的接触中，一种对各种民族语言进行兼收并蓄的新加坡英语（Singlish）便发展了起来。

这种新式英语在词汇、语法结构、语音等方面均带有马来语、泰米尔语、华语及华语方言的印记，有机地与各种语言及方言的特点结合到一起，在节奏、语调、重音、元音长度，甚至词序等方面均与国际公认的标准英语有着明显的差异，就是这样一种特殊的地方化英语变体，却在新加坡青年学生中得以广泛地流传和使用。

李光耀认为，英语不仅要让新加坡人听得懂，也要让全世界讲英语的人都听得懂，新加坡人就必须讲国际上普遍承认的标准英语，而不能讲新加坡独有的地方方言"新加坡英语"。

因此，为了扭转这种"新加坡英语"广泛传播和流行的局面，从2000年起新加坡政府便在全国范围内启动了"讲标准英语运动"（Speak Good English Movement，缩写为SGEM）。该运动的宣传对象是新加坡40岁以下的成年人和各级各类学校的在校学生，运动的口号是"好好讲话，让人听懂"。为了配合这一活动的开展，社会各界还组织了与SGEM相关的一百多项系列活动，邀请人们参加。

SGEM还得到了英国文化协会、总部设在新加坡的东南亚区域英语语言中心等机构以及新加坡电台、电视台、报社等机构各种形式的大力支持。此外，新加坡教育部还通过其下设的"鼓励使用标准英语委员会"带头改进了学校英语教学和师生使用英语的标准，修改了各级各类学校英语教学大纲，为教师提供专业培训，以便更严格地强调和实施标准英语的语法教学。

从某种意义上说，新加坡的语言政策是一种典型的实用主义多语言政策，无论是官方语言的确定，还是语言教育政策的实施，既要考虑国家的历史渊源和地理位置，又要考虑国家的现实状况和未来经济发展的实际需求；既要考虑国内复杂的族群关系和利益平衡，又要着眼于全国各民族的团结和统一，使新加坡社会各界及各种族的人们能普遍接受。

二、改革德育课程和双语教育

教育是新加坡国家发展的重要工具，也是政府施政和民众关心的焦点。新加坡教育制度的三大目标之首即为消除不同种族之间的歧义，增强种族的共同经验，认同和效忠新加坡；其次才是提供知识、技能、价值给学习者；最后是增进各种族和各社群获取教育的机会，缔造受教育的机会平等。其中，第一和第三个目标都是在消除种族的歧视和不平等，以创造种族和谐的机会。

（一）双语教育

早期新加坡学校的设立是以种族和语言为基础的，例如，华文学校、马来文学校等。但从 1959 年开始，同时有以两种语言教授的"统合学校"（Integrated Schools）设立，至 1972 年已有 107 所统合学校出现。这种学校的特色是同时包括了两族、三族甚至四族的师生共同生活与学习，不再仅限于单一种族和单一语言的教学形态，将各个族群同时置于同一个学习环境里，这有助于促进彼此的认识和了解，进而达成文化交流的目的，破除种族与种族间的隔阂。

目前新加坡政府已放弃"统合学校"的称谓而改称英语源流、华语源流等学校，这是为配合"双语教育"而采取的措施。新加坡政府在独立后采取的重要语言教育政策之一，就是在全国推行双语教育政策——1966 年，新加坡政府开始在全国范围内推行双语教育并把双语教育作为新加坡教育体制的基础。

按照新加坡双语教育课程标准的要求，各种族的学生都要把英语作为第一语言来学习，即英语作为教学语言，用于学习绝大部分课程——在其他课程的学习中使用英语。同时，学生要把本种族的华语、马来语或泰米尔语等，作为各自的第二语言来学习。

新加坡是一个移民社会，移民的迫切要求就是求得生存和发展。许多新加坡人普遍认为，好的价值观可以通过任何语言传承，在新加坡讲英语可以免除种族问题，有益于新加坡意识的培养。因此，在语言和学校的选择上，家长愿意选择英语，选读英文学校。1959—1984 年，选择英文学校就读的一年级学生由 47% 激增为 99%。新加坡早就推行双语教育政策，但如果受英文教育的学生第二语言不及格甚至放弃第二语言，仍然可以读至大学毕业。直到 1979 年以后，新加坡政府才开始要求两种语文都及格或第二语文达到相当水平才能上大学预科与大学。所以，直到现在依然有许多中年的新加坡华人只受过英文教育而不会讲华语。

新加坡政府清醒地意识到：新加坡要成为发达国家，必须现代化，但现代化不是西化。因为新加坡是个亚洲国家，多元种族、多元文化——新加坡必须承担各民族的优良价值观，了解存在的差异，彼此互相敬重、协调，取得平衡。因此，必须坚持并发展双语教育，才能对东西方的价值观起协调与平衡作用。

鉴于以上认识，当前新加坡非常重视华文教育，学校再也没有华文、英文源流之分，华文成为中小学里必修的单科教学语文。公民与道德教育课程采用华文教学，以便让新加坡华人更好地传承华人传统文化和价值观。

各族学生将英语作为第一语言来学习，是符合新加坡实际的语言状况及新加坡国民的实际需求的。在近 140 年的殖民地时期，作为官方语言的英语作为一种外来的、殖民主义者的语言，广泛地应用于国家的行政管理和司法等领域，享有一家独尊的特殊地位。此外，英语作为新加坡社会中的一种超种族语言，起到了协调各个不同种族关系的作用，使彼此之间能够相互沟通、和平相处。同时，英语又是一种世界通用语言，新加坡作为世界最大的贸易转运中心，对英语的需求是不言而喻的。因此，为了更好地发展对外贸易，更好地学习和引进西方的先进科学与技术，在教育中把英语作为第一语言来学习，是新加坡教育政策制定者的明智之举。

学生将自己的本族语（马来语、华语和泰米尔语等）作为第二语言来学习，这是为了保持和发展新加坡各种族文化的需要。学生通过对母语的学习，可以确保对各自种族的传统文化及价值观的了解和认同。这对于使新加坡成为世界东西文化荟萃之地和名副其实的多元文化中心是至关重要的。

原本是要消除各族歧义、塑造国家意识的双语教学政策，虽然尊重母语，但最后突出了英语，因此受到许多批评。通晓英语不失为接纳西方文明、从事工商贸易发展的方便之门，却也因此疏离了母族文字和文化，忽视了东方价值，导致新一代的年轻人成为无根一代，最后才有提倡"亚洲价值观"和"推崇儒家思想运动"等东方传统思想的出现，以解决吸收西方文明后的弊端。

李光耀曾说过："新加坡人，由于感情上和文化上的需要，将会而且必须继续使用自己的语言来交谈、阅读与书写。这是认清自己民族特性和自尊的基本需要，特别是在这个由英国和美国文化通过印刷品和电子媒介所支配的世界里，这种需要特别强烈。我们必须确保华文继续存在，成为新加坡社会的一部分。"

（二）德育课程改革

早期来新加坡谋生的华人之所以有今日的成就，主要是秉承了吃苦耐劳、勤俭持家、注重教育、守信知耻等东方传统的优秀品质，也就是儒家所强调的道德品质。新加坡非常重视儒家伦理在公民道德教育中的作用，因此不断地改革学校德育课程，加强和改革学校的道德教育，不遗余力地维护与弘扬东方价值观。尤其注重利用儒家伦理来抵制西方消极文化的影响，通过儒家学说确立学生正确做人、服务社会、忠于国家的思想和信念，从而培养出品行优良的好公民。

既然以华文为媒介来学习和传递华人传统文化与价值观是最佳途径，那么加强华文的教学便迫在眉睫。有鉴于此，1991 年新加坡政府成立了以副总理王鼎昌为首的"华文教学检讨委员会"，负责检讨华文课程并提出改善建议，以促进公民与道德教育，消除单语教育在价值观上所持的傲慢与偏见，从而更好地传承民族传统和价值观。

1. 开设《儒家伦理》和宗教课程

20 世纪 70 年代末 80 年代初，新加坡针对越来越严重的"西化"倾向，开展了大规模的德育研讨活动和德育改革运动。1979 年，新加坡政府成立了一个以文化部长为首的委员会，全面调查、研究新加坡道德教育，并于 1979 年 5 月提交了《道德教育报告书》。本着抵制不良思潮的影响、奠定稳固的思想基础这一宗旨，该报告从分析当时社会风气和学生的道德状况出发，检查了过去道德教育的不足，提出了一系列改革新加坡道德教育的措施。他们决心实行一个新的公民伦理教育计划，进一步加强与改革学校的道德教育，积极运用一切可能的方式和手段，实施全面、有效的道德教育。

根据《道德教育报告书》的建议，新加坡学校的德育课程除了开设《好公民》《生活与成长》外，还开设了儒家思想和六种宗教课（佛学、伊斯兰教义、世界宗教、圣经、印度教义和锡克教义），其中儒家伦理备受推崇。人们对儒家伦理教育有了共识后，教育部立即成立以刘蕙霞博士为首的"儒家伦理课程编写组"，并委任杜维明、余英时两位教授为课程顾问，着手编写教材。1985 年，《儒家伦理》教育正式在新加坡各校全面实行。

新加坡政府的这番努力，使自己成为世界上第一个把儒家伦理编撰成课本并在学校里作为道德课程来教授的国家。正因如此，这个世界上绝无仅有的全新课程既无前例可援，又缺乏有关探讨这方面教学的参考书。新加坡在实施儒家伦理教学方面做了许多积极有益的探索，尤其是在师资培训方面。由儒家伦理课程编写组主办的师资训练班，对学校选派的已合格的教师进行训练；而由教育学院亚洲语文组主办的"儒家教学伦理课程"，则对所有到教育学院修读的、没有教学经验的大学毕业生进行训练。

1986 年 12 月 12 日，李光耀在新加坡国立大学发表演讲时称："当有一天华人失去儒家思想的特质……我们将演变成另一个社会。随着我国的西化，儒家思想已逐渐式微，如果我们无法成功地保留儒家思想的一些基本价值观，我们将成为另一个西方式的意见纷纭的社会，并面临极大的困境。"①

经过 10 年（1982—1992）的努力，《儒家伦理》的教学实施取得了显著的成效。新加坡教育学院研究组副主任苏启桢博士在 1990 年开展了一次调查，其调查结果很好地说明了推行《儒家伦理》教学所取得的成效。刘蕙霞博士说，儒家伦理课推行最盛的时期，每年有近 15000 人选修。也有不少学者研究儒家伦理与东南亚工业发展的课题，这些课题引起了国际学术界的关注，也使得人们对儒家伦理思想有了更好的认识。可以说，新加坡儒家伦理教育的成果是有目共睹的。

2. 德育改革：与"共同价值观"相适应的课程设计

开设《儒家伦理》的成效是显著的。事实上，儒家伦理的推广宣传已经远远超过课程发展的范围，也超越了其他宗教课程所受到的关注。虽然新加坡是一个以华人为主体的国家，但同时也是一个由许多民族组成的多种族国家。就在儒家伦理教育实施形势一片大好的时候，却不幸遇到不可预见的事件，影响了儒家伦理教育的发展。

新加坡前教育部长陈庆炎博士在国会上指出，自政府 1982 年决定引进必修的宗教知识课后，情况已发生了根本的变化。现在各宗教都有炽热的传教趋势，这可反映在回教宗教激进主义的兴起、基督教加强传播福音、佛教恢复积极活动等方面。如果发展到极端，越来越炽热的传教趋势可能瓦解新加坡一贯的宗教和谐与宗教容忍的传统，而宗教和谐与宗教容忍正是新加坡生存的先决条件。若政府过分地强调推行儒家思想，则会引起其他少数民族的忧虑，从而不利于种族团结和政治上的安定。为了消除非华族对开设《儒家伦理》的担心，避免因开设多种宗教课程而致使各教派之间产生摩擦，使政府在处理宗教事务中保持中立，1991 年，吴作栋总理在国会上公布了《共同价值观白皮书》，提出了各族人民都能比较愉快地认同和接受的"五大共同价值观"，作为新加坡人思想行为的指导原则。共同价值观的具体内容是：国家至上，社会为先；家庭为根，社会为本；社会关怀，尊重个人；求同存异，

---

① 李光耀，《李光耀回忆录：1965—2000》，新加坡联合早报出版社，2000 年，第 13-14 页。

协商共识；种族和谐，宗教宽容。围绕着"共同价值观"，新加坡政府组织设计了一套新的公民与道德教材，取代了原先的《儒家伦理》教材。

实际上，在"共同价值观"和新教材中都包含了许多儒家思想的内容，正如陈庆炎所言，儒家思想的许多观点放诸四海而皆准，在制定公民道德教育课程时，没有理由不把儒家思想的精华吸收在内。这样一来，儒家伦理课程终于完成了它的历史任务，而以另一种姿态在有限的空间里出现。

根据共同价值观，也是为了确保公民与道德教育所要达到的目标得以落实，新加坡教育部为课程拟订了以下五大主题：（1）个性塑造；（2）与家庭的联系；（3）对学校的归属感；（4）作为社会的一分子；（5）以国家为荣并忠于国家。

这五大主题引导学生从认识个人开始，然后扩展到家庭和学校，最后延伸到社会和国家。在共同价值观和德育课程五大主题中，除了"尊重个人"和"个性塑造"外，其余的都可归类是为群体服务的指导原则。儒家伦理的价值观是多方面的，对于共同价值观的诠释自然绰绰有余。细细分析在共同价值观及其指导下编写的德育课程，儒家思想处处都能得到充分的体现。

新加坡小学的公民与道德教育课程以儒家伦理思想为核心，强调东方传统价值观，共有35个德目，分属5个范畴，即个人修养、个人与家庭、个人与学校、个人与社会、个人与国家/世界。这样一个"同心圆"式的德育模式和内容体系，把"正心、修身、齐家、治国、平天下"这一儒家伦理精髓通俗化、具体化、现代化了，这是对传统儒家"内圣""外王"理论的现代诠释和发展创新。

2020年11月，新加坡教育部更新了《21世纪能力和学生成果框架》，认为"全球化进程、人口结构更新和技术进步是当今时代的主要驱动力，它们将继续塑造新加坡的未来。为了帮助我们的学生在这个瞬息万变的世界中茁壮成长，我们确定了一套日益重要的核心价值观和基本能力。它们将为学校的全面教育提供必要的基础，也使学生更好地为未来做好准备"①。

社会在发展，新加坡的道德教育课程也在与时俱进，但不管怎么变，不论在课程中增加了多少信息科技的内容和手段，它总是和华族传统、儒家文化紧密相连的，这也正是新加坡公民与道德教育课程的核心与精髓所在。

---

① 21st Century Competencies ［EB/OL］. (2020-11-23) ［2020-11-24］. https：//beta. moe. gov. sg/education-in-SG/21st-century-competencies. html.

三、通过文化活动培育公民精神

（一）推广华语运动

从开埠到独立建国的一百多年里，新加坡华裔社会的方言很多，其中以闽南话为主流。这种家庭用语与学校教学媒介语（华语普通话）不协调的现象，极大地影响着学校华语教学的质量，也影响着新加坡整个社会里华人语言的交际。

为了提高华语在华裔社会中的地位，改变华人的语言习惯，使他们"多讲华语，少说方言"。1979年，新加坡政府发动了常年性的"推广华语运动"，旨在用华语普通话来取代新加坡国内的各种汉语方言，以便使华语普通话最终成为新加坡全体华族同胞的通用语言，加强华人乃至整个社会的语言交际。

自1979年第一届推广华语运动开展以来，新加坡政府先后采取了一系列行政措施。例如，规定政府及法定机构的华裔员工在办公时间内尽量用华语与公众交谈；申请驾驶执照的出租车司机必须能听华语电台、电视台的播音并能用华语交流；逐步取消方言节目，代之以华语节目；用华语命名新的村镇和街道；用汉语拼音来标注读音；华裔新生儿的出生证、国民的身份证等重要证件也加上汉语拼音作为姓名的标音；等等。

进入20世纪80年代以后，随着中国改革开放的全面实施和经济建设的逐步加快，新加坡与中国的经济贸易有了快速的发展。新加坡政府更进一步认识到了华语在新加坡贸易发展中的作用及其经济价值，这又进一步提高了新加坡华语学生乃至其他种族人们学习华语的积极性。进入新世纪之后，华语已经不仅是传承华人传统文化的媒介，更是新加坡政府让新加坡搭乘中国经济顺风车的所谓"中国策略"的重要内容。

2006年，李光耀接受新加坡中华总商会一百周年纪念特刊访问时，提出成立一个类似华语俱乐部的组织，来推广华语的应用。他指出，已有超过5000名新加坡人在中国经商，数年内可能达到1万人。在中国香港也有超过1万的新加坡人，而香港也已有更多人说普通话。当这些人回国的时候，应该有一个俱乐部让他们定期聚会，所有人全部讲华语，配上中国画、书法等，创造一小块地盘，使大家感觉有所不同，明确自己是华人的身份。总商会可利用现有的设施和资源，邀请在新加坡的中国商人和永久居民、公民一起加入，大家用普通话聚会在一起。在开始时，年轻的新加坡华人可能会不太自在，但是渐渐地，那些曾在中国闯荡过的人就会感觉很自在，随后则越来越多。李光耀资政说："态度是会改变的，所以你必须使它转变，否则，我们就会被这个发展趋势抛在后头，既可惜，而且愚蠢。"

中国经济上的崛起已经在不知不觉间也产生了语言文化上的动力，华语成了海峡两岸和香港、澳门沟通的共同语言，而作为传统上跟中国内地与港澳台都有密切商贸往来的新加坡华商，正适宜利用这种大好时机。新加坡中华总商会成立华语俱乐部不仅有助于其在新加坡社会环境里继续扮演有效的语言文化推手的角色，也有助于其在新加坡的亚洲地缘经济景观中发挥重要的桥梁作用。

推广华语运动作为新加坡政府的一项重要的语言规划活动和语言政策的实施活动，在过去的 20 多年中，对新加坡华人的语言生活产生了重要的积极影响，使许多华人的华语水平大大提高，已经基本上取代了各种各样的汉语方言。据新加坡统计局的有关数据，在 2000 年，新加坡 5～14 岁的人口中，在家庭中使用各种汉语方言的人已由 1990 年的 18.9% 降为 4.3%，而绝大多数人在家庭中使用华语（59.6%）和英语（35.5%）。① 推广华语运动对统一华族语言，发挥华语优势，进一步发展与中国的经济合作与贸易往来，延续华语文化和传统价值观，以及发展新加坡这个国际化都市的文化，都具有重要意义。

（二）推动儒学的新发展

新加坡儒学在体制内的流传始自 19 世纪中叶，早期是通过当地华人社会办书院、学校来传播，除了教材，还辅以对孔子和朱熹的崇拜和祭祀。自 20 世纪 40 年代开始，中学的华文课本成为传统上传播儒家思想的重要媒介，而新加坡本地大学的中文系以及延续的研究院则从 20 世纪 60 年代开始成为儒家流传和研究的场所，到了 80 年代新加坡的儒学运动开始兴起。

首先，是在 1982 年夏秋之际的"八月群儒会星洲"的热闹场面。由新加坡政府出面邀请了八位蜚声国际的"儒学学者"以高姿态到新加坡访问。他们是纽约大学的熊玠教授、斯坦福大学胡佛研究所的吴元黎教授、纽约市大学的唐德刚教授、耶鲁大学（后转普林斯顿大学）的余英时教授、密歇根大学的陈真爱教授、匹兹堡大学的许倬云教授，以及哈佛大学的杜维明教授，还有另外一位来自中国台湾师范大学的伍振鹜教授。他们在新加坡做公开演讲，接受电视台记者的访问，以及与政府领导人、社会领袖进行多次的对话。

---

① 廖小健，《新加坡应对经济全球化的条件分析》，载于《当代亚太》，2005 年第 2 期。

其中杜维明的演讲、交谈和报告，更被编辑成书，1984 年由新加坡课程发展署出版，名为《新儒家伦理与企业精神：新加坡的挑战》（*Confucian Ethics Today: The Singapore Challenge*）。中文本由高专诚翻译，1989 年由上海三联书店出版。

此外，由政府促成的东亚哲学研究所于 1983 年成立，当时的副总理吴庆瑞担任董事会主席，新任的课程发展署署长白素贞任所长（后来由前任东海大南大学校长吴德耀教授继任），计划庞大、资金雄厚，清楚地说明了新加坡政府对推行儒学所具有的雄心，其目标已远远超过仅为中学提供道德课程的简单构想。东亚哲学研究所在开办后的短短数年内，罗致多名学者为研究员，包括英国著名汉学家 A. C. 葛瑞汉（A. C. Graham），韩国学者徐文祥，美籍华裔学者林郁生和翟志成，中国香港学者冯耀明、刘国强，以及香港中文大学刘述先教授，来自中国台湾的古正美、戴琏璋，以及来自中国内地的李泽厚、王守常、陈俊民、陈金生、金春峰、陈来、吴光等。他们到东亚哲学所做为期半年到三年的访问和研究，研究成果以论文及专著的形式发表。另外，东亚哲学所又召开了多个大型的国际学术会议，邀请著名的儒学专家和陈荣捷、狄百瑞（Theodore William de Bary）、秦家懿、蔡仁厚、张灏、成中英、汤一介、庞朴等参加，并且 1987 年与中国孔子基金会在山东曲阜联合举行过一次国际儒学会议，有两百位学者参加。

新加坡儒学会也于 2000 年 11 月 2 日正式成立，国际儒学联合会理事长唐裕当选为理事会主席。唐裕在就职演讲中说，儒学在推动人类文明发展和促进社会繁荣进步方面发挥了积极作用，也为新加坡迄今取得的成就做出了贡献。他表示新加坡儒学会将与国际儒学联合会其他成员一道共同努力，积极推广儒家思想，使中华文明发扬光大。

总理公署兼卫生部政务次长曾士生在新加坡儒学会成立及第一届理事就职典礼上发表谈话说，儒学的研究必须向前看，而不是向后看，是要在社会经济进步的过程中提供伦理道德的框架与强化社会的凝聚，而不是把社会带回 2500 年前的孔孟时代。儒学研究的学者必须注意新加坡是一个多元种族、多元文化的国家，因此在提出研究成果时应注意其他社群的看法与感受，儒家的价值观与其他社群的传统价值观有很多相似的地方，可以互相借鉴参考，形成新加坡价值观的框架。如果儒学会在提出研究成果时，能加入其他传统、文化与学说的例子，则会大大加深认同、加强共鸣，使研究成果更容易被接受。他也提醒儒学会在灌输儒家思想时，要讲究方法，必须能为年轻人所接受，尊重年轻人，使他们感受到能够从中获益。新加坡儒学会成立的动机，是考虑到年轻人容易受到外来颓废文化的冲击，因而要在科技进步、经济发展的同时向年轻人灌输儒家价值观，以发挥潜移默化的作用，消除新科技带来的副作用。不过，必须注意年轻人难免有叛逆的心理，灌输态度与方式不当会引起反感，造成反效果。

为了推动儒家思想的传播，新加坡还发展出以漫画传播儒家思想和中华文化的新形式。漫画与儒家思想的结合，始于 20 世纪 80 年代后期中国台湾地区出现的蔡志忠诸子百家漫画系列，这些漫画在中国及东南亚流传甚广。通过漫画传播儒家思想及中华文化，是一种新颖的文化传播方式。受中国崛起的影响，在新加坡华文教育及传承中华文化的需要日益增加，但英文是教育主流，华文教育水平滑落，为了让学生能灵活、轻松地学习华文和中华文化，漫画这一方式在新加坡的教育体系中创造了新的空间，逐渐成为教材和教学的组成部分。

除学术研究活动外，新加坡政府也鼓励文教组织及民间社团推行儒家伦理。由宗亲会、人民协会以及居委会所举办的讨论会、演讲会、征文比赛和其他活动，不胜枚举。由一群文化工作者及儒家伦理教师联合组成的"儒学研究会"便是专以推行儒学为目标的新兴会社。

经过一系列的对话、沟通，人们对政府推行儒家伦理教育终于有了共识：儒家伦理对个人修养、政治经济、社会文化等方面都有积极作用。儒家注重修己爱人，强调设身处地，讲求自省、慎独，以求做个堂堂正正的自尊、尊人的君子。通过儒家伦理教育，新加坡的年青一代就能够将先辈坚强不屈、谦和通达、自力更生的精神财富继承下来，避免走上极端个人主义、物质主义以及颓废、消沉的道路。儒家思想注重学习、敬业乐群、以礼待人等主张，也有助于良好工作态度和人际关系的培养。

总的来说，新加坡的儒学运动，即使从狭义来说，也不单纯是课程改革或道德教育运动，同时还是一个以儒家传统为中心的中国文化运动。参与者不仅有中学生和教师，还包括许多社会成员、学术精英和政府官员。就广义而言，儒学运动并不局限于教育与文化两个层面，而且与社会秩序的稳定及道德价值的重建、政治威权的确立及外交都有密切联系。

（三）亚洲大专辩论会

1986 年，新加坡为扩大华语的影响和应用，增进华语文化圈高校的交流和友谊，首创了一种新的电视游戏模式——大专辩论会。当时称之为"亚洲大专辩论会"，每两年举办一次。北京大学和复旦大学分别应邀参加了首届和第二届"亚洲大专辩论会"，均以优秀的表现夺得冠军。1992 年，新加坡电视机构总裁访华，提出与中国中央电视台共同主办"亚洲大专辩论会"的设想，并很快达成合作意向。中央电视台青少部主任负责就合作具体事宜与新加坡方面进行磋商，并提议将名称改为"国际大专辩论会"，此提议得到新加坡方面的赞同。1993 年 1 月，双方正式签署了合作协议。协议规定："国际大专辩论会"宗旨为：促进华语在国际上的普及和应用，展现华语的魅力；促进参赛国家或地区之间、大学之间、青年之间的思想沟通和情感、文化交流，增进彼此间的友谊；促进国际电视传媒的合作，使电视具有更大的覆盖性和代表性，提高电视节目的文化品位。"国际大专辩论会"每两年举办一次，双方轮流承办，节目版权共享。

首届国际大专辩论会在新加坡举办，中国派出复旦大学参赛。中央电视台播出全部比赛的七场实况录像后，产生了巨大的影响，并由此掀起了一股辩论热潮，影响至今。通过辩论赛，中华文化深厚的底蕴吸引了更多的人学习华语，关心和探讨传统文化，使华语的国际影响力大为增加。

（四）提倡健康的价值取向

新加坡社会中，流行的 5C 是：事业（Career）、现金（Cash）、信用卡（Credit Card）、汽车（Car）与共管公寓（Condominium）。这五项物质成功指数在一定程度上成为新加坡物质富有的推动力，但这也将不少人卷入盲目追求物欲的洪流中。面对逐渐笼罩全社会的这股风气，新加坡政府公开提出精神上的另类 5C：品格（Character）、文化（Culture）、礼貌（Courtesy）、社区（Community）、献身精神（Commitment）。提醒国人要在物质、知识及精神上取得平衡，重视精神素质教育。

新加坡这个富国还特别崇尚节俭。无人在餐馆把食物吃剩或丢弃，法律规定，在餐馆浪费食物需要加倍付费；新加坡共和国外交部至今没有自己的办公大厦，而是租用企业的房屋，迎接外宾的高级轿车也是租用的，因为租用比建设和购买要划算得多。精打细算、富而不奢、有而不费、上行下效，节俭风气蔚然成风。

（五）通过社会教育提升认知能力

随着新加坡快速发展，人口来源和民众价值取向变得更加多元，同时国际上不确定因素在增加，新加坡若要持续取得优势，国民素质需要不断加强，提升理性认知能力，掌握能在这个新时代生存发展的技能和思维，学习应对和抓住机遇。同时，新加坡的生育率走低，新加坡需要更大规模和更快速让更多非本地出生的公民融入社会，来维持新加坡经济发展和社会凝聚。

在 2023 年年初举办的新加坡透视论坛上，教育部长陈振声指出，"对新加坡来说，管理一个多元的社会，能与他人联系和合作，是必选项，而不是待选项"。他认为未来有三股力量将形成挑战，并塑造新加坡未来社会：一是国家成就致使人们只从个人视角看世界；二是更多元化的社会；三是来自国外的竞争压力。所以要"让新加坡人认识真实的世界，是我国教育制度的关键环节之一"。

四、引导文化产业支撑新加坡共同价值观

新加坡至今还没有一种为各民族所普遍接受认同的文化，而是各族文化并存共荣。新加坡政府文化建设的长期目标是存异求同，即在保留各族文化优点的同时，逐步建立具有新加坡特色的单纯文化——这种文化不但具有国际性、开放性、包容性、坚韧性，还有利于新加坡各族的团结合作。

在实质性的文化活动方面，新加坡政府在各族特有的节庆时，举行文化艺术展示活动，提倡各族的文化风俗。媒体报道各族的饮食、衣着、生活习惯和历史传统，增进各族之间的相互了解。媒体也配合政府的种族和谐政策，以各种不同的语言来出版、传播信息，以供各族选择参考。各族在电视媒体或报章杂志都可获得以母语报道为主的资讯，对涉及种族、语言和宗教等敏感问题，传媒也相当小心谨慎。

1989 年，新加坡文化艺术咨询理事会提出了国家艺术发展报告书。该报告书被认为是新加坡文化艺术发展的分水岭，表明政府在国家稳定、经济发展的基础上，开始加强文化自身的建设。报告书强调文化艺术的重要性在于：（1）赋予国家个性；（2）开阔视野和增强对艺术的接受能力；（3）提高生活质量；（4）加强社会凝聚力；（5）为旅游和娱乐业服务。同时指出，新加坡文化发展面临资金、知识、人才、文化设施、教育机会缺乏等问题，并建议简化申请手续，加强文物遗产事务方面的协调。报告书的出台直接促成新加坡国家艺术理事会、国家文物局，以及新加坡美术馆、亚洲文明博物馆、国家图书馆体系等行政机构和艺术场所的建立。

2000 年，新加坡政府又公布了《文艺复兴城市报告》，勾勒出新加坡在新世纪文化发展的前景及相关策略，提出把新加坡建设成为亚洲主要城市和世界级文化中心的任务。近期目标是在 5 至 10 年内赶上中国香港、格拉斯哥和墨尔本；长期目标是与伦敦和纽约具有同样的影响。报告提出新加坡文化发展六大战略：培养欣赏与从事文化艺术的庞大群体，加强青少年艺术教育；发展旗舰艺术公司，加大政府投资，培养技术和管理人才；肯定和培育艺术人才；提供良好的文化基础设施；进军国际舞台，加强国家间文化关系，鼓

励国际合作；发展艺术文化的"文艺复兴"经济，创办有活力的艺术文化活动，加强艺术营销和文化旅游，鼓励艺术赞助等。新加坡政府在重视"文化硬件"建设的同时，也逐渐重视适合文化发展的"软环境"的建设，认识到文化艺术的发展除了能带来直接经济收益外，还能够发掘人们的创造潜能，而创造力在未来经济发展中将扮演决定性的角色。

2002年，新加坡文化建设掀起了一股热潮。政府为配合"再造新加坡"的目标，组织起草绿皮书，系统阐发"文化资产"的理念，并推行"艺术无处不在"（Arts Every Where）计划。当时的新闻、通信及艺术部负责人把"文化资产"的内涵概括为三个层面：一是充分发掘新加坡的创意潜能；二是强调学习和提升全体国民的知识和本领；三是编织情感纽带，强化国家认同。与此相联系的是推行"艺术无处不在"计划，准备经过一个较长时期的努力，把艺术带到新加坡每一个角落，特别是要把本土艺术带进人们的日常生活，通过艺术激发人们的创造灵感。与"艺术无处不在"计划相配套，新政府还推出"巧思妙想"（Design Singapore）计划，推动设计以及其他与艺术相关行业的发展；"艺术之旅"（Arts Tourism）计划，通过文化旅游，突出新加坡多元文化形象，使之成为推动艺术产业的引擎；"知识新加坡"（Knowledge Singapore）计划提供更便利和收费低廉的图书馆服务，创造一个蓬勃的求知环境；等等。新加坡提出"文化资产"的理念并推行一系列的计划，实际上是在经济全球化浪潮不断高涨和国际竞争日益激烈以及地区局势日趋复杂的大背景下，对国家文化政策的一次战略调整。"文化资产"的提出，进一步确定了新形势下文化建设在国家社会总体发展战略中的核心目标，同时对文化艺术的社会功能提出了更加明确、带有导向性的要求。其根本目的是要通过发展"文化资产"，在以创新为本的国际经济环境中提升整个国家和国民的竞争能力，缔造立于不败之地的创意新加坡。

2002年9月，新加坡又公布了"创意产业发展战略"，试图通过实施这一战略，把艺术、经济、科技结合起来，使之成为新加坡新的竞争优势。该战略提出将新加坡建设成文艺复兴城市、全球文化和商业设计中心、世界媒体城，从而树立起"新亚洲创意中心"的美誉。创意产业在新加坡包括三方面的行业：艺术与文化行业，涉及表演艺术、视觉艺术、文学、摄影、手工艺、图书馆、博物馆、画廊、档案、拍卖、经理人、文化遗址、表演艺术场所、艺术节及艺术赞助企业等方面；设计行业，涉及广告、建筑、互联网和软件、平面设计、工业产品、时装、传媒、室内装饰及环境设计等方面；媒体业，涉及广播、电视、有线电视、数字媒体、电影和录像、录音和出版等方面。根据 2002 年的统计，新加坡创意产业对 GDP 的贡献为 2.8%~3.2%。从事创意产业的公司有 8000 多家，从业人员 7.2 万人。新加坡政府希望到 2012 年创意产业对 GDP 的贡献提高到 6%。

2007 年 5 月，在访问罗马时李光耀接受采访说，新加坡完善的艺术表演场地、财政资源及发达的联系网络，都是支持外来或本地培养的艺术家在新加坡发展的重要因素。虽然新加坡将艺术、文化及时尚等软力量元素融入国家的发展规划中才刚开始起步，但是新加坡已拥有足够的资源去支持这方面的发展。相对于经济成就而言，新加坡文化与艺术事业没有取得同样辉煌的成就，从而被部分人称为"文化沙漠"。无论这种指责是否客观，新加坡已经注意到这个问题，开始下决心改变现状，使文化与艺术的发展也能与经济成就同步。

第三节　围绕价值观的争论与未来展望

一、实行负责任的新闻自由来营造和谐氛围

（一）新加坡政府对媒体的管理措施

新加坡政府在管控国内媒体方面宽严相济，行政和经济手段并用，引导媒体很好地为政府和人民服务。

1. 媒体管理法制化

新加坡是一个典型的法治国家，法律规定之全面细致是罕见的。政府在对媒体的管理方面严格依照法律规定执行，而不带有任意性和随意性，与法治国家人民的心理预期相吻合。政府通过控制、影响媒体有效地为施政服务。新加坡涉及媒体管理的法规主要有《内部安全法》《报纸和印刷所法》《官方机密法》《不良出版物法》《网络行为法》等，这些法律法规均明确规定凡与新加坡国家利益、国家安全、社会道德和秩序相违背，或带有任何种族歧视、宗教仇恨的内容都是严格禁止的。对于违反上述原则的媒体将被撤销许可证，相关人员则面临牢狱之灾。新加坡政府对传媒的管制秉承政治和道德双重标准，并赋予执法者较大的自由裁量权。

2. 间接控制媒体

新加坡媒体由私人控股公司经营，以追求利润为目标的市场化经营模式

一方面满足了公民的物质文化生活需求，同时在引导舆论，解释、宣传政府政策，提高政府施政效率方面发挥了极其重要的作用。新加坡两大媒体经营集团——报业控股公司和新传媒集团都是私人注册公司，实则与政府有千丝万缕的联系。新加坡报业控股公司（SPH）主要管理印刷类媒体，包括《联合早报》《联合晚报》《新明日报》《海峡时报》等11种报章及十几种周刊。新传媒集团主要发展广播电视类媒体，政府通过淡马锡投资公司管理和控制主流媒体。报业控股和新传媒集团相互竞争又各有所长，前者的优势领域是报纸期刊等印刷类媒体，同时也涉足电视、电台、网络等；后者在电视、电台广播类媒体方面更受当地欢迎，同时其旗下的《今日报》享有较高的权威性，刊登的一些热点评论文章专业性强，观点比较有深度。两大私人传媒集团的竞争而非独占式的垄断经营模式是新加坡媒体享有公信力和竞争力的一个重要保障。这种经营模式一方面媒体能更好地为政府服务，另一方面又能保持相对的独立性，淡化了政府直接控制媒体的色彩，避免政府直接控制媒体带来的敏感效应。

3. 畅通政媒沟通交流渠道

政府官员与媒体保持密切联系，经常通报情况。政府高层会通过聚餐、座谈形式定期和各报总编辑或记者编辑进行交流，介绍政府在一些热点问题上的立场观点。新闻工作者也会受邀参加一些政府部门组织的委员会，阅读到一些"红头文件"，从而加深对国情与政府立场的认识。

前《联合早报》总编辑林任君曾说："我们不但不与政府对抗，还给予政府充分的合作和配合，协助政府解释、宣传政策，引导舆论，媒体在促进政府施政效率方面功劳不小。"①

（二）媒体在营造多民族和谐共处中发挥正面作用

与西方文化对人权的理解不同，新加坡为保障国民的生存权和发展权而严格限制所谓的"自由的权利"。为有效避免种族宗教冲突和流血事件的发生而给经济社会发展造成严重影响，新加坡政府严格限制结社、言论自由，严格规定宗教活动的范围。

新加坡独立后，随着种族和宗教问题严重性的不断上升，政府控制言论、出版自由的目的也开始发生转变。李光耀指出，"当新兴独立国实行舆论市场竞争时，效果并不好。"他举例说，斯里兰卡和印度是两个多元种族的国家，本身存在种族、语言和文化上的差异，由于过多的传媒提出各种不同的论调

---

① 林任君，《猪年伊始，"狗事"余波》，《联合早报》，1995年1月15日。

和相互矛盾的政策，结果使两国陷入纷争和混乱。新加坡的著名外交家许通美指出：无论谁试图挑起种族或宗教的仇恨和偏见，政府都要采取坚决的行动。政府根据《国家安全条例》反对地方自治主义者，绝对不容许地方独立主义者通过新闻媒体散布仇恨。新闻媒体积极鼓励互相宽容，反对种族之间本民族中心论。

1986 年 1 月，国会通过新闻出版法修正案，授权政府对未经事先听证而报道新加坡国内政治活动的外国新闻媒体加以限制。该法案公布后，先后有《时代周刊》《亚洲华尔街日报》《远东经济评论》《亚洲周刊》等多家媒体因"报道不实"的原因被限制在新加坡的发行量。《国际先锋论坛报》还因被诉诽谤罪而被判道歉和赔偿。

1964 年，新加坡发生种族冲突的一个重要起因就在于马来西亚巫统的领导人之一赛加化阿巴利用马来文报发表挑拨种族和宗教仇恨的极端言论。因此，1971 年当《南洋商报》虚构华族语文和文化将面临被消灭的危险，以期待鼓起种族情绪时，李光耀毫不犹豫地对这家报纸严加惩处。美国《亚洲华尔街日报》大力向亚洲宣传西方的民主和人权，因此该报在新加坡的销售被限制。美国国务院因此指责新加坡违背言论自由政策，李光耀予以严厉驳斥，他说："新闻媒体对社会有着重要影响，它传播的美国民主、人权并不是放之四海而皆准。美国报章扮演的角色不是国际一般准则。新加坡是多种族、多宗教国家，美国的概念不能使新加坡各族和谐相爱，很可能会导致新加坡像美国那样发生暴乱和流血事件。"

政府严格限定宗教的合法活动的范围，凡是涉及改变新加坡社会的宗教活动都将被认为是政治行为而遭到严厉排斥。1990 年，新加坡政府颁布《维持宗教和谐法案》，集中规定了宗教团体与国家的相互关系。为了维护宗教信仰的多元并存和相互和谐，新加坡政府又在 1994 年颁布了《维护宗教和谐法令》。该法令特别授权部长对造成不同宗教之间不和、仇恨、恶感和敌视的任何宗教领袖采取行动。部长有权制止这样的宗教领袖两年内对信众讲演、发表观点或在出版董事会或委员会中担任职务。

新加坡政府一向以公正、廉洁、高效闻名，这与国家的生存建立在多元种族的基础之上有关。多种族、多宗教、多语言的现实决定政治领导必须采取和解的文化政策，而不是采取强迫吸收与同化的种族沙文主义策略，以更加包容、宽容的态度来促进多元种族的和平共处。

新加坡的成功经验表明，在国内存在错综复杂的种族和宗教关系的情况下，发展中国家固然要把推动经济发展放在头等重要的位置，从根本上促进种族融合，同时在发展经济过程中也应该对种族关系问题予以高度重视，严格控制可能对种族、宗教关系产生负面影响的言论、出版和结社自由，是世界各国维持种族和睦和发展民主政治的重要举措。

（三）对商业化的大众传媒进行合理引导

新加坡政府对大众传媒的管理非常严格。以电影业的管理为例，新加坡电影审查制度历来严格。在英国统治新加坡时期，殖民政府就已经意识到了电影所带来的负面影响，因此他们对好莱坞电影的风行感到担忧，认为这些美国电影会破坏社会风气、削弱自己的统治地位。1959 年新加坡获得自治后，电影审查员委员会由内务部负责，1963 年电影审查员委员会又被并入文化部。目前，该委员会属于新闻与艺术部监管。

为了确保电影审查员委员会工作程序的客观和公正，新加坡设立有一个 15 名社会成员代表组成的电影上诉委员会，他们来自新加坡社会的不同阶层，包括基层领导、教育界人士、律师和宗教领袖等，他们不仅反映着保守和开放的观念而且还代表了不同年龄段的新加坡国民。上诉委员会负责对一部电影中的不良内容进行定性、分级以及向审查员委员会提出剪接的建议；该委员会可以推翻审查员委员会的决定，或做出与审查员委员会意见不一致的决定；该委员会还可对电影发行者因电影被查禁或被剪接而提出的上诉进行裁决。

新加坡政府对电影等媒体进行审查的目的在于维护和保持社会传统的价值观和道德标准。新加坡是建立在传统道德观念基础上的亚洲国家，人们崇尚婚姻的神圣，注重保持家庭的和睦和对宗教信仰的虔诚，尊老爱幼等道德准则被认为是新加坡社会赖以生存的基础。通过让各个阶层的国民参与电影的审批程序并讨论制定相关的行业政策，新加坡政府帮助普通民众建立和养成了对传媒的批判性思维，使人们更加深刻地认识到媒体对社会道德和国家建设可能产生的负面影响。

从 1991 年 7 月 1 日开始，新加坡采用电影分级制度。这一里程碑式的举动预示着新加坡政府对媒体的监管由严格逐渐走向宽松。随着社会环境的不断改变以及信息科技的进步，新加坡面临着不断变化的价值观和更加开放的国民。2002 年 4 月，新加坡政府召集多位学者、媒体从业人员和艺术工作者组成审查制度检讨委员会对新加坡 10 年来的媒体审查制度和方针进行评估。审查制度检讨委员会通过问卷调查和焦点团体访谈的形式征求民意并向新加坡新闻与艺术部提出了相关建议，其中有关电影部分的改动最大。2003 年 9 月，新加坡电影业开始实施新的分级制度，即把过去的分级制由 4 级（G 级的普遍级、PG 级的家长辅导级、NC16 级的青年级和 R（A）的限制级）改为 5 级，增设 M18（Mature 18）成熟级。M18 级的增设使新加坡 18 岁以上的青年人有机会观赏到一些高质量但内容"敏感"的电影。

新加坡政府的电影分级制度改革，一方面顺应了发展中的国民对电影业的监管所提出的新要求，另一方面借助实施对艺术片的宽松政策，也表明了其推进艺术发展的决心。政府的改革措施使国民认识到应改变过去对性爱和暴力的强烈抵制态度，同时应学会划分艺术和色情的界限。

通过电影上诉委员会和电影建议组等组织机构的设立，新加坡政府将部分电影监管职能下放到普通民众手中。这不仅反映了新加坡政治上的民主化进程，同时也表明了政府对国民处理信息方面的能力给予了充分的鼓励和肯定。

新加坡政府在电影业管理方面所表现出的务实态度在对整个媒体的监管中都有所体现。新加坡对媒体的审查一直掌握着一个区别对待的原则：注重家庭和商业、未成年人和成年人、个人和公共的不同。那些能给社会和政府带来利益的信息——对商业、艺术或教育有用的信息往往受到较少的"过滤"；与此相反，那些没有明显益处的信息，比如纯娱乐性的，政府实施严格管制就不会再有多少考虑了，这种指导原则很大程度上渗透着一种富有远见的实用主义态度。

近年来，新加坡政府从只注重电影的低级趣味和无伤大雅的低层次娱乐功能，转为将电影作为一个文化产业来考虑，突出了电影在启发多元化思考、鼓励多元创意以及推广知识方面的作用。新加坡一直致力于把该国建成一个知识型社会，力争成为亚洲的信息技术中心。为实现这一目标，新加坡不断调整媒体政策——政府在对媒体实施监管的同时，也为国民如何正确认识媒体、有效利用媒体指明了方向。

新加坡对其他媒体的管理上也是同样严格，对于传播不健康节目的媒体则严加处罚。2007 年 4 月，《新报》爆出新传媒英语电台 98.7 频道男主持人在节目中要求 4 名受访女模特当众进行脱胸罩比赛，并将过程录下。历时约 5 分钟的脱胸罩比赛被分成三段播出，后来被放到了电台的网站上，还被人上传到国际著名视频网站 YouTube 上，对白也完全公开。事件曝光后，两名节目主持人被指责没有遵守电台主持的原则，通过低俗的幽默哗众取宠。尽管这些女模特儿都是自愿接受挑战的，并没有被强迫参加比赛，但是新加坡传媒电台还是被新加坡媒体发展管理局罚款 1.5 万新元，同时被要求向公众道歉。

二、亚洲价值观公开辩论来应对西方指责

新加坡通过文化再生运动反对全盘西化，倡导共同价值观，即"东方价值观"或称作"亚洲价值观"。亚洲价值观的研究与争论是在东亚经济持续高速增长的背景下，自 20 世纪 90 年代以来逐渐在东亚地区和西方尤其是美国之间展开的，在 1994 年、1995 年达到了高潮。从一开始，这场论争就不限于纯粹的学术研究领域，政治的影响也渗透其中。李光耀和马来西亚首相马哈蒂尔是亚洲价值观的主要倡导者。在他们的影响之下，一些东亚国家和地区包括日本和中国的不少知名人士、专家学者纷纷响应，在整个 90 年代东西方学术界的研究和新、马两国领导人远隔大洋与西方政要的辩论中，亚洲价值观引起了更大的关注。

关于亚洲价值观的东西方论战是随着冷战的结束而逐渐展开的。亚洲和西方之间在文化价值观上始终有着一系列重大的分歧，这些分歧在东西方冷战压倒一切的时期并不十分突出。李光耀在其回忆录中认为："推动民主和人权，一直是美国外交政策的一部分。但是在冷战时期，对抗共产主义在东南亚扩张是双方共同的战略利益，也为双边关系定下了基调。新加坡在人权和民主问题上跟卡特政府有不同的见解，对新闻自由的看法，也跟里根和布什政府不一致，但是双方却不曾以对抗和咄咄逼人的态度，在这些分歧上大做文章。"然而随着冷战的结束，亚洲和西方面临的苏联威胁不复存在和东亚经济的持续增长，两方在文化价值观上的固有分歧开始显现。站在西方的视角和立场上，出现了东亚作为一个经济整体向西方进行挑战的可能。

亨廷顿认为："东亚的经济发展正改变着亚洲与西方的均势，具体讲是与美国之间的均势。成功的经济发展给创造出和受益于这一发展的国家带来了自信和自我伸张。财富像权力一样也被看作是优点的证明及道德和文化优越性的显示。当东亚人在经济上获得更大成功时，他们便毫不犹豫地强调自己文化的独特性，鼓吹他们的价值观和生活方式优越于西方和其他社会。"[①]

一些西方学者认为，"亚洲的经济发展和亚洲社会日益增长的自信，至少从三方面扰乱了国际政治"。第一，经济发展使得亚洲国家能够增强其军事能力，"给这些国家未来的关系带来不稳定性，使冷战中被抑制的问题和矛盾显现出来，从而增加在这一地区出现冲突和不稳定局面的可能性"。第二，经济发展"加深了亚洲社会和西方之间，主要是与美国之间的冲突的强度，并增

---

① 亨廷顿，《第三波——20 世纪后期民主化浪潮》，上海三联书店，1998 年版，第 30 页。

强了亚洲社会在斗争中取胜的能力"。第三，中国"这个亚洲最大国家的经济增长会扩大其在该地区的影响，以及恢复其在东亚传统霸权的可能性"，迫使其他国家或"搭车"和适应这一发展，或用"均势平衡"遏制中国的影响。

在这样一种自信与忧惧相对立的心理背景下，东西方关于亚洲价值观的论争开始逐渐升温。1991 年和 1992 年，李光耀两次接受日本《朝日新闻》社邀请出席东京论坛，与美国和日本的主流媒体就民主和人权问题展开辩论。1993 年，李光耀又接受了美国《外交季刊》的访问，就亚洲价值观进行了详细的阐述。访谈的内容于 1994 年 2 月发表之后，在西方媒体和学术界引起了震动。

李光耀深知亚洲文化的多元特性，为避免歧义，他宁可将亚洲价值观指称为"儒家伦理"。他认为，东亚儒家社会与西方自由放任的社会有着根本的差异。儒家伦理相信个人脱离不了家庭所扮演的角色。西方社会则大多相信政府无所不能，在家庭结构崩溃时足以履行家庭固有的义务，未婚母亲的现象就是其中一例。新加坡仰赖家庭的凝聚力来维持社会秩序，传承节俭、刻苦、孝顺、敬老、尊贤、求知等美德，这些因素推动了经济的增长。自由只能存在于一个秩序井然的国家，一个处于无政府状态的混乱社会，自由不可能存在。在东方社会里，最重要的目标是建设一个井然有序的社会。当代美国社会的一些东西，是完全不能为亚洲人所接受的。枪械、毒品泛滥、暴力犯罪活动，人们居无定所，粗野的社会行为，处处反映了公民社会的崩溃。因此，美国不应该把它的制度强加于别的社会。

1990 年 4 月 12 日，《泰晤士报》的勒文为文猛烈攻击建国总理李光耀，指他是一个专横的暴君，并抨击新加坡的司法机构。李光耀当年 5 月访问英国之便，向勒文发出挑战，邀他上英国的电视公开辩论。媒体大亨默多克拥有的"天空新闻台"（Sky News）在李光耀抵达伦敦当晚就专访他。在那次电视专访中，李光耀说"我献议让他和我一起上电视，如果我正如他所说是一个专横的暴君，那好，我们在中立的场所，在英国广播公司的电视上，我准备让他折磨，让他将我攻击得体无完肤，片甲不留。"面对西方的批评者，即使是在"客场"的李光耀，也毫不畏缩，总要和对方争论到底。[①]

在李光耀之后，新加坡常驻联合国大使许通美为了回应美国学者乔治·希克斯对亚洲能否提出正面的、可供选择的价值观的质疑，于 1993 年 12 月 11

---

① 林任君，《西方的非难噪音不绝于耳——天底下没有新鲜事》，《联合早报》2022 年 11
月 19 日。

日和 12 日在美国《国际先驱论坛报》上两天连载发表了《东亚赞成积极的价值观吗》的文章。在文章中，许通美系统阐释了被亚洲人所珍视的十条价值观：第一，东方人不相信西方极端的个人主义；第二，东亚人深信家庭的稳固；第三，东亚人尊重教育，为此可以付出任何牺牲；第四，东亚人相信储蓄和节俭是一种美德；第五，东亚人认为勤劳是一种美德；第六，东亚人实行民族团结合作；第七，国家与人民签订亚洲式的社会契约；第八，一些东亚国家的政府努力使公民成为国家的股东；第九，东亚人希望政府使培养孩子的环境保持道德上的健康；第十，东亚的政府不认为自由是绝对的权利，新闻媒体应对自己的行为负责。许通美宣称，将这十项价值观集中起来，就形成了一个基本的框架结构，它"促使东亚地区经济繁荣、进步，公民间关系和谐、遵守法制、秩序井然"，并且做出预言："一代又一代的亚洲人一直在向西方学习，……我想西方愿意向东方学习的时代已经来到了。"

1994 年，新加坡发生了因美国留新学生迈克菲（Michael Fay）涂鸦而受鞭刑的事件，这一事件第一次使东西方关于亚洲价值观的争论趋向表面化。当时在新加坡国立大学做访问学者的美国教授克里斯托弗·林格（Christopher Lingle）就此撰写文章认为，"亚洲缺乏保护个人自由和权利的传统，……亚洲人生活在难以忍受的政体下，这种政体以精心设计的制度压制任何异议，依赖于唯命是从的法官和腐败的反对党。"威廉·萨法耶（William Safair）则在《纽约时报》上撰文认为："新加坡政府表现出了欧洲独裁主义统治的旧俗。"新加坡官方为此专门邀请萨法耶访问新加坡进行公开辩论，被萨法耶拒绝了。

与此同时，英国的《经济学家》周刊就许通美阐述的十条亚洲核心价值观发表评论，认为其"枯燥乏味、空洞无物"，《远东经济评论》的编辑菲利普·博林则撰文指出"亚洲价值观根本经不起推敲"。为回应这些论点，许通美再次撰写了《"亚洲价值"论争的再检视》一文，为亚洲价值观的存在及其价值进行辩护。许通美认为，亚洲价值观确实存在，是亚洲人从先祖那里继承而来的，虽然其中有些理念与西方的主流价值有共通之处，但这些价值理念在西方已经被严重腐蚀，这也是西方恢复传统价值运动日益高涨的原因。有人认为亚洲价值观会随当地的发展和民主化进程而失去影响，许通美则以日本为例，证明发达和富裕并不意味着亚洲的传统价值观也将随之消亡，在经济发展的同时，日本保留了节俭、勤劳、尊重教育和家庭完整的传统亚洲价值观。许通美承认，亚洲价值观中也有糟粕。新加坡是东西文化融合的产物，在这场东西大辩论中的角色"自然就是寻求东西方共同基础，充当两方的传媒，避免东西方文明的冲突"。

2022 年 4 月，新加坡对马来西亚籍毒贩达玛林根执行死刑。当年 10 月英国亿万富豪、维珍航空创始人理查德·布兰森发文指责新加坡政府"滥用酷刑"，在国际社会引发了争议。新加坡内政部随即在官网发文批驳布兰森的言论，部长尚穆根还表示将赞助布兰森的食宿费用，请他与自己展开电视辩论。在这篇官网发文中，新加坡内政部批评称："我们不相信一个曾在 19 世纪发动战争迫使中国人接受鸦片的国家，有任何道德资格在毒品问题上教训亚洲人。"①

三、"新加坡民族"的现实与未来

新加坡政府长期致力于打破种族之间的隔阂，用集体利益和国家利益把国内各个种族紧紧地结合在一起，促使它们融合为一个"新加坡民族"；帮助各个种族超越狭隘的种族观念，增强对国家的认同感和归属感，形成统一的"新加坡民族"意识。

（一）"新加坡民族"的形成

不同种族社团内部的凝聚力越强，越有可能对种族关系的和谐与政治社会的稳定造成严重破坏，基于此，新加坡政府号召每个新加坡人都要超越个人的种族和宗教归属意识，培养"新加坡人"的观念。

新加坡"融合型"民族主义是在反殖民主义的基础上产生的。第二次世界大战结束以后，出现了以李光耀为首的一群受过英国教育的政治领袖，在新加坡和马来西亚推行"融合型"民族主义，主张各个种族在寻求政治归属时，不要以种族和宗教为依据，而要以整个国家共同的政治思想、共同的经济和社会愿望为基础。在与马来西亚联邦分道扬镳后，这些政治领袖在独立的新加坡贯彻了这种"融合型"的民族主义。1965 年 8 月新加坡宣布独立时，李光耀明确指出："新加坡要建立一个多元种族的国家……这不是个马来国，这不是个华人国，也不是个印度国。每个人都有他的地位，平等、语言、文化……让我们成为真正的新加坡人，不论种族、语言、文化、宗教，团结一致。"②

1990 年 12 月，吴作栋接任政府总理，继续将建立"一个民族，一个国

---

① 环球网，https://baijiahao.baidu.com/s? id = 1747522139411466230 &wfr = spider&for = pc，2022 年 10 月 24 日。

② 吴元华，《新加坡良治之道》，中国社会科学出版社，2014 年，第 116 页。

家，一个新加坡"的优雅昌盛的社会确定为新政府的奋斗方向。吴作栋明确提出："新加坡人应该相互扶持，和平共处。每一个新加坡人，应不分种族、语言、宗教，有着共同的信念，那就是'新加坡是我的家乡，是我的祖国，我生于此，也死于此'。人民团结一致，国家有稳定基础，我们将能应付下一世纪的挑战。"

为促进种族的融合，新加坡政府致力于建立共同的价值体系。1991年，政府提交的《共同价值白皮书》获得国会批准。白皮书为新加坡人民确立了五大价值观："国家至上，社会为先；家庭为根，社会为本；关怀扶助，尊重个人；求同存异，协商共识；种族和谐，宗教宽容。"

新加坡各个种族都保留了自己的语言，但英语由于具有中立地位而受到政府的高度重视。政府鼓励国民使用英语作为各种族之间沟通的工具，期望英语成为消除各种族之间语言隔阂的有效沟通桥梁。

为增加马来种族与其他种族的交流机会，加快其融入主流社会的步伐，新加坡政府积极推行种族混合居住，改变20世纪60年代以前的同族聚居状态。政府在市区重建计划和组屋计划的实施过程中，注意将来自不同地区的不同种族分配到同一栋高楼住宅中。1989年，新加坡政府规定：旧组屋的转售必须受各种族比例的限制，在华人居多的组屋区，华人住户可以将其组屋转售给任何种族，但是，马来人住房只能售给马来人。反之，在马来人居多的组屋区，华人住户要转售组屋时，只能售给非马来人。为使来自不同地区、不同种族的新邻居们加强团结，培养共同的居民意识和连带感，政府成立了居民委员会，并督促公务员积极参加居民委员会的活动，希望居民委员会成为加强各族民众一体化和各族民众与政府一体化的重要的基层组织。

马来人的伊斯兰教，历史上曾被认为是"征服者的宗教"。但随着时代的发展和种族的融合，新加坡的伊斯兰教也开始呈现出温和性和开放性。根据人口普查显示，1980年新加坡全国有38.5万伊斯兰教徒，其中马来族占90.2%，9.8%是其他种族。到1995年，伊斯兰教徒中的非马来人的比例上升为13.7%。近年来新加坡新出现的马来族与其他种族通婚的情况，也从一个侧面说明了马来人的种族意识正在走向淡化。

新加坡种族和谐、国民意识强烈、政治社会稳定有序。原居民马来人已经融入主流社会，形成了马来人与其他种族属于一个整体，任何一个种族的繁荣幸福都离不开其他种族而单独存在的国民意识。

（二）展望"新加坡民族"的未来

曾任人民行动党中央执行委员、总理公署高级政务部长的李炯才曾说：

新加坡领导人是在寻找自己的国家，不效忠任何理念，只是把各种政治学说当作人类共同的精神财富，拿来按照新加坡的现实重新进行编码组合，只要实行起来能使国家富强，可以给狮子长上鱼尾巴。

李炯才的论述反映了新加坡的领导人在营造新加坡民族精神的做法，这不是一种简单的拼接，而是结合新加坡实际，实事求是地将东西方文化加以融合，浇筑在新加坡人的灵魂当中。

新加坡会有怎样的前途？李光耀曾经在回忆录中列举出古希腊城邦的例子，"城市国家的生存记录一向都不怎么好。希腊城邦国家已经不存在，他们大多并未消失，而是被腹地吸纳成为更大的实体。"古代希腊文明的辉煌成就被阿拉伯人记载下来，使现在的人们能够了解2000多年前的城邦文明对今天这个世界的影响究竟有多大。他还提到，"雅典城邦也不见了，但是雅典城市作为希腊的一部分仍然存在，帕台农神庙则是过去雅典人成就的见证。其他大国的好些城市都遭到洗劫和破坏，它们的人民不是被灭绝就是被驱散，不过由于国家继续存在，新的市民把城市重建起来并且在那里生活。""新加坡这个独立的城市国家是否会消失？新加坡岛本身不会。可是，作为能走自己的路，能在世界舞台上扮演一个角色的主权国却可能会消失。"

新加坡独立以来的成就，把种族宗教信仰各异、经济落后、文化式微、不被国际社会重视的小小岛国，建设成为一个具有卓著法制水平与管理能力的花园城市国家，培育出新一代肤色各异却有共同国家荣誉感的公民，源源不断地对当今世界产生着积极影响。

第三章

高效服务取信于民，稳定岛内环境

　　不同种族信仰的国民和平相处，社会实现和谐发展，是政党、政府所追求的目标。特别是在21世纪，伴随着经济全球化趋势的加快和知识经济的发展，新加坡作为一个国家或一个城市把和谐作为其社会经济发展的一个中心环节。在化解社会矛盾、防止社会不满郁积的廉政建设上，在稳定通货、抑制物价上涨的宏观经济政策上，在打击犯罪、保护社会生活安全与秩序上，以及为公众提供优质的公共服务上，新加坡都取得令人瞩目的成就，创造出一种安详和谐的社会心理和气氛。

　　同时，新加坡政府力图通过制定住房、医疗、教育等社会福利政策，使民众分享发展成果，更通过直接地向民众特别是弱势群体派送红利，来提高他们的生活水平，缩小贫富分化带来的影响。此外，通过各种形式和组织，如议员走访选区制度、新加坡职工总会以及各种基层组织了解人民群众的心声，及时沟通，有效提高政府的公信力；更通过建设花园城市来营造美好家园，形成全社会充满活力与朝气的精神风貌，新加坡政府多管齐下，促成了新加坡社会多元宗教、多元种族的和谐共处的社会氛围。

第一节　支持公信力的社会心理学

一、廉政制度带来的信赖感

　　新加坡不仅以经济的高速增长令世人刮目相看，而且其廉政建设与精神文明建设工作也遐迩闻名，堪称世界典范。然而，新加坡刚独立和建立自治政府的时候，它周边的国家，其官员腐败、堕落、贪污、贿赂、敲诈无所不在。在马来西亚、泰国、印度、韩国、菲律宾、印尼，甚至包括新加坡本身，政府一个比一个腐败。这些原为受压迫的同胞争取自由的斗士，都堕落成为民众财产的掠夺者。

人民行动党是在亚洲革命浪潮冲击下，为摆脱殖民统治、为同胞争取自由而建立的，但其领导人都是出身资产阶级，并大多是受过剑桥大学教育的社会精英。他们对这些腐败深恶痛绝，他们赞赏当时建党还不足40年的中国共产党艰苦朴素的作风，因此建立一个廉洁政府成为他们的目标。李光耀说：如果我们不能建立一个廉洁的政府，我们将不能生存。新加坡的廉政建设所取得的实际效果，赢得了世界声誉，也赢得了国内公众的人心。

（一）减少公职人员贪污腐败的可能性

建立严密的监控纪律和制度，简化手续和中间环节，减少公职人员贪污腐败的可能性。李光耀指出，"一切有关政府官员的权力的工作条例力求简单明了。这样一来，任何违反条例的行为都很容易引起怀疑或招来投诉"；必须"尽量减少政府官员的自行处理权，例如，批准发给执照或许可证的权力"；要"实行双重检查制度，确保一个官员的决定必须由另一个官员审查或监督"。①

以此为基础，新加坡制定了《防止贪污法》《公务员法》《没收非法所得法》等一系列法律法规，以法律的威慑力保证公职人员行为准则得到切实遵守，体现在以下几方面：

1. 财产申报

新加坡政府制定了严格的申报财产制度，每位公务员被聘用之前，必须申报自己的财产，包括自己拥有的股票、房地产和其他方面所获得的利息收入，还必须申报他的担保人或家庭成员所拥有的投资和利息情况。以后每年7月1日，各个政府职员都必须填写一份个人财务表格，写明自己的财务状况，各部门的常任秘书对每一份申报表都要进行详细阅审，以了解是否有不法行为。新加坡有关法律规定：不能说明来源的财产便属违法，即被告人占有他不能令人满意地说明的、与其已知收入来源不相称的财力或财产，或他在被指控的犯罪时间或大约这个时间获得了他不能令人满意地说明其财力或财产的增添时，就无须证明有任何具体贪污、受贿行为即可推定为贪污或受贿所得，并据此处以刑罚。

2. 公私分明

新加坡政府严禁官员利用职权假公济私，从事任何牟利活动。任何官员不准直接或间接地利用职权，或允许他人利用自己的名义，为自己的企业或民间团体牟利；不准直接或间接地利用官方信息或官方地位牟取私利；不准

---

① 刘国雄，《新加坡的廉政建设》，人民出版社，1994，第58页。

直接或间接地拥有在新加坡营业的任何公司的股份或证券，决不允许官员家属、子女借其名声、地位非法经商或营私；在未经批准的情况下，任何政府官员均不得做兼职工作，从事"第二职业"，以使官员公私分明，奉公廉洁。

3. 不准随意借钱

如果一个官员所负债务已超过自己三个月工资的总和，则被视为陷入"债务麻烦"中，该官员必须向其所属部门的常任秘书报告。凡是陷入"债务麻烦"中的官员或所填表格的内容虚假者，都将可能被惩处，严重者可开除公职。之所以采取这项措施，是因为新加坡政府认为，公务员不能欠债太多，否则，就有贪污的可能。同时不得向下属或受职权管辖者及有公务往来者借钱，不得贷款收息。

4. 限制礼品收受

不得接受公众人士任何礼物、钱财或其他利益如娱乐、免费旅行等；除非在退休时，不得接受下属送礼或娱乐应酬；如果因为退休而要接受下级所赠礼品，则必须向常任秘书写报告，申报所受礼品的价值、名称等；所受礼品不得超过300美元；特殊情况下，如无法拒绝或拒绝则不近人情，可暂时把礼品收下来，过后向上级报告，并将礼品上交。如本人需要这个礼品，经上级批准，按礼品价格付款；如果接受下属人员的款待活动，必须报告款待的时间和地点，款待必须是适度的，不能超过举办款待人员月工资的2%。

5. 规范采购和招标

新加坡政府采购是通过以下方式来实现的：（1）邀请至少三家信誉良好公司开价或投标；（2）超过1000新元的器物、服务或工程应书面开价；（3）超过10000新元的单项器物、服务或工程必须投标；（4）长期供应的器物或工程必须投标；（5）各种招标条件必须详细列明；（6）采用总检察署批准的特定表格；（7）招标通告必须广泛发出；（8）超过15000新元（器物、服务）或30000新元（工程）必须在政府宪报及报章公开招标；（9）投标者需缴交柜金；（10）投标箱必须上锁，锁匙由授权职员保管；（11）未到截止日期与时间不准打开标箱；（12）开标时必须有两位授权职员在场（一位开箱，一位见证）；（13）超过15000新元的器物、服务或30000新元的工程投标，见证员必须由常任秘书委任；（14）见证职员不应与招标器物、服务或工程有关联；（15）投标者数目、商号、标价等详情必须清楚记录；（16）成功承包商（超过15000新元）的详情必须在政府宪报公布；（17）不准与承包商讨价还价，以避免贪污。

（二）法律严明、执法严厉，使腐败行为付出足够成本

反贪污调查局是新加坡职权广泛的反贪机构。新加坡政府制定了严厉的反贪污受贿措施。反贪污受贿的事直接由总理亲自过问，在总理公署下设有反贪污调查局，调查局拥有绝对权威：可不受有关法规限制逮捕犯任何罪行的涉嫌人；无公共起诉人的命令，可行使刑事诉讼法所授予的一切或任何有关警方调查的特别权力调查大的犯罪；有权入屋搜查、检查和扣押认为可以作为证据的任何物品；有权检查和冻结嫌疑人的银行账户和保险箱；有权进入各部门、机构，要求其官员和雇员提供调查人员认为需要的任何物品、文件和内部资料。新加坡有关法律还规定：拒不做证的知情者或未能向调查人报告、提供所需情报、银行账目、文件物品的任何人，都被视为犯罪，可被处以 2000 新元罚款或一年以下监禁，或既罚款又监禁。反贪污调查局对政府法定机构和公共服务部门进行监督和调查，对一切涉案官员，不论其名声多大、地位多高，一概严惩不赦，决不姑息。

1992 年，中国赴新加坡精神文明考察团团长徐惟诚说："新加坡人非常怕开除公职，因为每个人都有一大笔公积金，相当于每月工资的 40%。公积金不在企业里，也不在机关里，而是在国家手中。任何被开除公职的人公积金都被没收。资历越老，地位越高的人，公积金越多，多在六位数以上，就是几十万元。一旦被开除公职，几十万元就没有了。这个损失就大了。收人家一杯咖啡，才几块钱，但可能导致开除，一开除，几万、几十万就没有了。所以公积金成为威慑力量的最大后盾。因为公积金代替了养老金和退休金。一旦公积金没收了，所有的保障，包括医疗费都没有了。一有小贪污就被开除，被开除这笔钱就没有了，所以非常可怕，大多数人都不敢贪污。"

（三）高薪养廉

给予公职人员足够的工薪报酬，依靠正常收入便能维持体面的生活。新加坡实行的高薪养廉主要表现在两方面：

第一，坚持让大多数普通公务员的工资保持在社会的中上水平。政府每年都要将公务员的工资同私营企业人员的工资作比较。若发现私营企业人员的工资高于公务员的工资，政府即给公务员加薪，确保公务员的工资水平和私营企业人员的工资水平大抵平衡，相差不大。

第二，对内阁部长等高级公务员实行"高薪养贤，厚禄养廉"。新加坡政府认为，能干的政治领袖对一个好政府非常重要。新加坡必须从它最杰出和肯献身的公民中物色部长人才。如果担任部长需要蒙受太大的经济损失，将会成为能干的新加坡人从政的一个障碍。新加坡政府认为，必须支付部长实

际、堂堂正正的薪金，而不是藏着其他额外利益的低薪，这样才是透明和对选民负责任。政府不仅仅要"养廉"，还要"抢贤"，减少政治精英流失。李光耀建议，以一个长期的方式把部长和高级公务员的薪金同私人企业界顶尖级专业人士的收入挂钩。目前，新加坡总理及部长们的薪酬在世界上同类人员中最高。

反对党曾攻击人民行动党领导的新加坡政府是世界上最昂贵的政府。李光耀反驳说，便宜没有好政府。1994年，吴作栋在国会中进一步指出，新加坡的国内生产总值是890亿新元，如果增加1%，就是多了8.9亿新元，如果减少3%，就是少了26.7亿新元。而所有部长的薪金即使按照新的更高的标准加以调整，加起来也只是2200万新元。因此他问国会，到底是花2200万新元来确保继续有好的人才来领导新加坡每年取得至少8.9亿新元的增长比较明智，还是省下2200万新元但因为政府治理不当和贪污，导致国家收入少了26.7亿新元来得合算？另外，吴作栋还列举了美国、英国领袖和公务员的低薪金对其政府素质所产生的不良影响，并说，把新加坡领袖的薪金与其他发展中国家的薪金相比较是非常危险的——菲律宾原总统马科斯的薪金远远比不上新加坡资政李光耀，但他的财富却是李光耀的不知多少倍。①

（四）以行为准则规范高级公务员的政治操守

2005年，新加坡政府宣布了全面修订后的内阁部长行为准则。准则要求部长就任后立即向总统申报所有的私人财产，包括个人收入、不动产、公司股份以及新增加的金融资产和借贷；部长必须将公务和个人财务利益划分开来，在两者发生冲突时，必须放弃个人利益；部长不能利用自己的影响力支持公务员升职，也不得指示公务员完成违反新加坡公共服务核心价值观的任务，并尊重其保持中立；部长还必须透露涉及自身利益的相关内容，以面对可能的贪污指控或在被指拥有来源不明的财产时面对审查。

新准则特别强调部长及其家属必须拒绝任何人以任何方式试图利用其部长职位获取不正当利益，包括向其提供无形利益、票券、优惠以及免费或低于实际价值的服务。如出于礼貌考虑不便退还时，必须将礼品上交本部门的常任秘书处理。如果部长希望留下礼物，则需要按照礼物的估价自掏腰包。

与此同时，政府也公布了修订的议员操行守则。守则要求议员谢绝在由他们委任的基层领袖经营的公司担任董事；在出任公司董事时须避免个人商业职务与公务发生冲突，不能滥用自己的政治身份谋取私利，在国会提出与

---

① 吕元礼，《新加坡廉政之道的全方位分析》，载于《深圳大学学报》，2000年第3期。

个人生意有关的问题时，必须先表明自己的既得利益等。守则还规定执政党议员每年1月底要向党督申报自己担任公司董事和收取董事费的细节。

部长行为准则和议员操行守则虽然不具有法律约束力，但它们强调了建立一个廉洁、高效的政府并保持政府官员正直、诚实、负责，对于国家生存和发展以及巩固人民行动党的执政基础所具有的重要意义。

二、币值稳定带来的安全感

新加坡的通货膨胀率20世纪60年代为1.2%，70年代为5.6%，其中1973年、1974年因石油危机而达到两位数，但80年代又降至2.7%，90年代以来平均为2.4%。进入21世纪之后，截至2022年，只有2008、2011、2022三个年份在5%~6%，七个年份在2%左右，其他半数的年份都保持在1%以内，是世界上少有的低通胀国家。

新加坡之所以能够有效地控制通货膨胀，主要在于政府稳定货币的理念和有效的宏观经济管理模式，对生产、资金、商品等多种经济要素尽量减少行政干预，主要利用经济规律通过开放的市场调节生产要素的流动和资源的配置。[①]

（一）稳定货币：理念与政策

坚持执行物价稳定优先的货币政策，新加坡不采用汇率贬值的办法来增强出口竞争力。这种态度在1967年英镑贬值时已有明显的表现。如果从维持出口竞争力的角度出发将汇率贬值，就很可能会引起物价的上涨，随之而来的是劳工方面要求增加工资。如果资方提高工资，汇率贬值对出口竞争力的积极效应就很可能因劳工成本增加而抵消；如果资方拒绝提高工资，则势必引起劳资关系紧张甚至社会不稳定。这就是新加坡决定不随英镑贬值的思路。

在1985年出现经济负增长后，新加坡同样没有采取汇率贬值的办法来增强出口竞争力，而是直接采取降低劳工成本和其他生产经营成本包括连续两年冻结职工工资的办法来增强出口竞争力。如果说在1967年的时候，由于人民行动党的执政地位尚未稳定，担心物价不稳会引起社会动荡的话，1986年的措施则反映出人民行动党对自身的执政地位信心十足，直接要求人民面对经济困难。[②]

亚洲金融危机爆发后，新加坡当局继续维持汇率稳定，只是扩大了非干

---

① 小林、于莉，《新加坡如何控制通货膨胀》，载于《东南亚研究》，1995年第3期。
② 张祖兴，《新加坡货币政策初探》，载于《东南亚研究》，2000年第3期。

预汇率波动幅度。新加坡政府维持汇率稳定的政策与许多发展中国家依赖汇率贬值维持出口竞争力的政策形成鲜明的对照。新加坡引致货币长期稳定的因素和策略有以下四点：

1. 杜绝财政赤字

新加坡财政政策的首要原则是保持收大于支。大力开源节流，严格税收法规、完善税收制度，保证国家财政收入的稳定；同时坚决杜绝有赤字的行政开支，压缩政府开支和社会福利拨款。新加坡政府没有预算赤字，连年财政盈余，1993 年为 55.3 亿新元，1994 年又增至 63.3 亿新元。社会福利事业拨款仅占国家预算的 0.5%，用于社会福利的资金主要靠职工和企业积累。

2. 高额储蓄率

新加坡实行强制性的国家管理中央储备金制度，企业工资总额的 1/4 和职工工资的 1/4 均上缴中央储备金，到职工退休后连本带利返还职工。新加坡成立全国工资理事会，每年拟定工资增加的指导原则和数值指标，供雇主、雇员和工会在谈到加薪时参考，以减缓工资上涨的幅度。

上述措施既通过强制性储蓄控制了社会上资金的总流通量，抑制了通货膨胀的基本因素；又控制了工资的攀升，减少了通货膨胀的成本推动因素，而且国家手中掌握了大笔资金，可用于经济、社会各方面的开发。以 1993 年为例，新加坡国民储蓄总额高达 423 亿新元，相当于国民生产总值的 46.9%，比例之大、世界罕见。1994 年，新加坡政府又将中央储备金开放给私营金融机构经营，以提高经济效益。

3. 跟踪市场的动态汇率

新加坡金管局对货币篮子进行选择，也就是选择一组能够在一定范围内维持新加坡元稳定的国际货币。这种与一篮子货币挂钩的政策保证了新加坡的出口产品在国际市场上的竞争力。根据主要的贸易伙伴和竞争对手的情况，新加坡选择一组货币作为其汇率的参照，而货币篮子里各种货币所占权重并不对外公布，这取决于新加坡与该国的贸易依赖程度，同时，根据新加坡贸易模式的变化，其具体组成会被周期性调整。

这种汇率机制能够降低通货膨胀。通常情况下，为了保证一国的对外竞争力，货币当局总是希望稳定实际有效汇率，在这种机制下，货币当局就可以通过控制名义有效汇率的贬值率，来达到控制通货膨胀的目的。

"既不自由浮动，也不长期固定"是新加坡汇率制度的主要特点。亚洲金融危机以来，亚洲国家是盯住美元（或一篮子货币）还是自由浮动一直存在争论，而新加坡模式则与传统的看法完全背离。这种制度安排能帮助新加坡货币当局在保持新加坡元购买力的同时，在股票市场也更富有弹性。

在新加坡货币当局看来，汇率是控制通货膨胀最有效的工具。其他可能的间接目标，尤其是利率，在削减实际经济活动或者居民膨胀支出方面则并不是那么有效。而如果采用自由浮动，汇率的可控性就会减弱，这对于新加坡经济的影响将会很大。固定汇率制可能会导致新加坡难以消化来自国外的打击。就新加坡袖珍而国际化的经济环境而言，汇率是保持国内物价稳定的最有效工具。而达成这个目标的唯一途径就是：新加坡元与一篮子货币而不是单一的锚定货币相固定。

长期来看，无论是名义的还是真实的汇率，新加坡元都呈上浮趋势。汇率的上浮抑制了进口和国内的通货膨胀。1981—1997 年，新加坡国内通胀平均在 2.3%，比同期平均 4.6% 的国外通货膨胀率要小。不仅如此，在经济高速增长时期，上浮的新加坡元不仅冷却了国外需求，而且疏解了薪酬压力，缓和了国内需求。此外，新加坡元的真实上浮激励了出口商，使得他们不断推动价值链以保持竞争力。

4. 低税的市场

新加坡基本上是个自由港，早在 20 世纪 60 年代末期，就已取消了大部分进口关税，仅剩下少量几种为保护国内幼稚产业而设立的关税。国内市场与国际市场紧密接轨。除少数公用事业、电信事业仍由政府经营外，几乎所有的企业都可以进入市场。

在这种市场环境下，只有最低价格的产品和服务才能占领和扩大新加坡市场份额。生产者竞逐最低价格以打开销路、战胜竞争对手，消费者完全自由地在市场上选择物美价廉的产品，排除了垄断、控制和人为抬高物价的可能性。

（二）稳定物价：体制与立法

新加坡物价管理机构地位明确、层级较少。新加坡物价由贸工部直接管理，其下设的物价管理局是新加坡物价管理的主要机构，物价管理局局长为该局的最高行政长官，由贸工部部长直接任命。局长可任命副局长、局长助理和首席物价检查官，并可在适当的时候，在某些地方任命物价检查员和助理物价检查员作为执行监督检查任务的主要人员。此外，部长可设立一个物价咨询委员会，与局长共同商讨有关物价控制方面的相关问题。这样一个简洁的机构设置为其有效管理提供了有利条件。

价格方面的立法按照对价格涉及的程度可分为两类：一类是专门的价格立法，包括《物价控制法》《保护公平交易法》《商品和服务税法》《竞争法》

《反倾销法》等；另一类则包含了有关规范价格行为条款的法律，如《分期付款法》《收入所得税法》《计量标准法》《海关法》《证券期货法》等。《物价控制法》是其中最能体现新加坡物价管理立法特点和原则宗旨的一部法律。在实际的运用上，《物价控制法》很少动用，这是一部起威慑作用的法律，从某种意义上来说，它是一部隐形的、备用的法律。

总体上看，新加坡物价管理体现出较强的政府干预色彩。

1. 最高物价和收费规定权

物价管理局局长可以经常在公报上通过发布命令的方式规定某商品或服务的最高价，这体现了新加坡在价格方面较强的政府干预色彩。具体可包括商品的最高出售价（或最高出售价的确定方式），维修、包装、运输等最高服务价，某一批货的最高转让价，甚至某一特种商品构成批发零售的数量等事项。

2. 管制物品管理权

这类权力常与《进出口管理法》中的管制物品的管理权有所重合，所以物价管理局局长在发出命令前须得到部长事前批准。局长可以发布命令：（1）宣布管制物品名单；（2）控制管制物品在指定区域间流通，禁止或控制管制物品为转卖而进行输出、进口或出口；（3）限制持有执照或经其同意的人批发、零售管制物品，或禁止出售管制物品及以任何方式经营管制物品。

3. 检查、查阅权和要求出示样品、信息权

局长、副局长和所有他们书面授权的人均可行使检查、查阅相关书籍、账目或其他与业务相关文件的权利，可要求其提供必要信息（若不是英文，应提供翻译）和出示样品。

4. 详密的经营者义务

对于经营者而言，新加坡《物价控制法》对其规定了最基本的几项义务：遵守限价义务，信息、价格明示义务和不得拒绝销售的义务等。该法令明确表述了经营者的具体义务，如"政府对于控制大量限代售商品的经营者，要求其承担必须销售的义务，不得谎称没有库存而拒绝出售，以图囤积，除非得到物价管理局局长批准，或有足够理由认为买者无力购买或不愿按商品价格立即支付现金"。这样一种详细明确的经营者义务，为监督检查者严格执法提供了操作性较强的法律依据。

5. 严厉的法律责任追究

在新加坡，违反《物价控制法》的行为可能被判处包括罚金和监禁的严厉处罚措施，最高处罚可达20000新元罚金或5年监禁，甚至并处。该法还

赋予物价局充分的执法权，如"由物价管理局局长或任何副局长书面授权的物价检查员，或由物价管理局局长书面授权的任何警官或海关官员均可行使逮捕权、查封权和提起公诉权，且在行使逮捕权时，若被检查方拒绝提供姓名、地址或新加坡外的地址，或有合理的根据认为其提供了假姓名或假地址或可能潜逃，就可不经批准，直接逮捕"。此外，对于该种违法行为地方法院不仅可以审判，还可根据该法及相关命令细则判处所有刑罚。①

除了新加坡政府着重从宏观经济政策和法律上对市场物价进行调控之外，消费者也充分利用舆论工具对市场物价进行监督，工会组织通过成立平价合作社积极参与市场竞争的方式，在保护工会会员利益的同时协助政府平抑物价。

三、法制严明带来的秩序感

新加坡的严刑峻法在世界上确实可谓独特，没有一个国家可以与之相比。体系庞大、设计精密的新加坡法律管理着居民们的储蓄方式、居住模式、上班行车模式、在阳台上种养植物的方式、言论模式、交往方式和商店招牌的挂法、定期粉刷房屋外墙的时间等。为了倡导文明的生活习惯，在地上扔一个烟头要处罚款 1000 新元，在七八十年代相当于普通人一个月的收入，同时还要到公共场所劳动几个小时作为惩罚，记者对其拍照，登在报纸上，让他难以见人。为了提倡节俭，法律规定，在餐馆浪费食物需要加倍付费，所以在餐馆吃饭，没有人会把食物吃剩或丢弃。

李光耀认为，建国初期新加坡人文化素质还很低，需要经过严格训练，就像宠物，必须严格训练，训练好了，它自己就知道到外边拉屎撒尿了，那时候就不必用严峻的法律规范行为了。这里李光耀强调了法律的教育和教化作用，而法律是最重要的一种调教手段。

（一）严刑峻法：勇于反潮流的刑法

1. 坚决保留死刑

新加坡一直坚持保留死刑。几百年来，死刑的存废一直是各国刑法领域中争议十分激烈的问题。对死刑的不人道，各国基本上已经达成了共识，其分歧，往往集中在本国实际犯罪状况和本国国情的需要是否为死刑提供了存在理由，以及死刑是否有效的问题上。

在新加坡，可以处死刑的条款还比较多。《新加坡刑法典》中规定的可判

---

① 高学敏、陈庆云，《新加坡物价控制法及其对我国的启示》，载于《价格理论与实践》，2006 年第 5 期。

处死刑的犯罪行为包括：从事、企图从事或者教唆从事反政府的战争，对总统人身的犯罪，国家法律规定的海盗罪，煽动叛乱既遂，提供或者制造伪证意图使某项可判处死刑的犯罪成立，谋杀罪，教唆儿童或者精神病患者自杀，企图谋杀，为了谋杀而进行绑架或者劫持，结伙抢劫中杀人等。其他法律中还规定，对贩运武器、贩运毒品等行为处以死刑。

对于达到一定数额的毒品犯罪，新加坡法律规定是必须判处死刑的。新加坡政府所透露的数字表明，在1991—2000年间，被执行绞刑的罪犯有340人。新加坡之所以保留而且大规模地执行死刑，有一个很重要的原因——人们认为新加坡的低犯罪率和法治化社会秩序，是新加坡保留死刑的结果。在新加坡的立法者和公众中间普遍存在一种认识，即认为死刑是有效的，而废除死刑则可能会给犯罪者一个错误的信息，使潜在犯罪者认为国家正在放松对犯罪的打击力度。

对外国人在新加坡的严重毒品犯罪一样处以死刑，为此新加坡多次遭到西方世界的谴责。2022年6月新加坡内政部长兼律政部长尚穆根上BBC（英国广播公司）"唇枪舌剑"（Hardtalk）节目，就马来西亚毒贩纳加恩德兰判处死刑一案接受采访时说，"我觉得媒体对这起事件的报道，以及所引述的论据，只反映了一点：一个贩毒者的死亡是场悲剧，但千百万个嗜毒者的死亡只是个统计数字。"

2. 坚持保留肉刑

肉刑在当今西方人权理念的冲击下，往往被某些人所诟病。但是，新加坡的强硬之处就体现在敢于对西方的颇多指责说"不"，根据其实施的社会控制政策，不包容罪犯，从而保护多数人免于受到侵害，保护全社会的人权。

《新加坡刑法典》中规定可处鞭刑的犯罪包括：国家法律规定的海盗罪、海盗行为、暴乱罪、武装暴乱、刑事杀人罪、企图谋杀、故意使用危险的武器或者手段造成伤亡、故意重伤害罪，故意使用危险的武器或者手段造成重伤害，故意造成伤害以勒索财产或者强迫他人实施非法行为，故意造成重伤害以勒索财产或者强迫他人实施非法行为，故意或者使用非法暴力攻击侵犯他人尊严，在盗窃或者企图盗窃他人携带的财物时攻击或者使用非法暴力，绑架，为了谋杀而进行绑架或者劫持，为了秘密、非法地限制他人而进行绑架或者劫持，为了使他人受到伤害、奴役等而进行绑架或者诱拐、强奸罪，为了盗窃准备致人死亡或者伤害敲诈罪、抢劫罪，潜伏住宅或者闯入住宅预谋伤害他人等。

新加坡刑法中的鞭刑适用的主要对象是：实施暴力犯罪或者采取暴力手

段实施犯罪的人。而鞭刑恰恰是"以暴制暴"，往往与监禁刑同时适用的。鞭刑是以杖鞭打罪犯臀部——此杖用藤条制成，长 4 英尺（1 英尺 = 0.3 米），厚 1 英寸（1 英寸 = 0.0254 米），行刑前要进行消毒。鞭刑只针对年龄在 50 岁以下的男性。一般犯罪处以 1~8 鞭的惩罚，最多 15 鞭。受刑者受刑后都要接受狱医的检查，受刑者如果挨鞭打后昏厥，狱医必须使他苏醒。如果经检验受刑者昏厥不醒，则停止用刑。行刑完毕后，狱医在受刑者身上涂上消炎药。受鞭刑的罪犯经常被打得皮开肉绽、鲜血淋漓。三鞭下去，受刑者数周内都不能坐，个把月起不了床。据新加坡律师介绍，许多重罪犯罪嫌疑人都非常恐惧鞭刑，一般都会请求辩护律师尽量使其免除此刑。1994 年，新加坡法院对美国留学生迈克菲作出鞭刑判决，美国政府认为这是残酷的刑罚，总统克林顿出面求情，要求新加坡政府对迈克菲免除鞭刑或用其他刑罚代替。当时新加坡政府认为美国政府对新加坡法院的判决进行指责是对新加坡司法主权和司法独立的干涉，后来虽然考虑到外交关系改判而减了两鞭，但仍坚持执行余下的鞭刑。此事曾轰动一时，足见新加坡执法之严。

虽然肉刑惩罚措施过于严厉甚至残忍，但是新加坡的环境却因此更加安全、更加干净了。

（二）法律弥补道德教化失败

1. 塑造守法公民：从儿童开始

（1）低置刑事责任年龄：严格管理问题青少年

《新加坡刑法典》第 82 条规定："不满 7 岁的儿童实施的行为不构成犯罪。"该法典第 83 条规定："7 岁以上不满 12 岁的儿童在实施行为时对行为的性质和后果缺乏足够理解判断能力的，不构成犯罪。"新加坡《刑事诉讼程序法典》第 2 条的规定："青少年罪犯的定义包括任何被裁定犯了可处以罚款或监禁的罪行的儿童，且在法律上没有相反证明的情况下，将该儿童定罪的法庭认为他的年龄是在 7 岁以上但在 16 岁以下的。"

因此，在新加坡，刑事责任年龄最低为 7 岁，把在其他国家属于被监护人、属于被教育对象的不良青少年纳入了法律管制的范围之内，以免他们在反社会的道路上越滑越远。与世界上其他国家相比，新加坡属于刑法中规定的刑事责任年龄下限最低的国家之一。

（2）法定育子方案：对不幸少年儿童的关心

面对不断上升的离婚率，新加坡出台了一个保护孩子的规定：凡是要求离婚的有子女的夫妇，必须向当地家事法庭提出一份详尽规划孩子未来的计划书，人们称之为"育子方案"。其目的是要求夫妻双方把离婚后应对孩子负的责任以法律文件的形式确定下来，作为离婚申请获得批准的先决条件。

在新加坡过去的法律规定中，夫妻离婚时对孩子的归属也有所规定，但比较笼统，容易为日后的争端、矛盾埋下伏笔。育子方案则非常具体，其中包括孩子的监护权如何行使，孩子将入读哪一种或哪一所幼儿园、学校，离婚后夫妻双方应尽的责任和享有的权利，如教育、经济、探望、辅导等。

计划书不只规定了父母双方的责任义务，还详细记载了孩子、特别是父母的有关资料。如是否患有严重疾病或残疾、是否有犯罪记录、是否有吸毒史等。鉴于离婚后孩子的祖父母或外祖父母可能更多地介入孩子的生活，方案通常也要求列出他们的基本情况。

育子方案的提出基于两大原则：第一，离婚时孩子的福利最重要，孩子有权继续获得父母的关爱和养育；第二，夫妻离婚后对孩子的责任并未终止，在养育子女方面他们还应相互合作。

2. 封堵推定死角：责任推定从严

各国刑法一般都规定，一个人承担刑事责任的基础要具备两个要素：主观要素和客观要素。主观要素是行为人的一种可归责的心理状态，一般都包括故意和过失；客观要素是指行为人构成刑法所禁止的侵害的一种行为或者举动，一般包括作为或者不作为。

但是，新加坡刑法中有些犯罪却不要求具备主观要素，即属于一种严格责任的规定，如《道路交通法》《公司法》中规定的法定犯罪以及《新加坡刑法典》第 375 条规定的强奸罪均属于此类严格责任，这样就封堵了一些在其他国家时有的混淆主观要素、导致重罪轻罚的现象，对罪犯起到了更大的震慑作用，避免了一些犯罪行为发生。

3. 心病还需心药治：强力矫正不良行为

新加坡刑法中有多种刑罚替代措施，如罚金、无条件撤销法院命令、缓刑、免除处罚、工作释放方案等。但是，社会矫正措施中也有针对人的心理改造的规定，如新加坡《矫正工作法令》中所规定的打扫公共场所卫生的措施：构成在公共场所乱扔垃圾的行为人将被处以罚金和被命令打扫公共场所的卫生。而被判处强制矫正工作的"不文明者"，将在环境发展部人员的监督下，穿上特制的橙色背心到公园或组屋区做清洁工作，背心上印着"COR-RECTIVE WORK ORDER"（纠正的工作）字样。

这种打扫公共场所卫生的措施可以使犯罪人蒙受羞辱，从而体现出此种措施的特殊威慑力。而心理学和人类学的研究也可以证明，羞辱有助于人们接受和执行社会规范。这种措施是在公共场所对违法者进行羞辱，侵犯其人权，在西方备受舆论指责，但是很多人认为这种措施是有效的，违法者当负其责。

另外还有建议将《矫正工作法令》的适用范围进一步扩大到包括从高层建筑向下扔物品、看电影时没有关闭手机、制作过大的噪声、辱骂妻子等行为。这说明《矫正工作法令》所规定的措施得到了人们的认可和信任。根据1996 年新加坡"国家青少年成就奖委员会"的调查报告，在对 8300 名新加坡青少年的调查中，有 3/4 的青少年认为保护环境是最重要的。但是，他们如此选择的理由却不是因为他们想要生活在一个绿色和舒适的环境中，而是因为对惩罚措施的恐惧，被调查者中有 41.4%的人说他们害怕《矫正工作法令》，而 32.7%的人说他们害怕被处以罚金。[①]

（三）科学而人性化的罪犯改造方式

1. 扩大在家服刑计划

新加坡对轻刑犯采取在家服刑计划的理念是，让他们通过外出工作以及家人的支持，逐步融入社会，减少受到重刑犯人的影响。新加坡监狱署经过调研和个案分析认为，在对犯人的整个改造过程中，家庭是最重要的支柱。人是感情的动物，亲情的力量往往大于一切，很多时候甚至比惩罚性的制裁更具感化作用。在有效协助犯人重新纳入社会正轨的过程中，家庭扮演着举足轻重的角色，他们的支持和鼓励，往往能够减少犯人在出狱后面对的种种问题和痛苦，使他们重拾信心而更快地投入新生活。如果他们得不到家庭的关爱、支持和谅解，看不到自己的未来，他们会自暴自弃。

新加坡于 2004 年 9 月 27 日修改的《监狱法令》扩大了在家服刑计划的范围。在家服刑计划适合于初犯和犯轻微罪行者，他们被允许不脱离家庭服刑，服刑的时间将根据刑期的不同，从一个星期到一年不等。一旦发现在家服刑期间违反相关规定或再次犯罪，犯人不仅将重新入狱，还将取消其减刑的机会。该计划自执行以来，取得了很好的效果。

正因为如此，新加坡国会决定将原先适用于已服刑期超过 6 个月的犯人，改为刑期不少于 4 周并已经在监狱服刑至少 14 天的犯人，由监狱长决定就可以在家服剩下的刑期。同时《监狱法令》第 53 条还规定：如果不符合上述规定的犯人，只要得到家庭支持，在监狱服刑期间有改过自新和进步的表现，而且没有累犯的可能，报经内政部长批准也可以适用在家服刑计划。

在家服刑的犯人必须要在其脚踝或者手腕戴上电子跟踪器。根据《监狱

---

① 刘涛，《新加坡刑法的渊源及特色》，载于《中国刑事法杂志》，2006 年第 1 期。

法令》规定，犯人必须居住在自己家里或监狱长指定的地方；主管者和主管者指定的人可以进入犯人的住所，以安装、检修和更换电子跟踪器；在犯人家里或指定的住所里安装一条电话线连接电子跟踪器；保证线路和电子解调器装置的顺畅；不可以转移、毁损、干扰或遗失电子跟踪器；电子跟踪器和电子转换装置遗失或损坏应立即报告主管者或监狱官员；对监狱长打来的电话必须迅速反应；遵守监狱长规定的戒条。在家服刑犯人如果违反上述规定，或又触犯法律作案的，将会被重新收监并可能被加重处罚。

同时，新加坡监狱署还为那些不符合在家服刑条件的在监犯人提供尽可能多地与家人团聚和联系的机会。如获准参加母亲节、父亲节等聚会跟孩子团聚，或允许在囚室里摆设孩子和亲人的照片，允许家人定期来探监或与家人通电话。犯人还可以通过可视电话与家人联系，这为亲人为外国籍、身体残疾、交通不便者提供了便利。当然可视电话是需要付费的，但是对特别困难者，监狱方可以提供免费服务，通话对象和内容只限于家人、家务和个人事宜，不允许利用通话的便利从事任何违法违规的活动，否则将会受到制裁。①

2. 关爱受伤的心灵：扶上马，送一程

2004 年 9 月，新加坡内政部和 6 个机构组织联合成立了"关怀网络"（Care Net Work），并推出了"黄丝带计划"（Yellow Ribbon Project），旨在鼓励人们协助前犯人顺利重返社会。每个人可购买黄丝带佩戴，每条 1 新元，所筹集的经费用于支持犯人重返社会计划的开展。"黄丝带"一词源于美国民歌《老橡树》，隐喻出狱的犯人在离开铁窗以后，却还受困于心理和社会的监狱。唯有通过个人、家庭和社会的努力及配合，才能解开这条黄丝带，帮助犯人挣脱第二道牢笼，获得真正再生的机会。

很多刑满释放的犯人无法找到工作——他们无法回答雇主有关"过去数年工作记录或经验"的问题，因为不论他们是如实告诉对方"我数年前在监牢，刚出狱"，还是告诉对方"我没有实际工作经验"，其结果都一样——不被雇用。

为了增加出狱犯人的受雇机会，新加坡监狱署与内政部下属的复员技训企业管理局（SCORE）的工业与服务合作社成立了 RE 集团私营公司，为刑满释放的犯人提供类似中途之家的过渡工作环境，让他们在合资企业工作半年，取得经验记录后再寻找其他工作。合资企业所提供的工作都与犯人在监

---

① 叶青，《新加坡罪犯改造制度的新发展》，载于《华东政法学院学报》，2005 年第 2 期。

狱里做的或学的工种一样，使犯人出狱后就能马上接手工作而不必从头开始学一门新技术或熟悉一个新工种。

新加坡国会非常支持"黄丝带"计划，设法筹集款项，就连纳丹总统也亲临为"黄丝带"基金筹款的慈善演唱会。如果出狱后仍然不能得到社会的宽容和理解，得不到应有的工作岗位服务社会和国家，重新开始自己正常的社会、家庭生活，那么对他们及其家庭来讲，都是不幸的。这不仅是人力资源的浪费，也会带来一连串的社会问题。

（四）审时度势且宽严相济的调整

建议修正新加坡刑法的目的是使整部法典跟上时代，并更加切合现在的社会需要，而其终极的目标仍然是维护社会治安。

1984 年对刑法的修正，主要是规定对一些严重罪行如抢劫和强奸实行强制性的最低刑期。这么做剥夺了法官的一些裁决权，但是却对犯罪分子产生了巨大的威慑作用。在过去曾经猖獗一时的绑架，在严刑峻法的配合下销声匿迹。死刑加上严厉执法行动，也有效地控制了危害社会的贩毒活动。20 世纪 90 年代以来，随着外来女佣人数剧增，与女佣有关的犯罪也相应增加，因此 1998 年修正的新加坡《刑事法典》提高了对伤害女佣者的处罚。

2004—2006 年，新加坡国会《刑事法典》检讨委员会经过长达三年的讨论，才形成全面的修正建议。委员会提出修正的条文基本可归为以下几类：（1）废除过时条文；（2）加入新罪行；（3）刑罚的更动；（4）现有条文的内涵的扩大和修改。

该修正建议中加入了同现代科技有关的罪案，如与互联网和手机有关的罪行，把博客这类新媒体也纳入法制管理。几名博客在网络上发表种族仇恨言论，结果是在《煽动法令》条文下被控告和定罪，这凸显了现行法典条文的不足。

在涉及维护种族和谐的规定上，新加坡在立法上从来就非常敏感：种族与宗教和谐仍然是敏感话题，必须小心对待，不允许任何人在族群之间煽风点火，制造仇恨和对立。

另一部分比较引人注目的修正建议，涉及的是男女性关系与性行为。随着社会的日渐开放，人们的道德观和性观念也不可避免地趋向开放，而法典中一些在一百多年前定下的相关条文，显然已经过时，有必要修正甚至废除。例如，根据现行法典规定，举凡肛交、口交等所谓的非自然性行为，都属违法，不管男女双方是不是在你情我愿的情况下进行这类性行为。检讨委员会因此建议，凡 16 岁以上的男女，如果是出于两相情愿，在私底下进行口交或肛交，将不再是违法行为。

自 2009 年开始，"粉红点"（Pink Dot）——新加坡同性恋（LGBT）群体支持者的集会，每年都会在芳林公园举行。因疫情原因暂停了两年的"粉红点"活动，后来甚至有人民行动党国会议员出席。在过去几十年，人们已从科学和医学的角度对同性恋有了更多的了解，同性恋也日益被新加坡人接受。但大多数新加坡人还是不希望废除该法而引发全面社会规范的急剧变化，包括如何定义婚姻、学校对儿童教育内容等问题。

在 2022 年 8 月 21 日的群众大会上，新加坡总理李显龙宣布废除第 377A 条文规定将男性之间性行为定为犯罪的法律。李显龙进一步解释，即使新加坡废除了第 377A 条文，政府也将维护和保障婚姻制度，仍然只承认男女之间的婚姻，并且相关的许多国家政策，如公共住房和收养规则都依赖于这一定义，政府不打算改变这些政策或婚姻的定义。此次废除 377A 条文是希望新加坡仍然是一个宽容待人、互相包容的社会。

此外，诸如取消丈夫不能被控强奸妻子的"豁免权"，规定嫖雏妓犯法，以及保护孩童与智障者免受性侵害等突出女权和维护弱势群体的条文。有关同性恋的条文则保持不变，这显然考虑到了当代新加坡社会大多数人的态度。

四、公共服务带来的亲近感

新加坡政府推崇靠严刑峻法来建立秩序，但是，它更明白仅靠法律是不行的，法律并不都能建立秩序。李光耀认为，如果没有秩序法律便不能运作。在一个稳定的社会，只有秩序已经确立，法律能够实行的时候，才能按预先确定的法律，建立起人民之间、人民和国家之间的关系准则。而秩序的建立，有赖于高水准的公共服务。

（一）建立服务型政府的宗旨

政府的角色从控制者转换为服务者，把民众当作服务对象，而非管制对象。

新加坡政府认为现代服务型政府的特点是：第一，开放性，即政策透明，决策透明，公正廉明；第二，企业化，就是以企业运作的方式运作政府，兼顾经济效益和社会效益；第三，市场化，指的是依托市场行为配置资源；第四，电子化，就是提高服务效率、服务规范、全天候服务。

建设服务型政府要实现几个认识上的转变：由"政府官员"向"公务员"转变；由"为人民做主"向"由人民做主"转变；由"统治"向"服

务"转变；由"人治"向"法治"转变。

建立服务型政府的宗旨支配着政府的所有政策，甚至体现在一些具体措施上，比如为扩大服务时限设置夜间法庭，满足社区和谐需要设立社区协调组，为收集民意设立民意处理组，等等。

（二）强调人民与精英共同决策

有效的政府管理不仅靠的是科学和智慧，还要靠民众参与。新加坡政府把许多对广大公众生活和利益有影响的决策通过媒体交给民众讨论。如早年为缓解市中心交通拥挤，政府提出汽车在繁忙时段驶入市中心要不要交费的建议交给民众讨论。随着汽车的增加，地面交通不能满足运输需要，政府又把兴建地铁的计划交由民众发表意见。

新加坡政府很相信精英的决策，但政府的决策又都交给民众讨论，向民众作出解释。这就要求政府部长不但有决策能力，还要有公开解释政策的能力。可见新加坡政府是非常公开和透明的。只要是涉及民众利益的大事，在作重大决策时都要经过公开辩论，听取民意，并根据民意作出调整。像20世纪八九十年代以及2007年新加坡大幅度提高公务员工资，都是经过国会反复辩论，总理陈述各种理由说明提高薪金的必要等系列程序之后才决策的。20世纪60年代，新加坡政府曾推行"两个就够了"的计划生育政策。到了20世纪80年代，这个政策受到广泛指责，因此新加坡政府在这个政策进行认真检讨后取消了该政策，并采取了鼓励国人多生孩子的措施。

为了带动经济发展，新加坡政府决定2009年兴建两个包括赌场在内的综合旅游度假村。尽管李光耀、吴作栋开始并不支持开设赌场，但是李显龙总理决定让公众参与讨论。《海峡时报》记者白胜晖撰写了《相信我们》一文，他认为，新加坡政府应当批准开设赌场。因为，经过几十年的发展，政府应当明白地向全社会释放这样的信号：新加坡已发展为成熟的公民社会，而新加坡政府也相信新加坡人是负责任的公民。[①]

为避免赌博恶习危害家庭，新加坡政府制定出《赌场管制法（草案）》，并公布让全民讨论。草案中规定了防止可能出现滥赌的许多措施。有人评论这个草案是目前世界上同类法律中最详尽、最透明的法律。在做一件事之前，就已经有一套完备的制度措施跟上，这充分反映出新加坡政府的管理能力和水平。

新加坡政府管理是精英决策、民众参与的民主管理，使决策在较高水准

---

① Peh Shing Huei, "Trust us", *Struck by Lightning*, SNP International Publishing Pte Ltd.

的基础上充分反映和尊重民意，这不仅使政策更合理，而且使人民更理解政府决策，从而使政策更好地执行，能自觉维护和服从，实现了政府对社会事务的有效管理。

（三）制定高水准服务质量标准

新加坡政府提出了让服务对象即客户"愉悦"的标准：

一是强调提供高素质服务。这包括服务的礼仪（用礼貌的态度服务）、反应（提供及时服务）、可得（提供全天候服务）、有效（达到客户服务要求）、满足（通过服务体现个人价值，获得自豪感）。这套素质服务标准为服务提供了原则上的尺度。

二是强调持续改进。即主动建立政府机构评价系统，新加坡政府建立工作改进小组（WITS）以改进公共服务质量。到 1997 年 12 月，新加坡有 9500 个工作改进小组在运作，在公共服务中有 90% 的官员参加了小组活动，提出了 5000 多条建议。

（四）努力提高政府运作效率

一是对政府部门运作流程不断进行合理化改造，改进过去低效的工作流程，准确定位政府职责，减少政府干预，精简行政审批，提高运转效率，实现工作效率的新跨越。

二是规范办事程序。法治社会的特点是靠程序办事，而不是靠关系办事。国会议员在处理选民的投诉时，涉及法律问题，从不干预实体问题，只是提出程序性的建议。如某人受警察处罚认为不公，议员只会帮他申诉，而不会干预警察的处理。如果某人因被处罚或没有交电费而被停电，一时交不起钱求助议员，议员一般不会要求有关部门豁免罚款或电费，而只会建议考虑他的实际困难延缓交款。因违法违规而被罚款，是没有人可以通过关系和特殊权力豁免的。大家都依法办事，不干预别人行使职权。

三是消除政府服务的"灰色地带"，即消除客观存在的工作盲区以提高效率，尽力提高政府信息的透明度，加强部门间的沟通协作，保护公众知情权。比如节假日服务职能的中断、政府部门间信息屏蔽等，都纳入政府的视野和服务当中。

四是基于对信息技术的充分运用以提高效率，塑造电子政务。新加坡政府为电子政务发展确立了三个目标：第一，每项可通过电子化方式提供的服务都应由公众能够通过电子化途径获得；第二，所有服务的提供都应"以用户为中心"而不是以机构为中心，在一项服务需要由多个机构联合提供的情况下，各机构应该自动提供一个"虚拟的一站式机构"来满足用户需求；第三，建设社区自助服务终端，为不能在家上网的人提供政府接入服务，并帮助那些需要特别帮助的人（如老年人）上网。

第二节　高效的公共服务与社会保障

　　新加坡政府在重视发展经济的同时，始终注意改善收入分配状况。在新加坡领导人看来，执政者能否让所有人民都分享到独立和经济发展的成果，直接关系到一个国家能否长治久安。

　　为此，新加坡政府积极推行"让人民分享蛋糕"的政策，利用各种社会政策和福利措施将经济增长的利益逐步惠及人民，基本上达到保持经济持续增长、物价相对稳定、职工充分就业、经济收入不断增加、贫富差距有所缩小。据统计，独立以来，由于国民收入的增长和实际工资的提高，新加坡居民和职工的生活状况有较显著的改善，低收入阶层的比重明显下降，绝对贫困家庭的比例也迅速减小。

一、新加坡中央公积金制度

（一）中央公积金的发展演变

　　新加坡的社会保障制度建立于 20 世纪 50 年代。1953 年通过公积金法案，1955 年成立中央公积金局并颁布了《中央公积金法》。从 1957 年开始，新加坡政府正式实行了公积金制度。1965 年新加坡独立后，面对当时新加坡经济的落后状况，新加坡政府把健全和完善中央公积金制度作为本国经济社会发展的战略重点，1968 年在公积金养老计划推行以后，新加坡政府又推出了公积金购屋计划。20 世纪 80 年代以后，新加坡政府进一步完善了公积金计划，先后出台了公积金家庭保障计划、保健储蓄计划、健保双全计划、家属保障计划等一系列措施，实行公积金投资、教育、住宅产业、非住宅产业、最低存款、公积金法令提款等投资及提款办法。经过不断地调整和改善，这一制度逐渐成为集养老、保健、住房、家庭保障等多种功能为一身的综合性社会保障体系。

　　建立中央公积金制度旨在为雇员在退休或不能工作时提供经济上的保障。经过多年的运作，中央公积金制度已成为新加坡全民社会保障制度。范围不仅包括社会保障，还涉及住房、保健、教育、投资等方面。

新加坡的中央公积金是政府、雇主和雇员共同参与的强制性储蓄性保险。按公积金法规定，凡工薪收入者，无论是公务员还是职员，都要参加中央公积金计划，向中央公积金局（Central Provident Fund，简称 CPF）缴纳公积金，连个体商贩也要参加该计划。新加坡的公积金制度实行会员制，所有新加坡公民和永久居民，都必须按雇员月薪的一定比例缴强制性的公积金，并按月存入雇员户下。公积金由雇主和雇员共同缴纳。1957 年开始建立公积金制度时公积金缴费率为雇员月薪的 10%；随着经济的发展，公积金缴费率逐渐提高，最高时达到 50%；从 1994 年 7 月 1 日起，公积金的总缴费率为雇员月薪的 40%，但最高不得超过 2400 新元。对于 55 岁以下的雇员，个人缴费率为 30%，雇主负担 10%；雇员 55 岁至 60 岁的雇员，总缴费率为 16.5%；60 岁至 65 岁的雇员，总缴费率为 9.5%；65 岁以上的为 7%。

参加中央公积金的成员都有三个账户：普通账户、保健账户和特别账户。

普通账户金额占公积金总额的 75%，可用于购房、养老金，也可用于其他保险及投资等。按规定，参加中央公积金的成员可以将公积金的存款投资于股票和证券，该股票和证券是中央公积金局经有关专家推荐且认为风险较低的，投资所得的红利和利息计入本人账户，以作为养老基金，退休后才可以使用。

保健账户占公积金的 15%，主要用于为自己以及作为新加坡公民或永久居民的配偶、子女、父母和祖父母支付住院或门诊费用。

特别账户占公积金的 10%，主要用于老年生活费和特别急需之用。成员到 55 岁可以一次性提取。

随着缴费人年龄的增长，缴纳的公积金款在三个户头中的分配比例会发生变化，存入保健储蓄户头的比例将逐渐提高。按照法律规定公积金存款的利率不得低于 2.5%，其中特别户头存款的利率，可比普通户头高出 1.25 个百分点，而且这部分利息收入免交所得税。任何人不得将公积金存款扣押抵债。成员在到达 55 岁时，除保留一笔最低存款作为晚年之用外，其余公积金存款可全部提出。

如果成员终身残疾或永远离开新加坡，可以提前提取公积金存款。如果成员在规定年龄前不幸逝世，他的公积金存款可移交指定受益人继承。成员可以从 60 岁开始按月从最低存款中领取基本生活费用。政府鼓励已达退休年龄但身体健康的成员继续工作，以使他们积蓄更多的公积金存款。成员在退休时存款不足，可由其子女填补他的户头。

新加坡的中央公积金计划完全是个人账户式的，没有任何形式的统筹，因此从本质上说属于基金制，与欧美国家的社会保障制度本质上有很大差异，特别是因其不具备社会再分配的功能，因而长期以来备受许多经济学家的责难。一些低收入者或年轻人在相当长的时间内难以积累到足以满足购房的存款额，难以享受中央公积金带来的利益，从而形成待遇差别很大、贫富不均的现象。而且，较高的缴费率加重了企业的负担，削弱了新加坡企业在国际市场上的竞争力。

但赞同新加坡模式的人认为，没有一种制度的安排是完全公平的，现收现付的模式只是一种形式上的公平而非实质上的公平。社会保障制度同样要考虑公平和效率的关系，社会收入的再分配功能不是社会保障的最根本的和唯一的功能，再分配可以通过税收的方式来实现，也可通过社会保障中的其他形式来实现。

中央公积金制度在新加坡实行以来，对经济和社会事业的发展起到了巨大的推动作用。

（二）特点与作用

新加坡的中央公积金制度在社会、医疗、住房、经济等方面显示了其巨大的优越性，使新加坡在不长的时间内解决了人民"老有所养、病有所医、居者有其屋"的三大难题。

新加坡的社会保障制度有以下几个特点：第一，该制度是以家庭为中心构建，政府起了重要的引导作用。新加坡十分重视家庭在社会保障中的作用，中央公积金的建立，也特别强调以家庭为中心，维持社会稳定和经济发展。第二，建立了完全积累式的个人账户制度，强调社会保障的激励机制。第三，注重中央公积金的投资安全。为保证中央公积金的运营，新加坡政府规定，中央公积金结余的99%用于购买国债，政府再以这部分资金改善人们的住房和其他公益事业。这样，既保证了保险基金的安全性，又有利于发挥保险基金的功能，促进了新加坡经济的快速增长。

其主要的表现包括以下五方面：

（1）全社会的人口覆盖

中央公积金计划的福利和服务不仅覆盖积极工作的人口，还覆盖年轻的和其他不工作的新加坡公民。截至2000年4月底，中央公积金计划共有285万成员，占全国总人数的85%以上。这其中有125万在职的工作人员，23万向医疗账户中自我缴费的个体经营者。

（2）直接促成高储蓄率

中央公积金计划帮助新加坡人为养老进行积蓄。1999年新加坡的国民积累总值为 830 亿美元，占国民生产总值的 54%。中央公积金的积累通常占国民积累总值的 20% 或更高一些，并且中央公积金的余额甚至比新加坡财政部一年的财政收入还要高出很多，这种情况在世界上是独一无二的。

中央公积金计划在动员新加坡居民储蓄方面是非常成功的，这些储蓄又变为国家建设项目的资金来源。其结果是，新加坡政府无须依靠对外贷款就能支持国家基本设施的建设，尤其是在新加坡经济起飞的年代里。

（3）较高的自有住房率

住房上的自由政策帮助许多新加坡人利用他们的中央公积金积蓄支付他们的住房费用。政府发动的住房所有计划使得 86% 的人口能够居住在公房中，并且他们中的 91% 拥有所住房屋的所有权。中央公积金计划允许这一计划的成员投资购买房产、股票和其他的资产，以及支付医疗费用都使新加坡人有了一种财务上的保障感，住房拥有计划使得新加坡这个移民化的国家培养了公民的归属感，使"有恒产者有恒心"。

（4）高效运行的医疗系统

医疗计划和医疗盾牌计划的主要特点是个人对医疗费用自我负责，这就极大地减轻了政府在财政上的负担。为了确保每一个新加坡人不会因为贫穷而不能享受医疗服务，新加坡政府设置了医疗基金以支持那些贫穷的新加坡人。尽管医疗支出仅占国内生产总值的 3.1%，新加坡的医疗卫生系统被国际卫生组织评为亚洲最有效的医疗卫生系统。

（5）抑制社会救济率攀升

中央公积金计划鼓励自我依靠，也就是个人为自己的养老做准备，而不是将自己的养老寄希望于下一代。中央公积金计划下的许多政策都通过覆盖三代家庭成员以鼓励家庭成员间的相互支持。住房、医疗和教育的花费可在中央公积金计划下的不同政策中开支。1999 年全新加坡仅有 2200 人领取社会救济金。

中央公积金最大的特点就是劳动者的养老是个人负责制，同时将政府的管理责任转移给私人管理公司，利用资本市场进行有偿运营，投保者既能够分享较高的投资收益，也可能因投资失败而遭受损失。在这种情况下，政府的直接责任收缩，而个人的责任扩张，缓解了政府的压力，把国家与公民个人的命运紧紧捆绑，促进社会的和谐稳定发展。由于新加坡的中央公积金制度有着如此多的优点，世界各国纷纷仿效。

二、成功为居民提供住房

1959 年新加坡刚刚取得自治权的时候，从英国殖民当局手里接过来的难题之一，就是严重的"屋荒"。当时全国 84% 的居民住在十分破旧的陋屋、窝棚或店铺里，环境恶劣，疾病流行。人民不仅不能"安居乐业"，而且身体健康受到严重威胁。当时的新加坡政府参照孙中山先生提出的"耕者有其田"的主张，提出了"居者有其屋"，以求通过解决公民的"安居"引导劳动者的"乐业"。

到 20 世纪 90 年代，这项政策终于结出了硕果：先后建成二居室至六居室的组屋 70 万套，使全国 260 万人口中的 220 万人住进了政府建造的组屋，占总人口的 86%；还有 12% 的人住的是自己建造的私宅；其中又有 190 万人实现了"自置私有"，占住进组屋总人数的 85%。这是为许多发展中国家所钦羡的成功之作。

（一）从发展廉租房开始

鉴于"屋荒"是一个紧迫的社会问题，新加坡政府把住房建设确定为开发人力资源、城市发展、国家振兴的战略任务，放在最优先的地位予以考虑。1960 年 2 月，国会为此通过专门议案，决定成立建屋发展局，确立以解决屋荒、消除贫民窟、改造更新市区为目标，组织考察团对世界其他国家和地区的廉价公寓进行考察，着手制订并实施一个又一个"五年建屋计划"。

根据社会对住房的需求和居民生活水准的提高，在实施建屋发展计划中，新加坡政府不断调整建屋规模、改进住屋设计、改善居住条件。在第一、第二个五年建屋计划（1961—1970 年）期间，主要营造一房式、一房一厅式、两房一厅式的简易组屋，租给无房职工居住，以缓解缺房的燃眉之急。其中第一个五年建屋计划（1961—1965 年）共投资 1.94 亿新元，建成 52700 套住房；第二个五年建屋计划（1966—1970 年）投资 3.05 亿新元，建成 66200 套住房。随着经济发展和生活水平的不断提高，人们开始追求更高的居住环境。第三个五年建屋计划（1971—1975 年）期间，开始建造以三室或四室一套为主的组屋，一房式被基本淘汰。这期间共投资 19 亿新元，建成 113800 套三室或四室的组屋。由于城市建设步伐的加快，土地日益紧张成为社会发展的突出矛盾，从第四个五年建屋计划开始，组屋建设逐步向高层楼房发展，建造 10~20 层楼的中高档组屋，每套 5~6 居室，其居住面积平均达到 125 平方米。楼房的设计强调构造新颖、造型美观、式样多变。室内不粉刷，由住户根据自己的喜好和经济能力，自行设计、装饰，这样既可降低建造成本，又可避免室内装饰千篇一律。每座高楼的底层是开放的公共空间，作为居民的活动场所，如举行婚礼、开展节日活动等。

在空间布局上，注意把居民住宅建设纳入城市改造扩建的总体规划，发展卫星城镇。每一个卫星镇15万~30万人口，建造2.5万~4万套组屋。已经建成的卫星镇，虽然高楼林立，但并不拥挤，而是绿树成荫、绿草如茵，公共场地和各种设施协调配套，一般都设有体育中心、电影院、商场、医院、学校、邮局、幼儿园、地铁站和公共汽车站，生活方便、环境优美，从而在家庭的基础上建立起具有凝聚力的社区，实现了和谐、安全和富有人情味的社区的目标。

（二）居者有其屋

住进公建组屋的居民，为了减轻房租的支出（一般为工资收入的8%~12%），希望分期付款购置组屋，建屋发展局也希望通过住房商品化逐步收回投资，加快住房建设。于是，1968年推出了"居者有其屋"的计划，逐步由出租组屋为主过渡到以出售组屋为主。

为了照顾低收入和中等收入的住户，新加坡政府采取了优惠政策。规定年满21岁的新加坡居民才有权购屋，已婚的两口以上之家方可申请。对三代同堂和计划生育的住户给予优惠，并限定月收入低于500新元者（之后根据经济的发展又逐步提高为1000新元、2500新元）才准申请购买公共组屋。售价因住房地段、面积大小不同而异，一般每套住房在3.7万~16万新元之间，相当于受薪者2~4年的工资收入。面积越大，售价越高，政府补贴也越少。三房以下的组屋，政府给予补贴；四房以上的组屋，政府不仅不补贴，还可以通过出售获得一定的利润。

申请购屋者，登记时须先付售价20%的现金。如果申请有特殊理由，首付额可为5%~10%。拆迁户可以免首付现金。余款则需分期在5~25年内还清。

居民购买住房可以申请动用公积金。随着"居者有其屋"计划的推出，新加坡政府规定，凡公积金会员申请购屋，可提取公积金的50%作为首次付款之用，其余的分期付款也可以每月从本人的公积金户口中提取。据中央公积金局统计，截至1987年，已有67万户新加坡人动用112.26亿新元公积金购买公共组屋，还有5.14万户动用44.21亿新元公积金建造私人住宅。为满足某些高收入者追求别墅式私人住宅，1975年建屋发展局又设立了"建房和市区发展有限公司"，为高薪阶层建造高级住房。

公积金不仅是新加坡推行住房商品化的催化剂，而且是建屋发展局建房资金的重要来源。至1987年年底，新加坡中央公积金在正常支付以后，积存额高达314亿新元。这是政府手上一笔非常可观的机动财力。政府把积存的公积金作为低息贷款，支持建设公共组屋和其他城市基础设施——建屋发展局每年从财政部获得这项低息贷款。

公积金低息贷款是建房资金的主要来源，公积金又是居民购买住房的基本资金来源，这两者作用于"居者有其屋"的计划，实现了良性循环，至1985年，在完成了5个五年建屋计划之后，基本上实现了"居者有其屋"的目标。

（三）新加坡房管体制

新加坡的建屋发展局是由国会通过立法而成立的，对国会负责，隶属于国家发展部：一方面，统一行使政府对公共住宅区的管理职能；另一方面，又有自行决策经营管理权。建屋发展局是新加坡最大的一个法定机构，其总部及所属的41个地区办事处，共有员工近1.4万人，其中专业技术员600多人，技术工人4000人。他们除负责营建新房外，还负责管理近70万套组屋、1.5万间店铺、25万个停车位和约2万个小贩摊位，以及工厂、公园、游泳池、体育馆等。建屋发展局的主要任务包括：征用土地、拆迁陋屋、规划住宅区、设计住屋、策划基础设施以及拟订合约内容、向社会公开招标、让私人承包商（包括外商）投标承建住屋等。同时，通过制订长期资源计划，改良建筑技术和建筑材料，改善对劳工和安全措施的管理，以提高建筑水平，支持本地建筑业的发展。这种集房建、房管与房产经营于一体的公共管理体制，不但可以节省政府开支，还可以比较方便地协调工作。

建屋发展局从政府获得必要的支持。除了从财政部取得巨额公积金低息贷款外，对于根据个人承受能力制定的各种优惠售价、租金，由政府对不足部分给予补贴。建屋发展局还可以根据1966年颁布的《土地占有法》，对住房建设所必需的任何私有土地实行强制征用，所征土地的价格通常比市场价格低。

建屋发展局把"保留、修葺、重建"作为三位一体的目标，使新与旧、现代与传统巧妙地融为一体，整个城市建设的格局和谐美观。针对新加坡人口高度密集的特点，在规划中格外注意城市绿化，规定所有建筑物必须距离街道15米，并将其间的空地绿化和美化，还规定每个规划小区建筑物所占面积只限用其规划面积的35%，余下的65%必须用于绿化，以此保证城市居民能在清新的空气中生活。

对住屋区的管理，则由 41 个公共住屋区办事处实行分区管理，负责提供住屋申请登记、收款服务、保养和改良建筑物、执行住屋管理条例、支持社区活动等。地区间的协调由总部行政处负责进行。住屋的维修保养费按居住面积多少由住户按月交付，用于室内门窗水电的维修和大楼外墙粉刷、电梯等公用设施的保养等，不足部分由政府补贴。住户发现住房设施问题，如门窗、水电、电梯损毁，可以随时打电话到办事处，就可以及时得到修复。

（四）种族混居，营造和谐社区

新加坡是一个多元种族国家，建屋发展局在规划设计住房时，得考虑不同种族居民的生活方式和经济能力、邻居之间关系和预防犯罪发生等因素，以利于社会的稳定。刚开始修建时，各种档次的组屋是分区建造的，这就造成了各阶层之间居民的心理隔阂。后来建屋发展局总结了这一教训，注意在不同公共住宅区中混合配置各种规格的组屋，使得不同阶层和民族的居民能在同一住宅区亲密相处，以促进种族联合。

1989 年新加坡政府宣布，自 1989 年 3 月以后组屋社区将采取种族比例原则，分配公寓给各族居民，其目的在于培养种族包容与和谐。新社区和每栋公寓的种族比例——华族：每一社区不得超过 84%，每一栋公寓不得超过 87%；马来族：每一社区最高额为 22%，每栋公寓不得超过 25%；印度族和其他族人：每一社区不得超过 10%，每一栋公寓不得超过 13%。

不同的族群共同生活在一个组屋社区里，有助于增进彼此的互动交流。政府也在组屋社区中设立"居民委员会"，专门为组屋居民服务，经常广泛地举办体育竞赛、社会和文艺活动以加强居民间的社区精神，各族的组屋居民因为活动的举办，促进族群间紧密联系，增进彼此间的熟悉和了解，化解歧视和误会。

三、公共卫生与医疗保障

新加坡的公共卫生服务和医疗保障由政府提供，卫生部负责统一管理。

（一）新加坡的公共卫生服务

新加坡的公共卫生服务实行双轨制体系，包括政府提供的公共卫生体系和私人医生提供的私营体系。政府对公立医院实行政府津贴制度，根据病房等级实行不同的津贴；同时，对门诊初级卫生保健服务也实行津贴。65 岁以上或 18 岁以下的新加坡国民，以及所有在校学生的医疗费用，可以享受 75% 的政府津贴，其他国民则享受 50% 的政府津贴。

初级卫生保健服务的 80% 由私人开业医生提供，20% 则由政府公立部门的综合门诊部提供。新加坡全国有近 1500 位私人开业医生，约 1900 家私人诊所。人均每次门诊费用仅 10～15 新元（包含药费）。政府综合门诊部承担部分初级卫生保健服务，并提供政府津贴。

住院医疗服务的 80% 由政府医院提供。到 2000 年，新加坡共有 26 家综合医院和专科医疗中心，床位近 1.2 万张，平均每千人床位数 3.7 张，其中 84% 的床位在 8 家公立医院和 5 家公立专科医疗中心。在公立医院中，病人可选择不同档次的床位。新加坡综合医院的平均住院日为 5.6 天，床位使用率也比较高，达到 81%。

新加坡的卫生服务行政管理是由三个政府部门负责的，包括卫生部、环境部及人力资源部。卫生部负责制定全国卫生政策，协调公立和私营卫生服务部门的发展规划，制定诊疗标准，负责提供预防、治疗和康复服务；环境部负责与环境有关的公共卫生服务、传染病控制、食品安全；人力资源部负责职业卫生事宜。

（二）新加坡的医疗保障制度

新加坡的社会保障制度不同于西方国家的福利型或保险型，是属于政府强制个人储蓄的完全积累模式。其医疗保障体系主要由保健储蓄计划、健保双全计划（大病保险计划）和保健基金计划（穷人医疗救济计划）三部分构成，即 3M 政策：保健储蓄（Medisave）、健保双全（Medishield）和保健基金（Medifund）。其中保健储蓄计划属于一项全国性、强制性的储蓄计划，在医疗保障体系中起主导作用，健保双全计划和保健基金计划起辅助作用。

1. 保健储蓄计划

新加坡刚开始推行公积金计划时，只有个人养老账户，是为了保障国民退休后的基本生活问题，没有涉及保健、投资、住房、保险以及教育等方面的内容，到 1983 年国家才制订实施了保健储蓄计划。

（1）保健储蓄计划缴费比例。保健储蓄计划既覆盖雇员也覆盖自雇人员，雇员的保健储蓄费由雇主和雇员各分担一半，自雇人员的保费全部由自己缴纳，缴费比例因投保年龄不同而不同。35 岁以下雇员以工资的 6% 缴纳，35～45 岁雇员按 7% 缴纳，45 岁以上雇员按 8% 缴纳。缴纳的保健储蓄基金免缴个人所得税而且可以获得稳定的利率，最低不少于 2.5%。保健储蓄账户所有者去世后，余款可以作为遗产由家属继承且免交遗产税。

（2）存款限额规定。为使储户谨慎地利用医疗储蓄，限制消费过度，保健储蓄每年确定一个存款限额。例如 2002 年为 2.8 万新元，2003 年为 3 万新元，超出部分自动转入公积金的普通账户，供公积金会员灵活使用，用作购房、教育及投资等方面。这一限额的制度设计，目的是保证病人终身利用政府补贴的低等级病房所需的医疗保健，避免滥用医疗资源，随意增大服务的范围与负担。

（3）保障范围。保健储蓄账户金用于支付住院费用和一些昂贵的门诊治疗费用，如肾透析、放化疗、试管婴儿等。一般门诊费用比较低，居民有能力现金负担，而对那些穷人，政府另有补助政策。另外公积金会员还可以动用自己保健储蓄账户金，为自己的配偶、子女及父母支付费用。

（4）政府对公立医院实行经费补助。新加坡医院的床位共分为 A1，A2，B1，B2+，B2，C 等 6 种类型。A 类为私人性质的床位，政府不给予津贴；B 类为半私人性质的床位，政府津贴仅为总费用的 20%~65%（B1 为 20%，B2+为 50%，B2 为 65%）；C 类为政府津贴达 80% 的床位，占总床位数的 79%。①

2. 健保双全计划

保健储蓄计划对发生一般医疗费用的居民来说已经能保障，但对因患重病和慢性病等花费多的人来说，账户资金可能不够。为此，从 1990 年开始，新加坡开始实施健保双全计划，这实际上是一项带有社会统筹性质的大病医疗保险，由于参加大病保险的居民同时已是保健储蓄计划的储户，因此，这一计划称为健保双全计划。

（1）筹资方式和标准。从会员保健储蓄账户中按照不同的年龄段提取少量费用，实行社会统筹，调剂使用。具体缴费额为 30 岁以下每月为 1 新元，30~40 岁为 1.5 新元，41~50 岁为 3 新元，51~60 岁为 5 新元，61~65 岁为 8 新元，66~70 岁为 11 新元。

（2）保障项目。健保双全计划保障因病住院和一些费用较高的门诊治疗项目，如肾透析、抗排斥、癌症放化疗等。但不保障投保前 12 个月内已患有的肿瘤、肾衰竭、中风等严重疾病的治疗，以及先天性异常和遗传病、精神病、美容手术、吸毒或酗酒治疗等。

（3）费用支付。费用支付设立"可扣额"（起付线），只有在医疗费超过某个基本数目时才获得补偿，这个基本数目叫作"可扣额"超过的部分，由统筹金支付 80%，个人自付 20%，"可扣额"部分可动用保健储蓄金支付。费用支付还设有最高补偿额，每年为 2 万新元，终身为 7 万新元。通过设立可

---

① 李韶鉴、孟佳沛、李家昂，《新加坡医疗保障体系的经验与启示》，载于《中国卫生经济》2021 年第 12 期，第 118 页。

扣额和最高补偿额，体现了投保者的责任，避免过度利用和滥用医疗服务。

在此基础上，1994 年政府又推出了增值健保双全计划，比健保双全计划保费稍高，支付待遇也相对较高。

3. 保健储蓄基金

尽管保健储蓄计划和健保双全计划覆盖了绝大多数人口，但仍有少部分贫困居民无力支付医疗费，为此，新加坡政府于 1993 年建立了保健储蓄基金，对穷人实施医疗救济。在计划创立时政府捐款 2 亿新元，并且许诺只要国家经济增长良好，政府将每年另外增加 1 亿新元捐款，政府捐赠基金的利息收入分配给公立医院。每家公立医院都有一个由政府任命的医保基金委员会，向无力支付住院费的穷人提供救济申请，经审议后确定救济款额。选择高级病房的人是无权申请保健基金的。

公积金会员患病就医发生的医药费用，符合保健储蓄账户资金动用规定的，由中央公积金局与医院直接结算。剩余费用，如果会员参加了健保双全计划、增值健保双全计划或商业医疗保险计划，则按照该保险计划赔付额度的高低选择赔付顺序，如果还有医药费需要支付，则由患者支付现金直接结算。如果患者无力支付，则可申请医疗救助。如果是为家人付款，则要表明会员与病人的关系，同时签署一份保健储蓄授权书，授权中央公积金局从其保健储蓄账户中扣除住院费用。

（三）不断改革，提供更好卫生服务和医疗保障

（1）从 1985 年起，新加坡就开始改革公立医院的管理模式，基本思路是将政府资产按照市场化的方式进行运作和管理，避免由政府直接提供卫生保健服务。卫生部将公立医疗机构进行重组，组建了东、西部两大医院集团，并按公司法设立新加坡健业私人有限公司（SHS）和国立健保集团私人有限公司（NHG），将医院管理职能从政府卫生部转移到私人有限公司，以对医院施行更灵活的管理，更好地满足病人的需求。医院改组后，虽然由私人公司管理，但资产仍归政府所有，政府仍然向医院提供年度财政拨款，并向病人提供政府津贴。重组后的医院相当于营利性的医疗组织，目标是使医院的运作效率和费用效益最大化，但并不追求利润。同时，医院仍需服从政府卫生部的政策指导。

（2）改革公立医院内部运行机制，坚持"以病人为中心"的宗旨，全面实行企业化经营运作。新加坡卫生部在公立医院中引入企业会计制度，以便更好地进行成本控制，更好地实行财政管理和人事管理。引入企业化医院管理模式，组织医院通过 ISO9002 质量管理系统认证，实行全面的质量管理和

以病人为中心的医疗服务。医院的建设、布局均突破传统医院的建筑模式，一切从病人出发，为病人着想。医院每个月邀请病人参加周末餐会，当面聆听病人的意见和建议。医院集团从减轻病人负担出发，编发了节省医疗开支的10点建议等小册子指导病人如何就医，同时提高医院的亲和力，促进医院不断发展。

（3）不断进行医疗保障系统改革。新加坡主要是对健保双全计划进行改革，以进一步提高保障能力。

一是提高健保双全计划的参保率和保障水平。从2001年12月1日起，新加坡健保双全计划放宽对健保双全计划的年龄限制，从75岁放宽到80岁。同时每日住院费最高支付额也将在原来基础上增加约25%，以提高保障水平，但筹资比例不调整。健保双全计划目前参保率为95%，政府关注到5%的不参保人员，并考虑鼓励这些人群参加的办法。

二是改变健保双全计划的筹资方式。在健保双全计划推出时，政府为避免不同年龄层的参保人员相互占用彼此的医疗保险，从医疗费支出的差别出发，特意把年轻保户的保费定得较低，而年长者的保费则相应高出许多。随着新加坡的经济从快速发展阶段进入成熟阶段，经济增长速度因此缓慢下来，同时老龄化人口的比例也在逐步提高，所以引入了"趁早多储蓄"的理念，以对个人毕生各个时段的医疗保健费用进行调配。因此，在政府推出的乐龄健保计划中，筹资方式发生了变化，让参保户在年轻时缴付较高保费，随着年龄的增加保费递减，这样年迈时就可减轻支付大笔保费的负担。

三是增加医疗保健计划品种。现有的健保双全计划只是一个基本的保险计划，保额有限，保费也因此有限。随着新加坡社会进入老龄化阶段，政府准备通过改进措施来鼓励国民另外购买医疗保险，以填补健保双全计划的不足。

李显龙出任总理后，新加坡政府开始推行乐龄健保计划。这是一项严重残疾保险计划，为年长并需要长期医疗照顾的新加坡公民提供基本的经济保障。政府鼓励私人保险业者参与，通过公开招标的方式，选定4家私人保险公司经营该计划。政府认为，私人保险公司可以发挥创意，为保户设立有助于提高保健意识的医疗保险计划。乐龄健保计划也允许国民用个人储蓄来支付保险费用。

四、成功的基础义务教育

新加坡政府对教育的投入相当充分，1995年在国家财政预算中，教育经费为 37.1 亿新元，占财政支出的 19.8%。在新加坡没有义务教育这个概念，但实行的却是没有义务教育的义务教育。例如，中学生每月只交学费 7 新元、杂费 5 新元，其他费用由国家承担。学校还设有"清寒助学"名额，实行"O"水准会考免费午餐等。

新加坡教育融合了东西方教育的精华，创造性教育在新加坡得到了教育工作者乃至全社会的认同。1997 年 2 月 23 日，《洛杉矶时报》刊登了美国教育记者理查德·卡尔文撰写的长篇特稿《教育是新加坡生存之道》，对新加坡和美国的教育制度进行全面的比较和反思。他说，"美国的学校在国际上的表现只是马马虎虎"，"在新加坡，被认为是最低的两种源流的学生，仍然高过世界水平，比一般的美国学生，仍然遥遥领先"。根据路透社 1997 年 6 月 12日的一则电讯：第三届国际数理能力调查揭示，新加坡学生的成绩排名世界第一，新加坡教师也荣获全球"最勤劳教师"的美誉。当时美国总统克林顿宣布这一结果时，称之为"来自新加坡的挑战"。

新加坡中学的校规极其严格，比如规定学生在每天早上的升旗礼时必须唱国歌，并宣读誓言；学生必须遵从师长和班长的指示；学生只有在食堂里才能吃东西；等等。而偷窃、打架、涂鸦、勒索等行为将受严惩，严惩方式包括鞭打。新加坡的教育者普遍认为，当其他处罚方式都用尽却依然不见学生改过时，鞭打也是一个可行的管教方式，特别是对一些有劣迹的青少年，不能放弃体罚。

（一）因材施教与分流教育

新加坡教育的显著特点是分流教育，其实质是一种区别对待学生的教育——因材施教。分流就是经过考试和考核，将普通教育中的一部分学生分流到技能教育的行列中，实际上形成了普通教育与技能教育的双轨制。这种分流共有三次，分别是在小学四年级结束、小学六年级毕业和初中毕业时。这三次分流从某种程度上决定了一个学生的发展前途和一生的工作走向。

在六年的小学中，前四年为基础学习阶段，除双语外，着重接受数学和其他科目的学习，帮助学生扎稳这方面的根基。小学四年级考试后进行第一次分流，学校依据学生的学习能力，把学生编为不同的源流，约 20%的学生进入 EM1 班（英语母语 1），70%进入 EM2 班，10%进入 EM3 班。这种分类每年考试后可以再行调整。

小学六年级离校考试为第二次分流，考试科目主要是数学、科学、第一语文和第二语文。这次分流考试，主要测试学生的学习进度与能力，以安排合适的中学课程。经过这次分流，约 10%的优等生接受特别课程教育；50%

接受快捷课程教育；40%的学生学习普通课程，着重于职业训练。前两类学生学制为四年，不同之处是接受特别课程教育的须修读"高级母语"，其内容较快捷课程更深广。学习普通课程的学生则要修满五年。

第三次分流是在中学毕业之后，学生的主要流向有三个：约30%的学生进入初级学院和大学预科班（相当于中国的普通高中），约50%的学生进入理工学院（类似于中国的中专或大专），另有20%的学生进入工艺教育学院（相当于中国的职业高中）。当然，初级学院和大学预科班毕业生中也会有少部分学生不能升入大学，他们同样可以报考理工学院，以接受高等职业教育。

新加坡的这种教育体制，充分考虑到学生学习的实际以及能力、兴趣等多种因素，有利于每个学生循序渐进地发展自己独特的天赋和个性，是一种实实在在的因材施教的方法，体现了以人为本的教育理念。实际上，"因材施教"的教育思想早在中国春秋时期就已确立，宋代朱熹也曾经说过："孔子教人，各因其材。"中国古代教育思想的合理成分被现代化的新加坡所吸收、发展。

（二）课程设置基于发展需要，也要尊重学生兴趣

新加坡所有初等学校的学生都要接受3年的共同课程，也就是他们要学习英语及其母语，还有数学。新加坡的课程设置很有特点，课程内容着重于英语、母语（华语、马来语或泰米尔语）及数学，主要是为了帮助学生打好这些学科的基础。其他辅助学科包括公民与道德教育、健康教育、音乐、美术、体育及社会学。从小学三年级起，学生也须修读科学。此外，校方也鼓励学生积极参与各项课外活动。

中学课程内容更呈现多元化的特点，包括英语、母语、数学、科学、人文学科、公民与道德教育、体育及音乐等。升到中学三年级时，学生可以根据自己的能力和兴趣选修科目。校方也提供各式各样的辅助课程和活动以迎合学生不同的喜好和才能，让学生在体育活动、视觉及表演艺术、信息科技、科学研究等领域都能发挥自己的特长。

李光耀曾经说过："新加坡几乎没有什么天然资源，要保持每年提高生产力6%~8%，维持经济增长，必须充分开发人才资源。"而人才资源只能从教育中来，新加坡十分重视基础教育，而在基础教育中，又特别推崇数学和科学这两大学科。从其课程设置来看，数学和科学几乎贯穿在小学、中学和大学的整个教育过程中。

但是，新加坡的课程设置又给了学生以自主选择的巨大空间，体现了以人为本的理念。在保证数学和科学课程的前提下，课程内容又呈现出多元的

特点。众多的课程最大限度地满足了学生自主选择课程的要求。这种课程设置理念，充分体现了教育的民主性和科学性，为激发学生的学习兴趣，培养学生自主学习的能力创造了条件。新加坡的课程设置理念，体现了多元的特点，而这种多元性，充分尊重学生的个性和个体差异，最好地诠释了以人为本的教育思想。

新加坡教育界认为，填鸭式的教学不利于培养出具有全方位素质的人才。因此，他们把教学方式落实在"学而思之，思而学之"上，通过这种真正体现学生主体地位的教学，培养学生独立的学习精神。可以说，新加坡的教学，真正体现了以学生为主体的思想。即使是课外，学生也充分享受着自己的主体地位，那就是学生完全根据自己的兴趣自主选择课外活动，这些兴趣小组有：交响乐团、美术班、舞蹈班等，它们是培养学生兴趣的摇篮。

（三）从分流教育到科目分班

在新加坡教育部2006年工作蓝图研讨会上，教育部长尚达曼宣布，在"因材施教"教育理念框架下，已在小学推行多年的分流制度将于2008年正式取消。自1980年推出的分流制度，实施之后，有效地把新加坡没有读完中学的学生辍学率从20世纪70年代的13%，减少到2005年的3%。

新加坡教育部将为全国小学五年级和六年级的英文、华文、数学和科学推出分"普通水平"（Standard Level）和"基础水平"（Foundation Level）两种不同程度的"科目分班"（Subject-based Banding）制度，以取代现有的EM1、EM2合并源流以及EM3源流的分流制度。2006年的小学三年级学生，将成为首批"科目分班"新制度的受惠者。2008年，当他们小学五年级时，学校将根据学生自己的学习能力，分配他们在某科选读"普通水平"或"基础水平"的课程。这个做法，将让大部分原本被分进EM3源流、各科只能一律读"基础水平"程度的学生，有可能在某个自己强的学科，修读"普通水平"程度的机会，而小部分原本被分进EM1、EM2合并源流，但对某科能力不强，也因此有了能在某科读"基础水平"程度、打好基础的机会。

新加坡教育部根据学生的能力和智力发育的不同采取不同的做法，以便协助学生为下一阶段的学习做准备。每个学生天赋和专长不同、智慧迸发时间的早晚也不同；很少学生能在每个领域都有杰出表现，也很少学生会在每个领域都一无是处。新加坡教育部认为有必要以更开放和灵活的制度，来推行因材施教的教育理念，以便更好地发挥学生的潜能和培养他们的才华。

除了从2008年起废除分流制度外，新加坡政府还将采取两项改进因材施教的新措施。一是从2007年起，新加坡教育部将扩大培养优秀学生的范围，鼓励高才课程学生与主流课程学生一起上课，共同参与课程辅助活动、社区服务活动，让两个课程的学生有更多交往的机会；二是通过支援资金（Enabling Fund），以每年1万新元，为期3年支援更多学校发展艺术、体育、数理等专长项目。预计到2012年，有60所中学能发展专项，成为"专长项目学校"（Niche Programme School），这些学校每年可按5%的比例直接录取有专项才华学生。

五、对家庭养育婴幼的扶持

在新加坡，政府为了鼓励人口增长，提供了一系列的生育政策和福利，让每个孩子都能享受高达1.1万新元（约合5.4万元人民币）的补贴和税收优惠，包括以下政策：

（一）婴儿奖金

婴儿奖金是新加坡政府为了鼓励生育而推出的一项现金补贴计划。凡新加坡公民或永久居民就可以申请这项计划。根据孩子出生顺序，可以获得不同金额的现金礼物。第一和第二个孩子各可获得8000新元，第三个及之后出生的孩子各可获得1万新元。这些现金将分阶段存入父母的银行账户，用于支付抚养孩子的费用。

（二）新生儿保健储蓄补助金

为保障新生儿健康，政府为每个符合条件的孩子提供了4000新元的新生儿保健储蓄补助金（Medisave Grant for Newborns）。这笔钱将直接存入孩子自己的保健储蓄账户（Medisave Account），用于支付未来的医疗费用。保健储蓄账户是新加坡国民保健金计划（Medisave）的一部分，是一个强制性的个人储蓄账户，用于支付自己或家庭成员的医疗费用。

（三）育儿假

为了让父母有更多时间陪伴和照顾孩子，政府还提供了不同类型和时长的育儿假。其中，最重要的是产假和陪产假。产假是指母亲在生产前后可以休息的假期，陪产假是指父亲在孩子出生后可以陪伴母亲和孩子的假期。母亲是新加坡公民或永久居民，可以享受16周的带薪产假，其中8周由雇主支付，8周由政府支付。如果父亲是新加坡公民或永久居民，他可以享受2周的带薪陪产假，由政府支付。此外，父母还可以共享4周的产假，也就是说，母亲可以把自己的产假中的4周转给父亲，让他多陪陪孩子。除了产假和陪产假，父母还可以享受其他类型的育儿假，比如儿童护理假、扩展儿童护理假、无薪儿童护理假、无薪长期护理假等。

（四）托儿服务

为了让父母在工作时不用担心孩子的安全和教育，政府还提供了补贴的托儿服务。根据父母的收入水平和孩子的年龄，政府会为每个符合条件的孩子提供不同金额的托儿服务补贴。这些补贴可以用于支付在政府认可的托儿中心或幼儿园的费用。除了基本补贴外，政府还提供了额外补贴，以进一步减轻低收入家庭的负担。

（五）儿童发展账户

除了现金，政府还为每个符合条件的孩子开设了一个儿童发展账户。这是一个特殊的储蓄账户，用于支付孩子在学龄前的教育和医疗费用。政府为每个账户提供 3000 新元的起步资金，并匹配父母存入账户的款项。例如，父母存入 1000 新元，政府就会再存入 1000 新元。但不同出生顺序的孩子有不同的匹配上限。第一和第二个孩子最多可获得 6000 新元的匹配，第三和第四个孩子最多可获得 1 万 2000 新元的匹配，第五或之后出生的孩子最多可获得 1 万 8000 新元的匹配。

（六）母亲和儿童医疗保健

为了保障母亲和儿童的医疗保健，政府还提供了免费或低价的预防性医疗服务。这些服务包括孕前检查、产前检查、分娩服务、新生儿检查、疫苗接种、牙科检查等。这些服务可以在政府综合诊所、全科医生诊所或医院进行，并且可以使用保健储蓄账户支付。

六、向弱势群体倾斜的全民福利

（一）"全民拥股"计划

据新加坡政府 1992 年年底统计，可动用公积金、存款购证券的 76 万会员中，仅有 12 万人投资于股票，占此类会员的 15.79%；调查也显示，全国 190 万成年人中，只有 25 万人拥有股票，占 13.16%。在国力相当充足的 20 世纪 90 年代，新加坡政府希望通过把国有企业资产上市，增强全体人民的归属感，进一步增强人民的爱国热情，构建多元社会和谐共处的氛围。基于这种指导思想，"全民拥股""全民投资"计划适时出台。

为配合这一计划的实施，新加坡电信公司决定发行 9 亿~12 亿新元的股票，出售给全体国民。新加坡电信公司经营新加坡全国的电话、电信业务和计算机网络，1993 年有储备金 24 亿新元，经营额 27.6 亿新元，1993 财政年度税前盈利 13 亿新元。新加坡公民可利用公积金优惠限额购买新加坡电信股票（A 组股，每股 1.8 新元，每人限购 200 股），同时公民可利用存款购买 B 组股（每股 2.2 新元），向社会发行 C 组股（每股 3.6 新元），一举筹资 530 亿新元，占新加坡全国股市总额 1/3。

对此，吴作栋在 1993 年 8 月 9 日国庆群众大会上说："下一个成功的策略是增加新加坡人的资产，使他们能够在新加坡的获荣和成功中享受有直接的利益。我们每一个人拥有的资产越多，我们就会越勤奋地工作以增加资产的价值。"

上市后政府对新加坡电信的控股仍在 70% 以上，挂牌售股采取三种形式：

（1）A 组股，属于定价股，由政府以特别折扣发售，每股 2 新元，专门发售给新加坡公民，以协助他们增加资产。A 组股的特别折扣表现在以下 5 方面：

第一，有独特性。即只有属于中央公积金会员的新加坡公民才可购买。资格的确认又明确规定到 1993 年 8 月 31 日至少达 21 岁，且不是未脱国籍的破产人士。

第二，根据定价股打 5% 的折扣发售。

第三，购买 A 组股者在将来的 6 年里可以免费获得 40% 的额外股。即以 100 股为例，1，2，4 和 6 年后，这 100 股各免费获 10 股，亦即 6 年后可免费获得 40 股的忠诚优待股，这类股票一旦售出，则不能享受优待忠诚股了。

第四，所有合格的新加坡公民保证能获配价值约 1000 新元的股票，不必抽签。

第五，可以用中央公积金普通户头的存款支付，而不像其他股票需要购买人在中央公积金存款普通户头至少有一定数额的存款才能购买，也不必另开公积金投资户。

（2）B 组股，也属于定价股，但不打折扣，按定价由国民购买。

（3）C 组股，以投标方式发售。国内外企业、个人均可购买。

为保证国民控股，以新加坡电信公司拟发售的 9 亿~12 亿元为 100%，分配投量为 A 组、B 组共为 50%，C 组为 50%。

新加坡政府于 1993 年 8 月 31 日给每个合格公民发出邀请书和申请书，只要公民购买，就在该公民开立的股票交易户头上为该人存上 200 元，等于赠送 100 股。所以，合格公民都可以自然拥有 100 股。到 1999 年 11 月不出售的这 6 年间，又可获得 40 股的优惠赠送，这样该公民拥有原始控股就达到了 140 股。

由于新加坡政府鼓励公民投资于股市，且规定从 1993 年起公积金会员只需在普通存款户头保存 5 万新元，余款便可投资于任何上市公司的股票。1993 年以来新公司纷纷上市，新加坡股市的日交易已超过 3 亿股，而海峡时报指数也屡创新高。股市在为部分投资者带来相当丰厚收益的同时，也使不熟悉股市的新股民面临着风险。

（二）"新新加坡股票"计划

2001 年，新加坡仍处于亚洲金融危机后的经济衰退中，为了扶持弱势群体，总理吴作栋提出了一个还富于民的计划——"新新加坡股票"计划，即从多年财政盈余中拨出资金，向全体国人免费派发股份。如今，定期与国民分享财政盈余已成新加坡政府的一个惯例。2001—2006 年 5 年间，新加坡政府通过各种方式向国民分发了近 80 亿新元的财政盈余。

新加坡人口约 400 万，2005 年人均国内生产总值已达 44666 新元。但约有 30 万工人月收入不足 1200 新元，属于低薪阶层。为了帮助这些困难群体走出困境，新加坡政府决定从财政盈余中拨出资金，作为分红派发给国民。

在 2006 年 2 月公布的财政预算中，新加坡政府当年财政年度将拨出 26 亿新元，以现金形式分发给国民。这个一揽子分红计划由"增长分红"、"就业奖励花红"、"国民服役花红"、水电费回扣等多个项目组成，在惠及每一个新加坡公民的基础上，向年老、低薪工人和困难家庭倾斜。

"增长分红"面向所有成年公民，分配数额以个人收入和房屋价值为标准，收入和房产价值越低的个人获得的分红越多。2006 年，该项分红总值达 14 亿新元。新加坡每人年均可支配收入为 2.4 万新元，个人年收入低于这一标准、住所年租金估值在 0.6 万新元以下的新加坡成年公民每人可获得 800 新元；个人年收入低于 2.4 万新元、住所年租金估值介于 0.6 万 ~ 1 万新元之间，或者个人年收入高于 2.4 万新元而住所年租金估值不足 0.6 万新元的每人可获得 600 新元；个人年收入超过 2.4 万新元、住所年租金估值介于 0.6 万 ~ 1 万新元之间的每人可获得 400 新元；住所年租金估值超过 1 万新元的，无论收入高低，每人只能获得 200 新元。按这一标准，新加坡 45% 的人口将得到最高额度 800 新元的分红，这涵盖了所有低收入和中低收入者。

"就业奖励花红"是专门针对 40 岁以上、月收入不足 1500 新元的工人所设立的，总值 4 亿新元。为了鼓励这些工人继续工作、自力更生，只有在前一年连续工作至少 6 个月的工人才能获得这笔奖金。奖金数额从 400 ~ 1200 新元不等，个人收入越低，得到的"红包"就越大。预计"就业奖励花红"将使 30 万 ~ 40 万新加坡人受惠。

此外，50 岁以上新加坡公民的个人公积金特别账户（60 岁以上的为退休账户）和保健储蓄账户中还将收到政府的补贴。这项补贴总额 5 亿新元，个人依年龄和住所年租金估值不同可获得 100~800 新元不等的补贴。

为了帮助低收入家庭减轻生活费用上涨的压力，政府另外拨款 6000 万新元用于返还水电费和免除住房租金及杂费等，房屋面积越大，返还的数额越低。同时，这些家庭还可以免缴部分杂费和租金。

除了发放给个人的各种"红包"，新加坡政府还从分红资金中拨款 5000 万新元在每所学校设立"进取基金"。学校可以利用这笔钱帮助有需要的学生，如给困难家庭的学生提供津贴购买个人电脑以完成专题作业。一些社会自助团体也将获得政府划拨的另外 200 万新元"红包"，为低收入家庭提供更多援助。

新加坡政府还计划今后每年投入 7500 万新元为低收入家庭提供"额外公积金购房补贴"。但是，新加坡政府鼓励国民通过继续工作而不是依靠国家福利来提高自己的生活质量。因此，购房家庭中至少有一名成员必须在购房前工作两年以上，该家庭才能得到这笔额外补贴。预计每年大约有 6000 个家庭从中受惠。①

（三）"就业入息补助"计划

2007 年新加坡国会审议通过了"就业入息补助"计划财政预算案。其目的在于强化新加坡的社会凝聚力，减少低薪工人的公积金缴交率，通过"就业入息补助"计划（Workfare Income Supplement Scheme）来补贴低收入者的工资和储蓄。这是新加坡政府第一次补贴低薪工人的工资。

减少低薪工人的公积金缴交额、推出"就业入息补助"计划，是为了达到三个目的：一是让低薪工人缴交更少的公积金，以增加可现实支配的工资；二是雇主将为低薪工人缴付更少的公积金，从而加强他们的受雇能力；三是政府也会将大部分的就业奖励放入员工的公积金户头，以鼓励他们储蓄。

为了让低薪员工可将更大部分的工资领回家，调整后的公积金制度规定，月薪在 1500 新元及以上的员工才须缴交全率 20% 的公积金。预计月收入 1000 新元及以下工人的公积金缴交率将有更大减幅，因此可领回家的薪水更多了。

根据财政预算案附录的规定，每月工资 800 新元的工人，公积金缴交率为 16.5%；月收入达到 1000 新元和 1200 新元的工人，缴交率分别为 18% 和 19%。

---

① 王建新，《政府与国民分享财政盈余》，载于《半月谈》，2006 年第 17 期。

从 2007 年开始，就业奖励的对象也将扩大到 35 岁以上、每月收入 1500 新元及以下的工人。为了加强年纪较大低薪工人的受雇能力，政府将让雇主以渐进的方式为 35 岁以上的工人缴付公积金。只有当员工每月工资满 1500 新元，雇主才需缴交 14.5% 的全率。同样，50 岁以上员工的雇主公积金缴交率也会随之（按比例）下调。

在"就业入息补助"计划之下，45 岁以上、月入 1000 新元及以下的工人每年将获得最多 1200 新元的补助（相等于年收入的 10%~20%），35~45 岁工人的就业奖励数额将是 45 岁以上工人所得的 3/4。

2007 年之前，在发给工人的就业奖励花红当中，九成的款项存入了工人的银行户头或以支票分发，一成的花红则进入他们的公积金保健储蓄户头。2007 年之后，大部分的就业奖励将以公积金的形式分发，所发出的现金对公积金的比例为 1∶2.5。也就是说，政府每发 1 新元现金给工人，也会将 2.5 新元存入他的公积金户头。

个体经营者虽然都应缴交保健储蓄，但实际上仍有 1/3 没有缴交。为鼓励更多低收入个体经营者缴交保健储蓄，新加坡政府决定降低净年收入在 1.2 万新元或以下个体经营者的保健储蓄缴交率，这些人的新缴交率是全率的 1/3。也就是说，保健储蓄缴交率调整到 6.5%~8.5% 时，低薪个体经营者须缴交的保健储蓄不会超过 3%。只有净年收入满 1.8 万新元的个体经营者才须缴交全率保健储蓄。缴交保健储蓄的个体经营者可获得的就业入息补助津贴则是一般雇员的 2/3。年龄超过 45 岁、平均月入 1000 新元的个体经营者，在新计划下，每月只需缴交 28 新元，政府每月将为他的保健储蓄户头填补 67 新元。这就是说，政府每月为这名个体经营者填补他 7% 的收入。

对于不定时工作的临时工，他们多数因雇主没能力为他们缴交公积金，或倾向领取更多现金回家而没有参与公积金制度。为鼓励他们加入公积金制度，临时工同样只要有工作并缴交 1/3 的保健储蓄，就可享有就业入息补助津贴，津贴金额同样是一般雇员的 2/3。

根据公积金法令，只要员工定时为任何雇主服务，雇主就必须为他缴交公积金。随着就业奖励制度化，人力部和公积金局将加强执法力度，确保雇主遵守缴交公积金的规定。

第三节　畅通与社会的互动机制

一、人民行动党议员接待日

新加坡的国会议员接待选区民众的活动，是党的所有议员都必须遵守的一项基本制度，是人民行动党执政以来长期保持的一个传统。人民行动党要求自己的干部必须牢记："我们是从人民中来的，就得回到人民中去，孜孜不倦地、持续不断地为人民服务。"

新加坡人民行动党党员分为高级干部党员、干部党员和普通党员三种，议员均是干部党员或高级干部党员，属于党的领导层。由他们出面接待民众，其好处在于——民众可以面对执政党高层，打破隔膜。而且这些干部党员视野开阔，经验丰富，熟悉决策，他们接待民众所产生的影响和取得的成效，非一般接待员所能比拟。

（一）议员接待日活动

由于议员接待都是利用业余时间，所以就全部安排在晚上。具体时间根据议员的实际情况而定，但每个议员接待选民的地点和时间都是公开的、法定的。议员的接待活动，只规定开始的时间，即只要还有一位民众没有反映完情况，接待活动就不能结束。对于问题的最终处理结果，不仅要告知本人，而且还需记录存档。接待日周期性、规范性的特点，决定它不能是一种由议员主导的随意性活动，而是民众非常熟悉的、议员必须遵守的一项制度。接待日民众无事可以不来，但议员必须按时到场。

一般情况下，每次接待求助的选民少则几十位、多则上百位，接待选民多的议员一年最多曾接待选民 5 万人左右。接待室一般是议员在社区租用的幼儿园、社区活动中心等公共场所。

一些人民行动党的社区领袖和普通党员每周为议员接待选民提供志愿服务，为求助者登记、录入、摘要、分类和提出处理建议等。在接待日，他们主要负责来客登记，进行一对一的交谈，将所反映的问题登记在表格中，然后把表格转给议员，最后由议员一一面谈。接待日工作结束后，他们还要与议员共同总结，并商讨下一步工作安排。

参加接待的服务人员绝大多数都是普通党员，他们的工作是没有任何报酬的。由于人民行动党的议员既属于党组织高层成员，同时又是各个基层支部的负责人，通过接待日活动缩短了党内高层成员与普通党员的距离，同时为发现和起用新人提供了平台。

人民行动党规定，这些党员在活动中都必须佩戴党徽，凸显接待日活动的党组织色彩，强化着党在民众心中的印象。

（二）走访选区制度

除接待选民之外，议员还必须走访选区，与选民保持广泛的接触。访问选区是十分辛苦的事：一种是采用撒网的方式，在半天时间里走访选区内的几个点；一种是每周进行一次挨家挨户的访问，一户一户地认识居民。国会议员要确保大选前访问每一座组屋的每个家庭至少两次。通过访问，了解普通居民的生活和需求，以争取选民的支持。

曾有一些选民对新加坡人民行动党和国家的政策并非不满，只是对居住环境中的某些设施有意见，便没有投人民行动党的票。所以，对于民众所反映的一切大小问题，议员无不高度重视。实际上，他们不仅在接待日等待选民的来访，而且按照规定，在两年的任期内，还利用业余时间主动入户走访选区内的全部选民。

（三）解决问题的方式

来寻求帮助的问题并非议员都能解决，很多情况下议员只是给来访者提供正确解决问题的途径和信息，对一些问题给出处理意见、建议或转交政府部门和法定机构。有时议员也要求政府或有关部门的工作人员到现场办公，当场解决一些选民的投诉。政府有关部门会十分重视议员的来信，尽量解决求助的问题。一些大的、困难的问题，或有关部门没有很好解决答复的问题，为了使议员有机会向有关部门提出，政府专门安排了议员与该部门工作人员进餐的场所。不管投诉的问题能否解决，有关部门都要给投诉者一个答复或一个合理的解释。新加坡是法治社会，所有事情都必须严格依法办理，议员无权直接拍板解决问题。他们所能做的是协助民众选择正确的途径清楚地向有关部门反映情况，并通过不停地向有关部门打电话、发信件，督促其尽快解决问题。对于那些不合政策规定的事项，他们就会将信息反馈到领导层，以便人民行动党重新检讨政策本身。

二、全国职工总会的作用

新加坡全国职工总会（简称新职总）的宗旨是协助新加坡政府在保持国

际竞争力的同时，促进全民就业，同时提升工人的社会地位及福利。新职总在多个官方机构中都有自己的代表，例如，全国工资理事会、经济发展局、建屋发展局、中央公积金局以及人力资源部等机构中都有工会的代表。新职总在提高工人的经济及社会地位，建立合作性的劳资关系，促进生产力发展等方面发挥了巨大作用，通过劳、资、政三方合作，与人民行动党加强沟通，促进工业关系（在新加坡特指为劳工、雇主及政府三方的相互关系）和谐与社会公正。

（一）新职总与执政党的关系及劳动法令

人民行动党以新职总为依托取得政权，新职总和执政党形成了良性的共生关系。以此为基础，劳、资、政平等协商，这构成了新加坡和谐社会关系的基础。三方通过平等协商、调解或裁决等手段解决工业关系纠纷。尽管工会依法具有组织罢工的权力，但是自新加坡建国以来，新职总基本就没有行使过罢工的权力，工业关系纠纷一般都能通过平等协商或调解等手段得以妥善解决。

新加坡是一个法律制度比较健全的法治化国家，其中与工人联系最紧密的主要法律是《雇佣法令》，它明确了适用范围内的工人雇佣权利与责任。其他有关的劳动法令还有：工业关系法令、职工会法令、职工纠纷法令、工厂法令、刑事法令、中央公积金法令、工伤赔偿法令等。这些法令对诸如服务合约、转移雇佣、基本薪金、总薪金、薪金计算及其支付、休息休假、超时工作、女工生育等都有详细的条款规定。工会活动所涉及的主要劳动法令有职工会法令、雇佣法令、工业关系法令、职工纠纷法令和工厂法令。

（二）新职总富有特色的工作制度

（1）新加坡工业关系协调员制度。新加坡基层工会组织的领袖几乎都是兼职的，这样自然会影响工会工作的力度。为了解决这个问题，上级工会招募全职的工业关系协调员，并派驻到基层工会组织。工业关系协调员往往都是工会工作和劳动法律方面的专业人士，一个协调员往往负责几个基层工会组织的工作。协调员给工业关系工资集体谈判有效的指导，同时也更加有利于自己帮助基层工会策划工会活动、工资谈判和沟通会员之间的关系等。由于工业关系协调员是上级工会派驻的，所以与企业不直接发生利害关系，受到企业方面的尊重，从而使企业的工业关系更容易相处。由于工业关系协调员都是全职人员且具有专业知识，他们可以帮助基层工会策划各种活动，例如发展工会会员、组建工会、给予工友法律等方面的咨询和帮助等。

（2）新加坡集体协商制度。集体协商（协议）制度是新加坡工业关系构架里最主要的活动之一，也是保持和谐的劳资关系之最通用的手段。集体协商是指劳资双方就雇佣条件达成协议的过程，其结果是形成一份约束雇佣双方行为或活动的书面合约文件。其前提是雇主必须承认工会的代表权，而工会借助代表权，通过协商谈判来为劳工争取到比《雇佣法令》中规定的更优惠的劳动和薪资条件。[①]

（三）切实关心工友

1. 促进就业

自亚洲金融危机以来，新加坡经济开始进入艰难时期，失业问题也比较突出，进入 21 世纪以来失业比例超过 3%。面临经济全球化的竞争压力，新加坡也开始进行经济结构的转型，结构性的失业也困扰着新加坡政府。按照新加坡现有的法律规定，失业者不享受社会保险，通过强制性培训来促进失业者的再就业。由企业缴纳一定的失业培训金，政府统一管理。

新加坡政府把失业培训经费拨转给工会，由工会集中组织失业人员培训。工会组织培训的具体做法是，有就业愿望的失业者，接受再就业的技能培训；受训者首先缴纳 1000 新元的培训费，经过严格考核，完成培训课程者，其缴纳的培训费如数退还，并且推荐就业。

新职总不仅协助失业人员提高技能，还帮助他们规划事业发展，让受训工友被调派到合适工作岗位，减少被裁可能。对于被裁者，新职总则协助他们提升技能，加强受雇能力。由于不少中小型企业的员工常因得不到雇主支持而错失培训机会，新职总就充当中小型企业员工的"替代雇主"，帮助被裁工友争取培训津贴。

新职总自 2005 年 11 月提出重新聘请退休员工以来，到 2007 年上半年已成功吸引近 200 家公司着手建立机制，让约 2500 名工友在到退休年龄后重新受雇。新职总计划在 2007 年协助 4000 名年长者重新受雇。

新职总提出"为了生存终身学习"，不仅对失业者进行再就业培训，对在职的工友也组织其进行新知识技能培训。工会制订了职工技能提升计划，设立"教育与培训基金"，成立技能发展中心和电脑培训中心。工会培训计划的内容包括基础教育技能训练以及工友发展和继续教育。新职总的这个理念得到了全社会的支持和工友的理解，对社会经济结构调整过程中的就业促进工作起到了积极的推动作用。

---

① 贺书奎、张喜亮，《新加坡劳动关系考察报告》，载于《天津市工会管理干部学院学报》，2003 年第 1 期。

2. 扶助消费

为了帮助困难工友渡过难关，也为了更多地吸引工友加入工会，新职总尝试开办消费合作社，即平价商店，以扶助他们生活。新职总并不直接投入人力和物力经营平价商店，而是委托专业人士实行连锁经营。平价商店采用了针对会员的折扣办法，其经营的商品价格，尤其是米面、调料、蔬菜等日用必需品都比其他商场便宜。平价商店就开设在大商场中，其一般商品的价格与其他商店的商品价格相当。会员持卡购物实行累计积分的办法，到年底可以获得相当比例的折扣。

平价商场并不是直接给会员兑现实惠，而是采取了一种鼓励会员在平价商店消费的办法，并以此吸引会员，使其成为平价商店的特定消费群体，由此保证了平价商店的稳定和发展。

消费合作社不仅遍及全国，而且还针对会员的不同要求，开设了一些健康娱乐设施和场所，其消费项目价格相对较低，对会员则实行年终折扣制度。这些设施和场所同样也对社会公众开放，吸引了一些中产阶级消费。

3. 人性关怀

在生活细节上，新职总也为工友做了大量服务工作，例如争取福利、便民服务等。除了协助低薪员工就业、扶助消费，新职总还为工友争取公积金、医药保健、培训和年假这四项基本福利，帮助他们了解缴交公积金的重要性。新职总秘书长林瑞生说："工运希望所有工友都受公积金安全网保护，没有公积金，工友就不能享有'三保'（即保健储蓄、健保双全和保健基金）；没有公积金，很多人就不能支付房屋贷款。"年长员工、被裁者、中小型企业员工和专业人士、经理、执行员和技师也是新职总帮助的对象。

2001 年 11 月 21 日，中国前全国政协主席李瑞环访问新加坡，他对新加坡基层组织多方面、多渠道解决居民生活中的实际困难，促进社会和谐与稳定表现出浓厚的兴趣。他对新职总开设的便民服务项目——学生托管中心非常赞赏。学生托管中心是新职总为解决双职工家庭就读中小学的子女无人照管问题而设立的，既解决了双职工的后顾之忧，又有利于孩子的身心健康成长。

（四）敏感问题的沟通

新加坡对公务员实行高薪制，特别是政府高级公务员的公开待遇，在世界上首屈一指，被称为"世界上最昂贵的政府"。根据不断发展变化的形势，面对企业界的激烈竞争和年青一代从政热情的低落，新加坡政府认为，现在已不是"高薪养廉"的时代了，而是进入了一个"高薪抢贤"的时代，因此已经有必要在原来基础上为高级公务员进一步提高薪水。但这是一个非常敏感的话题，国会中也有议员提出明确的反对意见，认为此举会使政府远离民心。

面对社会与部分工友的质疑，新职总秘书长林瑞生指出，政府提高部长与高级公务员的薪金以吸引及留住人才，其实对工友是有好处的。这些顶尖人才能更了解基层的需求，制定必要的政策协助基层，使劳、资、政三方能有效地配合。新加坡是世界上失业率最低的国家之一，很大一部分就是因为新加坡具有优秀的政治领导和高效率的公务员。他也指出，工友和工会领袖都意识到大家必须共同面向未来，迎接经济全球化的挑战，在这种情况之下，新加坡更加需要优秀的政治领导和高效率的公务员。

李显龙也指出，2006年特一级行政官的年薪是121万新元，这是参照2000年市场薪金的对照基点。而2005年的对照基点已达到220万新元，这个基点是根据2006年的报税资料计算的，所反映的是2005年的实际市场薪金水平。而企业界2005—2007年两年来的薪金还在继续上升。为此，有必要拉近行政官的实际年薪和市场薪金的对照基点之间的距离，使政府得以吸引及留住人才。

新加坡是一个内部竞争激烈的社会，按照一些国际组织的幸福指数调查，新加坡是全球幸福指数最低的国家之一。2022年6月黄循财刚刚被确定为总理接班人，上任副总理伊始就围绕经济、教育、医疗、家庭、环境及新加坡身份认同这六大支柱，提出"新加坡携手前进"运动，提出对新加坡未来的社会愿景：

"我希望看到的社会和体制，能让多数人受益，而不是只惠及少数；让拥有不同才华的人得到认可，而不是在传统意义上取得成功的那几人；重视每一名国人的特质和潜力，提供他们在人生中力求上进的机会。"还包括投资于学前教育，尤其是补助较低收入家庭的孩子，不分出身地帮助所有新加坡儿童充分发挥潜能。同时，将才能的定义扩大到学历以外……

从黄循财讲话显示，新加坡政府将与雇主和工会紧密合作，让雇主不再以学历作为聘请和擢升员工的唯一条件，而是注重员工的技能和实际工作表现。同时，完善新加坡终身学习制度，建成一个学习型的社会，帮助新加坡人不断提升素质，匹配更优质的工作。

三、基层社区治理

（一）公民咨询委员会与居民联络所

1. 公民咨询委员会

1965 年 3 月，新加坡首批 4 个公民资询委员会成立，到 1966 年，共有 51 个选区成立了公民咨询委员会。由于是以选区为基础设立的，因此随着选区的增减，公民咨询委员会的数量也有所变化，到 2002 年，公民咨询委员会总数达到 83 个。公民咨询委员会由总理公署统辖，通过 5 个专设的秘书处协调和管理。成立公民咨询委员会源于人民行动党的领袖们经常要到各选区进行活动，一些人民行动党的基层干部组织了欢迎委员会来负责接待工作，帮助党的议员接待群众。在新加坡，每一个选区设立一个公民咨询委员会，在选区里组织、领导和协调社区事务，还把居民的需要和问题反映给政府，也把政府的有关活动安排和政策信息传达给居民。公民咨询委员会还有一项重要职能就是募集社区基金，用于增进贫困和残障人士的福利、提供奖学金和援助其他社区项目。

公民咨询委员会的主要任务是听取选区民众的意见，并把这些意见整理后通过正式渠道反映给政府，同时调解选区内各种社会和生活矛盾，要向民众解释和传达政府的政策。公民咨询委员会不具有立法权力，因而也没有与此相适应的权威，但有提议权和调解权，由于和政府有着密切的关系，因此它的提议和调解都具有一定的权威性和约束力，是一种半政府半民间的基层组织。自成立以来，公民咨询委员会在协助政府推动全国性的社会运动和组织选区内的各种社会活动方面发挥着重要的作用。

公民咨询委员会是一个全国性的基层组织，它除了具有地方议会的一部分职能外，还具有政府的部分职能。委员会每月都要与本区议员举行一次讨论，研究政府有关本区的政策以及应该向政府提出的议案，向政府提交本区公益事业的预算报告；在本选区内配合政府发动和组织全国性的社会活动，协助政府做好选举工作。

2. 居民联络所

1960 年 7 月，政府组建了法定机构——人民协会，其目的是推动社区的发展，促进种族和谐与社会团结，加强公民和政府的一体感，贯彻政府的施政意图。其宗旨是协助政府、联合民众、克服各种困难，促进人民的和谐共处、社会的繁荣昌盛。如今人民协会已成为全国社会基层组织的总机构，人民协会的主要基层组织就是居民联络所。人民协会成立之初，首先接管了英国殖民政府留下来的 28 个居民联络所，然后又着手在全国各地建立同样性质的联络所。居民联络所是人民行动党上台后建立的第一种全国性的社会基层组织。

每个选区至少设立一个居民联络所管理委员会，代表人民协会行使建设和管理社区民众俱乐部的职权，组织举办诸如文化、教育、娱乐、体育、社交等各种公益活动，以增进社区和谐。同时，也在政府和民众之间起着沟通作用。到 2003 年，全国共有管委会 106 个。

到 20 世纪 60 年代，由于大多数联络所都是在很短的时间内建立起来的，设备很简单，康乐、教育、文化以及会议等其他活动的场所也十分简陋，尽管如此，在当时艰苦的社会条件下，联络所仍然深受民众的欢迎。当时广播、电视和报纸并没有像今天这样普及，小道消息和谣言更易流传，在这种状况下，居民联络所的作用就显得非常重要了。由于政府控制了网络全国的联络所，因此，它就成为向民众宣传解释政府政策、发布信息的主要场所。

现今看来，居民联络所不是某一级的政府或政治机构，只是一个社区的文娱交流中心。但在 20 世纪 60 年代其他交流渠道和基层组织都还欠缺的情形下，政府更多通过它来吸引民众、组织民众、教育民众和导向民众，以扩大人民行动党的社会基础。现在随着其他基层组织的建立，居民联络所的政治作用越来越小，但在活跃社区文娱活动上发挥的作用越来越大。

（二）新加坡的社区管理

新加坡 80% 以上的居民住宅属于政府组屋，若干组屋构成一个组屋区，多个组屋区划定为一个选区。由于城市化进程很快，从 20 世纪 60 年代启动工业化计划和组屋建设工程，到 70 年代后期，多数居民都住进了高楼大厦。在城市化进程中出现的剧烈的社会变迁，给社会管理组织提出了新的要求。

1. 政府的社区管理机制

新加坡政府很重视社区组织的管理，注意把握社区活动的方向。新加坡国家住宅发展局是负责实施政府建屋计划和统筹物业管理的职能部门。

在共管式公寓的共有所有权土地上，除建造住宅楼房外，必须留有不少于 40% 的土地用作花园、风景区以及其他娱乐健身设施，确保物业管理的规范化。此外，新加坡的许多公寓大楼底层不安排住户，而是用作社区内社会组织、幼儿园、教育中心及老年人的活动场所，有助于社区居民加强交流、增进了解。不仅如此，新建的住宅还在公寓内专门辟出邻里活动中心等公共空间，供家庭主妇和老年人等特殊群体共同活动使用。在新加坡，一个标准的社区有 8000 户左右的住家，社区内平均分布着 3 所小学、2 所中学、1 所示教场地、33 个综合游泳中心、1 个足球场、1 个社区花园和大量的商业设施。

新加坡国家住宅发展局聘有全日制的联络官员，负责与各居民委员会的沟通。同时国家住宅发展局还为居民委员会提供办公场所和设施，并通过一系列培训计划加强对社区、社团组织领导人的培训，用政府的要求来统一社区活动组织者的思想。

物业管理公司的物业管理执照需要每年审批核发，如果物业管理公司违反条例，将被吊销营业执照。物业管理从业人员也必须接受两年的房地产管理培训，并需通过专业考试才能上岗。除了发挥监督管理职能外，国家住宅发展局的另一项主要工作就是服务，制订长期的旧组屋翻新计划，改善人们的居住条件和居住环境，进一步提高居民对社区的认同。

对于业主，新加坡相关法律规定，每个业主都不得侵犯公共空间，私搭乱建将会受到严厉责罚。同时，对房屋内的装修新加坡法律也有很详细的规定，如常见的由装修引起楼下住户漏水等现象，当事人须负责赔偿他人损失，私下协调不能解决的就可以通过法律程序，上诉到法院解决。

2. 社区内部组织机构

在新加坡，主要社区组织机构有 3 个：居民顾问委员会、社区中心管理委员会和居民委员会。

居民顾问委员会地位最高，主要负责整个社区内的公共福利，协调另外两个委员会和其他社区内组织的工作。居民顾问委员会根据区内居民的要求与政府沟通，在涉及社区的重大问题时，如公共交通线路的设置与走向等，向政府提出建议，维护居民权益。

社区中心管理委员会负责社区中心运行并制订从计算机培训到幼儿体育活动的一系列计划，下设妇女委员会、青年委员会等组织，这些组织对社区内居民完全开放。每个新建住宅区必须在两年内成立社区中心管理委员会，由全体业主投票选出委员会成员。该委员会将代表全体业主管理社区，每年召开一次全体大会，讨论制定社区行为规则以及聘请物业管理公司等重要事务。物业管理公司只是被雇用的对象，一切依照合同办事。如果表现不好，社区中心管理委员会有权立即将其解聘。

居民委员会是社区的第二层次组织，它主要承担治安、环卫（专业工作由服务公司完成），组织本小区内的活动等，同时也为居民顾问委员会和社区中心管理委员会提供人力帮助并反馈信息。居民委员会还通过组织形式多样的活动来促进邻里和睦，这些活动包括：邻里守望、民防演练、家政课程、教育旅游、民众对话会、唱歌、社区联欢会等。这使居住在同一组屋区的居民彼此增进认识与了解，更好地理解和响应政府的政策措施。

3. 社区管理的内容与社区工作的公益性

社区管理主要有以下 5 方面内容：一是对区内大型公共设施的管理，包括现有设施的维护保养；二是新建设施的项目申请、规划美化公共居住环境，发动组织区内居民实施各种美化公共环境的活动；三是维护社区治安环境，如组织"邻里守望计划"等；四是开展社会公益活动，募集和设立基金，增进贫困人士、残障人士福利，为学生提供资助，组织社区交际项目；五是增强社区凝聚力，密切邻里关系，包括文娱活动、休闲旅游等。

在新加坡，社区中 3 个委员会的工作者承担的工作完全是义务的、公益性的，这样也节省了大量的费用。社区本身不具备法人资格，不为任何机构负担任何形式的经济职能，更不为其他机构代收任何形式的税费。社区活动经费主要有两大来源：一是政府补贴，二是社会募捐。在社区里开展所有的活动都是自愿性质的，包括社区的公共环境美化等也都是义务参加的。社区内各种名目繁多的组织，类聚了不同兴趣爱好和心理需求的人，形成了组织、参与和资助各种社区活动项目的群众基础。也正因为如此，社区管理是低成本的，除极少数的社区有受薪职工外，绝大多数社区工作者都是义工，社区的所有收支都公开透明，所有开支项目都是按市场化手段操作，按费用最节约化的宗旨运作。

第四节　营造花园城市生活环境

新加坡位于北纬 1°，属于热带海洋性气候，国土面积近 700 平方公里，常住人口 500 多万，相当于中国特大城市的人口规模，和中国许多热带城市有着相似的气候条件。1965 年，新加坡共和国建立，大规模的城市重建也就此开始。

一、立足有限的土地资源

（一）土地资源的管理

2001 年 6 月，为了有效落实政府的土地政策和土地发展计划，原新加坡土地局、新加坡土地注册局、土地测量局和土地系统支援组合并成立了新加坡土地管理局。

新成立的土地管理局没有改变新加坡的土地征用政策和法律，也不会拥有有关土地征用的额外权力，尤其是没有独立决定征用土地的权力。土地管理局不拥有政府土地，政府土地的所有权仍属于国家。新成立的土地管理局是政府的一站式土地行政管理局，代表政府对全国土地实行统一管理，负责制定和执行土地政策，处理土地划分、地契、土地征用、租约与空地管理等事项，以充分利用土地并为大众提供综合性土地行政服务和土地咨询服务。例如，土地管理局非常重视保护现有土地，打击非法占用土地和非法倾倒废物等行为，并专门委托私人产业公司负责日常的管理工作。每一地段也要在上报土地管理局审批后，才能发出地契给地主使用。

此外，土地管理局按照国家规划发展蓝图，拨出土地供住宅、教育、商业、社会和其他用途。总之，土地管理局以土地利用的公开、公正、高透明度和依法办事为准则，并超脱于各个业务部门，避免了多头管理的弊端。

在土地利用的审批过程中，新加坡政府力求简化高效，减少官僚作风。例如对建筑规划图的审批，程序简化后只需不到 30 分钟时间，而简化前则需要 3 天；在转租的审批中，简化前需 18 天，而简化后 80% 的转租只需自我申报，即使复杂的转租也只需 7 天；对于工业用地的申请，在简化前需 2~3 个月，而简化后只需 6 个星期。[1]

（二）合理利用有限的土地

第一，政府实行了强制性的土地征用政策，通过立法强行征用私人土地以扩大土地供给。由于土地资源极度缺乏，新加坡成了世界上为数不多的将住宅、商业和工业区用地全部纳入征地范围的国家。1965 年新加坡独立后，为了适应经济和社会发展的需要，通过强行征用的方法，从私人手中征用了大量土地作为建设用地，使国有土地占国土面积的比重上升到 80% 左右。

第二，发展高层组屋与公共建筑。组屋政策是新加坡前总理李光耀在 20 世纪 60 年代提出的"居者有其屋"计划，旨在"为所有新加坡人提供策划周详的组屋"。经过长久以来的发展，组屋政策取得了巨大成功。新加坡的组屋总量已达 80 多万套，超过了总户数，人均居住面积是中国香港的两倍，居亚洲之首。

然而由于一味地节约土地，楼房的间隔越来越小，不仅妨碍了居民的隐私权，还增加了环境噪声，于是，新加坡建屋发展局从 1999 年开始将新建的

---

① 柳岸林，《新加坡土地利用举措及其发展对策》，载于《国土资源导刊》，2005 年第 3 期。

组屋提高到 30 层。这不仅提高了土地利用率，而且还达到了社区楼房所要求的人口密度，提高了社区居民的居住面积和活动空间，使楼房的设计更加壮观幽雅，而节省的土地征用成本也相对弥补了楼房的建筑成本。高楼空气清新、噪声低、景观好、环境清幽，这种向空中发展兴建更高楼层的做法符合长期经济效益，也符合人们的生活需求。

此外，为了优化重要交通点附近的土地使用结构，新加坡还增加了靠近轨道交通车站的建筑高度，使更多的居民便于步行去轨道交通车站。

第三，填海造地，扩大土地面积。早在 19 世纪，新加坡便开始了填海造地。自 20 世纪 60 年代起，为满足人口增长和经济发展的需要，新加坡在沿海展开了符合国际法的填海计划。2002 年，新加坡又在柔佛海峡的德光岛和大士进行了大规模的填海工程。在过去几十年时间里，新加坡填海使其领土面积增加了 100 多平方公里，预计到 2010 年，新增国土面积将累计达到 160 平方公里。

二、花园城市的迭代升级

李光耀根据欧美国家在通向工业化发达国家的进程中解决城市问题的经验和教训，在新加坡建设的初期就开始引入"花园城市"的理念，并坚持不懈地予以实施，很好地处理了城市与自然相结合的问题，从而提高了新加坡的知名度，为其发展旅游业、广泛吸引外资、增加对外开放的实力，创造了良好的条件。新加坡通过花园城市的建设向世人展示了其热带城市的风采，形成了独特的城市风格，为居住在那里的人们提供了一个健康的、高品质的生活环境。

（一）"花园城市"由来

20 世纪 60 年代，政府提出绿化净化新加坡，大力种植行道树，建设公园，为市民提供开放空间。城市规划中专设有"绿色和蓝色规划"。该规划为确保在城市化进程飞速发展的条件下，新加坡仍拥有绿色和清洁的环境，充分利用水体和绿地提高新加坡人的生活质量。在规划和建设中更多地建造公园和开放空间；将各主要公园用绿色廊道相连；重视保护自然环境；充分利用海岸线并使岛内的水系适合休闲的需求。

20 世纪 70 年代，政府制订了道路绿化规划，加强环境绿化中的彩色植物的应用，强调特殊空间（灯柱、人行过街天桥、挡土墙等）的绿化，绿地中增加休闲娱乐设施，对新开发的区域植树造林，进行停车场绿化。新加坡城市建设的目标就是让人们在走出户外时，马上感到自己身处于一个花园式的城市之中。为此，新加坡政府制定了如下指标：在公寓型的房地产开发项目中，建筑用地应低于总用地的 40%；在每个房屋开发局建设的区域中应有一个 10 公顷的公园；在每个房屋开发局建设的楼房居住区，500 米范围内应有一个 1.5 公顷的公园；在房地产项目中每千人应有 0.4 公顷的开放空间。

20 世纪 80 年代，政府提出种植果树，增设专门的休闲设施，制订长期的战略规划，实现机械化操作和计算机化管理，引进更多色彩鲜艳、香气浓郁的植物种类。新加坡的城市建设在规划指导下快速发展，政府部门在着眼于未来的同时，意识到保护好宝贵的历史建筑和文化遗产的重要性，于是划定了需要保护的建筑和相关的区域，成立了国家保护局专门负责这方面工作。在这个蓬勃发展的城市是植物创造了凉爽遮阴的环境，弱化了钢筋混凝构架和玻璃幕墙僵硬的线条，增加了城市的色彩。

20 世纪 90 年代，政府提出建设生态平衡的公园，发展更多各种各样的主题公园，引入刺激性强的娱乐设施，建设连接各公园的廊道系统，加强人行道的遮阴树的种植，减少维护费用，增加机械化操作。

由于新加坡政府较早地认识到城市环境的重要性，园林不仅仅能创造"使房地产增值"的经济效益，更是国民综合素质和精神面貌的体现，从而使建设"花园城市"的运动深入人心，与广大民众达成共识。这一切都给新加坡"花园城市"的建设注入了活力。

（二）建设"花园城市"措施

一是在规划中注意城市各种功能的健全。比如对商业区、文化艺术区、校园区、山景区、生活休闲服务区、办公区、居民住宅区等，都统筹考虑、科学规划。

二是在规划中注意突出城市特色。由于各个城市的政治、经济、历史、文化以及自然地理等情况往往很不相同，因此城市的规划和建设不能采取整齐划一的模式，而必须突出各自的特色。新加坡在公共组屋计划、土地使用规划及全面陆路轨道的规划方面，在规划市区内的行政、历史性建筑物、广场、公园、林荫道、人行道，使城市发展成良好的社交活动场所，使行人容易通往公共场所等方面，取得了成功的经验。

三是通过城建规划主动积极地促进艺术、历史和文化的发展。新加坡参考学习巴塞罗那、格拉斯哥、布鲁塞尔等城市建设的经验，力求在创造财富的概念中也包括文化资本。牛车水区内一些有传统风格的建筑物，经过鉴定，改为艺术活动的场所，现已有 10 多个艺术团体把会所设在这一带。

四是注意充分利用土地。新加坡人口密度高达每平方公里 6000 人，所以城市建设必须特别讲求对土地的充分利用。市区重建局鼓励公共设施的共存共用，以充分利用土地。例如，将公交转换站、地铁站和商业设施综合规划在一座多种用途大厦。这种用地方式，也应用于民众俱乐部的建设上。

五是城市规划涵盖面广。尽管新加坡人口密度很大，但是坚持建设生态城市林荫道、街心公园，市内植树和绿地、盆栽花草的立体化，以及人造河流的建设等，都列入规划。在公共场所周围造成林荫环境，使之有怡人感；机动车停车场的四周种上树木以减少噪声的污染；在人造的新加坡河中引入海水。诸如此类的生态和环境措施综合发挥作用，使新加坡成为世界著名的花园城市。这对于那种认为人口多、土地少就不能建设生态城市的观点，是一个很有说服力的案例。

六是搬迁与城市和景区不相容的工业企业。政府以额外容积率为优惠，鼓励风景区的工业企业在最短的时间内搬迁，允许发展商在该地区修建为土地面积 1.62~1.99 倍的最高容积率。到 21 世纪初，93% 的原工业用地被改为住宅用地，更多的居民搬入这里的共管公寓。这项计划入选联合国人类拓展中心的"全球 100 杰出实践计划"的行列。

新加坡通过花园城市、旅游设施和卫生、环境、法制管理的一体化，形成了城市自身的特色。

三、优先发展城市公共交通

新加坡道路交通状况和土地利用是密切相关的。新加坡的交通系统不可避免地受到其狭小的国土面积的制约。虽然多年来填海造地使其国土总面积增加了 100 多平方公里，并有约 12% 国土面积用于交通，但土地使用的紧张状况却远远没有得到缓解。主要原因是在土地缓慢扩展的同时，人口、车辆、出行人数以及平均出行时间都有了显著的增加。其中车辆占有率从 1981 年的 15 人/辆增加到 2000 年的 9 人/辆，出行率从 1981 年 260 万人次/天增加到 2000 年 900 万人次/天，而同期的土地面积仅增加了 60 平方公里。[①]

（一）创新城市交通管理措施

为了限制私人小汽车的使用，解决道路拥挤和土地使用的紧张状况，新加坡在 1990 年 5 月引入了车辆配额系统，即通过限制车辆的年增长率和增加机动车辆拥有者的经济负担来控制车辆数量的长期增加，并促使民众出行更

---

① 柳岸林，《新加坡土地利用举措及其发展对策》，载于《国土资源导刊》，2005 年第 3 期。

多地选择公交系统。

1998 年 9 月，新加坡开始使用世界第一个城区电子道路收费系统（ERP），从而取代了 1975 年开始使用的人工收费系统，ERP 收费系统主要是通过额外收费，限制车辆在规定时段进入拥挤地区，防止交通堵塞。具体来说，当安装 ERP 计费系统的私人车辆在规定的时段进入中心商业区时，ERP 系统会在用户通过时根据车辆种类自动从安装在车内的现金卡中扣除应付的费用，这一费用根据道路的使用状况（拥挤程度和车流速度）的变化而动态变化，即 ERP 收费系统不但能自动识别车辆进行收费，而且能根据交通状况灵活修改收费率，从而有效控制城市拥挤地区和路段在高峰时期的交通量，达到了缓解交通堵塞的目的。到 2000 年，在新加坡的大约 70 万辆机动车中，约有 96% 的车辆已经安装了 ERP 计费系统。

（二）定位发展公共交通

新加坡的特殊地理条件决定了其不可能通过不断扩大国土面积来适应不断增长的交通需求，所以只有通过充分发挥现有土地交通资源的潜力，合理控制交通需求的增长，才有可能用有限的资源保证道路交通战略基本目标的实现。

新加坡立足现实条件，发展以公共交通为主导的交通系统，建立包括普通道路、城市快速路、地铁和轻轨等多种形式的完整有效的道路交通路网系统。新加坡公共交通系统主要由地铁、轻轨、公共汽车组成。以快速轨道交通为骨干、公共汽车为支撑、出租汽车为补充。地铁行驶于客流集中的交通走廊；轻轨是地铁网的支线；公共汽车则服务于中等客流的交通要道，承担区域内部和相邻区域间的近距离交通，各种交通方式之间优势互补。

新加坡在城市用地规划中优先考虑公交场站用地需求。通过建立大型交通转换枢纽，将公共交通与居民的工作、生活紧密连接在一起，使不同交通工具之间的换乘距离控制在合理的步行范围之内，在住户门口 400 米范围以内，设立公交车站，从而实现"门对门"和"无缝衔接"的交通服务目标，将私人汽车和公共交通的使用控制在一个理想的平衡状态。

新加坡的地铁换乘点绝大部分设置为同站台换乘；公共汽车站设有便捷通道，既方便市民出入地铁站、商场，还可以遮阳挡雨；在所有的交通枢纽处，都建立了"无障碍"设施，方便老年人和残疾人乘车；95% 以上的公交车上都安装有较宽的车门，设计有较低的底盘，乘客可以水平上下车，提高了上下车速度；所有的公交车站均设有可以防雨遮阳的廊道与居民住宅相连，公交站点间距保持在 450 米内，保证居民 5 分钟之内即可到达公交站台。

　　"使公共交通成为优选"是新加坡交通发展战略，在城市主要干道设置了公交专用道，在交通繁忙路段，公交专用道实施全天专用，其他路段实施分时专用；在公交专用道设置了一些隔离或警示标志设施，以减少转弯车辆对乘客上下车的影响；在公交车站前方车道上设置黄色禁停区域，为离站的公交车或驶入站台的公交车消除了障碍；在主要交叉口设置公交专用信号灯，保证公交车辆优先通过。

　　新加坡公共交通系统的突出之处在于人性化的细节考量，不断通过细节上的便利推动人们选择公共交通出行。市民凭借一张"易卡通"，通过交通转换站基本可以实现公交、地铁、轻轨之间的"零距离"换乘；在每个转换站都设有10条以上发往其他转换站的直达公交线路，满足居民跨区域出行需求。[①]

四、全方位的环境保护

　　新加坡是世界公认的以清洁优美的环境而闻名的"花园城市"，政府重视环保是新加坡步入可持续循环经济发展轨道的主要原因。新加坡政府提出"洁净的饮水、清新的空气、干净的土地、安全的食物、优美的居住环境和低传染病率"等环境目标，通过健全的法律、到位的管理和全民的宣传，对工业化的环境后遗症进行补救。

（一）建立全民环保意识

　　新加坡注重开展全民教育，坚持不断地向国民灌输环保意识和社会责任。1968年10月，新加坡政府展开了为期一个月的"保持新加坡清洁"的运动。1990年以来，新加坡每年都开展"清洁绿化周"活动，推动环保团体、学校和公司参与环境保护，鼓励每个人对环境负责。

　　新加坡政府把新生水厂、垃圾岛等环保工程作为环保教育基地，要求所有机构组织员工、所有学校组织学生进行参观，接受教育。新加坡环境局还推行了一项贴近民生的环保再循环措施：居民可用旧衣物、旧报纸等物品在社区换取米、盐、糖、罐头食品等日常用品。该活动受到广大居民的普遍欢迎。

　　在新加坡的公共汽车上到处可以看到"乱扔垃圾，罚款1000新元"的告示。乱扔烟头、随地吐痰、攀折花木、破坏草坪、驾驶冒黑烟车辆等违规者都会收到一张罚单，如果不按时交罚款就会受到法院传讯。此外，违规者还

---

①　益文，《完美的新加坡公交》，载于《城市公共交通》，2020年第7期，第85页。

会被有关部门召去充当反面教员，穿上标志垃圾虫的服装当众扫街，以示警惩。

环境保护成为新加坡人的共同理念，政府的危机感变成了全民的忧患意识。在各个领域、各个行业的建设和发展中，首先考虑的是环境保护，并且从长计议。大力度的环境保护使新加坡的经济发展进入了可持续发展的良性循环轨道，新加坡发展成为一个美丽清洁的岛国，闻名于世。

（二）控制工业污染

20 世纪 60 年代开始，新加坡制定了环境条例以控制工业污染。从 1980 年起，发电厂、炼油厂等主要空气污染源只准使用硫黄含量不超过 2% 的液态油；在空气中散布污染物的工业企业必须安装特别设备，以确保释放出来的气体符合国家标准。

（三）全民水源

新加坡实行"全民水源"政策，并出台"四大水喉"计划，即天然降水、进口水、新生水和淡化海水，通过该计划的实施来保证符合环保标准的高质量生活用水和工业用水。

新加坡降水量大，每年约降水 2350 mm。通过集水区将雨水收集流入蓄水池，再输送到水厂进行处理后进入供水管网系统。在利用天然降水方面，新加坡将一半土地用作集水区。目前新加坡的蓄水池已达到 14 个，集水区范围增至全国土地面积的 2/3。

"新生水"的开发和利用是新加坡缓解水资源紧缺的主要措施。新加坡的新生水厂建设由政府出资，进行项目建设招标，在新生水工程建设中，涉及6 个污水处理厂、130 多个泵站和 48 公里长的深邃阴沟系统，参与整个工程建设的公司达 600 多家，是典型的政府组织企业参与的系统工程。新生水的生产采用逆渗薄膜和超声波两种先进技术，每天共生产新生水 26 万立方米，占新加坡全国总需水量的 15%。新生水各项指标都优于使用的自来水，清洁度至少比世界卫生组织规定的国际饮用水标准高出 50 倍，售价比自来水便宜至少 10%。新生水的广泛应用，既减少了水量消耗，又降低了水价成本。

海水淡化是新加坡解决水资源不足的又一有效办法。但海水淡化厂开发成本高，建成后利润微薄，企业难于承担项目建设和运营。为此，新加坡政府不惜动用 2 亿新元储备金，与新加坡私人公司凯发集团合作建设新泉海水淡化厂。政府与凯发集团签署 20 年承包合同，由政府全额出资，凯发集团负责建设和经营。该项目已于 2005 年建成投产。

（四）强调城市固体垃圾处理

高效的固体垃圾处理系统有助于新加坡把海岸线的污染降到最低。新加坡环境局管理的四座垃圾焚化厂在 2006 年共处理垃圾 228 万吨。耗资 1.8 亿新元修建的吉宝西格斯大士垃圾焚化发电厂将于 2009 年年初启用，是新加坡国家环境局首个国家与私人合作的垃圾处理项目。其设计、建造、管理和经营都交由吉宝组合工程集团旗下的吉宝西格斯环境科技公司负责。在这个合作项目下，公司为国家提供 25 年的垃圾焚化服务，合同金额 5 亿新元。这个项目采用了先进的焚化技术，每天可处理垃圾 800 吨，垃圾焚化时产生的热气将被回收并转换成能源，供应焚化发电厂所需电力，剩余的电力供应给新能源电网。

位于新加坡南部的实马高岛，是垃圾焚烧埋置场，俗称垃圾岛，按照环境局的要求，当一个区的垃圾填到一定高度时，就在上面铺沙种草，栽种植物。垃圾岛阳光充沛、海水清澈，拥有大片绿林空地，吸引了不少的动物栖息和生长。新加坡环境局计划投资 17 万新元，在岛上修建凉亭、告示牌和防护栏，欢迎人们到岛上旅游休闲。

（五）重视发展清洁能源

新加坡政府看好清洁能源这个新兴领域的增长潜能，将加大在此领域的投入，推动新加坡发展成为环球清洁能源枢纽。新加坡政府的目标是自 2007 年开始投入 3.5 亿新元，让清洁能源领域在 2015 年为新加坡带来 17 亿元的增值，同时创造 7000 个就业机会。

经济发展局同时成立清洁能源计划办事处（Clean Energy Programme Office，简称 CEPO）来推动及协调这个领域的研究与试验项目。办事处隶属新组成的清洁能源执行委员会，由经济发展局和建设局共同领导。办事处的主要任务包括吸引更多科研人员、制造商和外国企业在本国设立区域总部，并且加强本国从业者的竞争力，以及为刚起步的公司创造有利环境等。

经济发展局近年来在清洁能源领域已取得相当的进展。其中一些项目包括劳斯莱斯（Rolls Royce）投下 1 亿新元在新加坡研发燃料电池（Fuel Cell）；欧洲最大的太阳能公司康能集团（Conergy）、新加坡企业太阳能电力（Solar Energy Power）都选择在新加坡设立亚洲总部；澳大利亚天然燃油公司（Natural Fuel）投资 2 亿新元，在裕廊岛兴建世界最大的生物柴油（Biodiesel）制造厂；丹麦风力轮机制造商维斯塔斯（Vestas Wind Systems）也在这里设立研发中心，聘请多达 150 名负责研发的工程师等。

经济发展局主席林祥源认为，随着人们对能源需求的不断增加，加上关注气候变化及科技发展一日千里，全球对清洁能源的需求将非常强劲，因此研究、创新及创业理事会决定重点发展这个领域正是时候，新加坡希望能为全世界提供清洁能源产品及解决方案。

五、持续更新规划体系

建设"花园城市"需要合理的城市规划，最基础的规划是城市发展长期规划，也被称为概念规划（Concept Plan），用于为新加坡未来50年的开发建设提供指导，是新加坡发展和城市结构的基础纲领。在概念性规划之下有行程总体规划（Master Plan）和开发指导规划（Development Guide Plan）两个层次。

（一）概念性规划

概念性规划在1971年被首次制订，以后每十年进行检讨与更新，以及时适应国家发展趋势并响应未来需求。2022年之后新加坡开始实施第六次长期规划编制。概念性规划体现在形态结构、空间布局和基础设施体系，起示意性作用，并不是详细的土地利用区划，不足以指导具体的开发活动，不是法定规划。

1967—1971年期间，新加坡编制了第一个概念规划，被称为环状发展方案（Ring Plan），定位新加坡为国际性的经济、金融、商业和旅游中心；沿着快速交通走廊（大容量快速交通体系和高速公路），形成兼有居住和轻型工业的新镇（new towns），市中心的人口和产业将疏散到这些新镇；一般工业集中在西部的裕廊工业区；国际机场位于本岛的东端。基本上造就了新加坡现今的格局。

1991年重新编制概规，确立2000、2010、X年发展目标，人口达400万。全岛共建四个中心区，在交通节点和地区中心周围发展由科学园区（science parks）和商务园区（business parks）构成的高科技走廊（high-technology corridors），提升居住环境品质，提供更多的低层和多层住宅，并将更多的绿地和水体融入城市空间体系。与我们现在看到的景象基本一致。

2001年重新编制了概规，规划550万人口，定位为具有三个特色的世界级城市：动态、与众不同、令人愉悦。2006年修编了概规，人口指标提升到650万。

（二）总体规划

总体规划规定土地使用的管制措施，包括用途区划和开发强度，以及基础设施和其他公共建设的预留用地。

2008 年的总规主要包括四个基本原则：一是让新加坡的住房选择更加多样化和多区域化；二是加强新加坡的商务吸引力，在中央港湾区打造金融中心，提供更多的商业机会；三是打造不夜城，创造全天候 24 小时的休闲娱乐活动，提供多样化的活动场所；四是使新加坡成为一个值得珍惜的，具备安全保障又让人有认同感的家园。

（三）开发指导规划

开发指导规划简称 DGP，主要出现在 80 年代之后，编制、修改、审批程序与总规相同，大部分由 URA 全面协调，少量地区可以由规划事务所编制，再上呈 URA 审批。DGP 将新加坡划为 5 个规划区域（DGP Regions），再细分为 55 个规划分区（Planning Areas）。到 1997 年年底才完成了每个分区的开发指导规划，取代 1985 年总体规划的相应部分。分区的 DGP 类似详规，以土地使用和交通规划为核心，根据概念规划的原则和政策，针对分区的特定发展条件，制定用途区划、交通组织、环境改善、步行和开敞空间体系、历史保护和旧区改造等方面的开发指导细则。DGP 的应用主要就是为了涵盖总规和其他非法定的地区规划的所有内容，便于灵活地进行修编调整。

在 DGP 的基础上，URA 进行土地销售与开发控制。开发控制的内容包括：开发类型定义、授权豁免规划审批、颁发规划许可、征收开发费、强制征地（1965 年立国之后，为了发展，新加坡一度把 80% 的国土强征为国有，然后再慢慢开发）、公众参与上诉。新加坡的规划职能（包括发展规划和开发控制）归属中央政府，地区政府不作为规划当局。镇议会（Town council）不具备规划职能。①

六、新加坡"宜居度框架"

基于地域空间规模和人口聚集程度，新加坡人口规模大体与我国地级市规模相当，幅员面积仅与我国县域面积相当。新加坡宜居城市中心也从五十多年的城市建设成功经验中总结归纳形成了城市"宜居度框架"理论体系。他们从"高质量的生活""有竞争力的经济""可持续发展的环境"三个目标

---

① 李韶鉴，《论新加坡城市规划经验对我国国土空间规划工作可借鉴性》，《新加坡研究（2019）》，社会科学文献出版社，2020，第 136 页。

维度定义了"城市宜居成果"。①

为了实现"城市宜居成果"，新加坡在推进城市化建立了两大支撑系统：一是完善综合规划与发展的制度（Intergrated Master Planning）；二是拥有动态城市治理（Dynamic Urban Governance）措施，在此两个主题之下又各有 5 项具体原则。这套基于成功经验的理论总结与"城市宜居成果"，共同构成了"宜居度框架"。

"宜居度框架"围绕"高质量的生活""有竞争力的经济""可持续发展的环境"三个目标维度定义了"城市宜居成果"，并设定了"综合总体规划与发展"和"动态城市治理"两大支撑系统：

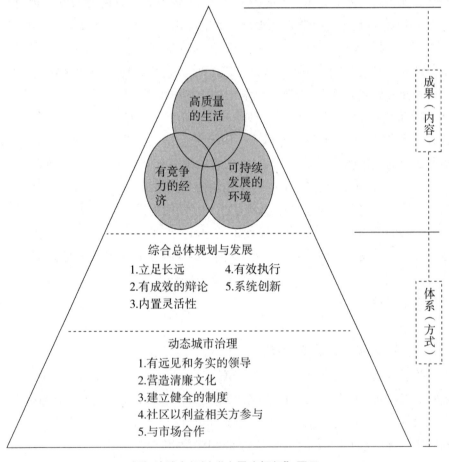

新加坡城市规划"宜居度框架"图示

---

① 中国国务院发展研究中心与新加坡国家发展部（宜居城市中心）联合课题组，《城市发展的挑战与改革：中国与新加坡的治理经验》，中国发展出版社，2017，第 31 页。

支撑系统一：综合总体规划与发展。一是立足长远的战略眼光；二是有成效的辩论；三是规划要内置灵活性；四是规划需要得到有效执行；五是具有系统创新能力。

支撑系统二：动态城市治理。一是有远见和务实的领导；二是营造清廉文化；三是建立健全的制度；四是社区以利益相关方参与；五是与市场合作。①

---

① 新加坡宜居城市中心、中国城市科学研究会智慧城市联合实验室，《宜居及可持续发展的城市：新加坡》，中国建筑工业出版社，2018，第17页。

第四章

多维平衡大国力量，争取有利形势

新加坡周围都是一些相对较为强大的国家，新加坡无法通过武力来解决同它们之间发生的问题。1965 年，新加坡从马来西亚分离出来之后，便不得不设法对付内忧外患、动荡不安的局势。新加坡建国初期，几乎没有武装部队可用，但是还必须全力对付与印尼的"对抗"、同马来西亚反复出现的紧张关系以及政治不稳定和贸易缩减使其经济遭受的损失。

当时，英国和柬埔寨与新加坡关系友好，西哈努克亲王曾答应李光耀，一旦新加坡被马来西亚武装部队占领，就可以在柬埔寨设立流亡政府。回顾艰难的建国经历，新加坡外交成就来之不易，足以自豪；面对未来，新加坡外交官们仍然充满危机感。

新加坡外交部第二常任秘书毕拉哈里·考斯甘（Bilahari Kausikan）总结新加坡成功的生存经验，其外交政策的核心原则有三：第一，加强新加坡和全球经济的联系，推进国际化合作；第二，新加坡和企业界以不同的方式协力合作，并通过国内和国际政策的结合，发挥和扩大新加坡影响力；第三，使大国在本区域和国际影响力维持势力均衡。

新加坡险恶的生存环境和走向独立的风风雨雨，使新加坡在外交政策上格外谨慎；独立多年来成功在钢丝上行走的经历，使新加坡外交官们有了更多自信；同时，新加坡政府也意识到必须教育国民，今日的和谐国际生存环境并不是自然而然到来的，和谐与繁荣的局面和国家自豪感来源于连续四十多年锲而不舍投入的勇气、智慧和汗水。

第一节　生于忧患的小小岛国

一、严峻环境和生存危机

新加坡位于马来半岛以南，北隔着柔佛海峡与马来西亚相对，西边透过马六甲海峡相隔，而与印尼的苏门答腊岛相对。由于地处海峡咽喉，战略地位十分重要，有"东方直布罗陀"的称号，成为兵家必争之地。

1819 年新加坡开始接受英国的殖民管理。1941 年日本发动太平洋战争，席卷大部分东南亚地区，新加坡原以为有英国的保护，应当可以抵挡日军的攻势。但是同样受英国保护的马来西亚在不到 2 个月的时间里即被攻陷，新加坡也在 1942 年 2 月 15 日被攻占，英军毫无招架之力，白人战无不胜的神话被摧毁了。李光耀对此印象非常深刻，他看到英国人没有保护东南亚，而是为自保仓促撤退。这使李光耀认识到国土的维护不能寄希望于别人，国家的安全防卫必须靠自己。为了警醒国人，新加坡将每年 2 月 15 日定为全面防卫日，通过举办各种活动来强化国民忧患意识。

新加坡自 1965 年独立以后就一直为其国家安全而努力。独立初期国内与周边环境都相当险恶，当时的新加坡可谓内外交困，国内反对派活动频繁，并拥有相当的群众基础；外有马来西亚、印尼两个相邻国家的敌视。李光耀必须面对各方面的挑战，其中除了要发展经济之外，更要确保新加坡的国防安全。

独特的地理和人文环境使新加坡具有很强的防患意识。国家安全不只意味着保卫主权和领土，也包括保护贸易联系和生存与发展的权利，新加坡把国家安全放在一个非常重要的位置上。新加坡地处马来西亚和印尼两个大国之间，虽然新加坡经济发展水平处于领先地位，但是国力仍无法与两大邻国抗衡。另外，由于地处东南亚伊斯兰教国家之间，自身也是多元种族多元宗教的国家，因此，新加坡政府处理邻国外交与种族问题都十分谨慎，以免在本区域内被指责和攻击。尽管新加坡标榜不结盟，但仍加入了英联邦，争取更多的国际同盟。英联邦是一个较松散的会议性组织，对成员国没有什么约束力。更重要的是它不是一种外交上或军事上的结盟，因此新加坡加入英联邦与它的不结盟政策并无矛盾。新加坡自喻小鱼，相信小鱼游在鱼群里便不容易成为大鱼袭击的目标。因此，新加坡积极开展国防外交，建立对外军事合作关系，参与国际军事组织以促进安全。

第一个组织是五国联防组织。五国联防组织包括英国、澳大利亚、新西兰、马来西亚和新加坡，成立于 1971 年，是新加坡加入的第一个军事防务系统，而且这是新加坡一直坚决拥护的防务系统。

第二个组织是东盟。东盟成立之初是为了促进区域内各地区的经济交流，由于柬埔寨问题的爆发和美国在东南亚军事力量的减弱，以及东盟成员内部了解和信任的加强，东盟的区域防务意识和新加坡对东盟的依靠意识也越来越强。20 世纪 80 年代以来，东盟在新加坡国防外交中的地位和作用有了很大提高，新加坡与马来西亚、印尼和菲律宾的军事合作进展尤其迅速。新加坡的陆军可以在马来西亚和印尼进行联合训练。新加坡空军有一个联队常驻菲律宾，利用苏比克军事基地同菲律宾空军一起训练。1989 年，新加坡还分别与马来西亚、印尼达成协议，定期举行双边陆军演习。新加坡与邻国的军事合作既加强了区域防务力量，又促进了国家间关系的发展。

第三个组织是联合国。同中国一样，新加坡认为联合国越来越成为发展中国家伸张正义的讲坛，其所扮演的维护世界和平与秩序的角色也越来越重要。只有世界和平有了保障，新加坡的安全才有了基本前提。

人民行动党深刻认识到国家虽小，但不能无国防。要保证新加坡不受别国侵犯，并在瞬息万变的世界中生存下去，除有繁荣的经济和明智的外交政策外，还必须有一支训练装备良好的国防力量，而外交政策必须与国防建设并驾齐驱。新加坡的军事力量必须使敌人知道它要付出的代价，正如新加坡原外长拉贾拉南所说："如果我想插手进去，我将会失去手指。"政府积极致力于军队建设，20 世纪 90 年代，新加坡海陆空三军总兵力约为 55000 人，此外还具有一定数量的准军事力量，包括约 12000 名警察和廓尔喀部队以及约 10 万人的全民保卫队。①

二、新加坡外交战略

新加坡国民以华人为主，邻国马来西亚和印尼国民大都信仰伊斯兰教、民族意识极强，国际纠纷时有发生。同时，新加坡又扼马六甲海峡咽喉，战略地位十分重要。特殊的人文地理环境使新加坡具有很强的危机意识和安全意识，对险恶的生存环境和两个近邻充满警惕和戒备。

在国际舞台上，李光耀运筹帷幄，否定了小国无外交的说法。实际上，

① 魏炜，《论新加坡现实主义外交的特点》，载于《青年史苑》。

新加坡今天在国际上享有的地位及影响力，远超过其地域或国力。在近半个世纪的政治生涯中，李光耀在大国之间穿梭自如，与它们建立不亢不卑的特殊关系，并赢得国际的尊重。他经常从战略的高度，为大国分析时局，阐述各自的利害关系，从而为新加坡这个小国拓宽外交空间。

新加坡虽是小国，但李光耀这位小国领袖对时局的精辟分析，赢得许多大国领袖的认可，并将他的直率批评视为净言。因此，在李光耀的领导下，新加坡扮演的中转站角色，不仅是在经济层面，也表现在外交领域。

（一）国家安全战略的核心：势力均衡

新加坡的主要外交观念是势力平衡政策。这种观念源于这样一种认识：处在东西方世界性对抗这样一种战略位置上的小国，要避免被敌对势力碾得粉碎。确保这点的唯一途径是，既要使自己变得对大多数敌对势力是必不可少的，又要避免同任何一方的关系过于密切。

20 世纪 70 年代，面对美苏两个超级大国的争霸，李光耀说，"对于小国来说，现在的问题已不是如何避免被吸收入两个大国的相互争衡的阵营，而是如何使各大国在达成彼此妥协时能意识到它们的利益。"他认为，新加坡的安全不能完全寄希望于邻国的友善，同时，单靠自身的有限力量建设国防也是不够的。必须借大国的力量，在东南亚地区以及太平洋和印度洋维持几个大国的多极存在，保持势力均衡，使新加坡在国际关系格局中获得最大的回旋余地。拉贾拉南曾说，"在存在许多太阳的情况下，每个太阳的引力作用被削弱。而且，通过对这种引力作用所产生的拉力与反拉力的巧妙利用，小行星可以获得最大的运行自由。"李显龙这样讲："势力平衡政策……取决于该地区几个大国的竞争实力，而不取决于把国家的命运同某个盛气凌人的伙伴国联系起来。大国之间可能会互相制约，而且不愿让任何一国统治整个地区，从而使小国得以在各大国之间的势力真空中生存下去。"

要采用这种战略是很困难的，因为它会使该国遭到所有其他国家的怨恨。但新加坡已为此做好了充分的准备：新加坡的贸易一直是多向的，避免依赖于单一的贸易伙伴。执政的人民行动党有关取得国内政治统治地位的战略，也是在实行政治势力的平衡。当然，只有在任何势力都不占有太大的优势时，这项战略才得以成功地实施。如果某一势力占有绝对优势，那么最好的选择就是审时度势、见机行事。

美国是新加坡推行均衡战略的最重要的国家之一。当美国陷入 20 世纪越南战争的泥潭时，尼克松上台了，此时饱受烦扰的东南亚国家纷纷打出"摆脱美国"的旗号，而李光耀及其治理的新加坡却没有加入这股政治潮流中。

李光耀认为美国撤出东南亚，并不能使东南亚出现和平稳定的局面，相反，第二次世界大战后亚洲的和平是靠美国的军事力量维持的。如果没有美国军事力量在亚洲，那么，亚洲内部潜在的各种争端的火种都会爆发出来。新加坡不仅要求美军留驻东南亚，同时自身也积极行动——新加坡与美国经常举行联合军事演习，并为美国空军和海军提供飞机与军舰维修站，美国还可使用新加坡的军事设施。1992年，新加坡与美国签署军事协定，同意驻菲律宾苏比克海军基地的部分美军进驻新加坡。很显然，这种不顾马来西亚和印尼反对的行动说明了新加坡对亚洲和本岛安全的危机感及对美国势力的倚重。

在20世纪90年代之前，苏联是新加坡实施均衡战略的另一个主要环节。尽管新加坡对苏联的扩张怀有戒心，但由于经济利益和均衡战略，新加坡又希望苏联眷顾东南亚。苏联是较早与新加坡建立外交关系的国家之一，1968年两国正式建交。在柬埔寨问题出现之前，新加坡对苏联力量的渗入提供了许多便利。拉贾拉南在20世纪70年代初就表示愿意看到苏联海军出现在新加坡，新加坡可以为它们提供燃料和仓库设施。但是1978年苏越结盟后，尤其是苏联对越南入侵柬埔寨的支持，使新加坡政府感到苏联对东南亚和平稳定将构成严重威胁，东南亚的均势将有可能被打破。这时的新加坡开始强烈反对苏联的东南亚政策。

在新加坡对亚太局势的分析中，从20世纪70年代开始，中国就是有助于亚洲和平与稳定的一个因素，因而也是均衡战略中的一环。由于特殊的国情，新加坡并不急于与中国建立外交关系，实际上新加坡成为最后一个对华建交的东盟国家，目的就是让它的邻国放心新加坡不是"第三中国"。但新加坡始终承认中国是亚太大国，中国将对东南亚局势产生重大影响。20世纪70年代初，日本和欧共体的成长，中苏关系的恶化以及尼克松访华，使新加坡相信中美苏之间，一个新的三角均势已经形成，这无疑有利于新加坡生存环境的和平。李光耀说："各强国正在摆脱冷战的两极结盟，而走向富有伸缩性的平衡共存的境地。20世纪80年代以来，新加坡一直保持着和中国的密切经济关系，反对任何阻挠中国发展的行为，包括人权外交。"这容易使人们产生新加坡政界有"中国情结"的印象，但是新加坡在外交上与中国一直保持着一定的距离。

苏联解体后，日本是新加坡均衡战略框架的一个新因素，而且其作用正在逐步加强。新加坡希望用美—中—日"小三角"取代过去的美—中—苏"大三角"，认为这是亚洲继续稳定的新均衡格局，符合美国利益，也符合亚洲其他国家的利益。新加坡也支持日本自卫队参加联合国的维和行动，因为这有助于扩大日本的影响。但是新加坡同样认为第二次世界大战后日本缺乏反省态度，而且可以迅速成为一个军事大国。针对近几年美日的矛盾冲突和日本民族主义势力膨胀，新加坡呼吁必须确保美日同盟，认为只要日本在亚太军事力量的方程式中是美国的伙伴，日本发挥的作用就是积极的，亚洲国家可以安心。否则，力量平衡就会出现新的变化，这种新形势将导致更多的变化无常和危险的事情。

尽管与美国有摩擦，但实际上新加坡的均衡战略明显倾向美国，新加坡认为"美国就像一条友善的大鱼，能防止其他大鱼来这里闹事"。新加坡根据不同时期的国际政治形势，立足本国实际，制定合理的外交战略和政策，使自己在艰难的生存环境中取得成功。

（二）国家安全战略的辅助：经济融合

从生存和发展考虑，只能依赖于发展经济，以商机保持吸引力，才能使尽可能多的国家对新加坡保持兴趣。新加坡认为在外交上"别的国家是很少会挺身前来援助一些与他们毫无利害关系的国家的"。

高度的外向型的经济状况使新加坡的经济战略与外交战略紧密地结合在一起，经济外交在新加坡外交中占据着重要地位，这是新加坡外交的一大特点。1980 年，当时的新加坡外交部长丹那巴南说："新加坡的外交政策与她的经济利益非常密切。越来越多的外交事务涉及经济活动。"他指出，挑选外交官时最好有经济学背景，如不具备，至少有能力去学习新加坡与别国经济关系的基本知识。

到了 20 世纪 80 年代初，世界资本主义经济衰退，对新加坡经济产生了直接的不利影响，加上国内劳动成本的提高，使经济增长放慢，1985 年还出现了负增长。为了摆脱逆境，1986 年 4 月，新加坡贸易发展局开始实施全球性贸易战略，扩展现有的国际市场，开拓中国、印度、北非、东欧和加拿大市场，向已有的市场输出新产品，向发达国家出口时装、家具、食品、珠宝、工业机械，向发展中国家输出服务业。新加坡的经济外交包括促进贸易和促进投资两方面。新加坡以贸易立国，是世界上少数几个贸易总额大于国内生产总值的国家之一。到 1991 年，其贸易总额已经达到 2972.2 亿新元，为国内生产总值的 3.3 倍。

进入 20 世纪 90 年代，新加坡经济在经过多年高速增长后，国内市场趋于饱和，需要寻求新的市场。在这一形势下，新加坡政府于 1991 年提出了"经济区域化"的战略方针。其目标一方面是通过扩大同周围亚洲国家的贸易确保新的出口市场，另一方面是把国内的剩余资金投向亚洲地区，使海外投资的收益成为将来新加坡经济发展的一个支柱。1992 年，李光耀进一步发展"区域化"战略，提出新加坡经济应有"两只翅膀"的概念，一只是国内经济，另一只是海外经济。新加坡设想用 20 年左右的时间使其在国外发展起来的经济规模达到相当于国内生产总值的 25 %~30% 的水平。在 1993 年年初，吴作栋说："今天我们若不加强与经济持续高速增长的周围亚洲地区的经济交流，我们将失去绝好的机遇。"

日本一直是新加坡发展经济的榜样和追赶的目标。日本为新加坡提供了大量资金，是当前新加坡主要的投资者和贸易伙伴国之一。尽管李光耀表示《旧金山和约》对第二次世界大战时期日军一切暴行完全不予追究并不代表新加坡的意向，但从国家利益的现实出发，新加坡的工业化需要日本人的参与。在 20 世纪 60 年代，新加坡的多家企业均有日本人的参与；到了 20 世纪 70 年代，东南亚地区已成为日本销售商品、输出资本和取得资源的重要地区，而新加坡的投资环境、自由贸易等又在东南亚处于领先地位，因此，新日关系也是新加坡对外关系的重点，维持良好的经济关系是必然趋势。1982 年，新加坡几大报纸曾连续谴责日本文部省篡改历史教科书，而新加坡政府对这一事件未做正式反应，主要原因就是不愿破坏经济上的合作关系。

新加坡的对外经济关系是其整个对外关系的基础，经济关系的亲疏程度往往与外交战略格局中的地位轻重成正比。东盟和中国是新加坡未来的腹地，美国是最大的市场和投资国，同时又是唯一的超级大国，所以美国、东盟、中国都是新加坡外交的重要因素。同时，与欧盟的关系却因经贸比重下降而淡化。

三、新加坡国防战略

新加坡在建国之初，首任国防部长吴庆瑞等开国一代军队将领研究国情后，认为新加坡无法实行职业军队制度，而应该实行国民兵役制度——新加坡实行了强制的国民兵役制，男子年满 18 岁一律应服兵役，服役期为 2 年至 2 年半，服役之后仍要征召服预备役，一直到 40 岁，专业及军官甚至达到 50 岁。小国寡民的新加坡武装部队仅有 7.25 万人，却有预备役 25 万人，准军事部队 10.8 万人。国防开支预算为 100.5 亿新元（2006 年）。

现在新加坡的 5 万陆军已经全面机械化、高度机动性，拥有 M1 坦克、BIONIX 陆战车，是亚洲最有条件落实"决战境外"的军种；拥有 F-16C/D、空中加油机和 E-2C "鹰眼"预警机的强大空军；拥有自制世界一流的"坚韧"级登陆舰、购入"拉法叶"舰与潜水艇的海军，军事实力傲视东南亚；

新加坡国防工业局是世界十大军工企业之一，生产世界射程最远的加农炮，改装与提升战机火力。

比小而强的部队更具威力的是超越"全民皆兵"的"全面防卫"。新加坡笃信孟子"无敌国外患者，国恒亡"的古训，深恐新一代的年轻人认为独步亚洲的繁荣与安定是理所当然，所以新加坡领导人长期以来向朝野灌输忧患意识，告诫全民居安思危，要随时随地准备好奋起保家卫国。

（一）以质取胜的国防装备

新加坡生产世界第一远程的火炮，空军预警能力群冠东南亚，自选设计建造的"坚韧"级登陆艇堪称世界一流，军力令人惊叹。在火炮、坦克登陆舰、飞机改良方面的技术储备、经验、水平都达到了世界领先级别。早在1967年，新加坡就创立了新加坡国防工业局（SDI），到2007年，已经发展到拥有44家子公司，并且名列世界军火企业前十强中，其产品的50%供出口。

SDI最得意的产品首推火炮。其生产的FH88B155mm加农炮迄今为止依然保留了"世界第一远射程"的纪录，并且不断改进，发展出FH2000，进而开发出供FH88/2000系列加农炮使用的激光制导炮弹，使它成为射程最远而且打击精度最高的火炮。新加坡海军包括6艘600吨位配备"鱼叉"反舰导弹的"胜利"级导弹护卫艇、6艘300吨级"海狼"导弹快艇、13艘两栖登陆艇。其中包括自选建造的8000千吨级"坚韧"级坦克登陆舰，在自动化技术、船体设计、火力等方面堪称世界一流，登陆作战能力惊人，是新加坡国防工业的骄傲。

就新加坡国家规模而言，其国防建设成就突出。新加坡在东盟成员中不断创造出"第一"的纪录：新加坡第一个拥有E-2C空中预警机；1988年第一个购入了当时非常先进的F-16A/B型战斗机，后来则拥有了最先进的F-16C/D型战斗机；1996年，它继印尼之后成为东盟又一个拥有潜水艇的成员。

新加坡国防预算过去若干年来一直占GDP的5%~6%、政府预算的34%左右，高于西方"普通国家"占GDP3%~4%的平均标准的国防预算。新加坡武装部队组建于1965年，建军节为7月1日。总统为三军统帅。实行义务兵役制，服役期2~3年。现役部队总兵力为7.25万，其中陆军5万人，编为3个混合师（各辖2个步兵旅、1个机械化旅、1个侦察营、1个炮兵营、1个高炮营、1个工程兵营）、1个快速反应师（辖3个步兵旅）、1个机械化旅。海军0.9万人、空军1.35万人。装备各种舰只35艘，各型飞机210余架。另有预备役 25 万人，准军事部队 10.8 万人。国防开支预算为 100.5 亿新元。[①]"麻雀虽小，五脏俱全"，这是新加坡军队的特征。由于国土狭窄，新加坡陆军是真正贯彻"境外决战"的军种，因此拥有很高的机动性。

新加坡同欧盟、美国、俄罗斯都维持着全方位的国防合作关系，这样新加坡可以多方获取武器和技术。其陆军就装备了 160 套从俄罗斯进口的最先进的 SA-18 肩扛式的对空导弹。在改良军事技术方面，新加坡采取了类似于以色列的方法。

（二）整合国防力量

新加坡武装部队的概念是三合一，即整合了海、陆、空三军力量和资源。不管是一架战机、一艘战舰、一辆坦克还是一名军士，都是在统一系统下作战，其最终目的是以小规模的军队打出辉煌的战绩。

新加坡海军肩负两个任务：一是保卫新加坡的领海，二是确保新加坡海运交通安全。新加坡的海军舰队由两支作战纵队、一支运输供应纵队和一支潜水艇中队组成。潜水艇中队拥有 4 艘潜水艇，所有船员都在瑞典受训。两支作战纵队共有 25 艘导弹快艇、导弹炮艇、驱潜巡逻艇、登陆舰。此外，新加坡的海岸司拥有 2 个中队、6 艘巡逻艇、4 艘猎雷舰和 1 艘潜艇支援船，以便与新加坡海警、海港局、海事局合作，清除海域中的任何威胁和海盗侵袭。

新加坡陆军拥有 3 个混合兵种师、1 个快速反应师（辖 3 个步兵旅）、1 个机械化旅、2 个人民卫国军、2 个陆军行动战备师，以及若干非师级单位，例如炮兵单位、装甲旅、突击营、工兵单位、后勤单位和讯号营。陆军的调动及组织都采用混合兵种师的概念。每个师都拥有步兵和其他武装单位包括装甲、炮兵、工兵等部队，以便军队能独立行军。陆军也拥有新加坡自制的最新型陆战车及改良的 M-113 装甲运兵车，这使人员在调动过程中也有还击的火力，保证调兵遣将的顺畅。如果再配合海军和空军的掩护，陆军的战术就更加灵活了。

新加坡很注重与邻国进行联合军事演习：一方面吸收他国长处；另一方面促进双边关系，减少互相猜疑。这些国家包括泰国、马来西亚、印尼和澳大利亚，森林作战在文莱进行，而炮兵训练则在新西兰。如此不但解决了因新加坡本土狭小产生的局限问题，也比较出本国的军力水平。

新加坡重视军备的运输及情报的收集工作，在这些方面不断改进。新加坡空军担负起预警重任，同时也必须扮演支援海军和陆军的角色。新加坡拥

---

① 《新加坡国防力量》，载于《亚洲周刊》，2000 年第 31 期。

有 E-2C"鹰眼"侦察机和空中雷达系统；除了 F-16A/B，空军的主力是 18
架 F-16C/D，还有 3 个电子操纵的 F-5S/T 战斗机队、3 个 T/A4-SU 超鹰机
队，所有这些飞机都具有多种作战功能。此外，新加坡还拥有地对空防御武
器：改良的"飞鹰"导弹，射程 40 公里；"长剑"、"依各拉"、RBS-70 等短
程导弹。同时新加坡也在研究无人驾驶飞机的战术。新加坡空军总长黄德兴
少将说，新加坡是小国，必须以科技弥补人力的不足。[①]

同样，新加坡国内没有空军训练的空间。现有的两个战斗分遣部队、一
个运输分遣部队和一个直升机分遣部队都在美国受训。另外，新加坡空军也
在法国、澳大利亚和文莱接受训练，而无人驾驶飞机分遣部队部署在南非，
短期集训有时则会安排到泰国和印尼。

（三）组建"第四军种"

2012 年新加坡就在各军种中组建"C4 及情报部队"，主要负责本军种和
作战领域的网络信息安全。2017 年，新加坡在国防部框架下成立国防网络局，
负责统一领导、分配军内网络信息资源，协调军地网络安全合作事宜。2020
年，新加坡组建综合安全网络指挥部，推动情报、网络、通信、电子战和心
理战"多域整合"，但在 2021 年进行军力评估时，新加坡国防部认为整合效
果不明显，特别是参谋机关的工作模式无法满足部队日益增长的网络战需求。

2022 年年初，新加坡国防部决定把相关部队整合为"第四军种"，并结
合该类型部队技术特点，专设首席数字官。2022 年 10 月新加坡正式组建国防
数字防卫与情报部队，这是继陆、海、空军部队后组建的"第四军种"，新加
坡军事力量结构调整转型，全新塑造网络部队。

该部队整合了新加坡武装部队现有指挥、控制、通信、计算机、情报和
网络能力，并广泛吸收来自民间的网络和电子战相关力量，设 1 个军种总部，
下设 C4（指挥、控制、通信、计算机）工作处、情报司、网络参谋处、人才
处、策划处、作战处、训练处、后勤处和督察局，最高指挥官为准将军衔。
首席数字官为业务最高咨询长官。

国防数字防卫与情报部队下辖 5 支军级建制兵种部队，分别为情报战部
队、C4 与网络战部队、数字防卫部队、数字与情报训练部队，以及数字行动
科技基地。

数字与情报训练部队和数字行动科技基地，为非作战部队。前者负责本
军种情报和网络领域基础和专项培训，未来可能吸纳多所军事院校和研究机

---

① 劳伦斯·克罗瑟，《重新审视新加坡经济》，东南亚研究所，1987，第 32 页。

构；后者主要开展大数据、人工智能等技术研究，是"新加坡数字核心技术的重要孵化基地"。

组建国防数字防卫与情报部队运作模式不同于陆、海、空军部队，将结合网络领域相关技术特点组织训练和作战，同时将情报、通信、网络、电子和心理领域的相关力量聚合起来，提升新加坡在新领域的军事行动能力。

（四）"毒虾"理论与全面防卫

冷战后，新加坡提出了"毒虾"理论，即新加坡应成为能产生剧毒的"小虾"，有极强的威慑力，既能与"鱼群"共存，又不会被"大鱼"吞掉。据此，新加坡提出了"总体安全思想"，实行"全民防卫"和"加强国防外交"的国防政策，并制定了"总体安全"的战略，实行"全民防卫"和"国防外交"的政策。同时，与美国签署了"谅解备忘录"，允许美国使用新加坡的空军和海军设施。在美军使用新加坡的基地后，新加坡仍强调要建立独立自卫体系，并不断大规模增加军费，1990—1997年，新加坡平均每年军费以两位数增长率增长，1995年其军费达到当年GDP的5%，在东盟成员中位居第一。

新加坡的全面防卫是1984年由当时的国防部长吴作栋提出的，其目的是适应现代化战争的要求，军民团结、倾其国力保卫新加坡。全面防卫有五项内容：心理防卫，要求国民全心全意捍卫新加坡，并对国防要有信心；社会防卫，强调境内不分种族、语言、宗教，国民能共同和睦相处，一起工作、玩乐和生活；经济防卫，确保战争期间与国家面临威胁时，经济能照常运作，日常生活尽可能保持正常；民事防卫，使国民训练有素，在紧急状况下能发挥组织应变能力；军事防卫，使新加坡武装部队保持战力及随时备战，以维持和平安定。

心理防卫是要求人民全心全意捍卫新加坡，对自己国家国防要有信心。如果不是出自爱国心，不是出自内心地去保卫国家，只靠精锐的武器和尖端科技，一有挫折就会被击垮。而爱国心靠的是长期培养和潜移默化，因此新加坡政府投入很大精力，除政府经常加强宣传之外，也有计划地开展了大量国民国防教育活动。

社会防卫是由于新加坡社会的多元化，要把不同种族的国民团结在一起，需要共同的价值观和国家认同。新加坡政府自始就灌输人民危机意识，要认识到新加坡的历史发展以及所处的周边环境，要居安思危，决不容许有所松懈。在这种环境中，新加坡全国形成一种特殊的团结意识，具有强烈的危机感。每年2月15日是全面防卫日，由国防部长领导带动，各机关配合推行，新闻部及艺术部参与设计标语海报，各大媒体也配合报道，全民动员参与。教育部、新闻部及艺术部在课程纲要、节日、国庆日等灌输思想，民间团体、企业机构也各表演节目。《海峡时报》甚至出版全面防卫的半月刊（后来改成季刊），通过猜奖游戏、画报、歌谣和时事报道来激昂士气，鼓舞国民的防卫意识。此外，各种机构还安排学生组队参观军队操练、军事演习，鼓励引吭高歌、敬爱国旗等。民间组织嘉年华，学校举办展览、猜谜以及与国防相关的竞赛等各种活动，使全面防卫的观念深入人心。当然，这些群众性工作也少不了一直都在进行基层工作的人民协会，通过社区活动，潜移默化地影响，使国民认识到全面防卫的需要和重要。

经济防卫的目的是在确保国家面临战争威胁或战争期间，国民经济仍能正常运行，使民众的日常生活尽可能维持正常。新加坡的人民行动党深知经济攸关国家全方位的发展，所以在建国伊始就确定了发展方向，以吸引外资、运用人力，来弥补资源不足与土地狭小的缺憾。新加坡展现在世人面前的是经济繁荣，但支撑和保卫这个繁荣景象的却是隐身于后、灵敏应变、伺机而动的国民防卫。

民事防卫在于拥有的民防卫队足以拯救灾难、应付紧急事故，而军事防卫拥有海陆空三军和30万可随时调动的国民服役军。新加坡的国民服役军，并不逊于武装部队的正规军。新加坡建国初期局势动荡，刚起步的经济也无力支付庞大的军事开销，只有通过国民服役，以小规模军队来维持一定的防卫力量，如今国民服役军也成为新加坡安全保障之一。新加坡法律规定所有成年男性都必须完成服役，这成为全面防卫的一环——保卫国家靠自己，不求助于他人；即使经济负担得起，也不能用外国雇佣兵。

军事防卫尽管排在全面防卫的最后，但武装力量是新加坡保卫国家的震慑力量。新加坡武装部队的成立和国民服役的实施是历史因素促成的：当年新加坡脱离马来西亚而取得独立时，并没有想过自身的保卫问题，因此所有原来联邦军队都并入马来西亚的部队，自己只剩下1000名左右的军人，海军只有几艘巡逻艇，空军只有一架飞机。当时百废待举，新加坡政府并没有财力成立正规的军队。面对这样的险峻形势，新加坡政府通过征召人民服役、抓紧时间建军，成立了武装部队。现今新加坡可以动员30万的国民服役军作战，军事实力笑傲东南亚。

并没有一个行政机构来统辖全面防卫，而是依靠新加坡政府定下的防卫五大原则，除了军事防卫属于国防部、民事防卫属于内政部，其余的不限任何部门，所有工作共同策划、个别推行。所以，全面防卫没有统帅，也没有组织架构，但政府却能很好地掌控军事。

新加坡的高工作效率被一些人归功于其面积狭小，但这实际上有赖于高效率的行政运行机制。新加坡政府机构各部门职责明确、协调畅通、人员交叉使用。全面防卫的概念落实就显现出这个机制的灵活性。以人民协会为例，目前关键岗位都由高层兼职，其主席就是新加坡总理，而执行理事长是总理新闻秘书，这样就减少了上下沟通的层次，也减少了工作信息在传达中的遗失。

没有特设行政机构反而使牵一发而动全身的全面防卫推行得很顺畅，快速地涵盖全国、渗透全民。新加坡知道保护经济成果的重要性，因此举国上下时刻不忘保家卫国。曾任副总理兼国防部长的陈庆炎博士一再强调，新加坡国防的两大方针是尽量加强与周边区域或更远国家的对话、合作和互相信赖，以及强化新加坡的全面防卫。新加坡武装部队通过与邻近国家的联系，建立了新加坡对外和谐与谅解，但在新的时代环境中，要应付不同的挑战，除了武装部队继续维持传统的作战实力，全民防卫的五大原则必须被贯彻。"保卫新加坡"是新加坡的国防训言。政府在军备上精益求精，而国民也理解支持，并引以为荣，自发行动。全民防卫就这样发挥着重要作用。新加坡的全民防卫并不是一项口号，也没有统帅，更没有组织架构，完全是融合在新加坡的行政运转机制当中。

第二节　东盟的实际话事人

新加坡在与东盟长期互动的过程中，发挥了在东盟内部"实际话事人"的作用，占据着实际上的引领地位。新加坡实际话事人地位，包含三个层面，一是在政治和安全议题上，新加坡经常发挥着平衡和协调作用；二是在经济和发展议题上，新加坡有能力发起倡议并在实际上起到主导作用；三是在对外交往上，新加坡的活跃度足够，起到了广泛地联络和沟通作用。

一、致力东盟睦邻友好

新加坡是一个以华族为主体的国家，与中国有着密切的历史渊源和血缘关系，深受中国文化的影响。新加坡独立时，其两大邻国马来西亚、印尼正实行敌视中国的政策，视新加坡为中国在东南亚的特洛伊木马，对新加坡深存戒备和敌意。可以说，独立初期，新加坡和马来西亚及印尼处于紧张与对抗的状态中。

新加坡重视睦邻友好，强调自己的生存和发展与东南亚地区的形势密切相关。其外交政策中对大国的政策往往是出于和邻国关系的种种考虑，或是受到与邻国关系的制约。李光耀很明确地认识到："当你谈到外交政策时，你其实是在谈你的邻国。除非你是一个强国，一个洲际强国，像俄、美、中。"

为了不使邻国感到不安，新加坡对发展与中国关系一直持谨慎态度。马来西亚和印尼由于信仰和种族方面的原因，对以华族为主体的新加坡一直心怀忌惮，怀疑新加坡与中国有某种关联，所以，新加坡在中国重新返回联合国后就立即宣布，与中国的关系如何发展，必须与东盟成员讨论和磋商，必须与其他成员采取一致行动，中新建交将在其他成员与中国建交之后进行。几十年来，尽管中新贸易关系不断发展，双方的领导互访日渐频繁，在任总理期间李光耀也曾五次访华，但新加坡信守诺言，直到 1991 年 8 月中国与印尼复交后，新加坡才于当年 10 月同中国建交。

新加坡的睦邻政策主要是针对东盟成员，尤其是马来西亚和印尼。新加坡建国之初，这两大邻国都持敌对态度。内忧与外患交困，新加坡外交就像行走在钢丝绳上。但是，正如以色列不能完全孤立于伊斯兰世界，新加坡也无法割裂它与马来西亚、印尼的联系。1965 年 11 月 17 日，当时的外交部长拉贾拉南在国会说："我们外交政策中最重要的方面就是与马来西亚的关系。宪法状况是一回事，历史、地理、经济和位置现实又是一回事。……马来西亚的生存和发展，对于新加坡的生存息息相关。"这种分析也可延伸到新加坡与印尼的关系。因此，新加坡从 20 世纪 60 年代末就开始改善与马来西亚、印尼的关系。自 70 年代新加坡与马来西亚、印尼关系正常化后，关系日益亲密，即使在出现分歧时也能通过对话取得谅解。如在地区安全问题上，马来西亚和印尼都主张中立化，而新加坡主张美国势力的继续存在。1989 年新加坡政府提出愿意为美国提供军事设施后，曾引起马来西亚和印尼的反对，但经过几次会谈后，马来西亚和印尼都表示不再反对；新加坡为了照顾与邻国关系也表示不为美军另设基地，只提供设施。

新加坡与菲律宾、泰国和文莱也保持着长期的友好关系。李光耀是在科·阿基诺上台后最早访问菲律宾的东盟国家首脑，也是美国多边援菲计划的积极支持者。新泰关系在柬埔寨问题中经受了考验，新加坡自始至终是泰国对越问题的坚定的同盟者。泰国在新加坡的东盟贸易伙伴中的地位仅次于马来西亚。新加坡与文莱的关系胜过东盟其他国家与文莱的关系，两国从 1967 年起实现了两国货币以同等币值的自由流通；新加坡是文莱政府治国的榜样，新加坡政府则非常乐于传授成功经验。对新加坡来说，与菲、泰、文三国的关系要比与印尼、马来西亚的关系单纯得多，新加坡可以借这些关系来缓冲自己与印尼、马来西亚之间随时可能有的不愉快；同时也可借这些关系加强在东盟中的影响力。

新加坡的睦邻政策可以说是成功的。新加坡常以"以色列"自喻，但其周边关系却与以色列完全不同，这与新加坡政府积极推行睦邻政策有很大关系。

二、在马来海洋中生存

新加坡与马来西亚相隔一条 1400 米宽的柔佛海峡，两国在地理、历史、血缘等方面都有十分密切的联系。马来西亚是新加坡的大邻国，人口众多、资源丰富、市场广阔；新加坡一直是马来西亚转口贸易中心，双方经贸联系密切，历史悠久。新加坡发展和加强与马来西亚经济合作的主要途径是加强同马来西亚的贸易关系，积极发展双边贸易。20 世纪 60 年代到 80 年代中期，马来西亚是新加坡最大的出口市场。新加坡对马来西亚的出口额占其对外出口总额的比重 1960 年为 26.7%，1970 年为 21.1%，1984 年为 15.1%；同一时期，马来西亚是新加坡仅次于日本的进口市场，新加坡从马来西亚的进口额占其进口总额的比重 1960 年为 25.8%，1970 年为 17.4%，1984 年为 14%。1999 年新加坡对马来西亚出口额占其出口总额的 16.6%，仅次于对美国的19.2%；同年新加坡从马来西亚进口占其进口总额的 15.6%，仅次于日本的16.6%。[①] 新马贸易关系密切，马来西亚一直是新加坡重要的进出口市场。

由于地缘因素，新加坡与马来西亚的合作领域广泛。新加坡与马来西亚成立依士干达经济特区，推动经济发展。马来西亚希望新加坡中华总商会等商会组织，加强对依士干达经济特区实地考察，让更多新加坡商界人士认识经济特区。为了促进这个经济特区的发展，马来西亚检讨了现行通关政策与移民条例，简化通关手续，让新加坡人更容易入境。

时至 21 世纪第 3 个 10 年，除了经贸领域，新加坡在处置涉及国内马来群众受到周边极端恐怖主义思想影响的一些问题上，仍然小心翼翼。处理好这种问题对新加坡来说不仅仅是内政需要，也会非常敏感地影响到新加坡与周边伊斯兰国家的关系。

新加坡反恐工作持续面临的挑战。中东局势长时间不稳定对东南亚地区

---

① 齐欢、杜涛，《复苏中的印尼经济》，载于《东南亚信息》，2000 年第 4 期。

带来的深远影响。以色列与巴勒斯坦的冲突、叙利亚内战、2011 年的"阿拉伯之春"，中东地区年轻人处于一种不知所措的状态。失业率居高不下，这些庞大的年轻人口容易受到极端主义宣传的影响。另外，新加坡周边印尼、马来西亚的一些年轻人觉得激进和排外意识形态具有吸引力，2021 年一项针对 2300 名印度尼西亚高中生的调查，25% 的学生认为以宗教名义进行的自杀式炸弹袭击属于"圣战"；2018 年在雅加达进行的调查则发现近六成居民不能容忍其他宗教；2020 年的一项调查也发现，有三分之一的马来西亚公民认为，宗教经典应该是所有政策和法律的基础。

针对新加坡岛内受极端思想影响的年轻人，2002 年新加坡政府成立的宗教改造小组和跨机构援助小组，来帮助激进分子重新融入社会。同时坚决禁止持有极端思想倾向的外国穆斯林学者入境，传播被曲解的教义和恐怖主义思想。

回祈团是卡伊达组织在东南亚的附属组织，10 多年前被雅加达南区地方法院下令解散。威查延托曾是 2002 年巴厘岛恐怖爆炸案的主策划人之一，该次爆炸造成 200 多人死亡。新加坡 2001 年开始发现被定性为恐怖组织的回教祈祷团活动。新加坡刚发现回祈团组织时，面临的重大挑战是怎么应对激进分子，以及如何防止其他人被激进化。2022 年时任新加坡内政部长尚穆根说，"一些国家对此放任不管，而另一些国家仅仅是将他们关押起来。但事后看，这两种处理方式都没有成效。"新加坡政府的处理方式是成立宗教改造小组和跨机构援助小组，并引入社区伙伴帮助改造这些激进分子，包括为曾经或正在激进化的人提供宗教咨询，以及为这些人的家属提供帮助与支持。宗教改造小组由资深回教学者组成，他们可以权威地向被扣押者说明为什么他们对回教的理解有偏差，而政府不可能做到这一点。因为若是政府人员来跟被扣押者谈教义，会被认为是不具可信度的。跨机构援助小组为被扣押者家属提供经济和就业援助，让被扣押者没有后顾之忧集中精力接受改造。随着人们对宗教的理解不断发展，社区义工也要以正确的方式引导各社群，在履行各自教义的同时对其他宗教抱持宽容心态。

三、精妙的外交制衡

新加坡历来都是重要的转口贸易中心，印尼是其重要的贸易对象之一。作为新加坡的邻国，印尼人口众多、资源丰富、市场广阔，是新加坡发展经济所必需的重要资源供应地和贸易市场。为了利用印尼的市场和资源，新加坡应重视与印尼建立友好关系。

新加坡加强同印尼的经济联系和经济合作的途径之一是加强同印尼的贸易关系，积极发展双边贸易。随着新加坡与印尼贸易的恢复和发展，双方贸易关系不断加强，相互之间已成为重要的贸易伙伴。途径之二是扩大对印尼的投资，加强新印经济技术合作。新印经济关系是一个逐渐发展与深化的过程，新加坡对印尼的投资和经济技术合作进入20世纪90年代以后迅速发展。据印尼投资统筹委员会的资料，1967—1999年印尼吸引外资累计达536.4亿美元，新加坡是印尼第三大投资来源国，仅次于日本和英国。①

1997年金融危机爆发，新加坡受金融危机的影响较小，而印尼是遭受打击最严重的国家之一。印尼经济陷入崩溃状况，债务沉重。据统计，截至1999年10月，印尼外债累积达1468.7亿美元。同时受金融危机和印尼国内政局的影响，印尼国内华人资金大量流失，据估算达800亿美元。印尼经济恢复困难重重。为了帮助印尼恢复经济，新加坡通过国际货币基金组织拨款50亿美元援助印尼，并宣布为印尼提供30亿美元的贸易担保计划。

与印尼的经济技术合作的典型是新加坡总理吴作栋提出的"新加坡—柔佛—廖内成长三角"即"新柔廖成长三角"。这一构想的主要内容是以发达的新加坡经济为主导力量，以新加坡的资本、技术和先进的管理经验，利用柔佛与廖内的土地、资源和劳动力，促进该地区的经济发展。

新廖合作已成为这一成长三角发展最快的一边，其合作重点是开发廖内群岛中最大的巴淡岛和民丹岛。1990年8月，新加坡与印尼两国在巴淡岛签署了《廖内省发展架构合作协议》，两国还联合组成了一个开发廖内省的部长级委员会。1992年4月18日，新加坡总理吴作栋和印尼总统苏哈托亲自为巴淡工业园主持开幕典礼。同年两国签署了联合开发民丹岛的长期合作计划《民丹联合开发计划协议》。新加坡在巴淡岛和民丹岛的投资发展战略是筑巢引凤，由新加坡实力雄厚的国有企业打头阵，在巴淡岛和民丹岛从事基础设施方面的投资，营造一个良好的投资环境，然后吸引本国民营企业和国际企业前来投资。为了推行这种战略，促进廖内经济发展，在廖内大力发展制造业。新加坡政府自1990年以来投入了大量资金，建设巴淡工业园和民丹工业园，取得了重大的成绩。

四、向海外发展遇到的新问题

臣那越集团（Shin Corp）是泰国最大的电讯集团，泰国前总理他信家族

---

① 刘少华，《新加坡对华政策的演变》，载于《湘潭大学社会科学学报》2001年第6期。

拥有臣那越集团 49.6% 的股份。臣那越集团旗下共有逾 20 家子公司，涉及业务涵盖了卫星、网际网络、无线通信及媒体领域。该集团持有亿旺（Advanced）资讯服务的 43% 股权，以及当地最顶尖的移动电话公司臣那越集团卫星的 51% 股权，此外该集团还持有泰国排名前三的最受欢迎的电视台 ITV 的 53% 股权。

淡马锡控股与他信的子女达成了股权收购协议，2006 年 1 月，他信的子女在免税情况下以约 19 亿美元的价格将所持有的臣那越集团的 49.6% 股份转让新加坡淡马锡控股。到 2006 年 3 月 14 日，淡马锡完成了对臣那越集团 96.12% 股份的收购，总金额达 38 亿美元，却引起轩然大波，淡马锡的扩张之路受挫。

针对臣那越收购事件的争议，新加坡总理李显龙 2006 年 4 月 3 日表示，淡马锡控股公司在收购泰国最大的电信商——臣那越集团之前，已经充分考虑了各种风险。在被问及淡马锡控股公司的投资是否考虑政治风险时，李显龙表示："淡马锡控股公司有一整套的风险管理机制来指导其投资。这套机制涵盖了各种类型的风险，包括市场风险、信用风险、监管风险、运营风险和政治风险。"李显龙说，与多数专业投资者一样，淡马锡控股将充分评估上述风险之后利用投资机会，前提是预期投资回报与所要承担的风险相契合，并能达到特定的投资目标，这些准则在对泰国臣那越集团的投资中也被纳入了考虑。

李显龙说："正如我们在国会已经说明的那样，政府无意对淡马锡公司自己的投资行为说三道四，也不会为淡马锡自己的风险评估承担责任，这完全是该公司自己的商业投资决定。"他表示，新加坡政府在淡马锡控股公司的角色只是"股东"，目的是确保"淡马锡公司董事会完全胜任职责、引导投资方向，规范一个明晰的投资程序，投资决策清晰、严格"。新加坡政府将收购臣那越集团股份事宜看成一个纯粹的商业交易，李显龙的言辞也表明，新加坡政府无意干预淡马锡控股的商业决策。

在实施向海外发展战略过程中，淡马锡控股之所以愿意投资臣那越集团，是因为看好其投资价值。淡马锡控股对本区域及电信行业的前景非常看好，而臣那越集团是泰国电信市场最重要的主体之一，管理团队也非常优秀。淡马锡控股公司在回应新加坡《海峡时报》时称，淡马锡与各关联公司都是以严格的商业主体独立运营的。它们由各自的董事会和管理团队做出投资、商业和运营决策，股东不会干预这些活动。淡马锡还指出，自己旗下 68% 的下属公司董事会都有独立董事，即使在淡马锡公司本身，新加坡财政部也仅指派了一名独立董事。

实际上，由于淡马锡控股是新加坡财政部直接控股的国有投资公司，它与政府的关系是难以回避的，特别是当它的某些海外投资陷入某些政治僵局时尤为引人关注。

泰国政府称无意指控新加坡淡马锡控股，即使淡马锡收购臣那越集团的行动触犯了泰国的外国股权限制条例——泰国法律规定，外国投资者在泰国电信公司所持股份不得超过49%。

泰国政府表示将设法以两全其美之策解决这个问题，一方面照顾到泰国外国投资法的信誉，一方面也让淡马锡在本区域的最大投资项目大致上保持完整。这就要求淡马锡必须设法使其所持股份减少到符合法定水平。但泰国政府不会采取法律行动，淡马锡也不会失去其电信业的特许经营权。

随着淡马锡越来越多地将其资产投入海外市场，它所面临的风险就不仅限于在泰国引发风波，它还必须直面许多国家对不同行业的监管要求。淡马锡收购臣那越集团的行动，给新加坡海外发展战略蒙上了一层阴影，给新加坡下一步的海外投资策略深层次的启发。

第三节　与世界大国的博弈

李光耀的国际观，也是以务实为核心。对他而言，没有人亏欠我们，要生存与发展，我们就必须对其他国家有价值。另一方面，小国要避免沦为附庸国，就不能依靠大国的恩赐，而是确保大国之间的势力均衡。因此，他大力主张美国在本区域维持军事力量，并认为这是区域稳定的基石。与此同时，他也积极鼓励中国以和平的姿态崛起，在本区域扮演积极的角色。

当美国一度失去了菲律宾的军事基地，新加坡让美军使用它的军事设施，以确保美国在本区域的军事承担。当中国在借鉴外国的经济发展经验时，新加坡推展了新中苏州工业园区项目，从而提升两国的双边关系。小国能够在大国战略竞争的夹缝中游刃自如，展现了李光耀敏锐的战略思维。

一、寻求超级大国安全保障

20世纪六七十年代，东南亚局势动荡。新加坡靠自身弱小的力量无法确保国家安全，寄希望于睦邻友好以获得邻国永久的善意，但这种想法不能立足。因此，新加坡希望借助区域外的力量保障本区域稳定及本国安全。新加坡极力推行势力均衡地区安全战略，希望在东南亚乃至太平洋和印度洋维持大国的多极存在，大国之间互相牵制，使自己这样的小国免受地区强国的控制并在大国制衡的空隙中生存。

新加坡在实施均势战略时，其在外交上的一个重要策略就是把大国的利益与新加坡的利益捆绑在一起，影响大国做出对其有利的决策，借助大国自身利益的需要来支持小国的生存。作为国际自由港，在新加坡投资的国家越多，新加坡能够调动起来帮助自己抵抗威胁的国家就越多。

1965 年新加坡独立时，依靠英国保障国家安全。作为大英帝国的原殖民地，新加坡和英联邦国家一样，与英国有着许多固有的联系，所以当时并不赞成美国在东南亚的军事存在。

1971 年当英国准备从新加坡撤军时，新加坡面对日益动荡的东南亚局势，以及苏联势力在东南亚的扩张，不得不考虑美国在其安全战略中的地位，因此新加坡又把美国看作太平洋地区处于支配地位的力量和安全保障。

2003 年 5 月 6 日，新加坡与美国正式签署了双边自由贸易协定，这是美国同亚洲国家签署的第一个自贸协定。新加坡之所以能在亚洲国家中率先与美国签署自由贸易协定，除了经济发展水平外，更重要的是它一直紧随美国的国际战略，全力支持美国势力在亚洲尤其是在东南亚地区的存在。近 40 年的交往中，新加坡与美国在价值观念、政治制度方面有过争执和冲突，但是新加坡在安全方面对美国的支持和依赖却是明确而坚定的。

美国前国防部长柯恩曾说，美国与新加坡拥有共同的战略前景，这可以用四个 P 字来表示：伙伴（Partnership）、军队的驻留（Presence）、和平（Peace）与繁荣（Prosperity）。

二、积极发展与发达国家的经贸往来

新加坡以外向型经济立国，对外贸易和利用外资在国民经济中举足轻重，所以新加坡非常注重发展对外经济关系，其中与美国的经济关系是最重要的。

从 20 世纪 80 年代末至今，美国一直是新加坡最大的投资者和贸易伙伴。在新加坡直接投资的各个国家中，美国的投资回报率最高，这吸引了众多的美国公司到新加坡投资——美国公司是新加坡最多、最成功的外国公司，美国人成了新加坡最大的外国人社群，2000 年前后，新加坡有 1300 家美国公司和 1.5 万美国侨民。美国还是新加坡最大的出口市场，对美出口占新加坡出口总额的 14.8%。新美贸易和投资是互相的，新加坡是美国第 11 大贸易伙伴，也是亚洲地区第 2 大对美投资国，总计达 65 亿美元，仅次于日本。从 20

世纪 70 年代中期开始，新美双边贸易年均增长 12%。美国经济对新加坡经济的影响是巨大的，美国高科技泡沫破裂就曾直接打击了新加坡电子产品的出口，致使新加坡经济增长连年减速，即"美国打一个喷嚏，新加坡就要生一场感冒"。

2003 年签署的新美自贸协定对新加坡意义重大。新加坡贸易谈判代表许通美认为，协定使新加坡的出口市场更有保障、出口条件更优惠、吸引外国投资更有优势、可持续发展空间进一步扩大。据估计，协定生效后，新加坡经济增长率将提升 0.5 个百分点，增加 5 万个工作机会，每年为本国出口商节省约 3 亿新元关税成本。协定也为美国公司扩展在新加坡的业务提供了条件，并为美国与东盟国家达成自贸协定提供了范本。

三、从媒体到外交的价值观博弈

在安全和经济上对美国的倚重，并没有使新加坡在政治上完全依附于美国。尽管新加坡被宣扬为自由资本主义的成功典范，但在政治制度和价值观念方面与西方国家有很大的不同。

亚洲价值观是新加坡经过其施政经验总结出来的文化取向，用李光耀先生的话概括其基本内涵就是"社会第一，个人第二"。从某种程度上讲，亚洲价值观还起到了与西方价值观抗衡的作用，引起很多西方人士的强烈反应。在中国历史上，儒家文化不仅融合了墨、法等诸家精华，而且与道、佛形成互补，构成了博大精深的东方文化，这便是亚洲价值观的源头。新加坡实行西方自由经济与东方集权政治相结合的统治方式，在国家价值观中强调集体利益高于个人利益、社会权利高于个人权利，新加坡的成就说明"现代化不一定要西化"。

亚洲价值观的提出，旨在昭示和凸显东亚"儒家文化圈"的现代价值观念和精神方向，它不同于主宰世界数百年的西方价值观，即以个人主义为核心的自由、民主、平等、人权等。以美国为首的西方国家推行的民主、人权外交，抨击东方国家没有新闻自由、没有政治民主。这些遭到了东亚国家的抵制，反应最强烈的就是新加坡。

美国媒体对新加坡发展模式大多持否定态度，试图运用传媒的力量，使新加坡政府面对国内外的压力，从而改变这种发展模式。新加坡政府的做法则是针锋相对、毫不妥协。

1976 年，社会主义国际（SI）成员之一的荷兰工党突然发难，向新加坡提出多项严厉控诉，并动议开除它。这些控诉包括：新加坡以极权主义政策和方法取得高速经济增长，行动党以不民主的手段控制政权、实行一党专政，在未经审讯下扣留并虐待政治对手，以及压制工运、学运、学术自由和新闻自由等。荷兰的动议陆续获得英国工党和其他会员的支持。

人民行动党立刻组织了一场全面反击，外交部长拉惹勒南、副总理兼国防部长吴庆瑞、内政部长蔡善进、职总秘书长蒂凡那等重量级领导人以及一些学者，纷纷从各自的岗位或专长发表长篇评论，驳斥对新加坡的各种控诉，其中尤以拉惹勒南和蒂凡那的语气最为尖锐苛刻。他们指责这场反行动党运动显示，SI 已经受到"新左派"渗透，暗示它已靠向苏联所领导的共产主义阵营。

1976 年 5 月 28 及 29 日，社会主义国际的主席团会议于在伦敦举行，人民行动党派蒂凡那赴会，为新加坡辩护。他携带了李光耀写的一封致主席团总秘书的"退会信"，声明若荷兰工党的提案不撤销，新加坡就退会。结果提案没有撤销，新加坡宣布退会，但西方说法称新加坡人民行动党是被社会主义国际开除的。①

20 世纪 80 年代中期，美国《时代》周刊和《华尔街日报》因从西方角度评论新加坡政治经济体制，被认为恶意诋毁新加坡政府、干预新加坡内政，先后被限制在新加坡的发行量。美国政府以支持新闻自由为由要求新加坡政府解决，遭到拒绝，新加坡外交部指责美国干预其内政，当时的新加坡外交部长丹那巴南表示："新加坡政府重视和美国之间的牢固与成熟的关系，正因如此，我国必须向他们清楚表示，我国不能接受美国把它们的原则强行于新加坡。"李光耀则说："外国报刊能在新加坡发行，是新加坡政府根据本国的条件给予它们的一种特权，这些条件就是要它们以外人写给外人看的立场去报道新闻，也就是说，不能在我们的国内辩论中偏袒任何一方。如果它们不接受这些条件，它们不必在新加坡发行。"

关于"新闻自由"的分歧给新美关系造成了不良影响，1988 年 1 月美国宣布依照"毕业条款"，从 1989 年起取消新加坡的贸易特惠国待遇，新加坡则宣布此前已与美达成"君子协议"——以保护美国知识产权换取保留特惠优待，新加坡对此强烈不满，认为被骗了。美国此举的真正原因是对新加坡限制其刊物发行量的报复，这是其经常使用的手段：以西方民主为标准、人权作援助的先决条件。

---

① 林任君，《从社会主义国际到民主峰会：新加坡又遭排斥？》，载于《联合早报》，2021-12-18。

1988 年新加坡与美国外交再起波澜。5 月 7 日，新加坡政府正式向美国政府提出抗议照会，要求美国召回驻新加坡大使馆一等秘书梅森·亨德里克森，并惩戒亨德里克森及另两名国务院官员，因为他们企图通过资助，鼓动新加坡"反政府人士"常国基、萧添寿参加国会大选，是试图"左右新加坡政局的活动"，是对新加坡内政的干预。美国政府断然否认，三天后针锋相对地驱逐一名新加坡外交官。这是新美建交以来最大的一次冲突，差点在新加坡引起反美运动。时任第一副总理的吴作栋发表公开讲话，警告美国外交官，如果他们自认为在新加坡有替天行道的权利而乱闯禁区，政府将被迫削减美国外交人员的数目，同样，如果海外报刊继续积极介入而试图在大选前诱导民间反对政府，外国通讯员将不能在新加坡逗留。基于共同的安全利益，两国通过外交磋商让事情不了了之，但并未消除双方的分歧。

1994 年，新加坡发生了美国留新学生迈克菲涂鸦事件，新加坡政府不顾美国总统克林顿的请求，对迈克菲实施鞭刑，令美国人觉得新加坡简直就是一个野蛮社会。1995 年，美国《国际先驱论坛报》因 1994 年 8 月和 10 月分别刊登了《所谓"亚洲价值观"往往是经不起考验的》《笼罩亚洲部分地区的烟雾遮掩了深刻的忧虑》两篇文章，被新加坡高等法院以诽谤罪处以高额罚款。

20 世纪 90 年代末，在东西方的文化论争中新加坡高举"亚洲价值观"大旗，李光耀利用各种机会抨击西方民主外交，新美价值观之战时有发生。1999 年 3 月 4 日，《洛杉矶时报》刊登了《新加坡人的思考站到了亚洲中心论一边》，该文指出：新加坡外交部官员马赫布巴尼在其《太平洋之路》《亚洲可以思考吗?》等文章和书籍里对"亚洲价值"进行的辩护，这是在用亚洲的等级制度和稳定来对抗西方的民主和自由。"人权"常常是西方人用来批评亚洲价值观的武器。

新加坡对欧美的批评也做出回应，1999 年 6 月 29 日《海峡时报》刊登了许通美教授的文章《西方为什么排斥亚洲价值观》，他认为有三个可能：一是居两百年支配地位的西方还不能接受亚洲与它平起平坐；二是亚洲价值观正面挑战了西方的文化霸权；三是东亚的一些政治领袖趁机以此解释个人的滥权和社会的不公正，使亚洲价值观贬值。但这些与亚洲价值观本身无关，东亚拥有这样的一个潜能，即"在 21 世纪挑战西方在经济上、文化上、知识上及道德上的支配地位"。

新加坡国家利益需要美国的保护，对美国外交必须围绕新加坡国家利益，意识形态之争不能超越国家利益的需要。即使在新美冲突最激烈的 1988 年外交官事件中，李光耀一边抗议美国，一边还在国内强调美国对新加坡安全与策略性利益的重要，反对抗议运动转为反美运动，告诫国人："美国人是我们的朋友，而不是我们的敌人。"在这样的思想指导下，新加坡能及时与美国化解矛盾，而避免矛盾深化。李光耀在回忆录中写道："新加坡是个人口稠密的弹丸小国，它处在一个动荡不安的区域内，我们不可能以治理美国的那套方法来治理小国。说到底，新美有再多的分歧，把美国留在亚洲，仍对保障本区域的安全稳定和推动经济增长发挥了积极的作用。相形之下，新美之间的微小分歧其实是不足挂齿的。"

新加坡与美国在价值观方面的分歧正是东西方文化差异的表现，反映了战后亚洲国家在现代化过程中受到了西方文化的冲击。值得注意的是，新加坡与美国的碰撞没有给双方关系造成长期的、破坏性极大的恶果，没有影响双方战略合作关系，这是因为除了美国政府对外战略的新调整，还有新加坡政治在李显龙时代已经开始逐步地改变。

四、威权国家的标签

2021年12月9日到10日，美国总统拜登召开的"民主峰会"，发出美国告别特朗普"退群"做派，要重回国际领导地位，直面"中俄领导的"所谓"集权国家势力"。美国纠集了110个国家和地区的民主峰会正式召开，一些被公认为不民主的国家收到邀请，而新加坡竟然不在其中。总统拜登在开幕式上发表讲话，称全球民主正在倒退。在未来1年内，美国将提供高达4.244亿美元的所谓"对外援助"资金，在全球范围内支持民主和捍卫人权。

2023年3月29日到30日，美国召集第二届全球"民主峰会"。这次美国邀请了121位国家的领导人，以线上方式开展活动。阵仗宏大，无不在宣示美国要"领跑"全球民主。

对于美方号召，各国反应不同，素来有中国"巴铁"之称的巴基斯坦选择参会，美国的"安全合作伙伴"新加坡，如同第一届一样没有收到邀请。有意思的是，会议即将召开之前的3月27日，新加坡总理李显龙的专机，选择落在了北京，之后几天里就宣布了中新两国建立"全方位前瞻性的高质量的伙伴关系"。

在认知上，美国从媒体界到学术界和一些政客，已经习以为常地为新加坡贴上了威权国家标签。

美国人的民主经不起推敲。他们重视的是"程序正义"而不是"结果正义"，真正离开了民主的实质，走进了形式主义。对他们来说，最重要的是一人一票的选举形式，自由热闹的竞选过程，至于选举的结果是否会造成悬峙国会、立法僵局、社会分裂、经济停滞、少数人得利、国家利益和人民福祉受损，那不是民主的主要指标。

被确定为总理接班人的黄循财，在 2023 年 5 月 25 日第 28 届日经论坛"亚洲的未来"的问答环节中，被主持人问到美国要求亚细安在民主和专制之间做选择，以及新加坡连续两届未受邀参加美国民主峰会的看法。

黄循财回答说："如果你问，新加坡是否拥有其他西方自由民主体制的特征？答案是不全然。事实上，我们不盲目照搬别人的做法。我们学习和调整，应用和发展出适合自身需求和情况的模式。这种模式目前为止奏效，并取得良好成果。"黄循财说，新加坡对于自己感到自在，不需要外界人士或外界活动来认证新加坡的地位。他也强调，新加坡的体系不是静态的，它将继续演变，但如何演变最终是取决于新加坡人，而不是外人。

第四节　与中国携手共赢

2013 年，李光耀出版了自己的著作《李光耀观天下》，在书中他预言了未来欧元区将解体，美国不再强大，不确定新加坡是否还会存在。而早在之前，他就曾说过，日本会慢慢走向平庸，印度的经济发展不起来，中国强大才是常态。

一、与中国的外交历程

新加坡对中国的政治关系很大程度上受其邻国与中国关系的制约。新加坡将邻国马来西亚、印尼比作"大鱼"，自比作"小虾"。20 世纪 60 年代，一些马来西亚和印尼人把新加坡设定为中国在东南亚的代理人，当时，中国与马来西亚、菲律宾等国没有外交关系，而印尼也断绝了同中国的关系。这些国家特别关注新加坡与中国的关系，有的甚至对新加坡发出公开警告，1965 年 8 月中旬，马来西亚总理拉赫曼公开称，"在任何情况下，我都不愿意让新加坡同我们敌视的国家建立外交关系"，"如果新加坡作出任何可能给马来西亚带来危险的事情的话，我们将不得不立即采取措施来制止。"新加坡在处理对华关系与对邻国关系问题上，李光耀也指出："等我们的邻国马来西亚和印尼跟中国建立外交关系以后，我们也会跟着和中国建交。"所以新加坡对华政策在其对外关系中表现非常敏感。随着国内国际形势的变化，新加坡对华政策经历了三个不同的发展历程。

（一）第一阶段：1965年8月至1975年3月

独立之初的新加坡发展对华贸易，承认新中国，但政治上不与中国进行接触。这是新加坡对华政策的第一阶段。深处马来海洋之中，一部分新加坡华人对中国的国家认同仍然存留，周边强邻也虎视眈眈这个"小红点"。

新加坡积极主动地实行发展对华贸易的政策。新加坡政府为中国银行新加坡分行签发新的营业执照，中国银行新加坡分行是中国银行海外分行之一，主要是处理中国同全马来亚（包括马来西亚和新加坡）贸易的金融业务，20世纪50年代，该行在中国开拓对全马来亚贸易中发挥着重要作用。1965年4月，马来西亚政府以中国银行新加坡分行继续存在是对马来西亚安全的严重威胁为借口，下令该行到8月底停止营业，马来西亚政府的这一决定遭到中国政府的强烈抗议和新加坡华人工商团体的反对。新加坡独立后立即宣布，允许该行继续营业，新加坡的这一举措保留了新中国贸易的重要纽带，有利于推动双边贸易的发展。同时，新加坡积极鼓励对华贸易，在这种政策的引导下，中新贸易稳定发展。

（二）第二阶段：1975年3月至1990年10月

1975年3月，新加坡外长拉贾拉南应邀访华，作为中新两国高层政治接触的起点，之后新加坡与中国有了实质性联系，密切双方高层政治接触，但新加坡不急于与中国建立外交关系，经济上则大力发展对华经贸关系与合作，直到1990年10月中新两国建交。这是新加坡对华政策的第二阶段。中新关系进入发展实质性政治关系的新阶段。拉贾拉南访华期间，周恩来总理带病会见拉贾拉南一行，并表示中国随时准备在新加坡认为方便的时候同新加坡建立外交关系。1976年5月，李光耀第一次正式访问中国，这次访问推动了双边关系的发展。20世纪80年代，李光耀又三次访华，新加坡其他重要领导人也多次访华。同时，中国党政领导人邓小平同志等先后访问新加坡，但由于印尼没有与中国恢复外交关系，因此新加坡仍不与中国建交。

东南亚与世界形势的变化以及国内形势的变化是新加坡发展对华实质性政治关系的主要原因。邻国马来西亚及泰国、菲律宾同中国建立了正式外交关系，减小了邻国对新加坡发展与华政治关系的限制。中美关系缓和，美国从越南撤军，其在东南亚的地位与影响下降，这对新加坡调整对华政策产生了积极影响。苏联向东南亚扩张势力，越南推行地区霸权主义，入侵柬埔寨，严重威胁了东南亚的和平与安全。在共同反对苏联扩张、反对越南入侵柬埔寨，支持柬埔寨人民反对外来侵略的斗争中增加了接触，增进了了解和团结。

这期间，经过十多年的发展，新加坡公民的国家认同逐步增强，国内局势日趋稳定，经济繁荣发展，为其调整对华政策创造了良好条件。20 世纪 70 年代末 80 年代初，中国外交政策有了重大调整，把国家关系与政治关系相区别，消除了新加坡发展对华关系的顾虑。

新加坡在第一阶段对华贸易的基础上，开始对华投资，多方面发展与中国的经济关系与合作贸易。1979 年 12 月中新签署贸易协定；1980 年中新两国决定互设商务代表处，协定商务代表享受必要的外交特权与豁免权；1981 年商务代表处成立，负责中新双边经贸事务。这样，两国双边贸易额大幅度地增长，中新双边贸易总额 1976 年为 3.06 亿美元，1989 年达 31.9 亿美元。投资方面，1978 年，新加坡资本开始进入中国；1985 年，中新两国签署《关于相互促进和保护投资协定》。1979—1991 年，新加坡对华投资累计总额约 8.9 亿美元，新加坡成为中国的第四大投资者，仅次于中国香港、美国和日本。同时，中新两国在其他方面的经济合作关系也迅速发展。[①]

（三）第三阶段：1990 年 10 月至 2015 年 10 月

1990 年 10 月以后，新加坡同中国正式建立外交关系，加强对华合作，全面拓宽和深化对华关系，并以中国为重要投资目标，实施其海外战略。这是新加坡对华政策的第三阶段。

1989 年，印尼着手恢复同中国的外交关系，随着印尼对华复交，新加坡随即决定同中国正式建立外交关系。1989 年 3 月 1 日，时任新加坡第一副总理吴作栋指出，"鉴于印度尼西亚同中国已采取步骤，恢复关系正常化，新加坡将重新考虑同中国的关系"，"新加坡的政策一向是在印尼同中国恢复关系后，它将同中国建交——印尼同中国关系正常化，新加坡自然会效仿"。中新双方建交谈判顺利进行，1990 年 10 月 3 日，中国外长钱其琛与新加坡外长黄根成在纽约代表两国政府签署建交公报，宣布自即日起，双方正式建立外交关系。新加坡与中国建交后，双方接触更为频繁、关系更加密切友好。1997 年 8 月，新加坡总理吴作栋访问中国，他表示，中新双边关系非常好，不存在什么问题。

同时，新加坡积极发展对华经济关系，加强双边经济贸易活动。中新贸易飞跃增长，双边贸易总额 1990 年为 21.86 亿美元，1999 年达到 85 亿美元，1999 年新加坡为中国第七大贸易伙伴。在投资方面，截至 1999 年年底，新加

---

① 游润恬，《亚洲安全大会 李总理认为中国言行一致 追求和平崛起》，载于《联合早报》，2007-06-02。

坡累计对华投资协议金额 332.5 亿美元，实际投入 148 亿美元。[①]

　　新加坡的国情注定了其经济发展高度依赖全球市场。1985 年，新加坡经济一度出现严重的衰退，这使新加坡政府认识到，要使新加坡经济持续高速增长就必须制定新的经济发展战略。于是新加坡改变过去实行的"面向出口"经济发展战略，而推行"国际化"的经济发展战略。这种"国际化"的含义就是引导、鼓励新加坡工商人士到海外投资，发展海外经济。李光耀曾说，新加坡经济继续腾飞需要两只翅膀，一只是国内经济，另一只是国外经济，后者将给新加坡另一个安全网。开始时，新加坡这种"国际化"的重点是欧美地区，随着世界经济增长中心转移到亚太地区，新加坡"国际化"战略的重点也移到了亚太地区，"国际化"也就转变成了"区域化"。同时，新加坡将"区域化"海外发展的重点定为中国。新加坡副总理黄根成明确阐述了新加坡将"区域化"主要目标定为中国的原因：新加坡对中国的政策仅仅基于这样的简单事实——中国是在地缘政治上的一个客观实体，我们必须承认这个事实，同中国保持良好关系是符合我们的国际利益的。中国还存在着较大的经济机会，我们之所以要在中国进行投资，是因为在那里有钱可赚。中新两国经济互补性强也为新加坡的这一战略目标选择提供了有力的客观依据。

　　在这个阶段，1994 年苏州工业园、2007 年天津生态城两个中新国家级合作项目，以及广东省与新加坡合作的广州知识城等快速推进，成为当地的经济发展引擎。

　　（四）第四阶段：2015 年 11 月至 2023 年 3 月

　　2015 年 11 月 7 日，国家主席习近平到访新加坡，将两国关系的定位确定为与时俱进的全方位合作伙伴关系。他指出，中国和新加坡是特殊的朋友和伙伴。中新建交 25 年历程，两国关系良好发展得益于双方坚持战略规划、坚持与时俱进、坚持开拓创新。

　　在这次访问中，双方共同提出要推进以重庆为项目运营中心的中新第三个政府间合作项目，积极探讨两国企业在"一带一路"倡议框架内开拓第三方市场的合作模式，并启动中新自贸协定升级谈判，为中新经贸合作注入新活力。此外，还要继续挖掘金融合作潜力，共同打造区域产能合作金融支撑平台，保持人文交流势头，办好两国青少年和大学生交流，拓展教育合作新领域和新模式，拓展人力资源合作，提高文化合作水平。在科技创新、绿色发展、现代农业等领域，两国要加强互学互鉴，推进社会治理和执法安全合

---

① 《新加坡学者看中国实力》，载于《中国青年报》，2003-10-20。

作，共同打击跨国犯罪，加强两军交流。

同时，中国希望同东盟国家加强战略对话，推动中国—东盟战略伙伴关系提升到新高度，与新加坡共同维护南海的和平与稳定，推动中国—东盟战略伙伴关系稳定健康向前发展。新加坡不是南海岛屿主权声索国，更可以发挥沟通协调作用。

2016年美国总统特朗普上台之后，国际贸易保护主义势力抬头，中美贸易战开打，国际形势出现"百年变局"，中国为反击"脱钩断链"，提出建立国内国际双循环，形成以国内大循环为主，国内国际双循环相互促进的战略格局。在2022年初中国加入由东盟发起的《区域全面经济伙伴关系协定》（Regional Comprehensive Economic Partnership，RCEP），得到新加坡大力支持，新加坡也是第一个批准中国加入该协议的国家。新加坡同时支持中国加入贸易要求条件更高的"全面与进步跨太平洋伙伴关系协定"（Comprehensive and Progressive Agreement for Trans-Pacific Partnership，CPTPP）。

2020年到2022年为期三年的新冠疫情期间，中国与新加坡的抗疫工作配合密切，进行了行之有效的合作，双方都实行了较为严格的控制措施。新加坡在发达国家中率先使用中国产科兴疫苗，并展开科研合作。

（五）第五阶段：2023年3月以后

2023年3月，在美国总统拜登紧锣密鼓张罗举办"第二届世界民主峰会"之际，未受邀请的新加坡总理李显龙来华访问，并与习近平主席等中国领导人会谈。双方共同认为，中新是重要合作伙伴，中新关系始终展现出前瞻性、战略性、示范性，不仅有力推动了两国各自发展振兴，也为地区国家树立了标杆，并把中新关系提升为"全方位高质量的前瞻性伙伴关系"。

在东南亚国家中，新加坡参与中国改革开放程度最深，同中国利益融合最密切。中国正以中国式现代化全面推进中华民族伟大复兴，中国的经济社会活力将进一步释放，愿同新加坡等愿意同中国合作的国家共享重要机遇。中方愿同新方继续用好中新双边合作机制会议平台，加强陆海新通道建设，深化数字化、绿色化转型和第三方合作，积极稳妥推进两国人员往来。

半个多世纪以来，亚洲地区保持总体和平稳定和快速发展、整体崛起，走出了一条开放包容、合作共赢的亚洲特色发展道路。在21世纪世界出现"百年变局"，中新尤其应该珍惜和维护亚洲地区来之不易的良好发展势头，共同守护好地区和平红利，维护好经济全球化和区域经济一体化正确方向。习近平主席还提出，要坚决反对霸道霸凌，明确抵制"脱钩断链"，不允许任何国家剥夺亚洲人民追求更美好幸福生活的权利。

在时隔八年再度升级两国关系，李显龙在受访时解释了"全方位高质量的前瞻性伙伴关系"的含义。他说，"高质量"伙伴不是简单的彼此交换而已，而是"我有构想，你也有构想，我们共同创造一个新的、更有效、更有创意的构想"。至于新定义中的"前瞻性"，李显龙总理说，世界不断改变，中国和新加坡的国情也不断改变，因此双方的合作关系绝不能停留在过去，而是要为未来做准备，让两国的合作在五年后、十年后依然对双方有相当的价值。

二、发展对华友好交往

在对外政策框架中，新加坡把处理与邻国的关系放在最突出的位置上，努力争取邻国的信任，而处理与中国的关系则又是新加坡睦邻政策中最重要且最敏感的环节。冷战结束后，中国在东亚战略舞台上的动作日趋积极，动摇了新加坡的外交平衡。新加坡的族裔结构及其与中国密切的经济联系，使新加坡有可能置身于一个越来越具有敌意、越来越反华的区域环境中。在这种情况下，新加坡致力于调和中国与东盟的关系，改善新加坡生存环境。

20世纪90年代的中新关系与中国与东南亚关系之间，是各自独立又相互交织、互为补充。中新关系为"双边关系发展速度最快的国家之一""大国与小国、不同社会制度国家间关系的典范"。与20世纪80年代不同，这时中国已与所有东南亚国家关系正常化或完成建交，直接往来、交流意见已经没有障碍，新加坡充当互通信息的角色已经淡化，但是，新加坡从三方面发挥作用，缓和中国与东盟和发达国家的关系，为中国战略与政策的推行创造条件。

（一）减少东盟国家对中国的猜忌

20世纪90年代前期产生的"中国威胁论"——中国经济连年以两位数的速度增长，引起其他国家的恐慌，因为经济的增长，可以转化为政治影响力，更可成为发展军事力量的基础。对此新加坡有自己的理解，它认为，中国现行的改革开放政策与持续的经济增长，所带来的繁荣是有利于整个区域的。东盟更可以从中谋取发展的动力与利益，与中国共同发展，实现经济的现代化。

2007年6月1日，新加坡总理李显龙在亚洲安全大会的开幕晚宴上演讲时，向与会的亚太国家和地区防务领导人指出：从几方面可以看出，中国所要的是和平崛起。中国不仅是通过言论，也通过行动去说明，其所追求的是和平崛起并与世界整合，而不是以武力称霸。他举例说，在中国中央电视台热播的大型电视纪录片《大国崛起》中，以历史上想通过武力扩充势力的德国和日本最终自取灭亡，而和平地发挥人民与公司的创意、创新及企业精神的美国，则变得繁荣昌盛为例子，说明中国领导人要向本国人民传达的教训是明确而且清晰的。

李显龙还指出，美国和日本也许关注中国建军的速度与目的，但对多数亚洲国家来说，中国崛起所带来的挑战，更多是经济上的。"它们认为中国的行为不是要威胁区域的安全，而是针对台湾海峡两岸的问题"。

在中国与东南亚关系方面，李显龙认为，从中国积极参与区域论坛、提供技术援助、促进贸易与人民之间的联系等方面的努力看出，中国正有技巧地发挥软力量，以具战略性而且协调的方式去发展与邻国的关系。"中国以宽厚条件同东盟签署自由贸易协定的目的，不纯粹为了直接的贸易利益，而是出于战略性的考虑，目的是安抚因中国崛起而感觉受到威胁的国家，并打下与这些国家建立良好的长期关系的基础。"①

新加坡还认为，西方国家提出"中国威胁论"，一方面原因是担心中国强大以后，"会如同穷凶极恶的大恶徒一般，四处欺侮弱小的侏儒"；另一方面的原因则是强国有意孤立中国，是担心自身地位受到影响。新加坡建议中国有必要通过政策和行动来说服或消除国际社会戒心，同时对其他强国不客观的观点予以揭穿，以缓解中国对其他国家造成的心理压力，从而减少东盟国家对中国的顾虑。

新加坡也认为，在经济持续高速成长下，中国的壮大与崛起是必然的。当前中国军事现代化的计划，特别是其近年的武器采购与更新，以及航空航天工业的进展，引发了一些国家对亚太地区的安全形势种种疑虑。但新加坡一直在为高估的中国军事实力的有关舆论降温。

"神舟"五号载人飞船圆满完成航天任务之后，有国际传媒认为中国已步入世界大国和科技强国之列。对此，新加坡部分国际战略学者善意地提醒，就此认定中国实力已如强国，还言之过早。这主要是因为，同其他大国如美国的超强经济实力比较，中国虽然随着经济的崛起国力增强，但是其本身的经济发展并不均衡，这些国内问题必须妥善解决。②

（二）影响发达国家对中国的外交政策

实际上，新加坡一直在国际关系中发挥着有利于中国的作用。在新加坡

---

① 《新加坡学者看中国实力》，载于《中国青年报》，2003-10-20。

② 王颖娜、黄庆时，《李光耀李显龙中国情结》，载于《华人世界》，2006年第11期。

与发达国家之间所反复讨论的问题中，区域的安全，特别是中国在其中的角色与地位，是一个重要话题。

国际社会对中国应采行的态度与政策，新加坡认为，最好的方法是将中国纳入现代化的世界体系里，而不是加以孤立与阻挠。在与日本领导人谈到中国问题时，李光耀曾指出："日本应该吸引中国优秀生到日本深造，让他们同日本的年青一代建立密切的关系。同样地，中国最杰出的顶尖人才如果能有机会到美日欧，就能开阔眼界，认清中国要繁荣富强，就不得不在国际上做个奉公守法的成员。如果中国在推行经济改革的进程中多方受到孤立与阻挠，它就会对先进国家产生敌意。"

2005年9月新加坡资政李光耀在接受德国《明镜》周刊记者专访时指出，"对中国发展感到害怕是愚蠢的。"他认为，经济的重心确实在从大西洋向太平洋转移，这种发展不可避免，但中国不会提出"势力范围"的要求。中国打算通过经济竞争增强实力，中国奉行与各国友好、通商政策，谁也不应因此而感到害怕。

李光耀以其独到的世界眼光和战略思维，为澄清西方世界对中国认识的误解，以及推动东西方世界的沟通对话发挥着特有的作用。

在新加坡看来，"民主对抗专制"在21世纪根本就是个政治伪命题，这样的二分法完全不符合当今世界的客观事实。

无论是对2022年的俄乌冲突，或中美竞争，美国都将之框定在"民主与专制"的对抗中，硬要根据意识形态在国际关系上划清界限，将中国划进"专制"那一边，并要各国选边站，要么就选择美国的民主，要么就选择中国的"专制"，敌我分明。

拜登自2021年1月上台后，就宣称他总统任内的最大任务之一，是重新证明美国民主及其民主资本主义模式仍然有效，在这方面，美国的最紧迫挑战就是"21世纪的民主与专制的对抗"（Democracy vs Autocracy）。他将美国和中国的竞争，明确界定在这个意识形态对抗框架中。新加坡政府明确表示，不接受以这种思维处理国际关系，李显龙认为这是不明智的。这只不过是为了连任总统，他必须展示比对手更强硬的对华姿态。

2022年4月18日，刚刚被确定为新加坡总理接班人的财政部长黄循财，出席美国智库彼得森国际经济研究所（PIIE）2022年宏观周活动。这是他被确立为新加坡第四代领导班子领军人后的首个出访行程。他在对话中提出，将中国排除在现有国际体系之外，只会导致中国发展出以自身规则为基础的一套平行体系。

他认为，中美关系是世界上最重要的双边关系，各国都希望双方能继续交流，找出在共同关注的议题上合作的方法。若能找出中美双方能继续竞争，却又能相互依存，在开放的框架里合作寻求互惠互利，整个世界都会更安全和更美好。"事实是，中国会有自身的发展，美国没有能力让中国变得更像美国，但就算彼此存在差异，美国和中国都有共同关注的议题，包括如气候变化等全球议题、应对大流行，甚至是核不扩散。"

特朗普在 2020 年总统选举败选之后铤而走险，在 2021 年 1 月 6 日煽动武力叛乱，纵容暴徒攻击最高民主殿堂国会山。这已经成为美国民主负面形象的一个"史诗级"事件。同时，美国枪械泛滥、枪手横行、严重枪杀事件层出不穷，已经成为美国社会的"不治之症"。连最基本的人民生命权都保护不了，这样的民主价值何在？而美国竟然还不断指责其他国家漠视人权！①

林任君先生曾长期担任新加坡《联合早报》总编辑，这段评述来自他的笔下，从中可以透射出新加坡政府的官方态度。

（三）对中国的外交政策提出建议

新加坡在很多问题上与各国都没有直接的利害冲突，因此处于一个比较超然的位置，扮演一个较为公正的中间角色。在涉及中国与几个东盟国家的在中国南海问题的争端上，新加坡没有介入主权与资源的争议，只是关心航行权的问题。新加坡的建议让中国在相关问题的分析和决策中，使其政策在不脱离实际、兼顾各种可能的情况下实现。

在东方国家领导人当中，李光耀对西方世界的了解很透彻，时常帮助西方国家思考如何与中国进行更有成效的交往。在所有外国领导人当中，李光耀对中国的了解和认识最为深刻，并且能够设身处地地站在中国的角度考虑一些问题。

新加坡对区域中跟中国相关的热点问题，经常坦率表达意见。新加坡明白提示中国，如果因对华人问题的关心来干涉东南亚各国内政，则中国与区域国家之间的关系会疏远；亚洲会因中国动武与恫吓而变得不安；中国对中国南海问题的处理如果不谨慎，将会造成中国与东南亚关系的严重后退。新加坡的相关观点、评论以及预测，对中国而言，虽然不见得顺耳，但是它实际上代表了区域内其他国家所持的相近看法与立场。

2007 年 5 月，李光耀在答复新华社书面采访时，针对中国该如何利用当前有利的国际形势，加快自身发展提出了自己独到的见解。李光耀指出："有

---

① 林任君，《民主对抗专制：21 世纪政治伪命题》，《联合早报》，2022-06-04。

必要让主要的贸易伙伴国，对于中国随着快速增长而取得的庞大顺差感到自在。尤其是美国已因对华贸易出现巨大赤字而感到焦虑。这是因为在中国所累积的达一万多亿美元的外汇储备之中，一大部分是来自同美国的贸易顺差。在美国举行下任总统选举期间，这样的情况在政治上是不能持续的。中国必须协助缓和这些使问题恶化的内部压力，否则美国国会将采取会损害到他们本身与中国的措施。一旦美国采取保护主义，也将波及整个东亚。"

李显龙也指出，如果美国对中国采取贸易制裁而遭到中国反击，后果将是更多的保护主义行为，并可能引发冷战。"这将使国际贸易及投资的大动脉紧缩，并破坏全球化的根基，而亚洲经济得以转型与发展，国家得以提高生活水平，皆靠全球化。我们所有的人都会遭殃。"李显龙还谈道，"中美贸易顺差是由两国的储蓄率及消费行为有差异等宏观经济因素所造成的，而不单单是人民币与美元的兑换率的问题。"不幸的是兑换率问题因在美国被政治化而显得情绪化。就如美国前常务副国务卿佐立克所指出的，"兑换率如今已成了双边关系公平与否的标志。"

可以说，李光耀对中国的影响是多方面并且深远的。"在中国与东盟以及西方国家的交往中，李光耀起了独特的桥梁作用。"中国外交学院的苏浩教授认为，"20世纪80年代，美国在东南亚一直有对中国十分不利的广播，在李光耀的提议下，广播才得以取消。"此外，在两岸关系上，李光耀直接促成了1992年在新加坡举行的"汪辜会谈"。

苏浩教授还认为，作为华人领袖，李光耀一直有很强烈的意愿要和中国进行经济合作。20世纪70年代，中新尚未建交，但实际上，李光耀已经开始积极主动地表示愿意与中国进行经济合作。20世纪90年代，中国改革开放的重心从南方四个经济特区转向长三角地区，李光耀在这个转变中起了很重要的作用。他非常有眼光，苏州工业园区便是两国经济合作最重要的体现，是中国经济改革的新尝试，也是一个由国家支持来带动地方经济的特殊合作项目。从沿海到长三角再到内地、东北等地的经济发展，李光耀都在其中起了独特的作用。

但在很多人看来，李光耀与中国的关系并不能简单地用"老朋友""老大哥"来概括。新加坡《联合早报》时事评论员杜平认为用"净友"来形容更为贴切。他说，"具体地说，在李光耀之于中国，我觉得他既是中国诚实的支持者，也是最直率、最善意的批评者。"杜平曾在北京中央新闻单位担任首席外交记者，负责报道中央最高领导人的外事活动，与很多国家的领导人进行过直接接触，亲历过中国多位领导人与李光耀之间的接触。由于长期在中国和新加坡两国主流媒体工作，所以他对双边政治交往有直接和深入的观察。

杜平认为，不只是在中国改革开放初期，即便是到了今天，李光耀和新加坡在很多方面依然关注并影响着中国。杜平认为，李光耀不是普通意义上的朋友："李光耀是一位非常有主见的人，他有一套成熟的、自己相当坚持的治国思想和政治哲学，所以他永远是毫不迟疑地捍卫自己的政治人格和声誉。"李光耀从来不会轻易地赞赏或者附和中国，也不会违心地说一些令中国人高兴的话。相反，在不少时候，他针对中国发表的一些言论，听起来并不是很舒服，甚至有些刺耳，偶尔还有可能引起一点小误会。但是，时间和事实经常站在他一边。他说的很多话后来都被证明是有先见之明，是苦口良药。因此，他认为用"政治导师"来形容李光耀更准确。杜平的看法是："无论他的见解在中国政府的决策中发挥了多大作用，但可以肯定的是，他认真提出的很多看法，都为中国领导人提供了新的思考角度。"李光耀与中国"和而不同"。

杜平认为，自1965年独立后，40多年间，新加坡已发展成为亚洲最发达的国家之一，新加坡政府以高效、廉洁而闻名，人民生活水平较其他亚洲国家高。这一切都离不开李光耀。而新加坡的成功经验和他的治国理念正是吸引邓小平之所在，也是中国自改革开放以来长期借鉴和学习的。杜平把李光耀的治国经验概括为两点：务实和实用主义。"无论是西方的，还是东方的，任何东西只要能带来好处和利益，新加坡都绝不会拒之门外，反而要捷足先登，趋而取之。实际上，一切外来的东西，都能被巧妙地变成新加坡的，而且是新加坡所特有的。例如新加坡政治制度的架构是西式的，但这个框架下的内容和行为规范却有很多是东方式的，例如必须尊重权威的尊严，不允许这种尊严受到任意挑战。"在国际贸易和外交上，新加坡同样非常务实。"无论是与大国，还是与地区各国的关系上，新加坡在很多方面游刃有余，四面受益。作为一个小国的领导人，李光耀所主导和影响下的外交政策，简单概括起来，就是现实主义，或者叫趋利避害。"

杜平说，新加坡主要是华人社会，李光耀的祖籍是广东省大埔县，以至于不少人不管是否真正了解他，都会把他视为世界华人社会的光荣。但随之也出现了不少错误的认识，包括从文化母国的角度，一厢情愿地把李光耀当作"海外侨领"来看待。在谈论李光耀对中国所具有的价值之前，人们必须非常明确地认识到一点，那就是，李光耀虽然是华人，但他不是中国人，也不是传统概念上"心系祖国的海外华人"。李光耀是一个独立、主权国家的政治领袖。他的中国观、世界观、价值观、思维方式和行为方式等，都与中国人有很大的差别。他与中国领导人的交往，属于两个不同国家之间的高层互动，双方的出发点都是要追求和维护自己国家的利益，条件是平等和双赢。"很多中国人以'血浓于水'的惯性思维来看待或者寄望于李光耀和新加坡，这是一个很大的误区。对新加坡和中国，这都不公平。"

三、与中国经济共赢

（一）新加坡积极开展对华经贸合作与投资

新加坡是东南亚国家中最早和中国开展经济合作的国家。新加坡工商企业家 1981 年便开始到中国投资。20 世纪 80 年代，中国与新加坡政府相继签署了《关于促进和投资保护协定》《关于旅游、民航及展览合作的协定》和《关于避免双重征税和防止偷漏税协定》，新加坡对中国的投资也有较快发展。

至 2006 年年底，新加坡累计在华投资项目 15455 个，实际使用外资额 299.79 亿美元。以实际使用外资金额计，新加坡在对华投资主要国家和地区中排名第 8 位，占中国累计使用外资总量 6858 亿美元的 4.37%。新加坡对华投资的主要领域是金融、房地产、能源和基础设施、物流、造纸以及其他制造业。新加坡对华投资的主要区域为江苏、广东、上海、福建、山东、浙江、辽宁、四川、天津、北京。

新加坡领导人多次表示，中国经济发展以及加入 WTO 有利于区域经济复苏和世界经济增长，称中国已成为新加坡经济发展的重要"引擎"之一，提出要搭乘中国经济发展的"顺风车"。中新在经贸领域的合作进一步加强，正在实现地域上从东部沿海到西部内陆扩展、领域上从传统产业到高新技术产业提升的重大转变。

近年来，新加坡逐步将对华投资从沿海向内地推进并与一些省份建立了经贸合作机制，有山东—新加坡经贸理事会、四川—新加坡贸易与投资委员会与湖北—新加坡贸易与投资委员会等。两国间的重要合作项目有苏州工业园区、无锡工业园区、上海三林城住宅开发项目和大连、广州、福州港集装箱码头、新苏（苏州工业园）协会等。

（二）中新合作三大国家级项目之一：苏州工业园区

为借鉴新加坡管理裕廊工业园区的经验，结合中国国情，在苏州建设一个具有世界水准的现代工业园区，1994 年 2 月，国务院正式批准同意中新合作开发苏州工业园区。双方领导人对此都给予了高度重视，1994 年 5 月，李岚清副总理和新加坡李显龙副总理共同主持了中新苏州工业园区协调理事会第一次会议。之后，苏州工业园区正式启动。园区位于苏州金鸡湖畔，首期开发面积 8 平方公里，其中启动面积 2 平方公里（规划面积达 70 平方公里）。园区享受经济技术开发区的优惠政策，江苏省赋予苏州工业园区相当于省辖市的经济管理权限。1994 年 5 月，外经贸部批准苏州市开发公司与新加坡开发财团组建合资公司，从事工业园区内的土地开发经营，合资期限 30 年。从 2001 年 1 月 1 日起，中新双方在合资公司的股份从原来的 35% 和 65% 调整为 65% 和 35%，中方成为大股东并承担管理权。

1994 年以来，苏州工业园区大大加强了基础设施建设，同时更重视管理经验的吸取，借鉴新加坡经验，注重制度创新，发挥了自身优势。同时，园区派出大批量人次赴新加坡学习培训。他们在规划建设管理、经济发展和公共行政管理方面借鉴新加坡的成功经验，编制了 68 项新的管理办法和实施细则。由于联系本地实际，大胆取舍，这些制度既与国际接轨，又有可操作性。截至 2006 年 7 月，苏州工业园区已批准各类外商投资项目 2470 个，累计实现合同外资 257.6 亿美元，逐步形成了以电子通信、精密机械、生物制药等为核心的高新技术产业群体。

1. 成立专门的经验借鉴机构

1994 年园区项目确立之初，作为中新合作的重要组成部分，借鉴新加坡经验即"软件转移"工作就同步展开。中新合作协议一签署，园区就成立了借鉴新加坡经验办公室，新加坡也专门成立了软件办公室。在最初的一年多时间里，新加坡组织了城市规划、经济发展和劳动管理三项培训，并为园区管委会组织了综合研究借鉴新加坡经验的交流研讨会，系统地介绍了新加坡经济发展和公共行政管理的经验，总共有 77 位中方人员，包括 56 位园区管委会的工作人员，参加了培训。之后中国不断派出培训团前往新加坡集中学习，包括城市规划、经济发展和公共行政管理等 35 个项目一一涉及。与此同时，新加坡先后派出多批高级专家和有经验的管理人员来园区授课，就地培训人员，并派遣了一批富有经验的管理人员直接参与园区的开发建设与经营管理，在具体的工作实践中传授经验。

2. 营造良好的商业服务环境

营造良好的商业服务环境是借鉴新加坡经验的关键。苏州工业园区管委会通过精简行政审批项目、清理压缩行政收费、增强"一站式"服务职能、实施社会服务承诺制等有效手段，营造出有利于企业发展的投资软环境。如今，亲商意识贯穿到园区人的行动中，亲商成为从管委会官员到一线招商员，从各职能部门到一站式服务中心窗口，一种无所不包、无处不在的行为方式，是日常工作中真心诚意为投资商着想、实实在在帮助解决问题的态度和方法。

前苏州工业园区管委会主任马明龙说："在全国率先叫响亲商品牌后，园区的亲商理念有了多个延伸内涵，如安商、富商、引商、尊商、留商等。安商，是要给投资商一个透明的、可以预见的政策判断，一个稳定的、可以信赖的发展环境；富商，是给投资者一个可以预期的投资回报，一个综合商务成本低、成长前景明朗的投资信心。"

借鉴新加坡吸引外资的经验，苏州工业园区还建立了国际招商网络，通过分析国际资本流向，主动前往具有投资意向的跨国公司"敲门招商"，使得外商纷至沓来，不少企业还一再追加投资。新加坡在全世界设立几十个招商办事处，收集当地的经济情报，特别是跨国公司有什么想转移的项目，然后再了解这个项目谁负责，然后再排出来，一个一个去敲门，这种敲门是有的放矢，就是敲到某个项目、某个负责人的门上，有针对性地介绍自己的项目配套能力等。于是，后来的园区招商局就设立了特有的招商资源办事处，学着抓住项目去敲门，也因此积累了一大批资源，招商的速度、项目的质量都很高。

为帮助区内的中小科技企业顺利成长，园区逐步建立起良好的产业投融资渠道，设立了注册资本 12.8 亿元的创业投资有限公司和 1.5 亿元的中小企业创业担保有限公司，合作组建了国内首家中外合资风险投资基金，加大对初创期的集成电路企业、软件企业的扶持力度，并正在研究设立动漫、生物等新兴产业发展基金。此外，园区还每年从可用财力中拿出 3%，用于对上级科技计划的配套支持。科技部门还借鉴国外的先进经验，推出了研究与开发援助计划、新产品产业化援助计划、各级政府计划联动援助计划、知识产权援助计划、海外市场拓展援助计划、公共技术服务平台援助计划这六大援助计划。

3. 基础设施建设与人力资源管理

园区从新加坡借鉴了国际通行的城市规划方法，先规划、后建设，先地下、后地上，不能随意改动规划，避免了像许多城市那样"建了拆，拆了建"的现象，加上高标准、高起点的设施建设和环境保护，苏州工业园区赢得一致认可。

借鉴新加坡人力资源管理经验，园区建立了网络化的职业介绍系统、专业化的就业培训系统、市场化的劳动力价格系统、法制化的人力资源管理系统和程序化的评价反馈系统，形成了保证劳资关系和谐的机制。

职业技术学院参照新加坡南洋理工大学教育模式建立，培养的高级技工、高级职员成为跨国公司争抢的人才。园区围绕区内集成电路产业发展对人才的需求，不仅形成了像苏州中科集成电路设计中心那样的培训载体，而且还引导教育区内入驻学校，加强对微电子等方面人才的培养，覆盖园区需要的不同层次人才。

4. 社会保障制度

借鉴新加坡公积金制度，园区通过推行公积金制度，大大减轻了区内职工购房以及医疗、养老等社会保障的资金压力，调动了职工的工作积极性，并吸引了大批外地人才。借鉴新加坡经验创新的新型公积金制度，将原来分散在各个部门的社会保障项目集中统一起来，在不增加企业负担、不减少员工收入的前提下，用一揽子办法解决了员工养老、医疗、生育、住房、失业等多项社会保障。2004年，园区实现社会保障全覆盖，农民们也真正"老有所养、病有所医"，动迁农民人手一张IC卡，一个乡镇户籍人员社会信息管理系统里记录下他们的基本信息，保养金、养老金领取情况，就业培训、推荐情况等，凭卡能看病就医，还能享受园区各种就业、创业优惠政策。他们的子女也能享受着园区的各种优质教育资源，受教育程度大大提高。

5. 行政管理与公共服务

自主借鉴催生了园区四大公共服务特色：高效服务，"小政府大社会"，凡是能交给中介机构和社会办的，都交出去；透明服务，办事全程公开；公平服务，对所有投资商一视同仁；规范服务，力争在法律范畴内为所有企业和个人创造更有利于公平竞争的良好条件。

借鉴新加坡海关运用贸易网络与电子数据互通系统的经验，园区在国内率先实现了进出口货物"直通"；园区邻里中心借鉴新加坡模式，活跃了传统沉闷的社区经济，建立起企业化、网络化、规范化的新型社区商业模式。

园区在对新加坡经验借鉴过程中没有完全照抄照搬，结合自身实际，自主地、有选择地进行。在企业工会的设立、公积金的使用、邻里中心功能的设置、一站式服务的内容，以及职业技术学院的教学方法等许多方面，都加入了具有本地特色的内容。

6. 新加坡之家

1996年创建的新加坡国际学校，解决了在园区投资、工作的大批外籍人士的后顾之忧，在提升园区的投资环境方面发挥了重要作用。新加坡国际学校也发展很快，搬迁到了湖东新校区。

新加坡专门成立了一个民间组织"新加坡—苏州协会"，苏州大学则开设了新加坡研究中心。目前，新加坡—苏州协会发展为苏州新加坡俱乐部，成员不断增加，不仅来自园区、高新区，还来自吴江、太仓等，俱乐部的活动内容不断丰富，不仅逐渐担当起沟通新加坡与苏州两地的桥梁作用，而且开始从民间组织发展成为商务与社交团体。苏州新加坡俱乐部会长、中新苏州工业园区开发有限公司执行副总裁吴天仁这样评价："'我们的环球都市，我们的家园'是庆典活动的主题，这个主题的意思是，新加坡是一个可以融入世界的、充满活力的环球都会，也是新加坡人成长与生活的家园，对于多年在苏州、在园区创业的新加坡人来说，这里也是温暖的家园。"

新加坡人在苏州园区找到了家的感觉，如今在园区工作生活的上万名外籍人士都有这样的亲身体会。伴随着城市建设的发展，伴随着现代服务功能的不断完善，除了美丽的风景、友善的朋友外，众多外籍人士体验到了园区生活、工作的便利和温馨。

1993 年 5 月 6 日，当时的国务院副总理李岚清在会见时任新加坡副总理的王鼎昌时说："如果我们在苏州的项目上合作得很有成效，如果双方都满意，我们可以向其他地方推广。"苏州工业园区从新加坡借鉴了经验，经过消化、吸收，已成为中国开发区建设的榜样；自苏州工业园区启动以来，国内前来参观、考察、学习的人员已超过万人次，许多新加坡经验通过苏州工业园区传到中国各地；苏州也成为中国培养行政管理人才和向其他地区输出管理人员的重要地区。

苏州工业园的成就为很多中国地方领导人称道，中国政府也有意把苏州工业园的经验扩大，在更多地方推行。而目前苏州工业园经验的更重要的意义在于，中国领导人也已经认识到，新加坡的经验并没有完全学到手，还需要进一步深化学习。吴作栋 2007 年 4 月访华接受采访时说，他原以为工业园区的建设与管理知识对中国来说已经不算新，但温家宝总理认为新加坡在工业园区建设方面仍有优势，两国可以加深这方面的合作。

（三）中新合作三大国家级项目之二：天津生态城

2007 年 4 月，国务院总理温家宝在会见新加坡国务资政吴作栋时，共同提议在中国合作建设一座资源节约型、环境友好型、社会和谐型的城市。2007 年 11 月 18 日，国务院总理温家宝和新加坡总理李显龙共同签署《中华人民共和国政府与新加坡共和国政府关于在中华人民共和国建设一个生态城的框架协议》。国家建设部与新加坡国家发展部签了《中华人民共和国政府与新加坡共和国政府关于在中华人民共和国建设一个生态城的框架协议的补充协议》。协议的签订标志着中国—新加坡天津生态城的诞生。

按照两国协议，中新天津生态城将借鉴新加坡的先进经验，在城市规划、环境保护、资源节约、循环经济、生态建设、可再生能源利用、中水回用、可持续发展以及促进社会和谐等方面进行广泛合作。为此，两国政府成立了副总理级的"中新联合协调理事会"和部长级的"中新联合工作委员会"。中新两国企业分别组成投资财团，成立合资公司，共同参与生态城的开发建设。新加坡国家发展部专门设立了天津生态城办事处，天津市政府于2008年1月组建了中新天津生态城管理委员会。

按照两国政府确定的必须依法取得土地、不占耕地、节地节水、实现资源循环利用，有利于增强自主创新能力的原则，选址于自然条件较差、土地盐渍、植被稀少、环境退化、生态脆弱且水质型缺水的地区。同时，选址考虑有大城市依托，基础设施配套投入较少，交通便利，有利于生态恢复性开发。

中新天津生态城位于中国国家发展的重要的战略区域——天津滨海新区范围内，毗邻天津经济技术开发区、天津港、海滨休闲旅游区，地处滨海新区，距天津中心城区45公里，距北京150公里，总面积约31.23平方公里，规划居住人口35万。

中新天津生态城指标体系依据选址区域的资源、环境、人居现状，突出以人为本的理念，涵盖了生态环境健康、社会和谐进步、经济蓬勃高效等3方面22条控制性指标和区域协调融合的4条引导性指标，将用于指导生态城总体规划和开发建设，为能复制、能实行、能推广提供技术支撑和建设路径。

生态城项目定位全面贯彻循环经济理念，推进清洁生产，优化能源结构，大力促进清洁能源、可再生资源和能源的利用，加强科技创新能力，优化产业结构，实现经济高效循环。提倡绿色健康的生活方式和消费模式，逐步形成有特色的生态文化；建设基础设施功能完善、管理机制健全的生态人居系统；注重与周边区域在自然环境、社会文化、经济及政策的协调，实现区域协调与融合。

中新天津生态城的建设目标具体包括：建设环境生态良好、充满活力的地方经济，为企业创新提供机会，为居民提供良好的就业岗位；促进社会和谐和广泛包容的社区的形成，社区居民有很强的主人意识和归属感；建设一个有吸引力的、高生活品质的宜居城市；采用良好的环境技术和做法，促进可持续发展；更好地利用资源，产生更少的废弃物；探索未来城市开发建设的新模式，为中国城市生态保护与建设提供管理、技术、政策等方面的参考。

中新天津生态城作为世界上第一个国家间合作开发建设的生态城市，旨在为中国乃至世界其他城市可持续发展提供样板；为生态理论创新、节能环保技术使用和展示先进的生态文明提供国际平台；为中国今后开展多种形式的国际合作提供示范。

（四）中新合作三大国家级项目之三：重庆互联互通项目

2013 年 10 月，中国国务院副总理张高丽在中新双边合作联委会第 10 次会议期间，向新加坡副总理张志贤提议，在中国西部地区开展继苏州工业园、天津生态城之后的中新第三个政府间合作项目。随后，双方就此达成共识。2014 年 8 月，习近平主席在南京会见前来参加青奥会开幕式的新加坡总统陈庆炎，正式谈及设立第三个国家级合作项目的议题，并明确指出第三个项目设于中国西部。

2015 年 11 月 6 日，习近平主席在新加坡访问期间宣布中新项目落户重庆。11 月 7 日，在习近平总书记和李显龙总理的见证下，中国国务委员杨洁篪和新加坡副总理张志贤在新加坡签署了《关于建设中新（重庆）战略性互联互通示范项目的框架协议》；商务部部长高虎城和新加坡总理公署部长陈振声签署了《〈关于建设中新（重庆）战略性互联互通示范项目的框架协议〉补充协议》；中国重庆市市长黄奇帆和新加坡总理公署部长陈振声签署了《关于建设中新重庆战略性互联互通示范项目的实施协议》。

2016 年 1 月 4 日至 6 日，习近平总书记在视察重庆时指出，中新（重庆）战略性互联互通示范项目在重庆落地，一定要高标准实施好，打造高起点、高水平、创新型的示范性重点项目。

截至 2022 年 11 月，中新（重庆）战略性互联互通示范项目正式启动 7 年来，中新双方共落地政府和商业合作项目 218 个、金额 252.6 亿美元，金融服务项目 235 个、金额 290.4 亿美元，有效提升西部地区与东盟国家的互联互通水平。

中国西部陆海贸易新通道是习近平主席提出的战略构想，以重庆和新加坡为两端，在赋能东南亚和中国西部地区相互借力发展上扮演着重要角色。这条新通道以重庆为起点，一路南下经广西北部湾出海，是一条连通中国西部和东南亚的陆路与海路通道，既提升了两个地区互联互通，触到了新市场，也提升了区域供应链韧性。

2023 年 7 月 16—19 日，重庆市委书记袁家军访问新加坡，表示愿携手新加坡在科技与绿色金融等领域深化合作，打造一批具国际影响力的标志性成果，并从金融、交通物流、航空产业、信息通信以及科技创新等五方面，提出了渝新合作建设国际陆海贸易新通道的具体建议。

李显龙总理会见袁家军时强调，新加坡和重庆继续利用各自作为陆海新通道区域枢纽的地位，提升中国西部与东南亚的互联互通，促进地区发展与繁荣。这次出访袁家军访问了新加坡国立大学，并提出持续推进"卓越"系列人才培养计划，推动由国大和重庆两江新区合作开设并自主运营的重庆研究院，完成100名博士生的培养计划。袁家军向与会者展示新加坡雨树和重庆黄桷树的幻灯片，寄语两地合作要枝繁叶茂、生机勃勃。①

（五）中新合作的"准国家级项目"：广州知识城

2008年9月16日，时任中共中央政治局委员、广东省委书记汪洋与新加坡总理李显龙举行会谈，提出粤新共建标志性项目的构想。2009年3月23日，粤新双方签署"中国广东省与新加坡建立合作理事会备忘录"和"知识城"项目备忘录，并于2010年6月30日启动建设。

2016年7月国务院发布《关于同意在中新广州知识城开展知识产权运用和保护综合改革试验的批复》，同意在中新广州知识城开展知识产权运用和保护综合改革试验，提出将中新广州知识城打造成为"立足广东、辐射华南、示范全国"的知识产权引领型创新驱动发展之城，为建设知识产权强国探索经验。

知识城位于广州市黄埔区九龙镇，规划面积123平方公里，其中建设用地60平方公里，规划人口约50万人，由广州开发区与新加坡星桥腾飞集团以对等股权合资开发，是粤新合作的标志性项目，也是广东转型升级的重要平台。截至2019年项目累计投资超过300亿元人民币，中新合作项目达到38个，其中软件项目33个。

广州知识城以知识经济为创新模式，实现汇聚高端产业与人才，打造成为一座经济、人文与生态和谐及可持续发展的城市。广东省政府授予知识城管委会部分省级管理权限，并在诸多方面提供专项法制保障，政府在人才、招商、科技、金融等多个层面下发专项政策，涵盖方法、政策和流程等众多方面，领域涉及知识产权、基础设施规划与管理、环境保护、经济产业发展、社会管理、城镇发展和公共管理等。这些"软件"融合了中国和新加坡之精华所长，使广州知识城区别于较为偏重硬件的各类国际科技创新合作园区。

（六）作为中国企业走向海外的选择

在整个20世纪的后20年以及21世纪初，世界经济发展放缓，而中国经济却一枝独秀，巨大的中国市场对新加坡企业有着巨大的吸引力，中新贸易

---

① 刘柳，《接掌重庆后首次外访 袁家军：愿携手新加坡打造具国际影响力标志成果》，载于《联合早报》，2023-7-19。

发展迅速。新加坡成功塑造了一个国际大都市的形象，按国际惯例办事，为很多的中国企业提供了国际化的经验。如新加坡在很多事情上都尽量地提高透明度，减少不确定性，以吸引跨国公司。

随着中新两国政治和经贸关系健康地发展，越来越多的中国大型国有企业纷纷前往新加坡，在新加坡设立自己的东南亚总部，并以此为基地，大力拓展东南亚和南亚地区的市场业务。中资企业在新加坡的发展规模越来越大，涉及的领域越来越广，挂牌上市的公司越来越多。不少民营企业也纷纷登陆新加坡，以此开拓国际市场。

2007 年，在新加坡的各类中资企业总数已接近 2000 家，是海外中资企业最集中的地方。新加坡中资企业协会自 1999 年成立以来，会员公司已发展到200 多家，业务领域包括海运、空运、建筑、金融、能源、贸易，以及科技、法律与咨询、旅游、房地产和新闻出版等。

新加坡政府根据中资国有企业的特殊情况，除在办理签证等方面给予方便外，对选派来的中资企业人员免交公积金，理由是他们在中国已经参加了养老保险。中资企业把新加坡当作区域管理中心，目的是把这里作为一个基地，向整个周边区域市场扩充发展。中国国有企业中远投资新加坡公司分管了 14 个国家和地区的业务，2006 年又纳入了菲律宾的业务，统一交由新加坡公司管理。中国保险（新加坡）公司目前正在积极探索，把业务拓展去越南，东方航空公司和厦门航空公司在新加坡的办事机构也在努力扩大航线。

中国股市门槛高、限制多，风险及战略投资基金少，这使得中国民营业企业要进一步扩充时，在筹募资金方面很困难。到新加坡上市的中国民营企业，可以通过新加坡金融中心的优势，与国际金融界接轨。同时，也可以利用新加坡先进的管理方式，将公司运作形式规范化。新加坡经过多年发展，资本市场完善，在资金管理上也有优势，很多国际投资机构都把新加坡作为区域据点。

到 2006 年年底，有 100 多家中资企业在新加坡交易所上市，但只占市场份额的 15%。随着中国经济改革开放，中国民营企业为了进一步扩充业务，对于资金的需求也相对增加。与亚洲另一个金融中心中国香港比较，新加坡对于中国民营企业来说，占了三项优势。一是新加坡股市比较注重制造业，中国香港则较偏重投资等高成长的行业，对制造业并不热衷；二是新加坡股市门槛较低，中国民营企业来新上市，程序相对简单快捷，费用也较低；三是中国香港股市主板的要求严苛，加上最近有许多中国内地企业在香港上市，因此香港股市倾向于大型公司，相对看来，新加坡股市对中小型企业比较支持，吸引力也更大。

　　新加坡与中国企业基于同样的种族、文化、语言，沟通方面良好，可促进双方战略合作。中国民营企业可利用新加坡这个"窗口"走向世界，成为中国民营企业的岸外贸易中心。同时，对于新加坡的整体经济和商家来说，与中国企业加强联系，获得的益处良多。新加坡商家对东南亚、南亚和中东市场十分熟悉，也拥有良好的营销网络，擅长市场管理，是新加坡企业作为合作伙伴的优势。新加坡的管理经验、技术良好，资金雄厚，而中国经济发展快速，同时也有 13 亿人口巨大市场。新加坡的医药界、房地产界、医院建设等企业，可利用自己的技术、强大的资金支持，前往中国投资、上市集资，利用中国的市场优势，推动自己的产业发展。

　　在新加坡企业发展局的环球贸易商计划下，中国民营企业享受税务上的优惠，这是新加坡政府为吸引大型国际贸易公司前来设立区域营运中心而设的税务奖励计划。符合条件的公司的岸外贸易收入可享有 5%～10% 的优惠税率。至 2006 年年底，已有 20 多家中资企业参加这项计划，成为税务优惠的受惠者。

　　中国企业不但可在新加坡上市融资，也可在新加坡注册，从新加坡的法治中获益。2004 年 6 月，通达能源在新加坡注册，总公司设立在新加坡，主要业务在中国境内开展城市天然气项目投资。新加坡通达成立后，引进美国POPE 基金，并与新加坡证券商接洽，预计将在 2008 年公开上市发行。新加坡先进的管理经验，良好的企业服务使公司逐步与国际接轨。在国际会计师的审计下，公司的发展规范化并国际化。公司的法人治理结构变得更加完善。通达公司注册后，在新加坡证券商、会计师和律师的帮助下，业务模式正规化、规范化，受到国际投资机构的青睐，并因而得到了国际资金。新加坡在这方面扮演着把中国民营企业和国际投资者联结的桥梁角色。

　　新加坡"麻雀虽小，五脏俱全"，对于准备走出国门的中国企业，新加坡能够提供八大有利条件：

　　（1）新加坡是个四通八达的国际都市，拥有一流的基础设施，完善的海、空及电信通信网络。从樟宜国际机场起飞的载货和载客航班往返全球近 200个城市；在海路方面，400 条航运线通往 700 个全球主要港口。

　　（2）为了提供企业更多的商贸便利和优惠，新加坡也与各国签署了双边自由贸易协议，如与美国、日本、澳大利亚、新西兰和东盟国家的协议。新加坡也正在与其他国家洽谈双边自由贸易协议，这包括中国、印度和韩国等。通过这些协议，新加坡便能与全球主要的经济体系接轨。因此，驻新加坡的企业便能享有出口贸易的税务优惠和更大的消费市场。

（3）除了双边自由贸易协议，新加坡也与印尼政府签署了廖内群岛的特别商贸协议，使商家能同时享有新加坡的高产值以及廖内群岛的两大岛——巴淡岛和民丹岛所能提供的低成本和产能。

（4）新加坡不断积极制定高标准，使它享有服务和产品品质保证的信誉。久而久之，新加坡本身就被视为一个品牌。中国企业可以利用这个优势，为自己打出一个可被国际认可的品牌。

（5）新加坡已发展了一个广泛、多元化的产业构造。除了制造业的电子通信和化工业等产业，新加坡也不断培养服务业如物流与运输，教育服务业等。在这方面，新加坡已有所成就。

（6）优秀的企业需要不断培养人才。因此，为了加强新加坡卓越教育服务枢纽的位置，新加坡吸引了超过10所世界级大专学府在此建立分校，提供各科系的进修课程。

（7）新加坡享有"环球企业之都"的健全体制，方便企业进行交易、商贸、技术和思想交流，以及寻求新合作伙伴和开拓新市场。新加坡的"企业生态环境"积极欢迎海外的企业在新发展。除了新加坡本土的10万家中小型企业外，还有来自欧美及日本的7000多家跨国公司，以及来自诸如澳大利亚、以色列、韩国和新西兰的新兴企业。为使中小型高科技企业能加快国际化的步伐，中国科学技术部下属的中国火炬中心，已在新加坡设立了孵化中心，从而为有意到新加坡拓展业务的中国公司提供政策咨询、融资等服务，降低这些公司到海外创业或投资的风险。

（8）新加坡的蓬勃金融市场和融资环境能为许多企业提供资助。新加坡有超过150家来自全球各地的风险投资机构，另外，选择在新加坡交易所上市的中国企业也与日俱增。根据新加坡金融管理局发布的《2020年新加坡资产管理调查》新加坡同期资产管理规模为4.65万亿新元，约合3.4万亿美元。另外，2017年到2019年新加坡家族办公室的数量增加了五倍；2020年新加坡本地约有200个家族办公室，2021年家族办公室数量增速超过100%，达到400多家，管理资金总规模达到200亿美元以上。

新加坡优越的地理位置和特殊的文化传统，以及廉洁高效的政府亲商政策、先进的基础设施和优雅的生活环境，是吸引越来越多的中资企业南来扎根的主要因素。

第五节　广交合作伙伴

一、来自印度的另一翅膀

吴作栋曾经说："中国和印度，将带动东南亚一起腾飞。泰国、马来西亚和新加坡会持续发展，而越南和印尼也具有发展的潜能。正在进行中的东盟内部经济整合过程，将使本区域更具竞争力和活力。"实现这个飞跃的动力正来自亚洲内部，尤其是中国和印度这两个亚洲的大翅膀。①

（一）印度的"东向政策"

无论从地理，还是从历史、文化和经济角度看，新加坡和印度的关系一直十分密切。近年来，两国合作关系更是不断发展。新加坡人口中7%是印度裔，而且还有数万名印度人在新加坡工作。新加坡不仅是东盟在印度最大的投资国，也是印度在东盟地区最大的贸易伙伴，2004年双边贸易额达到58亿美元。

冷战期间，印度凭借其在不结盟运动和第三世界中的领导地位，周旋于美苏两个超级大国之间，发挥了较大的国际影响力。冷战后，随着苏联解体，印度失去了一个强有力的盟友和军事、经济上的援助，国际地位和作用下降，印度开始调整对外战略、拓展新的国际空间。随着冷战的结束和全球区域经济一体化的进程，印度越来越意识到东盟对其政治、经济和外交的重要性，于是提出了"东向政策"。②

"东向政策"是20世纪90年代初印度实施全方位外交、推行大国战略的一个重要组成部分。在印度政府的努力下，1992年1月，东盟在第四次首脑会议上接纳印度为贸易、投资和旅游方面的对话伙伴国。1996年，印度正式成为东盟的对话伙伴国，同年7月，印度加入东盟区域论坛，这是印度半个世纪以来第一次参加亚太地区的政治与安全对话。2002年11月，印度与东盟在柬埔寨首都金边举行首次领导人会议，确立了双方年度峰会机制，从而形成了继东盟"10+3"之后的第四个"10+1"合作机制。印度总理曼莫汉星在

---

① 吴琼，《MICE驻足新加坡 政府意图打造"第四经济支柱"》，载于《新浪财经》，2005-8-20。http://finance.sina.com.cn/j/20050820/16011904096.shtml

② 《印度加强与东盟关系》，载于《联合早报》，2006-02-17。

2004 年 11 月提出建立亚洲经济共同体的设想，立即得到有关国家的响应。2005 年 12 月在马来西亚首都吉隆坡举行的首届东亚峰会确定以东盟为中心，在"10+3"机制的基础上接受印度、澳大利亚和新西兰参与东亚合作，进一步提高了东盟的"牵引"地位，为东亚合作创造了一个更大的活动平台。东盟已经成为继欧盟、美国之后，印度的第三大贸易伙伴。①

新加坡与许多国家和地区存在自由贸易协议，是亚太地区的重要经济中心和全球经济网的重要节点。新加坡健全的基础设施、稳定的社会与政治环境以及良好的商业政策，为印度商界向东盟、亚太扩展提供了跳板。新加坡地处太平洋与印度洋的接合部，是连接亚太和南亚地区的战略枢纽，加强印度与新加坡安全防务合作与交流，进可有助推动印度参与亚太安全事务，退可稳固自身东部屏障，改善周边安全环境。这都是新加坡在印度近年来"面向东方"外交政策构想中，占据特殊地位的重要原因。

（二）新加坡对印度的关注

20 世纪 90 年代以来，新加坡政府实施向海外发展的战略，新加坡社会的"中国热"持续升温，政治上、经济上都引人注目。但进入 21 世纪以来，新加坡和印度的领导人增加了互访，尤其是新加坡开始注意观察印度新的政策走向。

中国的经济总量激增，新加坡已经开始担心自己的"市场价值"和社会地位会相对下滑。印度作为亚洲大国，潜能巨大，是平衡中国影响力的一支重要力量。"在经济上，我们自然不该把所有鸡蛋都放在一个篮子里。我们正设法减少对美国经济的依赖，未来也不应只依赖中国。"印度这就成了分散风险的一个重要选择。

新加坡认为，与中印这两个重要的国家，可以同时发展平衡和扎实的关系，并不存在此消彼长。从远景看，如果中国和印度都能够稳健增长，世界经济多了巨大的两个驱动力，新加坡将会因此受益，减轻对美国经济的依赖。

新加坡国民中印度裔人占 7% 左右，面向印度的发展政策得到了这部分人的积极支持，而新加坡的印度文化传统以及与印度的民间联系，则是新加坡开拓印度市场的优势。同时，"中国热"和"印度热"能够平衡以美国为代表的西方通俗文化的影响，有助于新加坡社会保留东方文化传统。

2002 年 10 月，新加坡贸工部兼教育部高级政务部长尚达曼访问印度时

---

① 刘柳，《接掌重庆后首次外访 袁家军：愿携手新加坡打造具国际影响力标志成果》，载于《联合早报》，2023-7-19。

说，新加坡正与印度洽谈制定"密切经济合作协议"，以促进两国间的经贸往来。他说，这是一个比传统双边自由贸易协定更全面的经济合作方式，除经济合作外，还包括两国人员的直接联系和接洽，此协定将把印度与东盟联系起来，彼此达到最大的经济合作效益。

出于开发印度市场以及平衡区外大国关系的综合考虑，新加坡一直致力于积极推动印度加强与东盟政治、经济、安全层面的全方位接触，赢得了印度朝野各界好感。2004 年 7 月新加坡总理吴作栋行将卸任之际第五次访问印度，印度政府给予吴作栋高规格接待，两国签署了《全面经济合作协定》，并开启《自由贸易协定》谈判。在吴作栋倡议下，印新两国还成立了"印新伙伴关系协会"，以推动两国工商界更好进行交流合作。

"亚太"出现于 20 世纪 60 年代，后来在 20 世纪 80 年代成立了亚太经济合作组织（APEC）论坛，"亚太"一词并不包括印度，没有考虑到印度洋对世界海上贸易日益增长的重要性。

正是日本认为有必要适应这两个缺点，在美国和澳大利亚的支持下，倡导了"印太"的概念。美国用"印太"或"亚太"的概念区别，来强化自身利益，意图通过发展印度制造业，替代中国产品和压缩中国贸易优势，从而打压战略竞争对手，这在客观上为印度提供了更多发展机遇。

在 2020 年新冠疫情暴发之后，美国拜登政府重提融入亚太，提出印太经济框架（IPEF），替代"太平洋合作框架"（TPP），来遏制中国发展，印度似乎看到更多的产业替代机会。新加坡在这种背景下对中印两个大国的合作关系就更加注意好各种节奏的平衡，小心翼翼扇动"两只翅膀"。

2022 年 5 月李显龙总理访问日本，在第 27 届国际交流会"亚洲的未来"指出，中国的经济融入本区域，远比它按照一套不同的规则独立运作要好得多。中国发起了覆盖面广的倡议，如"一带一路"倡议和全球发展倡议，有系统地发展它的区域和多边联系。许多国家都对这些积极举措表示欢迎，包括新加坡在内，新加坡支持"一带一路"并加入了全球发展倡议之友小组。

他说，"中国是世界第二大经济体，也是最大的制造业国家和货物出口国，消费市场增长速度全球最快。印度则是全球增长最快的经济体之一，全球五分之一的年轻人口在印度；这个人口红利将于下来多年里驱动经济增长。"李显龙认为，"亚洲国家相互往来以及亚洲和世界其他地区的交往，不能只建立在安全考量和关系上。安全合作还须辅以实质和互惠的经济合作，因为若各个国家也在他国的经济成功中拥有利益，它们将有更大的动力，一同克服彼此之间的问题。"IPEF 在四组课题上促进灵活合作：一是贸易，二

是供应链，三是洁净能源、去碳和基础设施，四是税务和反贪。但是，IPEF
不包括贸易自由化和市场准入，因此不是一项自贸协定，不能取代TPP。①

二、与中东的经贸文化合作

尽管新加坡经济发展更多地依赖国内需求，但同时也越来越多地依靠出
口拉动经济增长，而全球需求的变化成为新加坡经济沉浮的决定性因素。曾
经作为亚洲地区增长最快的经济体的新加坡，在进入21世纪后经济增长速度
明显放缓，寻找新的经济增长点是新加坡政府最急迫的任务之一。

（一）投资中东的时代背景

进入21世纪，新加坡经济增长出现明显放缓的迹象，为了有效振兴经
济，新加坡正努力调整经济结构，同时寻求加强与中东国家的经济联系，以
促进新加坡本国的经济增长。

新加坡经济增长放缓主要是因为其经济增长严重依赖大量消耗燃料的制
造业，与美国等服务业和消费开支在国民经济中所占比重较大的经济体相比，
油价升高对新加坡经济造成的冲击更加严重。

面对这种形势，新加坡的选择是努力调整产业结构，将长期以来经济发
展所依赖的制造业转移到低成本国家，重新树立旅游中心的形象；同时，新
加坡正在扩大与中东地区的双边投资规模并加强与该地区的贸易联系，以期
从该地区的经济增长和丰富的石油储量中获取丰厚收益。

新加坡与中东国家进行政治及经济上的接触起步较晚，2000年之前，新
加坡与中东地区的双边投资规模较小，但"9·11"恐怖袭击事件之后出现的
政治和经济变化在一定程度上推动新加坡与中东地区的双边关系，同时中东
各国政府及企业也开始在其他地区寻找投资和贸易机会，以摆脱对欧美国家
的过度依赖。

从2005年吴作栋提倡到中东开发商机以来，中东国家开始成为新加坡领
导人交往频繁的对象，双方互访次数增加。中东在新加坡未来投资计划中的
地位越来越重要。李光耀认为，和中国、印度及越南需要长期投资、获益较
慢比起来，中东的吸引力在于投资获益快。

新加坡企业发展局还在卡塔尔设立了中东第二所海外中心，这所中心将
连同设在阿联酋迪拜的区域办事处，为有意拓展中东市场的新加坡公司提供
市场信息。不少新加坡公司看好中东的潜能，希望能在这个新兴区域市场争

---

① 李显龙，《开放的亚洲有利于和平发展》，载于《联合早报》，2022-05-27。

取商机，新加坡企业发展局仅在 2007 年上半年就举办了 13 次中东商业考察团。

新加坡正在积极寻求加强与中东国家的经济联系与贸易往来，希望不断开拓海外市场以刺激国内经济的增长，从而摆脱新加坡经济发展中出现的下滑局面。

（二）与中东各国的经贸合作

1. 新加坡对中东的投资

新加坡政府在推动国内企业寻求海外发展。在投资中国、印度和越南之后，中东地区成为新加坡政府又一轮投资目标，同时中东地区的国家也开始高度关注东南亚地区。

自 20 世纪 80 年代新加坡改变政府的投资管理模式后，新加坡政府投资公司（GIC）和淡马锡控股便成了新加坡政府海外投资的代言人。GIC 掌管的投资资金超过 1000 亿美元，已跻身全球最大的 100 家基金管理公司。而淡马锡利用外汇储备进行投资，年累积回报达到 18%，到 2006 年，这家公司资产市值达到 1003 亿新元。20 世纪 90 年代中期以来，新加坡政府专注于投资亚洲市场，特别是中国、印度和越南等新兴市场。在中国，淡马锡先后入股了民生银行、中国建设银行和中国银行，GIC 则在房地产行业有大量投资。

从油价的飙升中获得高额利润的中东国家正投入巨资，进行大规模的基础设施建设。许多新加坡企业从中觅到蕴藏的商机，开始在中东国家扩展业务以使市场操作多元化，其中包括与中东国家的企业成立合资公司共同开拓市场并承建中东国家一些大型房地产投资项目。2003 年，新加坡在中东地区的直接投资达到 8.52 亿新元。2004 年，新加坡与中东的双边贸易额迅速增长 32%，达到 323 亿新元。随着多项自由贸易协议的签署以及双方举行的一系列外交活动预示着投资还会进一步扩大，新加坡与中东的双边贸易额有望进一步上升。

自 2004 年同约旦签署自由贸易协议之后，新加坡先后与卡塔尔、科威特、巴林、埃及和阿联酋就达成类似协议进行谈判，谋求合作。

2006 年，沙特阿拉伯是新加坡的第 14 大贸易伙伴国，也是新加坡在中东地区最大的贸易伙伴。2006 年，两国的双边贸易额高达 156 亿新元，主要是新加坡从沙特进口石油产品。作为中东地区最强大的经济体，沙特拥有世界上 1/4 的石油储备，为全球最大的石油出口国。沙特政府赞赏新加坡发展基础设施的能力，希望新加坡能参与其经济城区的建设，包括在拉比格（Rabigh）开发投资额高达 276 亿美元的重点发展项目"阿卜杜拉国王经济城区"。

被视为中东地区经济增长最快的卡塔尔计划在 2006 年之后的 10 年时间里投入约 1650 亿新元发展基础设施，商机巨大。新加坡从卡塔尔进口石油和炼油产品，出口则以土木工程器材和汽车零部件为主。两国的双边贸易额从 1995 年的 4.561 亿新元飙升近十倍至 2006 年的 41 亿新元，使卡塔尔成为新加坡在中东地区的第 4 大贸易伙伴。

从 2005 年到 2007 年的两年，中东国家为新加坡企业提供了总额达到约 40 亿元的项目合同。随着新加坡公司进军中东地区的金融及银行业，新加坡公司在中东地区的投资项目将进一步增加，包括建造基础设施、发展房地产以及提供咨询服务。一些新加坡公司也有意在中东地区设立回教银行，比如星展银行便在迪拜设立了分行，新加坡争取能在中东地区的资产管理业务中占有更大份额。

2. 新加坡公共服务对中东的输出

中东国家不只希望在经济发展方面向新加坡学习，也希望能在基础设施的建设等方面吸取新加坡的经验。由于新加坡的民事服务有块"金字招牌"，使得这家于 2006 年 5 月由新加坡贸工部和外交部创立的 SCE 生意兴隆，手上已有多达 15 个合作项目，这些合作项目有一半是在中东，其他则分布在中国、印度、非洲和中亚地区。许多来自外国的顾客，尤其是来自发展中的经济体如中国、中东国家的顾客，希望学习新加坡的经验。SCE 便输出公共服务到有意引进新加坡各领域的发展与管理经验的国家及地区。通过 SCE，新加坡能输出的公共服务包括设立电子政务系统、管理废料、发展公共住屋、绿化城市、城市规划和发展特别经济区。

中东对管理人才需求很大，新加坡的银行、饭店、房地产公司、建筑公司和律师事务所等，已经开始进入中东地区。樟宜机场国际公司已经获得阿布扎比新机场的管理经营契约，莫斯科第一机场也要求樟宜机场国际公司协助管理，因此该公司派人到当地培训这些机场自己的管理人员。

3. 中东国家对新加坡的投资

许多中东国家近年都积极在海外投资，并进行经济改革，开放市场，同时投入庞大的资金建设基础设施。长期以来，中东国家的大量资金一直存放在欧洲或美国，因此新加坡向其进行大力宣传投资理念，希望新加坡作为金融中心成为这些资金的又一选择，同时新加坡希望借助自由贸易协议使其成为那些有意进入亚洲和中国市场的中东企业的金融门户。

在金融领域，多年来马来西亚一直在努力发展回教银行业，是新加坡强有力的竞争对手。而新加坡政府通过努力也取得了一定进展。2007 年 5 月，巴林的投资银行集团 Arcapita Bank B. S. C. 与淡马锡控股发行了一只回教地产基金，专门投资日本市场，使新加坡与中东地区金融业的合作上升到了一个新的阶段。

（三）与中东国家的文化交流

早在 19 世纪，阿拉伯世界就跟新加坡有商贸往来，新加坡在马来群岛的适中地理位置使当时的香料商贸蓬勃发展。渐渐地，新加坡和阿拉伯世界的关系从香料贸易提升到商业贸易。

前新加坡国家发展部长马宝山说，"在联系中东和新加坡的投资新丝路上，新加坡扮演着关键角色。新加坡公司已在中东地区巩固数十亿元的计划和商业项目。印度洋两岸的政治领袖定期举行会谈以加强彼此的了解和经济交流。这样的往来让我们对中东多层面的世界有更深一层的了解。"

为加强新加坡与阿拉伯世界的历史文化联系，2007 年 3 月，新加坡国家博物馆与德国知名的维特拉设计博物馆联办的"生活在新月下"文化节，探索打开阿拉伯世界的窗口，加强沟通理解。"生活在新月下"文化节是新加坡国家博物馆与维特拉设计博物馆首次联办的阿拉伯文化项目。文化节各项活动持续两个月，通过展览、摄影展、表演艺术、电影、讲座和工作坊呈现出阿拉伯文化的多种面貌。另外，新加坡政府还准备协助新加坡的阿拉伯社群修建一所阿拉伯文化与文物中心。

为促进东南亚和中东地区两大区域的年轻领袖的交流，首届阿拉伯与亚洲环球行动论坛于 2007 年 4 月在新加坡举行，为期两天的论坛由阿拉伯年轻领袖（Young Arab Leaders，简称 YAL）组织举办，约 150 名来自巴林、埃及、约旦、科威特、黎巴嫩、阿曼、巴勒斯坦、沙特阿拉伯和阿拉伯联合酋长国，以及中国、印度、印尼、日本、马来西亚、新加坡和韩国等国家和地区的年轻领袖出席了论坛，吴作栋和约旦国王阿卜杜拉二世是这次论坛的名誉赞助人。

李光耀、吴作栋与一百多名来自中东地区和东南亚各地的代表举行对话，介绍了新加坡的发展经验，并认为在中东各国发展进步的过程中，新加坡可以发挥积极作用。中东国家确定在 2014 年实现建立阿拉伯共同市场的目标，为该地区经济带来变革，中国和印度的经济快速增长，中东国家也因为油价高涨而迅速致富。进入 21 世纪以来，中东和亚洲其他地区之间的贸易及投资额取得 3 倍增长，掀开了新丝路时代的序幕，这种经贸联系同时与中国"一带一路"复合成长。

除经济因素之外，与会的中东地区国家也强调，国际上因受西方媒体的报道影响，对中东地区产生了错误印象，而东南亚与中东进行的交流，将有助于纠正这种偏见。

由于新加坡与中东国家这种相对于其他发达国家更为密切的交流沟通和友好关系，同时与新加坡马来穆斯林的文化传统友好互动，使其在以美国为主导的战略均衡机制中具有难以替代的优势。

三、看到非洲发展的曙光

（一）瞩目南部非洲

新加坡企业一向是到欧洲、美国寻找市场，进入 21 世纪来，中东也被重视起来。特别是南部非洲，以其丰富的自然资源和发展潜能吸引着越来越多的注视。

2007 年 5 月，新加坡总统纳丹访问南部非洲，鼓励新加坡人到非洲投资和旅游。南非、纳米比亚和博茨瓦纳等国都大力称道新加坡的成就，并指出新加坡虽然小，只有人力资源，却成功了，三国派人到新加坡受训，学习新加坡的工作文化、政治领导方式、教育体系等。

南非所处的地理位置，使之成为联系非洲各国、亚洲和南美洲的中枢。南非希望吸取新加坡在贸易和投资促进方面的经验，纳米比亚要在海港管理和发展方面向新加坡看齐，博茨瓦纳最想吸取的是新加坡在公共服务人力资源训练方面的经验，要把一所行政和商业学院发展为类似于新加坡公务员学院那样的机构。

南非和新加坡合作的领域主要是，为南非展开新的技术援助计划，包括职业训练计划、医院管理、贸易与投资促进训练，发展旅游业，以及国防领域等。截至 2007 年 5 月，南非已派遣了 600 多人到新加坡受训。同时，新加坡包括拉惹勒南国际关系学院与李光耀公共政策学院等高校提供奖学金让南非学生到新加坡的高等学府深造，两国的大学也展开了学生交流计划。

纳米比亚有着丰富的天然资源，政府为投资和经济发展积极创造条件，吸引资金和技术来进行增值生产，纳米比亚为制造业和出口商拟定奖励措施和设立免税出口区，总统波汉巴希望新加坡商人利用纳米比亚提供的制造业和出口奖励，前去投资。纳米比亚则看好新加坡在码头管理、公务员训练等方面的经验，决定设立公共行政和管理学院，以新加坡的经验加强人力资源和公务员培训。新加坡还协助纳米比亚设立了生产力中心，帮助纳米比亚培育相关行业所需要的人才。

（二）"非洲新加坡"卢旺达

1994年卢旺达大屠杀事件发生时，当时全国有500多万人口，人均GDP不到200美元。大屠杀造成近100万人死亡，两百多万人逃亡，图西族人先被捕杀殆尽，商业被完全摧毁。到图西族掌权，耕作农业的胡图族人又四散逃亡。局势稳定后人口回流，政府没钱就印钞，发生恶性通胀，再次造成经济动荡。

卢旺达真正谈经济发展，是到2000年以后。卢旺达的生产状态还十分落后，2018年卢旺达人均GDP800美元左右，在低水平的非洲国家（54国）那里，排名30开外，是全世界最不发达的国家。

卢旺达总统保罗·卡加梅选择了亚洲威权主义模式，对祖国进行父爱式治理，他对标的国家是新加坡。新加坡有人口560多万，整个国家干净整洁，政府严厉而廉洁。卢旺达人口是新加坡的两倍，政府治理风格也相似，但在经济领域，没有任何相似之处：新加坡有电子、石油化工和航运等实体产业，还有金融和旅游这样的现代服务业。

卢旺达首都基加利，军队把守街道，警察到处巡逻，南非式抢劫在这里完全看不见。人们不准随意扔垃圾，不准随意路边摆摊，摩的司机必须穿反光马甲、戴头盔，流浪乞讨的小孩和大人会被关进收容所，卫生检查不达标的饭馆会被关掉。每月最后一个周六，卢旺达全民必须参加义务劳动。卡加梅总统自己说，有些人批评我把人民逼得太狠，但我也是这样逼自己的。要逼他们变得优秀。

卢旺达是第一个禁止塑料袋的国家。卢旺达本来就没有生产塑料袋的能力，国家一下令，全国只能用纸袋。卢旺达没有令人头疼的"白色污染"，街道打扫得干干净净。2017年，世界旅行大奖将非洲最佳旅游目的地的称号颁给了卢旺达。①

2022年6月李显龙总理在他任内首次出访非洲国家。他谈到卢旺达和非洲的发展潜能时说，卢旺达人口的年龄中位数是22，这和新加坡建国初期的年龄中位数相近，感受到卢旺达同样渴望追求进步、成功，并为人民开创更好的未来。"当一个国家的人民有这样的追求，不断前进，政府和领导也在做相应规划、制定方向、实现目标，就会为自己和伙伴创造机遇。"

自1992年创设新加坡合作计划，到2022年已成立30周年。至今已有超

---

① 张子竹：《"禁塑"十年，卢旺达的环保启示》，财新网，http：//science.caixin.com/2018-10-18/101336561.html。

过 1 万 2000 名非洲官员参与这项计划，当中有许多来自卢旺达。在这次访问中新加坡宣布为非洲国家推出为期三年的合作计划，配合当地重点关注领域，如气候变化、可持续发展、数码化和智慧城市，定制相关的培训课程。①

在对新加坡媒体谈到出访非洲和卢旺达的感想时，李显龙说："卢旺达是非洲一个非常有意思的国家，有很大的潜能，也和新加坡有一些联系。他们非常看重我们，说他们的抱负是成为非洲的新加坡。这对我们是非常大的称赞，但其实我们都是在相互学习……很高兴在这里有几天的时间，让我有机会更了解卢旺达和非洲。"②

四、审视俄罗斯的决心

（一）俄罗斯的经济特区计划

苏联解体之后，俄罗斯一度陷入混乱，经济跌入谷底。进入 21 世纪，普京领导下的俄罗斯经济增长稳健、政治局势稳定、投资环境良好，陆续推出了多个经济特区开发计划。俄罗斯高度评价中新苏州工业园区的成功，希望新加坡可以参与总体的规划和设计。俄罗斯计划开发的经济特区包括了两个工业特区、四个高科技特区和七个旅游休闲特区。截至 2007 年，新加坡为其中两个经济特区的发展提供咨询与援助，分别是托木斯克和叶拉布加经济特区。新加坡还为俄罗斯联邦及地方政府官员就经济特区的发展提供咨询及援助，包括为其制定一套推行经济特区工作的专门培训课程。

托木斯克是俄罗斯先进的科研教育中心之一，拥有许多优秀的高等学府以及 3500 多名电子、信息科技、系统控制、生物、制药等方面的专家。在信息科技、电子技术、生物医药行业、纳米材料及产品、核能和替代能源方面具有优势。技术推广型经济特区的配套工程，建立独具特色的知识密集型工厂，是托木斯克州最大的一个投资项目。

叶拉布加工业生产型经济特区坐落在俄罗斯鞑靼斯坦共和国，总面积 20 平方公里。政府为这个特区提供多项税务优惠，包括公司注册后免收企业财产税和土地税；在特区进口外国机械及零部件可免征关税和增值税，条件是投资商必须投入至少 1000 万欧元的资本。鞑靼斯坦政府近年也积极发展电子

---

① 蓝云舟，《三年"合作配套"新加坡将为非洲国家定制培训课程》，载于《联合早报》，2022-06-28。

② 蓝云舟，《李总理在共和联邦政府首脑会议上呼吁 各国应朝更具韧性全球化形式努力》载于《联合早报》，2022-06-26。

政务服务，为人民设立一站式政府服务网络。叶拉布加工业特区也将采用同样的模式，在特区办公楼里将有移民官员、税务官员等多个部门的代表，为商家提供一站式服务。鞑靼斯坦总理米尼哈诺夫表示新加坡与中国合作开发的苏州工业园区发展非常成功，因此也希望分享经验，让叶拉布加也同样成功。李光耀认为，叶拉布加工业特区的情况和成都的工业区比较相似，两者都处于内地，距离出口港较远，因此生产对象并不是为了出口，而是以当地市场为目标。

但随着 2014 年俄罗斯夺取克里米亚，俄罗斯陷入西方社会的经济制裁，国际资本逐渐与俄罗斯脱钩。在依赖能源输出的发展模式中，除军工之外的俄罗斯制造业走向凋敝，俄罗斯各种经济发展蓝图已经前行渐远成为泡影。

（二）进军俄罗斯的顾忌

李光耀认为，对于新加坡投资者进军俄罗斯，首先得加深对俄罗斯市场的了解。"新加坡投资者从未听说叶拉布加，不知道它是在哪里，我自己也是从地图上认识叶拉布加，这是第一次到访。人们在投资 1000 万欧元之前，得先认识这里的人和文化。"他指出，首先到这个特区进行投资的将是那些对俄罗斯市场已经非常熟悉，并已在俄罗斯设有业务的公司，它们进场是要充分利用这些税务优惠和设施来与俄罗斯的现有业务相辅相成。要从新加坡吸引对俄罗斯市场还不熟悉的投资商并不容易，但是随着新加坡和俄罗斯加强双边交流，随着新加坡商人对这个特区的进一步了解，会增加投资意愿。

鉴于许多新加坡企业对俄罗斯的发展商机缺乏了解，国家企业发展局建议新加坡商家进军俄罗斯时，重点是放在石油与天然气、食品与饮料、房地产开发及旅馆与基础设施服务和技术开发等四大领域寻求潜在商机。2005 年李光耀访问俄罗斯时，曾经认为俄罗斯的资源非常丰富，而目前也在开始推行市场经济政策，与新加坡合作开发的经济特区具备在十年内达到甚至超越苏州工业园区的发展水平。为此，新加坡必须物色一名在这方面具有七八年工作经验的人来领导进行这项合作的新加坡团队，此人也必须愿意付出时间去学习俄文。

但是在进一步观察和思考俄罗斯的情况之后，在 2007 年 6 月再次访问俄罗斯时，李光耀认为新加坡人对俄罗斯的语言和文化缺乏了解，很难在它的发展过程中扮演什么桥梁角色。李光耀感到俄语太难学了，要找寻"俄罗斯版"的吴多深[1]是不太可能的。"吴多深从小会讲华语，虽然是新加坡人，但

---

[1]　《印度加强与东盟关系》，载于《联合早报》，2006-02-17。

是在文化上，他了解中国人，到那里是宾至如归，只不过有着不同的观念，受过不同的教育，但他和中国人沟通绝对没问题。你要现在去学俄语？学到来就太老了，更何况你真的能够了解俄罗斯人的思维吗？那非常困难。"尽管李显龙当年曾受李光耀鼓励学习俄语，但李光耀解释说："他对数学很有兴趣，俄罗斯当时的数学很强，所以我鼓励他学俄语，以阅读俄语的数学刊物。当时的俄罗斯也是个非常强大的国家。"

李光耀认为俄罗斯在迅速发展，对于新加坡要如何参与它的发展，以及俄罗斯的崛起能否为亚洲和处于亚洲的新加坡带来经济好处，他认为还无法肯定。新加坡是否能在俄罗斯崛起时得到好处，还是个未知数，而要同俄罗斯合作，也未必容易。他指出："不过，我仍无法断定俄罗斯的改变对新加坡究竟是利是弊。当苏联还是一股强大的势力时，我们也没有特别得到什么好处，他们和我们的交往只限于一队渔船把在远洋捕获的鱼运来这里装罐，俄罗斯航空公司 Aeroflot 曾往返新加坡，莫斯科银行也曾在这里做生意，但即使苏联当时是个强权，我们的双边关系也没多大的经济成分。"俄罗斯尚未成为市场经济体，在重整经济的过程中也倾向借助欧洲的力量，同东盟的贸易量不大，彼此之间关系的战略意义多于经济意义，而新加坡对俄罗斯的语言、文化也都缺乏了解。

他说："当然，当时的苏联是个着重于建设军事力量的国家，现在的俄罗斯则将精力集中于重整经济。他们固然也在加强国防和核武力量，但我不认为他们会回到旧苏联的军备竞赛时代。如果俄罗斯成为繁荣的经济体，自然有贸易、有生意可做，我们的投资商必然会到大城市投资。我们已经有一些商家在莫斯科和圣彼得堡投资开设旅馆和经营餐饮业。"

俄罗斯幅员辽阔，对于新加坡的投资来说是个不利条件。李光耀说："他向我指出南部边界的一个地方，但你要如何到达那里？对俄罗斯国内的旅客来说，那很近，但是对亚洲人来说，要如何去那里？你得飞往莫斯科，然后再向南飞行至少五个小时。"

俄罗斯向来是个科技强国，在新加坡在这方面和它合作的可能性上，李光耀认为，尽管俄罗斯拥有受过技术培训的人力资源，但经济模式却不符合现代社会。他指出，俄罗斯和中国及印度这两个经济同样在崛起的国家相比，中国和印度致力于培训人力来应付市场需求，然而俄罗斯尽管有专业技术人员和技术能力，却难以运用在商业上，他说："俄罗斯开创了太空航行，至今还在进行太空研究。他们所制造的飞机相当于美国的飞机，只是科技没顺应市场信号发展。一旦他们能改变心态，改变经营和行销方式，将可以和欧美中印竞争。这丝毫不成问题。"

在李光耀的时代，他认为俄罗斯的遥远，其传统的经济结构、特有的文化底蕴，以及俄罗斯崛起将导致的难以捉摸的国际关系格局，是新加坡政府向海外发展的战略上需要审慎考虑。

但随着 2014 年俄罗斯夺取克里米亚，2022 年 2 月 24 日俄乌战争爆发，俄罗斯引起西方世界的全面制裁和打压围堵，不可避免陷入被动。下一个时代如何到来，新一代俄罗斯领导人将面对巨大的抉择难题，俄罗斯前景变得更加难以预料。

五、南方海洋邻国澳新

由于辽阔的幅员和丰富的资源条件，以及地理位置的原因，澳大利亚和新西兰是新加坡关注的另一区域，那里充满着无限希望。由于政治体制和很多国际观点的近似，也没有历史包袱的羁绊，新加坡与澳新的交流合作畅通无阻。

2007 年 4 月，李光耀在美国花旗银行于悉尼举办的"领袖典范巡礼"系列讲座上应邀演讲，他对澳大利亚和东南亚的前景却是前所未有的乐观，认为澳大利亚在新加坡的协助下打入亚洲市场，新加坡在澳大利亚也设有军事训练场。

李光耀被记者问道，"既然新澳关系密切，两国人民是否可能享有双重国籍？"李光耀说，这是个很遥远的问题，得看下一代人持有什么样的观点，但是他不排除新加坡人和澳大利亚人有朝一日将可拥有两国的双重国籍。李光耀说，两国首先得对未来持有相同的观点，以塑造一个澳大利亚和新加坡都能够繁荣的世界。

澳大利亚和新西兰对太平洋诸岛国的友好，以及相对于新加坡不太遥远的地理位置，使同样身为小国的新加坡感到这是一块稳定坚实的陆地。

第六节　成熟理性的国际形象

2015 年 3 月 23 日李光耀去世之后，李显龙接受专访时说："当下我们的国际声望很高，主要是李资政以前做的工作……他走了之后，就得看我们有没有真材实料，能不能在跟别人交谈时，提出他们可能没有看到的事，或帮他们了解我们的区域和时代的变迁。这个就要看我们的素质了。""有些人觉

得精英制度是一件坏事，但如果我们的部长素质不高，他没办法代表新加坡
人说话，我国就得吃大亏。"

一、国际社会尊重的小国

李显龙认为，新加坡是否能保留在国际上的发言权，取决于两个因素：
一是新加坡若能维持稳定与繁荣，以及拥有不断创新的体制，其他国家便会
有兴趣听新加坡的意见；二是新加坡国家领导人必须是高素质的人才，能在
国际场合上针对解决国际问题提出有价值的观点。由于新加坡的民事服务的
国际声誉，以及其他国家提出学习的要求，新加坡贸工部和外交部于 2006 年
年底成立新加坡公共事务协作公司（Singapore Cooperation Enterprise，简称
SCE），以集中输出公共服务到有意引进新加坡各领域的发展与管理经验的国
家及地区，预计全球公共部门服务市场规模达数十亿新元。

（一）新加坡公共事务协作公司的成立

2006 年 12 月 5 日，由新加坡国务资政吴作栋倡导成立的 SCE 在新加坡福
康宁俱乐部举行揭幕仪式，新加坡政府和工商界人士以及驻新加坡外国使团
代表 200 余人应邀出席，中国驻新加坡大使馆公使衔参赞李铭林应邀出席了
揭幕仪式。

SCE 的组织架构简单，人员只有 8 名，多数来自私人企业界。这支团队
会随着业务的扩展而逐步扩大，预计在三年内会增加到 40 人，但主要的咨询
专才，将从新加坡政府各部门借调。在 SCE 初步运作的半年中，该公司已经
获得五个项目，包括：与沙特王室成员创办的财团在新加坡设立的 Ark Capital
Holdings 合作，在阿尔及利亚设立旅游学院，与中国杭州西湖区合作进行城区
改造，协助卡塔尔财政部检讨并提高运作效率的项目等。

由新加坡外交部负责的新加坡合作计划将持续下去，自 1992 年以来通过
该合作计划，同其他国家分享发展经验和培训超过 4.6 万名外国学员。如果
有国家提出较为复杂的合作项目，将交由 SCE 处理。

（二）新加坡公共事务协作公司的筹划

吴作栋在 2005 年 5 月访问中东时，首次透露新加坡政府打算成立一家咨
询公司（即 2006 年成立的 SCE），以从旁协助本国公司借助新加坡的品牌效
应，去拓展海外空间的构想。在起步阶段，SCE 会把业务重点首先瞄准资金
充裕的中东市场，以充分把握住这个地区所涌现的各种新商机。

SCE 设想将首先注重在中东，以及北非的马格里布地区和中国，之后也

会在印度和东南亚寻找发展机会。中东的潜力很大，不少中东国家都把大量的资源用于发展新城市和基础设施。新加坡在城镇规划、工业园发展、基础设施建设及公共服务转型等方面的专长，将能发挥推动作用。新加坡的目标是协助寻求合作的国家复制"新加坡模式"及发展世界级的社会及经济等基础设施。这家公司最初的合作项目有一半是在中东，其他是与中国、印度、非洲和中亚地区的合作。SCE 的首要目标是资金充裕的中东和发展迅速的中国。

谈到当初提出设立 SCE 的原因时，吴作栋说："这些培训课程虽有特定的需要，也很管用，但是我也看到一些国家，特别是拥有大量资源的国家所要的，是借鉴新加坡的经验发展去发展它们的经济和基础设施。所以，问题是我们是否应该把这套软件公开，特别是同日后可能成为我们的竞争对手的国家分享？"

一般的商业公司不会公开自己的成功秘方，当吴作栋还在担任海皇轮船公司董事经理时，便有过这样的体验。早年海皇轮船公司同香港船王包玉刚所创办的环球航运联合为石油公司提供租用轮船的服务，由海皇出资、环球航运购买轮船，然后出租。海皇轮船公司同时也在学习如何经营这门生意，所以当年吴作栋便向包玉刚表示，希望他在同客户谈生意时，能带他一起参加。"他（包玉刚）听后笑了起来，回答我说：'你是要我把女朋友介绍给你吗？'我因此自始至终都没有同客户见过面。"

在思考是否应把新加坡的发展经验同其他国家分享时，吴作栋也存在同样的顾虑。"我当时想，我们这样做能获得相等的好处吗？如果微软能从开发软件和提供咨询中获得数以十亿元计的盈利，那我们该如何把公共服务的经验转化成具有商业价值的服务和产品呢？就是在这种种的疑问中，我提出了成立 SCE 的构想，要使它成为凸显新加坡公共服务的能力与价值的主要机构。"

在 SCE 揭幕仪式上，吴作栋指出，已于 2006 年 5 月投入运作的 SCE 是由新加坡贸工部和外交部联合成立的，不以营利为目的，而是借助新加坡的品牌效应，通过分享新加坡的经济发展经验，把政府的友好外援转化为新的商机，进而为新加坡本地企业进军海外市场牵线搭桥。新加坡政府希望通过分享新加坡的经济发展经验，促进新加坡同友好国家的合作关系。SCE 在为外国提供管理咨询服务时，只求收回成本。

新加坡通过输出经验，协助其他国家缩短学习时间、加快发展步伐，改善其他国家人民的生活。通过这种合作，新加坡政府一是可以同外国建立良好联系、释放善意和加强双边合作；二是履行了新加坡作为良好国际公民的承诺；三是通过在海外累积的发展经验，对提高新加坡国内的公共服务效率也会有助益。

（三）新加坡公共事务协作公司的业务范围

由于新加坡民事服务是块"金字招牌"，不少国家过去都向新加坡政府提出要求，希望能学习新加坡的公共服务发展经验。新加坡贸工部和外交部从2003—2006 年陆续接到外国政府所提出的超过 100 项要求新加坡协助转移机场管理、教育、电子政务、基础设施发展及国土安全等方面的发展经验的要求。对这类需求，在未来的 5~10 年内预计还会增加。新加坡预测全球的公共服务领域市场规模价值估计达数十亿新元，即使是只占有其中的一小部分，也是十分有吸引力的。SCE 将配合新加坡政府领导人出访，逐步开展业务，公司成立初期优先考虑俄罗斯、中东及北非国家的需要；同时，公司会在中国、印度和东南亚寻找合作机会。合作领域则将涵盖工业园及特别经济区的发展与管理、海港管理、交通规划以及如教育、医疗服务及电子政务等方面。

当外国政府要求新加坡协助进行城区开发，SCE 就会带领新加坡市区重建局、建屋发展局、裕廊集团及其他公共或私人公司等提供咨询并落实开发方案。新加坡的公共服务领域跨越 15 个政府部门及 66 家法定机构，集知识分享、解决问题及提供服务为一体的一站式机构。"公司的卖点不仅是为客户提供咨询，也将落实计划。同时，它也提供新加坡的集体发展经验，并且获得新加坡政府的全力支持。"SCE 是同寻求合作的国家分享专长及出口全套服务的主要载体及中心。

在成立仪式上，SCE 与沙特王室成员创办的财团在新加坡的子公司 Ark Capital Holdings 签署合作协议，在阿尔及利亚设立一所旅游与服务学院。根据合作协议的内容，新加坡会提供学院的设计与建造，以及实际经营如内容设计、训练和管理等。参与计划的将包括新加坡旅游局和本国相关教育集团。

SCE 总裁谢忠文说，Ark Capital Holdings 与阿尔及利亚及新加坡政府有合作关系，负责协助新加坡政府开拓旅游业，旅游与服务学院是计划中的一部分，学院将培训当地的官员，并教授他们有关旅游业发展的知识。在合作计划下，新加坡将提供相关服务的供应商，这包括新加坡旅游局和本国有潜能的教育集团。SCE 志不在赚钱，而是希望通过这些合作计划，帮助新加坡的公共和私人领域，争取更多的海外工程。Ark Capital Holdings 主席谢赫·阿都拉（Sheikh Abdullah）说："中东及北非目前正进行巨大的转变，整个区域同时间有很多的发展项目等待开发，在这种情况下，投资者将寻求那些有额外优势的发展项目，这是新加坡可贡献的地方。新加坡在中东地区非常受尊重，它的人力和运作系统素质更是被公认的。"

在 2006 年 10 月，SCE 与中国杭州西湖风景区签署合作协议，这是公司成立后的第一份合作协议。SCE 与圣淘沙发展公司一同探讨如何把新加坡在旅游业的经验，推展到杭州西湖区，并进一步发展那里的服务业和旅游区外观。SCE 也分别与迪拜海关（Dubai Customs World，简称 DCW）和卡塔尔财政部签署了谅解备忘录。与 DCW 可进行合作的事项包括关税行政的改革工作及培训计划等，至于卡塔尔财政部，SCE 将就对方的条例、结构、运作、训练、资讯科技方案等领域，提供改革建议和援助。

新加坡市场的局限加上日益激烈的全球化竞争，意味着无法继续单靠贸易和外来投资作为经济增长的动力，因此必须积极拓展海外经济空间。由于许多国家都有意借鉴新加坡公共服务领域的经验，新加坡政府成立 SCE，一方面通过对外合作去促进国家利益，一方面也为进入本国的公司开拓商机。

除了休闲公园的发展与营业，SCE 着重"外销"的专长也包括：市镇规划与基础设施发展、保健服务、环境服务、公共服务改革、电子政务、商业服务等。作为公共事务协作的桥梁，这家公司所扮演的是"配对"角色。除了协调"政府对政府"层次的合作之外，它也将推广公共服务公私伙伴计划。

二、也会"令人不安"

（一）淡马锡控股公司在海外的迅速发展受到的阻力

截至 2005 年 3 月，淡马锡控股公司在全球范围内拥有的投资组合总额达 630 亿美元。随着淡马锡越来越多地将其资产投入海外市场，它所面临的风险就不仅限于在泰国引发风波，还必须直面许多国家对不同行业的监管要求。

在 2001 年，新加坡电信收购澳大利亚手机运营商 Optus 时，澳大利亚在野的工党就明确表示反对，提出"新加坡帝国主义"的警告。

2006 年 3 月，泰国抗议淡马锡收购臣那越的行动，显示出淡马锡控股正日益成为亚洲民族主义抗议的目标，新加坡国有投资公司在亚洲进行扩张时面临着越来越多的政治问题。泰国的示威者反对淡马锡以 19 亿美元从泰国总理他信家族收购臣那越集团，对他信家族利用法律漏洞逃避交易税一事感到愤怒，对淡马锡控股与新加坡政府的密切关系及其神秘特性提出了质疑。领导这次抗议活动的泰国人民民主联盟表示，新加坡"应该严格保证透明度和良好的公司治理"，还指责淡马锡与总理他信串通一气、存在私下交易。新加坡在东南亚的地位受到影响。在他信任总理期间，泰国一直是新加坡在东南亚最友好的国家之一。

印尼立法者正展开游说，希望淡马锡旗下的新加坡科技电信媒体放弃对手机运营商印尼卫星公司的控股权，因为新加坡电信已经是印尼另外一家手机运营商 Telkomsel 的主要股东，他们担心新加坡将控制该国电信领域。

韩国政府也否决了星展银行收购韩国外换银行的计划，因为淡马锡是星展银行的最大股东。在韩国，淡马锡被列为非银行集团，在任何一家韩国银行的持股比例都不得超过 10%，目的就是要限制那些资金充裕的外国机构控制韩国银行。而淡马锡恰恰就在这个"限入名单"中。尽管星展银行高管否认该行的经营管理受到淡马锡影响，但韩国监管机构认为，星展银行的所有权结构说明它正在代表淡马锡行动。

2005 年，印度监管当局也否决了由淡马锡旗下的新加坡科技公司竞购印度的移动电话运营商 Idea Cellular 公司 48% 的股权，理由是新加坡电信已持有了市场领军企业 Bharti Televentures 的部分股权。印度法律禁止一家外国投资者在两家电信公司持有大量股权。虽然淡马锡认为新加坡电信和新加坡科技电信虽然同属于一家公司，却是两个彼此分离的实体，但其抗辩未被接受。

在马来西亚，淡马锡控股公司也被迫削减其在南方银行的股份，因为通过直接持股和关联公司间接持股，淡马锡在该银行的总股权已超过了马来西亚允许单一外国投资者在一家银行的持股上限（5%）。

由于淡马锡旗下子公司众多，今后它在东南亚地区的投资还会不断受到此类"身份限制"。

尽管新加坡财政部持有淡马锡 100% 的股权，但该集团一直试图与新加坡政府保持距离。它把自己描述为"总部设在新加坡的投资公司"，公司决策完全基于商业标准。淡马锡还表示，尽管淡马锡在关联公司董事会中派驻董事，但这些公司在投资决策方面保持着独立性。一些外国批评者认为，随着新加坡寻求增强其在该地区的影响力，淡马锡的投资举措伴随着政治目的。淡马锡则表示，政府并未介入交易过程。但一些外国政府认为这一解释难以令人信服。

国家所有既有利也有弊。有些政府欢迎淡马锡，因为它们将其视为一个长期投资者，而非金融入侵者。甚至那些赞同淡马锡海外战略的人士也表示，在一些境外收购交易中，淡马锡显得缺乏政治敏锐性。分析人士建议，通过业务经营的进一步透明化，淡马锡可以在该地区获得更高的信任度。两年前，淡马锡开始披露其整体财务业绩，但并未提供太多细节。淡马锡高层一直拒绝接受媒体采访，这使其形象更加神秘。

（二）淡马锡控股公司发展受限的原因分析

其实，淡马锡实施海外发展战略遇到的挫折，只是许多经济民族主义和保护主义回潮的实例之一，自进入 21 世纪以来，在全球范围内类似的案例有很多。

最引人注目的是 2007 年阿联酋国有公司迪拜港口世界收购英国铁行轮船公司，并接手其在美国 6 个主要港口的经营权。这笔交易终于在美国民意的高度不满和美国国会的极力反对下宣告失败，6 个港口的营运最终交由"美国公司"来经营。美国一直打着自由主义的旗帜，但最终却由政治力量推翻迪拜港口世界接管美国港口的商业交易，这与美国国会 2006 年阻止中国中海油公司收购美国优尼科公司出于同样的考虑，反映了美国一方面要求其他国家放弃贸易保护主义，一方面自己却不肯解除贸易壁垒，已经成为新的贸易保护主义者。

另一个例子来自法国政府。2007 年 2 月，传出意大利国家电力公司要并购法国最大的水务和环境工业集团"苏伊士"的消息，法国政府立即在 72 小时内作出一项轰动欧洲的"拯救决定"：让法国燃气公司与苏伊士集团合并，合并后的新企业将成为欧洲排名第二的能源集团，国家控股 34%~35%。法国政府认为，此举将使意大利电力公司无法吞下这个新的"能源巨人"。2006 年 7 月，传出美国百事可乐公司要并购法国达能公司的消息，法国总理德维尔潘立即表示要不惜一切力量阻止这场并购，百事可乐最终知难而退。法国把"经济爱国主义"当作一项国家战略推行，一旦发现外来收购，政府就横加干涉。法国政府认为，能源、交通、军工、食品加工等大型企业事关国家经济命脉和核心利益，不能使这些企业为国外经济力量并购。这一理念也得到政界和企业界多数人的认同。

其他一些国家在抵御外来并购态度上一样坚定。例如，西班牙政府强烈反对德国能源企业并购西班牙的德萨电力公司。

在经济全球化大潮下，资本的跨国流动已成为不可阻挡的趋势。但经济民族主义并没有被经济全球化浪潮吞没，反而成为一个不断被强化的价值观念。事实上，在经济日益全球化的今天，运用国家力量实行保护措施，阻止外国企业并购本国大企业的贸易保护主义做法却在蔓延。

新加坡实施海外战略遇到的挫折，值得新加坡政府作进一步的历史、现实的原因分析和政策检讨。

三、"吼声如雷的老鼠"

（一）走进国际政治舞台的中心

20 世纪 90 年代以前，新加坡在东西方两大阵营对峙中寻求安全，通过向世界开放来发展经济。当时新加坡的外交政策极其谨慎，避免直接冲突，同大国保持良好关系，形成了一种以守为主的弱势外交。从 20 世纪 90 年代开始，新加坡所在地区发展趋势出现新的特点，冷战结束、多极世界的出现、越南和缅甸的改革开放、大多数东南亚国家在其较明智的新执政者领导下获得了高速的经济发展、中国成为一个重要的经济与战略性大国。新加坡面对新的局势和自身取得的成就，其外交也相应发生变化，更加主动参与世界政治新秩序的营造。

自独立以来，由于幅员和人口规模都很小，国际社会普遍认为新加坡在世界政治舞台上没有地位。新加坡在地区和世界事务中也一直保持着低姿态，它首先设法使自己显得是一个友好邻国、一个讲信用的合作伙伴。事实上，新加坡的贸易额占世界贸易总额的 2% 以上，超过了印度，并非一支无足轻重的经济力量。

因此，20 世纪 90 年代之后，新加坡外交活动的变化更加引人注目。1994 年 10 月，新加坡总理吴作栋在访问法国期间，首次提出了举行亚欧会议的主张；新加坡和泰国一起同欧洲的"三驾马车"（德国、法国和英国）商谈有关事宜，但新加坡是东盟提交给欧盟第一份"概念计划"草案的唯一作者；而且亚欧会议的第一项具体成果——亚欧基金组织的总部设在新加坡。1996 年 3 月举行的第一次亚欧会议在曼谷召开，但新加坡对会议的召开却做出了非常重要的贡献。

亚欧会议仅仅是许多显示了新加坡的新重要性的重要国际新事件之一。1992 年，亚太经合组织决定把其秘书处设在新加坡；1993 年，"汪辜会谈"在李光耀的牵线下也在新加坡举行。1996 年 12 月，第一次 WTO 全体会议，是新加坡有史以来所召开的最大最重要的会议，这再一次显示了该城市国家日益增强的经济实力和国际地位。新加坡过去一直是马来世界的中心，并与中国香港共同成为南洋华人的中心，现在却越来越成为整个东南亚的中心和通向中国的门户了。

（二）小国论坛

小国论坛（Forum of Small States，简称 FOSS）是联合国的一个非正式平台，1992 年由新加坡发起，到 2022 年有 108 个成员国。成立小国论坛的出发点在于让人口少于 1000 万的小国讨论共同利益。

李显龙认为，小国必须在多个拥有共同利益的领域合作，包括可持续发展、气候变化和网络安全，以及影响全球共同利益的新课题，如海洋和外太空治理。小国可透过现有和新的国际机制，在这些方面做努力。"若倒退到一个强权即公理（might is right）的世界，小国会难以生存。因此，我们必须积极参与，加强多边体系，尽可能保持公平的竞争环境，以保障小国的利益。"

2022 年 9 月 23 日联合国大会在美国纽约召开期间，李显龙在小国论坛成员国招待会上说，"小国幅员虽小，却能凭借敏捷反应、谋略和协作来弥补不足，在联合国发挥有效作用，支持和维护以规则为基础的多边体系。"①

维文在招待会上说，小国论坛在 1992 年成立时，是个小规模的非正式跨区域组织，只有 16 个成员国。30 年后，小国论坛的成员国增至 108 个，在联合国大会构成多数。"没有一个国家可以独自解决我们现今所面对的问题。我们可以一起完成更多事、达到共同目标，尤其是要守护全球公域（global commons）。"维文说，新加坡会继续扮演一定的角色。以 1992 年启动的新加坡合作计划（Singapore Cooperation Programme）为例，迄今已为世界各地超过 10 万名官员开办能力建设课程，与其他发展中国家分享新加坡经验。

（三）小国家的大作为：新思想的倡导者

新加坡日益增强的经济中心地位使它又具有新的能力，在全世界拥有政治与文化势力，成功地发起有关"亚洲价值观"的辩论，就是这种能力的重要标志。

无论在实际事务上，还是在思想领域里，新加坡被证明是"微型超级大国"，或叫作一只"吼声如雷的老鼠"。由新加坡所倡导的亚洲价值观，在国际社会影响巨大。亚洲价值观被视为是在文化、政治上对西方民主的主要挑战，有时被视为一种治疗社会颓废与经济衰退的有效手段。新加坡开始从一种思想观念的被动接受者转变为一种思想的主动倡导者。

现在，新加坡已经变成它自 20 世纪 60 年代以来一直渴望的国际化城市，当吴作栋就任总理职位时，新加坡就基本达到了发达国家水平。无论是国内生产总值、生活水平、接受高等教育机会，还是掌握和传播高科技知识的能力，新加坡现在都与许多先进国家没有什么差别。新加坡人民普遍受到良好教育，犯罪率得到控制，人均收入较为均等。新加坡在城市规划，特别是在保护与重建方面，社会和文化活动及关心贫困的少数民族等领域做出了优异的成绩。这使世人相信，新加坡正在致力于解决人类的共同问题，并为全世界提出一种有创造性和革新性的解决办法。这对一个年轻的小国来说，是一项独一无二的政治和思想成就。

---

① 林慧敏，《小国安全与生存依赖多边体系 虽不完美却是目前最好选择》，载于《联合早报》，2022-09-24。

　　在联合国和其他组织中，新加坡常常充当东盟的代言人。新加坡有能力起着较为重要的国际作用，李光耀等几位新加坡领导人，明确地表达西方和亚洲观点的能力，显示出他们具有远远超过了这么一个小国的领导人所应具有的国际水平。他们对英语和西方思维方式的精通，提高了他们的信誉。①

① 让·路易·马戈兰，《新加坡的地区影响，新的世界观?》，载于《当代东南亚》，1998年第 3 期。

第五章

承接与创新：新加坡特色治理体系

在融合了众多东西方不同传统的法律、制度、文化、历史和价值观的基础上，新加坡采用了西方宪政模式建立了本国的宪法体制，实行国会民主制。根据新加坡宪法，新加坡共和国政府主要由立法、司法、行政三大机关构成，实行三权分立，这是新加坡国家权力运行的根本。

在李光耀亲手创立的人民行动党引领下，新加坡建国以后，为了满足实际需要，不断完善法制，为新加坡经济与政治发展提供了有力的支持。

"小红点"奇迹得益于西方宪政模式及其政治体制。同时，人民行动党克服了西方民主观念的局限，并将亚洲价值观注入其中进行改造，提倡精英治国、严刑峻法。人民行动党领导人特别是李光耀，胸襟开阔、高瞻远瞩并富于创新，带领新加坡人民建立起一个新型社会，成就了今天的辉煌。

第一节　建国以来唯一的执政党

新加坡政党在政治上最为显著的特征是一党长期执政，即在多个政党并存竞争的情况下，人民行动党自 1959 年以来连续赢得十余次大选，从而长期执掌国家政权；新加坡政治文明的举世瞩目成就是人民行动党在一党长期执政的情况下始终保持廉洁和活力，在政府廉洁程度被国际权威调研机构历年评为亚洲第一、世界前茅的同时，领导新加坡实现了经济腾飞，迈入发达国家的行列。

一、一党独大、延续执政的骄人业绩

人民行动党，意即为人民而行动的党。它成立于 1954 年 11 月 21 日，1959 年大选获胜后上台执政，迄今执政已近半个世纪，是世界上实行多党制国家中对国家掌控能力最强、执政时间最长的执政党。人民行动党的党徽是

白底蓝圈，中间一道红色闪电。白底象征纯洁、廉洁；蓝圈代表团结、种族和睦；闪电象征行动迅猛有力。其口号是"真诚团结，一致行动"。新加坡资源贫乏，仅有的优势是地处海上交通要道，便于发展航运业和转口贸易。人民行动党的延续执政保持了经济政治的稳定，20世纪60年代新加坡人均国内生产总值只有600美元，进入21世纪之后近3万美元，到2022年达到7万美元，已经超过日本接近两倍。新加坡创造了亚洲经济奇迹。随着经济快速发展，新加坡社会稳定、人际和谐、环境优美，成为世人瞩目的文明国度。

新加坡人民行动党党部位于新加坡城新樟宜路上段一个很不显眼的地方，被居民组屋所环绕。人民行动党总部几次搬迁，但都多设在一些小店屋的楼上。曾有人建议在植物园一带建总部大厦，但并未实施。因为人民行动党认为，一座很高的大厦，只能给人高高在上的感觉，只会疏远民众。多年来，人民行动党一直都很低调，整个党的总部只有少量党务人员。人民行动党最高领导层是中央执行委员会，设有主席、秘书长、副秘书长。如今有16名委员，都是出任国会议员和内阁部长的党员，他们由每两年举行一次的干部党员大会选举产生。中央执行委员会全权掌管党的一切事务。在基层，党通过按选区建立的支部发挥作用，每个选区有一个支部，大的选区建立分部，全新加坡共有84个支部。

人民行动党注重党员质量，不盲目追求数量扩张。人民行动党的党员分为预备党员、普通党员、预备干部党员和正式干部党员。各阶层人物要想成为党员，必须本人申请，同时有介绍人。党组织调查确认申请人没有犯罪记录和其他问题，经中央执委会投票通过才能成为预备党员。大约10%的党员能够晋升为干部党员：一个党员至少经过两年努力，对党做出特殊贡献，并经过推荐，再由中央执委会投票通过，才能取得预备干部党员的资格；经过进一步考验，才有可能成为干部党员。

人民行动党之所以没有在政府体制之外建立强大的政党组织，是因为行动党通过国会体制、政府体制、社团组织体系已经牢牢控制了政权，控制了政治生活。在两次选举的空隙期，行动党似乎处于冬眠状态。表面上看，人民行动党好像是无形的，实际上却又无所不在。

二、人民行动党执政理念

（一）人民行动党的治国理念

新加坡作为华人占全国人口多数的东方国家，其长期执政的人民行动党的执政思维表现出中华文化和东方文明的种种特征。不同于希腊哲学的抽象思辨和印度哲学的追求解脱，中华文化的性格特征是实用理性。①

1. 权力制衡与精英治国的结合

人民行动党基于新加坡历史传统，建立了以三权分立为原则的权力制衡的一院制政治体制，实行多党竞争和议会民主。但从华人社会崇敬领袖的传统道德出发，又积极推行精英治国方略。通过选拔治理国家的栋梁参选议员，组成有效率的政府，并把权力集中在这些领袖手里，进而实施人才治国、科学治国，确保党的执政理念得到贯彻，确保社会稳定和经济发展。

新加坡实行三权分立的议会民主制，实行国会议员由选民直选，对选民负责，受选民监督的体制；但同时，李光耀认为"西方式民主不一定是经济发展的先决条件，不要迎合政治潮流，要奉行务实主义"，走适合于新加坡的发展道路。

所谓精英，就是那些受过良好现代或西方教育具有聪明才智、效忠国家的民族主义分子。这种"精英主义"观点，既来自儒学"贤明君主"和"贤能之士"理政的价值观念影响，也来自西方民主所宣扬的"最好的人掌管政府"的思想观念。

精英主义是一种治理国家的意识形态，它是通过专家治国体现出来的。所谓专家治国，也叫精英治国或能人治国，它强调决策和行政管理的科学性，强调服从于科学或理性的权威，统治国家不再是权力和欲望的满足和表达，而是科学的方法和原则。此外，政府尽可能地吸纳各方面的专家进入国家行政体系，充当技术官员的角色，指导国家的现代化发展。② 专家治国的目的在于通过知识化的政府官员进行科学、合理的决策，为民众提供政策上的指导。新加坡是专家治国的典型，李光耀本人是一个坚定的精英治国论者。

新加坡贯彻专家治国原则集中体现在建立高效率、专业化的公务员系统方面。新加坡有着极为严格的、制度化的人才选拔机制。政府通过公开考试、公平竞争、择优录用的办法选拔政府公务员，他们的政绩受到高度重视，并成为其升迁和工资待遇的基本依据。这样，专业人士更有可能取代政治官僚进入领导层。20 世纪 70 年代以来，具有博士、硕士学位的专家技术管理人员几乎垄断了新加坡的最高领导层，新加坡人以拥有一个非常出色的文官系统

---

① 吕元礼、陈思佳，《新加坡人民行动党执政思维分析》，《深圳大学学报》（人文社会科学版），2013 年第 5 期，第 81 页。

② 张蕴岭，《亚洲现代化透视》，社会科学文献出版社，2001，第 287~288 页。

而深感自豪。

李光耀公开提倡"精英主义"，认为高素质的人才是最大的财富。李光耀说过："如果我们没有挑选最能干和最肯干和最肯献身的人才，如果我们只让我们自己喜欢的人或随波逐流的人填满国会，我们一定失败。我们把最好的人才招揽进来，这样做使得反对党找不到杰出的人，那样有聪明才智的人就算不同意我们的政策，也一样可以加入进来。他可以说服我们修改政策，为人民做好事。"李光耀本人就是这样的精英，在他的精心设计和培育下成长起来的人民行动党聚集了新加坡社会的精华。

2. 赋予民主新的理性解释

在民主政治问题上，李光耀反对空泛地谈论民主。他把民主政治分为西方民主政治和东方民主政治，认为前者的核心是强调监督与制衡，强调个人自由，其特点是"重权利，轻责任和轻义务"。而后者的精髓是强调个人服从社会和国家，强调为了社会和国家的利益，有时候就需要将个人的利益和自由让渡出来，甚至做出牺牲。李光耀认为新加坡是一个亚洲国家、东方社会，在民主政治上要考虑到东西方两种社会、两种文化的差别。李光耀认为，"任何一个国家的领袖，都不能太过于重视政治理论而忽略了稳定和有规律进展的实际需要。"政府真正的目标是使人民普遍受惠，成为经济增长和各种政策的既得利益者。新加坡国土面积小、资源贫乏、经济脆弱、民族宗教多种多样，这种独特的国情使李光耀及人民行动党始终处于强烈的"生存危机"意识之中。因此，李光耀强调首先要维护政治稳定，甚至要为经济发展和繁荣牺牲一点民主和自由。这是形势所需，具有其合理性。

要民主，但首先要政治稳定，因为只有政治稳定，才能有经济发展，而经济发展又关系到新加坡的存亡。李光耀指出："在发展成为现代国家的过渡时期，政治稳定受到很大的压力，但政治稳定是成功的基本先决条件。"亚洲大多数国家所面临的基本问题是如何保持政治稳定。他从亚洲国家正反两方面的经验中得出结论："一个国家必须先有经济发展，民主才能随之而来。除了几个例外，民主并没有给新的发展中国家带来好处。民主没有导致经济发展，是因为政府并没有建立经济发展所需的稳定和纪律。"吴作栋也把稳定视为新加坡的首要任务，这不仅是为吸引外资创造一个良好的环境，也是由新加坡多元民族和文化的国情所决定的。

新加坡人民行动党敢于挑战西方传统的政治理念，认为法治是民主的前提和保障，一党执政也可以成为一种成功的政治模式。看一个国家政党制度好不好，不能简单地只看是不是一党执政，关键要看实行的是不是符合国情的民主政治，执政党是不是为民执政，是不是人民的真正选择，是不是促进了经济发展和社会进步。在民主政治前提下，一个党如果是因为大选成功而长期执政，不仅具有合法性，而且具有很多优越性，明显的优点就是权威性高、凝聚力强。而那些由于某个政党得票率不高，不得不组建联合政府的，往往整合艰难，弊端重重。同时，要看其执政的方式和效果。一个党如果执政为民，并且卓有成效，那么对一党执政就无可厚非。

3. 人民行动党的宗旨：促进国家福利和人民幸福

人民行动党的执政信念是以民为本、心系群众、关怀草根。它是怎么落实这些理念的呢？具体通过国会议员与党的社区领袖携手扎根基层，以为民服务为宗旨，全心投入为选区服务，多种方式联系选民，定期接待选民，听取民意，把脉民生，为民众排忧解难。这对人民行动党来说，决不是口号，而是实实在在的"行动"。人民行动党是通过点点滴滴的为民办事，才争来了执政地位。

人民行动党采取了一系列行之有效的措施，提高和丰富人民的物质文化和生活水平，加强与人民群众的沟通。为了解民情，为民众提供更具体、更有效的服务，为政府修订政策提供最真实的信息，人民行动党规定党的国会议员必须定期利用业余时间同本选区民众见面。为了造福于民，人民行动党政府全面实施了"居者有其屋"计划，还制订了一系列援助社会弱势群体的计划。具体包括：公共援助计划以帮助无法工作的公民；扶助金援助计划，为低收入家庭孩子上学提供帮助；等等。在经济衰退的严峻形势下，行动党进一步提出了"五民策略"，即了解民情、参与民生、反映民意、争取民心、关怀民需，除在各区设立幼儿园外，还展开一系列同成年人、老年人和医药保健有关的工作，以便扩大党的影响力，提升社会福利水平。

4. 政府主导经济发展

人民行动党把社会主义的目标和资本主义的手段有机结合起来。一方面走自由、竞争、开放的市场经济之路，发挥每个人的技术和生产能力；另一方面加强国家对社会经济生活的宏观控制能力。一方面尊重人与生俱来的不平等性，强调自由、竞争、效率和机会平等，使每个人竭尽所能；另一方面又兼顾公平，坚持社会正义的原则，以保障民众最起码的生活水平、教育、就业、住房和医疗等，并为那些没有足够收入来源的人提供国家福利，走出了一条"有新加坡特色的民主社会主义"之路。

新加坡靠市场经济，对外开放，凭借着它天然良港的地理位置，使国内市场很早就和世界市场联结在一起，按照完全开放的市场经济规律发展。经过 20 多年经济结构调整，形成以制造业为龙头，金融、贸易、交通、通信和旅游为支柱的多元经济结构，在制造业内部也形成技术密集型、高增值的炼油、造船、电子等行业为核心的多部门综合体。然而，市场经济也并非政府对整个经济活动完全放任自流，经济发展也离不开政府有选择的干预。如政府对国内经济中事关国际竞争力部分的全面控制等，这就是一种以私有制经济为主的公私混合经济体制、完全开放的市场经济与适度的政府干预相结合的体制。

5. 倡导共同价值观，照顾弱势族群

人民行动党根据新加坡多种族共处、多元文化共生的实际情况，实行多民族平等，照顾少数民族。新加坡社会曾经受到基督教、儒教、伊斯兰教、印度教等不同文明和价值观的影响，但缺乏一种能够把不同种族、不同信仰、不同语言的人民团结起来的共同价值观。人民行动党为团结、凝聚新加坡各族人民，提出了"国家至上，社会为先；家庭为根，社会为本；社会关怀，尊重个人；协商共识，避免冲突；种族宽容，宗教和谐"的共同价值观，在保持社会一致性和保持个性的某种自由度之间找到了一条全社会各种族都能接受的道路，具有很大的包容性和灵活性，获得了各族群广泛的支持，产生了积极的社会效应。

在新加坡，有 20 多个反对党合法存在。但在 10 多次大选中，都是人民行动党获胜。行动党在国会拥有绝大多数席位，保证了法律充分体现党的意志。然而按法律规定，如果选举出的议员没有反对党的，可以指定得票最多的反对党候选人作为"官委议员"。在集选区，则规定了少数种族议员必须占有的比例。尽管人民行动党具有坚实的群众基础和强大的自身力量，但它同时也尊重各党派的民主权利。

6. 居安思危，具有强烈的忧患意识

在危机中求生存、在创新中求发展是新加坡精神的最新演进。由于资源条件的先天不足，政府呼吁年青的新一代新加坡人通过自己的努力来证实"富可过下代"，勇于向海外发展，跟踪科学技术前沿，以开拓新加坡的未来。由于淡水资源的匮乏，新加坡也曾经在国庆节通过国庆献礼——新生水，一种自主开发研制的再生水，鼓励科技创新。这些活动都展示着新加坡精神。

7. 以道德规范法律化来强力拔高公民素质

一方面，新加坡立法严密、执法严正、惩罚严厉，形成了严密的法治体系。大到政治经济体制、商业往来、公民权利和义务，小到旅店管理、停车规则、公共卫生、言谈举止、衣食住行，不仅有章可循、有法可依，而且执法严正、惩罚严厉。除了很重的罚款、徒刑，还有鞭刑和绞刑。另一方面，在人民行动党引领下，切实有效地开展道德教育和道德建设，强调精神文明建设，在社会生活中开展了各种活动。这样的环境下，绝大多数的新加坡人都能够做到自律和他律。新加坡也因此成为世界文明之都。

（二）李光耀谈新加坡治国原则

李光耀在辞去新加坡总理职务之后，谈到新加坡的发展经验时，他概括了新加坡的七个重要的治国原则。

第一，廉洁的政府，有效的民事服务。要把政府塑造成一个执行政策的有效工具，要实现这个目标，须有一批坚强、公正和正直的领袖。这些领袖必须德高望重、受人尊敬。核心领袖必须团结一致，发给人民的信号才会清楚明确。如果领导班子吵吵闹闹、四分五裂，就会引起混乱，使人们无所适从。做领袖的必须明白，他们只是受人民的委托，暂时主导人民的命运。他们的责任不仅是履行人民的委托，而且还要把受委托之事交给同样可以信赖而且又得力的人去办。他们有责任照顾人民，不让人民陷入贫穷落后的困境，而自己却过着奢侈的生活。人民行动党事事对人民负责，在钱财方面公私分明。对新加坡来说，贪污受贿是一种癌症，必须及早发现并根除。

要有一个强有力的政治领导团队，就必须有一个中立、效率高、廉洁的民事服务队伍。无论聘任或是提升公务员，必须按他们本身的条件予以考虑。公务员必须具有和政治领导团队相同的建国哲学理念。他们必须有足够的薪酬，才能经得起诱惑。公共服务委员会的成员必须公正无私、精明能干、善于观察人委任人。

第二，国家团结。不管有多少不同的种族或部落，都必须维持国家团结和社会凝聚力。所有接替殖民地政权的政府都面对多元部落、多元语言、多元宗教、多元文化的团结问题。如果国家不团结，问题将更难处理。如果没有团结的人民，国家发展几乎是不可能的事。作为一个年轻的国家，新加坡在解决种族、语言、文化、宗教等问题时，采取了深思熟虑的渐进主义政策。新加坡人口中（2006 年）的 75.2% 是华人，他们来自中国各地，民族不同、方言各异；13.6% 是马来族回教徒，他们来自马来西亚和印尼各地；8.8% 是印度族，分别来自印度各地；其余的则来自欧洲和亚洲各地。新加坡需要一种共同的语言，人民行动党解决这个问题的办法是让每个人不只学习一种语言，而是两种语言，即英语和其母语。英语不是任何族群的母语，因此，没有任何一个族群会因此占上风或吃亏。新加坡不压制种族文化、语言、宗教或认同感。

第三，家庭计划。最初为了放缓新加坡的人口增长，新加坡推行了全面家庭计划，其结果是把新加坡总人口出生率，从 1960 年的每名妇女生 6 个孩子，降低到 1990 年的 1.9 个孩子，后来又降低到 1992 年的 1.8 个，低于 2.1 个的替代率。随着老龄化社会的到来，新加坡又适时放开了这种限制，并鼓励教育程度高的妇女多生育。

第四，经济上奉行实用主义。其经济政策是必须奉行实用主义，而不是教条主义。新加坡不仅承接了殖民地遗产，还鼓励发展新的成长性行业，这是新加坡经济增长的一个秘诀。同时，人民行动党鼓励所有英国、美国、日本等商家留下来扩展投资，也鼓励本地商人从事贸易、制造业、服务业等，后者的目的不是取代这些外国企业，而是成为它们的供应商或竞争者。

第五，让外国人和本地企业家继续营业。使商业、工业、土地或任何其他财富国有化，从而均分财富，是个诱人但又必须避免的陷阱。因此，新加坡政府设法吸引更多的欧、美、日跨国公司的投资，让外国人和本地企业家继续营业。

第六，全民教育。教育是每一个国家人民前途的关键所在。让全体人民（当然包括妇女）能读能写，能吸收知识，参与经济建设和分享经济增长的成就。新加坡的经验是，妇女一旦获得和男性同等的教育和相同的就业机会，她们就会了解生育太多子女是毫无意义的，因为那只会导致家庭生活水平和社会地位降低，而生活也更艰辛。

第七，要取得成绩，就不要迎合政治潮流。当传统的智慧不符合理性的分析和本身的经验时，新加坡就会加以摒弃。例如，在 20 世纪六七十年代，反美国和跨国公司是一种政治潮流。认为跨国公司会使人沦为"从属他人"。人民行动党并不接受这个看法。相反地，新加坡政府极力争取跨国公司。跨国公司拥有科学工艺、知识、技术、技能和市场，为跨国公司工作和与它们合作是有效的学习方法之一。事实证明，它们是促进新加坡经济增长的有利因素。

同样，盲目地追随目前的政治上正确而又竭力鼓吹的"民主是经济发展的先决条件"的观点，是错误的。西方理论家论证说，如果没有民主，俄罗斯就不可能发展成为一个自由市场。可是，韩国、中国等的经验，却证实这个论点不一定正确。要有经济增长和进步，必须有一个诚实、有效、为人民服务的好政府——好政府追求国家利益是不分理论或思想的，好的政府是务实的政府。1965 年，当新加坡脱离马来西亚联邦并面临印尼的经济抵制时，人民行动党就已经得出结论：那就是，如果要生存，就必须自己对世界有用处。我们不可能改变世界，但我们可以适应世界。另外，任何一个发展中国家要取得成功，必须从本身的经验和观察其他国家的情况来吸取经验教训。

三、人民行动党执政模式

（一）权力制衡是人民行动党执政的价值基础

新加坡人民行动党执政模式首先表现为源自西方法制传统的立法、行政、司法三权分立与制衡：内阁（总理）享有很大权力，但内阁（总理）必须对议会负责，接受议会监督。议会对内阁政府监督的主要方式是询问和质询、国政调查、提出不信任票和弹劾等。新加坡实行司法独立制度。司法机关由法院、总检察署和政府法制部组成。法院行使国家司法权，总检察署行使国家检查权，政府法制部行使司法行政权。大法官（也称首席法官）由总统根据总理的建议任命，其他法官根据总理和大法官的意见由总统任命。法官一旦任职，除非渎职或失职，一般都实行终身制，不得随意调离或免职。这就保证了司法的独立地位和司法机关对于其他部门的有力监督。

民选总统制是新加坡在权力制衡方面迈出的重要一步。1991 年以前，总统由议会选举产生。它实际上主要是个荣誉性、象征性和礼仪性的职务，对政府的制约十分有限。1991 年 1 月，新加坡通过了"民选总统法令"，修改了宪法关于总统产生的方式、任期及职权等方面的条款。"民选总统法令"规定总统由全体合法公民直接选举产生，任期 6 年，民选总统具有监督、制衡政府的重要职权，具体如下：（1）确保政府不会滥用国家储备金，也就是牵制政府耗尽历届政府所累计的储备金。政府如果要从每年的财政预算取得拨款，必须在国会通过拨款法案及附加拨款法案。民选总统将有权批准或否决这些法案。（2）为维护公共服务的廉洁和正直，总统有权批准或拒绝委任下列要职的人选：高等法院的大法官、法官和司法委员，总检察长，少数民族权利总理理事会主席和成员，公共服务委员会主席和委员，总审计长和会计总长，武装部队理事会成员，武装部队三军总长，武装部队陆军总长、空军总长和海军总长，警察总监，贪污调查局局长。（3）为制衡政府，防止政府滥用权力，宪法授权总统负起监督内部安全法令、维护宗教和谐法令和贪污调查局调查权力的任务。例如，当政府想阻止贪污调查局对有关贪污的投诉展开调查时，即使总理不同意贪污调查局局长对有关部长展开调查，总统还是可以授权贪污调查局局长对有关部长进行调查。

总统虽然有着监督和制衡政府的权力，但是，总统的权力也受到总统顾问理事会和国会的约束。总统在应用权力，以及批准或否决政府部门、法定机构和国有企业的财政预算时，必须向总统顾问理事会咨询。总统在履行其他职权时，如委任担任民事服务要职的人选，必须征求总统顾问理事会的意见。不过，最后的决定权还在总统。另外，国会也扮演着约束总统权力的角色。若总统在顾问理事会的反对下坚持否决财长提呈的会动用到历届政府积累储备金的财政预算案，政府可以把问题带到国会辩论。如果 2/3 的议员支持政府，新的财政预算案就会获得批准。但是，如果政府不能得到 2/3 的议员的支持，新的财政预算案就无法通过。总统必须是无党派人士，因此，所有总统候选人都必须在参加提名时宣誓和任何政党脱离关系或不再是任何政党的党员。总统候选人在参加竞选时不得使用任何代表或暗示某一政党的竞选标志或佩戴任何政党的徽章。因为如果候选人当选后还是某个政党的党员，人们就会怀疑他的行为，认为他在行使职权时会受到党纪的约束，不得不遵从党的干部会议的决策。只有候选人是以自己的立场而不是党的立场出来竞选，公众才会感到放心。

新加坡权力制衡模式中领导层本身也要受到法律约束，这也是法治的核心和本质。首先，新加坡立法严明。人民行动党执政后，修改了殖民地时期通过的防止贪污的法律，修正案赋予调查人员更大的权力，包括逮捕、搜查以及调查犯罪嫌疑犯和他们的妻子、儿女和代理人的银行户头及银行存折。当局不必证明受贿者能够给予行贿者所要求的便利。任何人一旦受到调查，所得税局局长就必须提供有关他的资料。法律修改后，法官可以接受犯罪嫌疑犯同谋提供的证据。而且，控方一旦证明被告生活奢侈，明显超过他的收入所能提供的生活水平，或是有同收入不相称的财产，法庭就可以以此作为被告已经受贿的佐证。其次，新加坡执法严厉。新加坡人非常怕被开除公职，因为每个人都有一大笔公积金，任何被开除公职的人的公积金都会被没收。资历越老、地位越高的人，公积金也越多，多在六位数以上，就是几十万新元。一旦被开除公职，公积金都被没收，所以公积金成为威慑力量的最大后盾。因为公积金代替了养老金和退休金，一旦公积金没收，所有的保障，包括医疗费都没有了。

（二）多党制的实质和一党独大的表象

新加坡人民行动党执政模式的表现之一是一党独大、多党竞争。所谓一党独大，是指新加坡人民行动党自 1959 年以来在参加竞选的各党中一直保持绝对优势地位，并在连续赢得大选的情况下长期执掌政权；所谓多党竞争，是指新加坡有 20 多个政党合法存在，每次大选都有几个政党参与竞选。因此，新加坡的政党制度虽然不同于典型的多党制，但更不同于严格意义的一党制或一党专政制：首先，愿意在宪制范围内活动的一切政党均享有合法地位，各种政治派别均享有依法组织政党的自由；其次，宪法并未规定人民行动党为唯一执政党，各个政党可以参加竞选，执政党的地位是由选民没有外界压力的匿名投票选举决定的，而不是靠宪法垄断或其他形式垄断所决定；最后，执政党的执政地位有可能随着国内各派政治力量的变化而变化。

在西方舆论中，竞争性选举被认为是民主的本质，竞争双方或多方的此起彼落便成为民主的一种自然现象，两党或多党轮流执政也就被许多人认为是民主的必然表现，而一党连续几十年乃至更长时间的长期执政便被视为不民主的表现。与上述观点不同，新加坡政府强调：政府是由人民选出来的，同时这个选举是在公正与平等的方式下进行的，反对党可以自由选派候选人参加，中选的政党只要自律且能够组建一个廉洁政府，那么，是否实行两党制是无关紧要的事情。新加坡前总理吴作栋指出："我想一个稳定的体系即是让一个主要的主流政党代表大部分的人民，在这种情况之下，这个体系可以允许其他几个边缘但又有崇高理念的小党存在。这些小党不可能有远大的视野，但至少他们代表了某些团体的利益。在这样的体系下，由这个主流政党一直执政，我认为这样的情形是一件好事。如果同样的情形发生在新加坡，我不会道歉或感到任何遗憾。"

深入分析，一方面，新加坡人民行动党一党独大、长期执政是一种"自然而然"。从理论上说，两党制不失为一种有效的制度，因为轮流执政的两大政党既可在国会里发挥互相监督的作用，也可在竞争中各自不断完善。但是，一种制度的产生，并非人为制造出来的，而是自然演化出来的，两党制的出现也是如此。

由于人民行动党系统地招揽优秀人才加入它的阵营，使得该党能够把绝大多数高素质的人才网罗过来。虽然两党制在理论上说具有优越性，但是，李光耀认为："要设立一个有替代能力的反对党，不是我的工作，这是反对党的事。"当然，李光耀也曾考虑把人民行动党一分为二，让比较倾向自由的一派同比较倾向于保守的一派竞争。但李光耀并不认为自己真会这么做，他告诉党内一部分成员，"你们辞去原职，去组成反对党"是"不智的"的做法，是"不必要的冒险"。

另一方面，新加坡人民行动党一党独大、长期执政是一种"不得不然"。新加坡社会存在着不同种族、宗教和语言群体之间的分裂。"在这些深刻的、潜伏着几乎属于原始的欲望存在着的情况底下"，李光耀等新加坡领导人"不认为像英国的辉格党及保守党那样的跷跷板，来回地运转交换政权是必要的"。

吴作栋认为，如果新加坡存在的所有政党"经常在大选时互相角逐。想象一下，如果它们的政治力量都在伯仲之间，每个都想要掌舵。再设想一下，新加坡出现一连续联合政府，联合政府内争吵不休，不断地作出反复无常的妥协。如果每一回的大选结果都是惊险的，那你就可以想象一下这个国家的命运了。你们自己可以想象一下那些疯狂的支持者，那种争夺权力，那种激动，那种变幻莫测，那种大灾难的情况，那将是一场大动乱。"实际上，外国投资家对新加坡的信心，主要根源于新加坡的稳定局面。新加坡目前的稳定局面，在很大程度上是倚赖于长期执政的人民行动党政府持续推行的各种有效政策。吴作栋说："你是否有想过如果我们有个多党制和轮流执政的政府，我们能不能取得过去 30 年所取得的成就的一半？"

需要指出的是，新加坡政党关系中的一党独大与多党竞争并不决然对抗排斥，而是相辅相成的。实际上，多党竞争加强了政党之间的监督与制衡，特别是在野政党对于执政党的监督与制衡，从反面保证了执政党的廉洁与活力。新加坡外交部长杨荣文说："我们作为一个政党，必须为下一次选举操心，这促使我们自我约束，并且在付出最少代价的情况下，努力实现长远的目标。如果我们不必为选举操心，无论我们出发点有多好，都会使我们变得草率和傲慢。选举是使我们保持平衡和诚实的方式。"

（三）适时调整人民行动党的社会基础

新加坡人民行动党的发展历程可以分为鼓动民众奋起反抗殖民统治的革命时期和通过连续赢得大选从而长期执掌国家政权的执政时期。从革命转变为执政，人民行动党的政党立场正在发生变化。

为了更好地代表新加坡国内各方面的利益，一方面，人民行动党特别强调国家利益，而不是仅仅强调党本身的利益。在人民行动党看来，党的根本目标是要建设新加坡，而党只不过是达到这一目标的工具而已。工具是服务于目标的，因此，党的领导人在致力于新加坡的建设与发展的时候，他们甚至准备牺牲党的利益。例如，人民行动党政府提倡组织公民协商委员会，而这个组织看上去是夺取了人民行动党支部的某些职权。党的重要性同其他国家机关相比较，只在于党是负责每 5 年夺取一次选举胜利而已。

另一方面，人民行动党不断扩大代表的广泛性，而不是强调代表的阶级性。人民行动党作为主流政党，要能代表新加坡各种不同利益。比如，新加坡是个多元种族国家，主流政党便注意让三大种族——华族、马来族、印度族，都在国会有代表，保证一人一票的制度不会造成多数种族压迫少数民族。

比如，1982年修订后的人民行动党新党章在入党条件上规定：任何不小于17岁的新加坡公民，只要能够遵守本章程和符合入党条件并且不是他党成员者都可成为本党党员。党章所确立的政党目标包括建设一个不分种族、语言和宗教的多元、公正、公平相互忍让的社会，在保持社会总利益的范围内，通过教育与培训为所有的新加坡人民提供平等的机会实现自我和发挥自己最大的潜能，每个人都能在社会中找到自己的位置和发挥自己的作用。

人民行动党还特别注重吸收精英分子入党。对有潜质成为政治精英的年轻人，无论身处哪个行业，都可以吸收为"新血"。人民行动党对之早发现、早培养、早锻炼，使之将来能成为高级政府官员。

如果说在独立运动的革命时期，人民行动党特别强调自己的阶级性，其立场表现为特别注意关心工人利益、反映工会意见；那么，在和平建设的执政时期，人民行动党则十分强调代表的广泛性，其立场表现为十分注重代表全国利益、反映各方意见。

（四）强调议行合一

新加坡政府总理和15个部的部长、政务部长、政务次长都是人民行动党的议员，从而使党的理念能够顺利转化为政府的措施。行动党政府还对公务员政治中立原则进行了一定的方向调整，强调公务员系统应该对执政党及其目标保持忠诚，了解党的目标、工作重点和政策，并以极大的热忱去实现它们。公务员和政治家的结合，使得公务员队伍能够服从政府领导并为实现党的目标和国家利益而奋斗。

（五）靠体制监督和制约反腐败

新加坡每5年的一次大选是对人民行动党最大的监督，同时依靠以法治权，建立了权力制约权力的机制。例如，党的秘书长是内阁总理，享有很大权力，但必须对议会负责，接受议会监督。国家成立了反贪机构，制定了《防止贪污法》，赋予贪污调查局包括逮捕权、调查权、搜查权、获取财产情报权、不明财产检查权等广泛的权力。他们直接对总理负责。为了防止出现"黑金政治"，国家制定了《政治捐款法令》。由于上述措施，新加坡政府的廉洁程度历年居亚洲首位。李光耀曾说道：行动党最大的成就就是"保持其活力和廉洁，而不是成为衰落和贪污的政党"。

（六）通过社会组织加强与人民群众沟通

新加坡人民行动党同全国职工总会及民族、贸易和工业方面的所有组织建立了政治目标完全一致的关系。人民行动党在绝大多数工人心目中是工人利益的保护者，使得诸多工会愿在党与政府的总体控制下活动。由于彼此之间利益基本相同又有畅通的协调机制，新加坡建国以来很少发生罢工事件，劳资政三方之间的矛盾都能经过协商得到妥善解决。人民行动党还建立了一些半官方的社团组织作为党的支撑点。例如人民协会，通过组织和促进群众积极参与社会、文化、教育、体育活动，把行动党的理念和主张转化为民众的具体行动。它是党的得力助手，主管着一个庞大的社区中心网络，将党的影响渗透到每家每户。人民协会是一个法定机构，由党的秘书长任主席。

但是，人民行动党不该只反映民众的诉求，而应承担引导并形塑民意取向的责任。李显龙说："我们有理想、有想法、有政策也有建议：引导人民之间的讨论，从而说服人们从我们的视角看待事物，并以具建设性的眼光，合理地看待个人和新加坡的情况，是我们的责任。""如果我们只是'好好先生'。一味附和别人的意见，我想我们将是失败的领导人。"①

人民行动党要与民众"心连心、手牵手、一起走"，防止从"果断政府"变质为专断政府；也不能只做"好好先生"，避免从"包容政治"蜕化为民粹政治。

第二节　人民行动党的干部人事制度

无论有怎样的法律设计，最终都要靠人来执行、完成和评价。在新加坡取得的各项经济和社会成就中，其极富特点、科学合理的人才观念和用人选人的机制起了决定性作用。在这种观念的倡导之下，也顺利实现了新加坡政府权力的交接。

一、李光耀的人才观

在李光耀"人才立国"战略思想中，关于人才的标准和条件，占据着重要的位置。他认识到人的因素在治理国家时的重要性，更为关键的是选怎样的人和以什么方式选人。曾在新加坡参加"市长班"学习的马誉峰先生总结出李光耀人才观点的五条标准。

（一）"仅在某一方面突出还不够"：要具备"直升机素质"

李光耀认为，一个优秀的治国人才，仅在某一方面突出是不够的，而必

① 《李总理：不该只反映民众诉求执政党应负责引导民意取向》，《联合早报》，2012年11月25日。

须在各个方面表现优良，具有高超的综合素质，也就是所谓的"全人素质"。他以 1970 年升空的美国"阿波罗 13 号"宇宙飞船上的三个宇航员为例，当飞船在 30 万英里（1 英里 ＝ 1.6 千米）高空出现故障时，这三个人始终保持冷静和镇定，临危不乱，一步步跟着地面指挥部的指示行事。这个实例，反映了美国航空局已经预先淘汰了所有可能在紧急时刻惊慌失措的人。李光耀由此得到启发，认为"一个组织要有良好素质、忠心耿耿、临危不乱的人，才会健全"，对那些有潜质成为部长的行动党未来候选人，也要进行心理测验，以确定其人格、智商、个人背景和价值观。测试结果不一定是决定性的，但至少有助于淘汰明显不适当的人选。为了能够准确把握一个人的综合素质，他专门向跨国公司的总裁们请教，了解他们是怎样招募和擢升高层人员的。通过考察了解，他认为壳牌石油公司的选人方法最好，就是运用确定"目前评估潜能"的方法，选出具有"直升机素质"的人，其主要特质是要兼具分析力、想象力和务实感三种素质，既能从宏观的角度鸟瞰事情和问题，又能确认关键细节，调整焦距对症下药，即要有直升机居高临下综观全局的目光、冷静分析与现实结合的能力和创造力。李光耀试行这套系统后，认为切实可行，于是从 1983 年起在公共服务部门正式推行，淘汰了原来沿用的那套英国式的人才选拔系统。

　　（二）信守道德：具有"东方价值观"

　　作为华人社会的一分子，李光耀实际上接受的是儒家"东方价值观"，所以，他对领袖人才的道德操守标准要求很高。李光耀认为"东方价值观"的内涵主要有以下几点：（1）重视家庭；（2）尊敬长者和权威；（3）辛勤工作、节俭；（4）以协商、共识代替竞争、对立；（5）社会利益高于个人权利；（6）重视治安法纪；（7）经济发展先于民主和人权；（8）"好政府"。对于"好政府"，李光耀说，要看人民的价值观而定，亚洲人所重视的未必就是美国人或欧洲人所重视的。西方人所重视的是个人自由，希望政府是"小政府"，管的事越少越是好政府；而东方和东南亚人民对政府的要求，并不在于人权和民主，而是在于"好政府"：高效率、有绩效、负责任的行政官员能够提供安全和良好的机会，以达到改善生活水准的目的。后来，吴作栋继承了李光耀的思想，把"东方价值观"提升为"国家意识"，并于 1991 年向国会提出五大共同价值观，即国家至上，社会为先；家庭为根，社会为本；关怀扶持，同舟共济；求同存异，协调共识；种族和谐，家教宽容。

　　确定了共同价值观，在选用人才上也就确立了一条共同遵守的标准。一个担任政府要职的人，必须是遵守共同价值观的模范，否则，能力再强也不予任用。因为，"新加坡的前途，全靠人民对他们的领袖所能信任的程度"。担任公职的人，必须对来自不同社会背景的人，毫不自私、诚心诚意地为他们服务，以赢得人民的信任。李光耀积多年之经验，得出了一个结论："确定一个人的人格，比确定一个人的才干和能力更重要，也更困难。""执政了23年以后，我学会了怎样判断一个人的头脑和心肠的好坏。我研究他过去的记录：他曾经有过些什么作为，在几岁时做过些什么……他怎样管人，怎样和人相处，对同事和部属是否起鼓励作用，是否有良好的判断力等。有没有坚强的性格？有没有无私的精神？除了他的本业以外，有没有献身其他的事业？"他要求政府官员必须以国家的利益为重，必须愿意为国家和人民付出代价，而不是只担心本身的前途，不担心人民的前途；只为个人打算，不为国家着想。他们必须勤奋好学、吃苦耐劳、严守纪律、自我克制，牺牲眼前的利益以换取长远的利益。因为"我们为人民服务，这是职责所在"。1990年11月，在李光耀向吴作栋交班的人民行动党干部大会上的讲话指出："我国政治文化的一个主要特点是，当领袖的人不能自私自利或以自我为中心。人民行动党的每个干部都必须抱着利他主义，有一种肯为同胞做事的气概。我们如何传播和保存这种政治文化呢？就是把一些志同道合、具有相同动机的人招募入党。"为了使最高领导层形成一个共同价值观，李光耀还提出了"群体生存的精英策略"这一重要观点。他指出，任何社会里，最高领导层的忠诚友谊和团结精神、荣誉感和共同价值观，对群体的生存是极为重要的。"令人庆幸的是，我们的背景有足够的共同点，因而使得高层领导人具有共同的核心价值观。"

（三）才能出众："何止是一般的能干"

具有过人的才能是李光耀对治国人才的又一要求。要把一个国家治理好，要掌管好一个政府部门，才能平平的人是不行的。李光耀认为，在一个发达的社会里，平庸之辈当部长并无大碍，因为有良好的行政系统和高素质的公务员，国家还是会生存。但是，在发展中国家，政治领袖与这个国家的生死存亡密切相关。因此，"部长必须有不同的才干。你必须杰出，而且不只要上进，处事也要机敏。""如果我们的常任秘书比部长还行，我们将失败。[①] 我这样说一点也不过分。他们都是能干的人，但我们需要的何止是一般的能干！""我们面对的并非寻常的难题，需要对问题通盘了解并有制胜妙法的能

---

① 在新加坡，部长是政务官，由选举产生的议员担任，是内阁成员。常任秘书是公务员中的最高职务，资深常任秘书接近于副部长级别。

手。"高素质的部长领导是没有任何东西可以代替的。属下官员，不论多么优秀，即使给予部长强有力的支持，都不能弥补一位部长在思想敏锐、活力、想象力、创造力、干劲和冲劲方面的不足。"需要别人敦促而作出的反应，不论敦促者是何等明智贤能，都比不上一个思想积极、有学问和脑筋灵活的人的自发反应。由人代笔的演讲词，不论多么冠冕堂皇，和一个对问题有深刻感应、深思熟虑，以找出解决办法的部长发自内心的言语比较起来，总是缺乏那股信念和真诚的意味。"

李光耀认为：一个称职的政治领袖，必须具有良好的沟通能力；必须深入民间，与人民打成一片，这样才能获得人民的支持和合作；必须能够感受人民的情绪、感觉和抱负；必须能够动员他们，治理他们，使他们能和你共同争取他们所要求的生活。

1988 年，李光耀准备两年后将总理职务交给吴作栋时，在一次演讲中对吴作栋是这样评价的：他的能力是毫无疑问的；他的廉洁正直是没有问题的；他的人际关系是一流的；他善于发掘下属的才华，他并不害怕能干的人；他是一流的听者，有耐性，不摆架子，能把事情办好；他能在严峻的时刻作出决定，虽然看起来不像；他的正直与献身精神我没有怀疑。这既是李光耀对吴作栋个人优点的肯定，也是他为新加坡和人民行动党选择接班人的标准。因为他深知，"新加坡是一个刚上轨道的小国，必定要由它的人民当中最能干和最卓越的人才出来掌管政府，稍微差一点也不行。""如果庸才和投机主义者在我国掌权，人民就必须付出重大的代价。"

李光耀还要求人民行动党的所有议员磨炼自己的政治洞察力和灵敏的政治嗅觉。他说：在宪法下，我们要当政，就必须每隔 5 年取得大多数议席里的大多数选票。在这种宪制下，灵敏的政治嗅觉，是每个议员不能或缺的素质。所谓灵敏的政治嗅觉，就是能够及时了解与体会到那些受教育少、照顾不周的穷苦人家的感受和想法。

（四）意志坚强："具有坚强持久信心的人，才做得来"

李光耀纵横捭阖政坛几十年，历经风云变幻，深知从政之不易，会常常遇到危险、棘手和难以预料的问题，因此，这就需要政治领袖具备坚强的意志、顽强的作风和勇敢的气魄。他说："一个领袖的首要任务，就是要履行人民的委托，不论他个人遭遇到怎样的危机。不然，他就不应该争取得到领袖的地位。那些在危机中寻求软弱选择的人，并不是领袖。历史会谴责他们是懦夫，他们的朋友和亲人也会在历史对他们盖棺论定时，为他们感到羞耻。"他在回忆 1961 年大选，人民行动党在两个选区落选而丢掉两个议席时说，

"我们昂起头来，在迎风飘扬的党旗下，从计票站游行回到党总部，并发表激昂的演讲。""在面对失败的时候，我们不低头。我们有争取胜利的决心。""那些没有这种不屈不挠的战斗精神的人，最好是去买卖股票。意志薄弱的人是不适合搞这种工作的。这种工作，只有那些具有坚强持久信心的人，才做得来。""我们当中那些软弱、缓慢或胆小的人，最先被淘汰。目前剩下来的是经过达尔文的物竞天择过程而生存的。我们具有强烈的生存力，对各种伎俩和阴险手段都了如指掌，我们懂得如何对付所有的恶棍。"

在执政风格上，李光耀主张强硬的作风，在必要的时候，实行"大棒子"政治。他说，"领导人必须是一个好人，同时也必须是一个强硬的人"；"无论领导作风如何，有时是有必要挥动大棒子的，这是为了确保他们的决定被遵守"；"没有领袖能够保持柔弱的作风而同时希望能够生存"。李光耀同时认为，没有政府只是为了要表示强硬而实行强硬的政策。但是，当一个政府面对关键性的问题而畏缩，不敢作出强硬决定时，这个政府是在逃避责任，而国家也会遭殃。一个受欢迎的政府，并不意味着政府的每一项行动都必须受欢迎，而是在任期届满时，政府的各项政策都已收效，使政府获得足够的支持而蝉联执政。他预见到，"新加坡或迟或早可能面对危机，那时候，人民和那些经得起考验、意志坚定、有应变能力的领袖之间，将建立起深厚和持久的关系。"

（五）廉洁清正：白衣白裤的人民行动党人

李光耀一生崇尚清廉，对腐败行为深恶痛绝。他最引为自豪的成就之一，是在新加坡建立了一个国际公认的廉洁政府，连年被国际权威机构评为亚洲最廉洁的国家。1959年，在第一届民选政府宣誓就职时，李光耀要求内阁成员一律身穿白色衬衫和长裤，象征个人行为纯洁廉明，担任公职清廉无私。当年他在英国读书时，目睹了来自中国的学生对国民党政府贪污腐败、以权谋私、贪得无厌行为的激愤。他在回忆录中写道："这些年轻人把共产党人看成具有献身精神，随时准备杀身成仁的大公无私的楷模，而中国共产党领袖的艰苦朴素的作风，正是这样的革命情操的体现。"他下定决心，要建立一个由廉洁官员组成的清廉政府。他明确指出，一旦领导人廉洁程度不够，他们对高水准的要求就会不够严格，从那个时刻起，整个行政的廉洁结构就会软化而终于崩溃。因此，只有维护行政的廉洁，国家的经济才能起这样的作用——使新加坡人看到勤劳工作和报酬之间的关系。只有这样，新加坡人才会通过更好的教育和进一步的训练，去改善自己和子女的生活，而不希望通过"有权有势"的亲朋好友或贿赂有适当地位的"熟人"去求取横财。

李光耀把是否具有廉洁的作风，作为选拔领导人的首要条件。他坚定地认为："公共服务，不论是政治领袖或是公务员，都必须由最好的人选来担任。他们必须具有最好的素质，也就是廉洁的作风、献身的精神、领导国家的能力、良好的人际关系和办事的能力。这就是我国的成功秘诀。"他经常告诫人们："我国人民千万不可忘记，掌管政府的人，不论是部长或是担任重要职务的常任秘书或是法定机构的总裁，如果没有高度的廉洁作风、献身精神和办事能力，必定使我国走下坡路。"他始终坚信："廉洁的政治环境，是我国最宝贵的资源。在这样的环境里，掌管政府、主要机关和大学的人，都是一群廉洁、可靠、能干，并且致力为国人创造一个更美好前途的人。"

二、选用人才的机制

新加坡老一代政治家十分重视青年政治精英的培养，他们把青年政治精英视为国家的未来，是保持新加坡政治发展的重要动力。

新加坡是一个崇尚君子执政的国家。因此，青年政治精英须具备必要的领袖特质。那么，什么是领袖特质呢？领袖特质即正直、干劲、智慧，以及身心的纪律。然而，全世界的英语国家，都还没有一位罗德斯奖学金得主当上总理或总统，虽然他们有很多人成为优秀的次级领袖——常任秘书、副部长等。第二次世界大战结束后的20年间，也没有一位牛津或剑桥的学生会的主席当上英国首相，所以，机智、幽默不是领袖必备的要素，这些特质不是没有用而是不能用于照顾一国人民的前途上。没有任何天然资源的新加坡，极谨慎地经营唯一的资源——人力，他们尤其重视最顶端的一级公务员的挑选与培训。

"李光耀非常强调天赋比后天重要"[1]，同时也非常重视合理的后天教育与工作锻炼。新加坡人民行动党的选人机制充分体现了这个理念。人民行动党对青年精英的选拔培养，贯穿了优生、初级教育、高等教育、成长锻炼的整个过程，并取得了很大成功。

（一）人民行动党提倡优生的人口政策

新加坡人民行动党提倡优生，控制人口数量，提高人口素质，并采取了以下两种控制人口增长的政策。

1. 严格控制人口增长

第二次世界大战刚结束时，人口增长迅速，使得新加坡在20世纪50年

---

① 王文钦，《新加坡与儒家文化》，苏州大学出版社，第254页。

代末就出现了人口问题。当时最严重的人口问题就是为那些战后出生的、初入劳动力市场的大批青年提供足够的就业机会。同时，人口的剧增也带来了诸如住房、公共卫生、医疗服务、教育等一系列社会问题。1947—1965 年，新加坡人口年平均增长率在 2.4%～3.8%之间。这期间的人口密度为 3062 人/平方公里，使新加坡成为世界上人口密度最高的国家之一。为了解决迅猛增长的人口使本来就十分狭小的国土变得越来越拥挤的问题，新加坡政府认识到必须尽力降低人口增长率，于是从 1965 年开始制定实施了一系列控制人口增长率的政策。主要内容包括以下几方面：（1）向已婚妇女提供家庭生育计划和门诊服务。（2）宣传小家庭利国利民。（3）对 3 个子女以上的家庭征收高额所得税。（4）生育第二个孩子以上的产妇不能获得有薪产假，但若在产后自愿接受绝育手术，则可以得到有薪产假。（5）鼓励公务人员做绝育手术，做绝育手术的公务人员均可获得 7 天全薪产假。（6）提出"俩子女家庭"的模式。对少子女户的子女入小学给予选择学校的优待，其办法是：第一，优先情况为父亲或母亲在生育第一个孩子时或第一个孩子后便接受绝育手术者；第二，优先情况为一个孩子或两个孩子的家庭；第三，优先情况为父亲或母亲在生育第三个或第四个以后的孩子后接受绝育手术，但有关父母必须在 40岁之前施行这项手术；同时，少子女户还可以获得减免所得税的优待；生育第四个及第五个以后的孩子不能再享受所得税减额的优待；只有不超过 3 个孩子的家庭才有在某种条件下出租组屋的权利。（7）鼓励晚婚、晚育。同时，规定分娩收费随子女数量的增加而增加。新加坡借助这些措施来鼓励少生优生，限制多子女家庭的出现。

2. 鼓励高素质人口多生育

进入 20 世纪 80 年代后，新加坡发现，低教育水平的夫妇生育子女偏多，平均每对夫妇生育 3.5 个子女，而受过高等教育的夫妇平均每对生育只有 1.7个。一般情况下，受到高等教育的夫妇能培养出具有高等文化水平的子女，而受教育水平低的夫妇对其子女的培养是有局限的。这涉及观念问题、经济条件、智商遗传等很多因素。新加坡政府认为，如此下去新加坡人口的科学文化素质将不断下降。为了改变这种状况，新加坡政府在 1984 年提出新的人口政策。这一政策包括两方面：一是争取人口实现零增长；二是对具有高等教育文化程度的育龄夫妇实行鼓励生育的政策。提倡受过高等教育文化程度的夫妇一生生育 3 个或 3 个以上子女，并规定这些子女在一年级新生入学报名中享有优先权，有优先进入重点学校的权利。同时，鼓励低文化水平的母亲减少或保持国家规定的生育数，规定这一类妇女如果不到 30 岁就生了一两个孩子，用颁布绝育奖的办法鼓励她们绝育；如果发现她以后又生了孩子，则非但要索回奖金，还要另加1%的复利年息。

（二）从小学开始寻找明日之星

2002年，新加坡政府教育支出占其全年财政支出的19%，为当年GDP的11%（同期美国为10%，中国为3%，世界平均为4%）。中小学教育经费补贴90%以上，大学补贴75%以上。这虽与其雄厚的国家财力有密切的关系，但30多年如此，可见新加坡对教育的重视程度。同时，新加坡通过立法来保证适龄儿童的入学率，除非家长可证明自己确实无力支付学费——"完全丧失劳动力""在银行没有任何存款""完全得不到亲友的资助"等。通过学校的全英文授课，新加坡对国民普及英文，使新加坡人逐渐成了国际大都市中的"国际公民"。

新加坡政府认为孩子们的聪明才智不等，有必要实行教育分流制度。即在小学三年级、小学毕业及初中毕业时分别进行统一考试，按智力及学习能力将学生分为一、二、三等，然后因材施教，对那些有天才的儿童，从小就给予其各种特殊的教育，提供有利于其成长的特殊环境和条件，促使人才脱颖而出。在小学四年级，就通过一个会考，把比较优秀的学生挑选出来，经过中学会考与高中会考，很容易就让成绩最好的学生冒出头来。这些优秀学生的会考资料及课外活动成绩，会传到新加坡公共服务委员会的电脑里。公共服务委员会及一些半官方机构会主动出击，找出这些学生面谈及甄选并授予奖学金。

经过三次分流后，每年数万名中学生中有30%的优秀学生进入初级学院，那是两年后荣升大学的必经之路，另外70%的学生则进入工艺学院，接受培养成为未来监工、技工、秘书、公关及工商界的监管人员等。

初级学院的学生学习两年后考入大学，再经过三年的学习，一般只得到普通学位，其中一部分成绩优异者获得政府的总统奖学金，派往英国、澳大利亚、美国、日本等国的大学继续深造，还有一部分则继续在本国大学就读，获取最高一级的文凭，这两部分人是精英中的精英，他们是未来的科学家、工程师、律师、经济学家、会计师、部长和国会议员。每年有300名学生获得新加坡政府的奖学金，其中有10多人可获得最高荣誉的总统奖学金及武装部队奖学金，他们大多到牛津、剑桥等名校读书。新加坡外交部长杨荣文、国家贸工部部长林勋强都是拿武装部队奖学金出国念书，又回国服务的。

（三）主动"猎人"、科学选人

新加坡政府对人才的选用采用主动"猎人"、科学选人的人才挑选模式。

新加坡人民行动党十分重视对政治人才的识别与发掘。为了物色最好的人才组成内阁，人民行动党既不是仅仅从党内基层组织中的积极分子中选拔合适人选，也不是仅仅消极等待党外合适人选主动加盟，而是主动"猎人"，即主动邀请游说合适的人选从政。李光耀指出："要是完全听其自然，等着积极分子毛遂自荐加入我们的团队，我们根本不可能成功。"

吴作栋在出任新加坡国会议员之前，并没有加入人民行动党。也没有特别的兴趣要加入行动党，更没有协助行动党基层工作的经验。他专注于自己在公共服务部门和之后在新加坡东方海皇轮船公司的事业。1976 年某一天，当时的新加坡前财政部长韩瑞生召见他，问他是否会考虑参加竞选。吴作栋感到十分震惊，因为他从来没有表明对政治有兴趣，也从不认为自己适合参与政治。他问韩瑞生为什么要选自己。韩瑞生回答说，自己在寻找能继承这份工作的人士。吴作栋当时的反应是，如果人民行动党真的想找他这个最不可能涉及政治的人来从政，人民行动党一定面对问题了。如果人民行动党面对问题了，那么新加坡也将面对问题了。于是，他要求给自己三天时间去考虑。到了第三天，他给韩瑞生留了字条，回答是"会"。吴作栋说，自己是基于如下个人理由做出这样的决定的：自己是靠助学金完成高中和大学学业的。如果不是助学金，自己将无法上大学，工作生活也不可能这么舒适。这一切，都是因为新加坡有一个好政府。吴作栋觉得，自己不能向韩瑞生说"不"，而应该毫无疑问地出来为国服务。

随后，吴作栋接受了李光耀的面试。吴作栋回忆当时李光耀向他提出的其中两个问题是：谁是你的朋友？你有什么抱负？吴作栋后来才明白李光耀提的这些问题，是要了解每名候选人的动机和性格。李光耀当时指出，在能力和性格两者之中，他比较重视的是一个人的性格。所以，当他面试候选人时，都会通过许多探索性的问题来摸清每个候选人的性格。这是吴作栋被行动党吸纳从政的第一步。

到了 20 世纪 80 年代，李光耀决定让有担任部长潜质的候选人接受心理和精神测验。吴作栋认为正是因为李光耀一直都小心翼翼地物色适合的候选人从政，行动党的议员才得以维持高度的廉洁、诚实和为民服务的奉献精神。

（四）人民行动党引进政治"新血"的特创方式

从 1979 年开始，人民行动党采取了一种严格的、系统的遴选政治人才的方式。所有政治人才候选人必须经过若干道筛选程序，其过关斩将激烈程度，让人叹为观止。一般来说，要经过以下几道程序：

第一道程序：饮茶，即候选人被邀请与人民行动党有关领导人一起饮茶，进行一次正式交谈。这些候选人是经过其他部长、国会议员、党的活跃分子和友人推荐的具有参政潜能的人。负责遴选的委员会同时收集了他们的个人资料，包括个人履历、工作经验和从事社区工作的经验等。这样的谈话一般每三周进行一次，每次三小时。会谈的目的是确定候选人是否具备当议员的素质。如果遴选人认为候选人具备当议员的素质，他就会再安排一次更为正式的会谈，让这位候选人与该委员会的其他成员见面。

第二道程序：接受另一个委员会的考察。如果候选人通过面试，被确认素质不错，就会得到一个机会，到居民委员会或党的支部去为人民行动党工作。

第三道程序：通过考察的候选人与由政府核心成员组成的委员会对话。候选人将被问及为什么要投身政治，将为国家做出哪些贡献等，并要求就某些政策问题发表见解。

第四道程序：候选人将与党的职业活动家、内阁部长领导的专门选拔小组进行对话。

第五道程序：考试，即在一天半的时间里，由心理学家和精神病专家对候选人进行强化考试。其目的是确认他们之中谁担任国家部长或更高的职务更合适。在这一天半的时间里，候选人要回答1052个问题。这包括笔试、对一些理论问题的考核和面试、对一些实际问题的考核。其中还有两次深入的辩论会。前一阶段的考试是在第一天的上午进行，分4组试题。第一组是进行一个半小时的IQ测试，共回答14个问题，其中还包括90秒钟的手脑并用的技巧测试。第二组考试共844个问题，旨在考察候选人的特长和个性。第三组考试是确定候选人的价值观及他在不同领域的适应性和潜能。第四组是能力测试，共回答21个问题。后一阶段的考试是在当天下午和第二天上午进行。候选人分别与心理学家和精神病专家进行两次交谈，以确定他们的心理素质和精神状况。这些测试对候选人的知识水平、情绪的稳定性、正直性、诚实性和忠诚性都进行了全面的测试。

第六道程序：与总理等党和国家的最高领导人组成的选拔小组见面。选拔小组对候选人提出一些实际政策方面的问题，根据其回答情况最后做出是否任用的决定。

一位新加坡高级官员这样解释这种测试的必要性：挑选领导人就像在海洋中寻找宝石一样难。如果你找到几个，你一定想在显微镜下看看它是否有瑕疵或裂缝，然后把它擦净。现代科技还不足以使对人的测试达到十分准确的程度，但已经有了相当程度的可信性。如果考虑这是在进行了一系列面试和对实际经验的考察之后进行的数据测试，使它的参考系数非常丰富而具有可操作性，那么，它得出的结论的可信度就比较高了。

人民行动党正是通过招揽最有能力与最优秀的人才加入党组织的方法，确保了政党和政府的活力，并以此实现了精英治国的基本方略，为人民行动党长期执政和政府的高效运作提供了人才基础。

（五）在政治实践中培养青年政治精英

年轻领袖的培养并不是仅仅靠说教就能完成的。在新加坡，年轻领袖会通过以下几方面的锻炼：

首先，年轻领袖通过参与政治生活得到锻炼。李光耀告诫年轻领袖必须懂得动员人民的艺术。选举制度、议会制度和政党制度作为现代民主政治的三大支柱，共同支撑起现代民主政治的大厦。在各种政治参与行为中，选举是普通公民最基本、最普遍、最常用的政治行为，西方各国几乎都在宪法和法律中对选举的组织规则和程序进行严格的规定，这往往涉及选民资格、选民登记程序、选区划分、选民通过投票所能决定的公职的范围等。人民行动党自 1959 年在大选中获胜执掌政权至今，已经在执政位置上度过了近 50 年的历史，这个政党在议会中占有绝对优势，关键就在于能够通过选举使得年轻领袖脱颖而出，通过选举不断塑造政治新人，从而获得民众的政治认同。

其次，年轻领袖要学会多角度看待社会问题。在解释为何设非选区议席时李光耀说，设非选区议员，是为了让年轻一代选民看看反对党的作为。其原因有三：第一，有反对党在国会里会使年轻的部长和议员获益匪浅，有助于年轻领袖的成长。第二，使人们了解到在宪制下，反对党能够有所作为。第三，反对党议员对渎职、舞弊、贪污或裙带关系的揭发，将消除人们对企图掩饰过错所存有的猜疑。①

最后，把进入公务员队伍的年轻精英早早放在透明"玻璃屋"中，接受监督。他们在较长的时期内，被评鉴、被训练，连他们的薪水都是透明的。此外，每年公务员还要申报财产。在新加坡，对公务员的试用长达一两年。新加坡民航局的人员试用期就长达一年，"宁可找不到人，也不要用错人。"新加坡政府的公务员训练也颇有创意，每年有 3000 名公务员要接受培训，尤其注意加强对 200 多名的精英训练。而新加坡财政部每年还专门针对高级文官，设立公务学院。公务学院设计了一门新的课程，专门为每年招收的第一级公务员（10 人左右，只有成绩在前 3% 的大学毕业生才有资格）设计的，

---

① 李光耀，《李光耀 40 年政论选》，现代出版社，1994，第 188~190 页。

主要是让这些20多岁的政府新生力军，认识政府及其未来将工作的部门，让他们了解新加坡的传统，具备的团队精神，拥有的管理技能等。他们不只是在国内上课，同时也被派到国外去——每年都有受训的精英到一些管理先进的国家观摩考察。

在新加坡，为什么精英分子被摆在最高的位子？人民行动党认为，让最优秀的人坐在高位，就不用太注意其他细节。用人主要看能力与个性，而不是看家世的背景，这是新加坡政府用人的一大特色，有相当一部分高级文官家世清寒，但这并不影响他们为国效忠，为民服务，更成为年轻人的榜样。

2006年，亚洲政治经济风险调查显示：2006年9月至11月初，通过向逾1300名在亚洲工作的外籍人士调查，以7项评分来评估12个亚洲国家及地区的内部政治风险——以零分为最好，10分为最差。结果在亚洲12个国家及地区中，新加坡风险最低，仅2.41分，其次是日本及韩国，分别有2.78分及4.1分，中国香港以4.27分排第四。而在政治领袖质素方面，新加坡排名第一。①

三、权力的代际交接

以李光耀为代表的元老派是国家的创立者，他们在处于壮年的时候，就已经开始考虑新加坡的政治接班问题了。仅仅注重自己手中权力的人是难以成为政治家的，政治家关注的是一种政治传统能否长期传递下去，其中首要的必然是对人的培养。20世纪80年代后期，李光耀曾把他的领导班子比喻成一支足球队，并风趣地说："1959年我当'中锋'，1981年转为'中卫'，今天我把'中锋'的角色让给年轻领袖，他们已经经受了各自角色的考验，现在他们选出了自己的'中锋'，我现在退当'守门员'了。"1990年，时年67岁的李光耀主动将总理职位交给继承人吴作栋。

在如何确定领袖继承人的问题上，李光耀曾说："我从来不相信一个领袖可以指定他的继承人，并肯定他会成功。当一个领袖指定他的继承人时，他所选的人可能不是被选者那一群人中的自然领袖。这样一来，他周围的人就可能不太愿意同他合作。可是，如果你选出一群人，让每一个人都有可能成为你的继承人，成功的机会就更大。你让他们互相竞争，让他们自行决定谁将当领袖。由于这是他们自己的选择，这个继承人就会得到他们的支持，成功的机会也就更好。"李光耀的继承人吴作栋就是被新一代"自行决定"的

---

① 新加坡《新明日报》，2006年12月20日。

领袖。

在1980年大选后，李光耀曾向新一代领导人坦陈自己关于他们作为领袖继承人的评估意见：第一人选是陈庆炎，第二人选是吴作栋，第三人选是王鼎昌，第四人选是林子安。作为总理的李光耀虽然具有向总统推荐内阁人选的权力，但他却让新一代领导层自行决定他们队伍中的"队长"。由于获得新一代领导层的广泛认同，被视为第二人选的吴作栋成为领袖继承人的第一人选，并最终成为新加坡总理。

将处于权力顶峰的总理职位让予他人，这在许多人看来是难以理解的。针对人们怀疑李光耀要将总理之职传给儿子李显龙的误解，李光耀曾回应说："我没有义务要使他在政治上成功。我的工作是使新加坡成功。"针对人们认为吴作栋是自己傀儡的误解，李光耀也曾纠正说："我对作栋和他的班子的成功，有密切的利害关系。""如果吴作栋是傀儡的话，我就是笨蛋，因为我把棒子交给一个不会办事的人。"在吴作栋接任总理职务前夕，也对人们将他视为"先来把椅子坐暖的人"的看法进行了反驳。他说："我接受这个职位，并不是'先来把椅子坐暖'，然后让给别人。李光耀先生和我的同僚也不想我担任这种角色。我有能力留任多久，便会留任多久。要是我在以后的选举中失利，或管制无方，我当然要下台，那是理所当然。但我不是'先来把椅子坐暖的人'。'先来把椅子坐暖的人'的意思，是各有关方面早作好安排，让你接任，让你留任一段时期，等另一个人准备就绪就来接任。我们并没有这种安排。能留任多久就留任多久。"1990—2004年，吴作栋一直担任总理职务的事实证明了他并非"先来把椅子坐暖的人"。吴作栋政府接班以来的骄人成绩也证明了选他接替李光耀担任总理的抉择是正确的。如今，第二代领袖吴作栋又已经让第一副总理李显龙接任总理职务，而2006年的大选，就是由李显龙带领行动党角逐的。现在，老一代主动退位让贤，新一代"自行决定"领袖，已经成为新加坡人民行动党政府独特的权力交接模式。

新加坡高层领袖的培养与接替做得是相当好的。1988年9月4日，当人民行动党再度以狂风扫落叶之势席卷了81个国会议席中的80个席位，李光耀偕该党助理秘书长吴作栋、党主席王鼎昌当即举行了记者招待会，宣布"领袖的自我更新的目标已达到"。两天后，李光耀在新内阁宣誓就职典礼上发表的5分钟演讲中，指出了今后对领袖的评估标准：（1）如何有效地行使权力，为人民谋福利；（2）如何为继往开来做好事先准备，确保政府会继续维护和增进人民的利益；（3）将来退位让贤，把政权交给接班人的雅量如何。这次大选的胜利，不仅显示在新旧交替时选民对新一代领袖的政绩的肯定，表达了选民对新一代领导在过去四年治国成绩的赏识，更显示新加坡的权力转移的成功。

1988 年 8 月，即在大选前不久，李光耀在人民行动党大会上说："这个过渡时期不是没有痛苦的。对于新一代领袖，这是一个考验，考验他们是否有能力面对老一辈领袖给予他们的承诺；对老一辈领袖来说，有时是难免痛苦的。从理智上说，新老交替是应该的，但从感情上讲，新一代是否能够确保他们的成就会在他们引退后不会消失？"李光耀建立起来的接班人体制的塑造是新加坡能够保持持久繁荣的奥秘之一。正是通过这一制度安排，新加坡的政局才能在领导力量的交替中维持一种平衡与稳定。这是新加坡对东方政治文明的一大贡献。[①]

第三节　逐渐演进的宪政体系

新加坡共和国是摆脱殖民统治以后从马来亚联邦独立出来的国家，建国之初的宪法体制带有浓厚的殖民地色彩，但新加坡人并没有盲从西方的民主和人权观念，而是根据自身的特点建立了适合自身发展的体制，并根据形势变化进行了宪法改革。

新加坡宪法是现代殖民地民族民主革命的产物，正如其多彩的多元民族宗教构成，融合了众多不同传统的法律、制度、文化、历史和价值观，独具特色，体现了亚洲民族主义的道德与思想意识。其宪法具有明显的模仿性，受西方国家宪法的影响，以西方宪政为模式建立了本国的宪法体制。新加坡实行的是国会民主制。

根据新加坡宪法，新加坡共和国政治体制由立法、司法、行政三大机关构成，实行三权分立。其政府首脑的智慧、法治的建立、社会的转型，这些都大大增强了新加坡的生存能力。同时，为保证自身的法律系统与国际社会的需求相符合，新加坡政府进行了坚持不懈的努力。这也为新加坡法治与宪政的发展带来了一连串里程碑式的进展。

新加坡独立后的几十年，国家发展极为迅速。同时为了适应国际政治、经济等各个方面的巨大变化，新加坡政府对宪法进行了多次改革。尤其是1965 年的第 8 号法案放宽了宪法的修正程序，使新加坡宪法极具灵活性，也

---

① 　陈岳、陈翠华，《李光耀：新加坡的奠基人》，时事出版社，1990。

为新加坡政府频繁修改宪法提供了法律依据，这对当时的经济和政治发展来说至关重要。新加坡在独立后修改宪法的次数之多在世界上都是非常罕见的，即在独立后的 33 年中总共修宪 39 次，平均每年修改 1.18 次。

一、新加坡政体

新加坡独立后，采取共和制政体。这种政体的基本特征有三：第一，选举制：新加坡宪法规定，公民有选举权和罢免权；国家元首（总统）和国家代表机关的领导人由选举产生；第二，轮换制：这是与终身制相对立的一种政治制度，它不承认有世袭的特权等级，它的基本原则是规定国家元首、政府首脑和议会，都要有一定的任期；第三，分权制：其内容除了"三权分立"之外，还包括国家各级领导人依法分掌若干权力，分工负责，相互制衡。从新加坡国家元首和议会、政府的相互关系及其掌握的实权情况看，新加坡是采用议会制共和国（又称内阁制共和国）形式。

新加坡政府十分强调权力之间的制约与合作的相互融合，特别是行政权与立法权的协调配合。国会议员出任内阁成员，长期由一个政党执政的特殊机制从客观上保证了国家权力运作的和谐与合作。1954 年人民行动党创立；1959 年该党开始在新加坡执政并一直至今；目前虽有 20 多个反对党，但政治影响一直很小。新加坡人民行动党作为执政党长期控制国家政权，在立法权、行政权、司法权的结构内部及其运作上发挥宏观的影响力。这种"多党并存、一党独大"的政党制度保证了国家的政治稳定，与周边国家不时出现的政治丑闻而导致危机、种族冲突引发不稳形成鲜明对比。在新加坡人看来，新加坡社会结构复杂、资源缺乏，这样的小国承担不起持不同政见者造成社会不稳定的这样高额的代价。

二、新加坡国会

（一）一院制国会

新加坡曾经是英国的殖民地，1959 年取得自治之后，新加坡承袭了英国政府遗留下来的国会政府制度，此制度便是英国威斯敏斯特（Westminister）国会制度。其主要特点是：政府是以人民的意愿为基础，人民通过投票选举国会代表来表达自己的意愿。正是由于人民的意愿是国会的基础，所以国会至上，是国家权力的来源，是主要的立法机关。

国会是最高立法机关之一（总统与国会共同组成立法机关），采用一院制，原称是立法会议，它由普选产生（每五年举行一次大选）。国会职权主要包括立法权、决定权和监督权。一院制是许多小国认为比较理想的立法结构，但在其他英联邦国家或实行威斯敏斯特模式的国家，立法机关一般实行两院制。这样做的一个主要理由是新加坡是一个很小的国家，而且在政治权力的制衡方面不存在问题。

新加坡学者认为：只有大国，才需要设立另一院来代表各地区的利益，并对下院构成制衡。考虑到对国会立法的制约，后来设立了"少数民族权利总统理事会"，其作用是审查并向总统报告那些有可能影响种族或宗教利益的事项和它认为含有种族歧视内容的国会立法及附属立法。这被认为在一定程度上起到了另一院的作用。

（二）国会议员选举

宪法规定议员的当选资格是：新加坡公民；于提名日已年满21岁；在本届选民登记册中有其名字；在提名进行选举之日为新加坡居民；会说（有足够熟练程度的说话能力）、会读（除非由于失明或其他身体原因而丧失能力）、会写至少下列语言之一：英语、马来语、中国普通话和泰米尔语（在新加坡译为淡米尔语）；根据其宪法有关规定未被剥夺当选议会议员的资格。

议员可以分为三种类型：普通议员或选区议员。这是通过选举即大选或补选产生的议员，这些议员要为各自的选区服务，一个议员只能代表一个选区而不能同时代表两个或以上的选区。非选区议员。他们并不是直接通过选举进入国会的。这项制度始于1984年，产生的背景是：执政党人民行动党在新加坡的选举中占有统治地位，为了保证国会里面也有非政府成员党的政党代表，能保证有不同的声音在议会中响起，法律规定：在大选中得票最多的反对党候选人将被委任为议员。这样产生的议员不能代表选区，但他们与选区议员有同样的权利和特权，只是他们不能参加某些法案的表决。非选区议员过后减为每有一名反对党候选人当选，就减少一名非选区议员。官委议员。他们不是由选举产生，也不为选区服务，他们由总统提名，任期为两年，被提名的人必须是为公共服务作出过突出的贡献，或为新加坡共和国赢得过荣誉，或在文学、艺术或社区等方面有过杰出的成就。其设置的目的是要反映独立和不偏不倚的意见。

大选必须在国会解散后的3个月内举行。所有年龄达21岁的公民都有权投票。而且，选民的投票是强制性的，若无故不参加投票，则暂被取消其选举权；若要恢复选举权，则须缴纳一定数量的罚金。

新加坡的选区分为单选区、集选区两种。单选区是小选区或单名选区，这与其他国家的小选区制度相同，即一个选区只产生一名议员。集选区是为了保障新加坡少数族群代表权，这是新加坡在选举制度上的创新，实行世界上所特有集选区制度。集选区实际上是几个小选区结合为一个大选区，但这与其他国家主要实行政党名单制的大选区不同。在选举中，选民对若干个候选人组成的小组投票而不是对个人进行投票。获得最高票数的小组即全部当选为议员，不计算其中每个候选人的得票情况。按官方的说法，新加坡以前的选举情况是：年轻的选民有一种投票倾向，即他们乐于选择那些最能适合自己需要的候选人，而没有充分意识到维持政党候选人名单上的种族平衡。总统可以宣布任何选区为集选区，在每个集选区中由 4~6 名候选人组成的小组中至少有 1 名属于某个少数种族（即不是华人）。

（三）国会会议

国会以 5 年为一任，每届任期自第一次国会召开之日起算，但可以提前解散。国会每年至少举行一次会议，任何一届国会的末次会议与下届国会的首次会议之间相隔不应超过 6 个月。

国会议长在新一届国会第一次集会时，由议员选举产生。议长本身既可以是议员也可以不是议员，但他必须具备当选议员的资格。国会会议由议长主持，如议长缺席，则由副议长主持。凡不担任部长、政务次长职务的国会议员，或非国会议员但有资格竞选议员的人，都可以被选为议长或副议长。议长还是国会特权的保卫者，其主持国会会议时在议长席就座。议长不参加辩论，但如果他本人是议员则可以参加表决。

国会在会期中还设有 7 个特别委员会：特选委员会、特权委员会、预算委员会、议院事务委员会、公共账目委员会、申诉委员会、议事规则委员会。

三、新加坡总统

在威斯敏斯特议会模式下，国家元首都受英国女王地位的影响，是虚位，其行为必须以内阁建议为依据，没有实际的政治权力。新加坡独立后也沿用了这种体制。1984 年，时任新加坡总理的李光耀暗示新加坡将实行民选总统。1988 年 10 月，新加坡政府正式提出了民选总统的改革建议。但在进行这项改革时，有一点是明确的，即议会制政府是不能改变的。换言之，新加坡不会因为将总统改为民选产生或扩大了总统权力就会成为总统制国家。

1991 年 1 月，有关总统的宪法修正案规定：总统必须是年满 45 周岁的新加坡公民，并在新加坡居住 10 年以上；总统候选人由总统委员会提名；总统不得在任何法院诉讼中受到控诉，享有豁免权；在总统患病、离开新加坡或其他原因不能行使职务期间，其职权由总统顾问理事会主席代行；总统不得担任任何营利的职位，不得从事任何商业活动。真正意义上的新加坡总统民选始于 1993 年，时年曾是人民行动党主席和新加坡全国职工总会秘书长的王鼎昌当选为总统。

1991 年 1 月通过的宪法修正案改变了总统的宪法职能，即总统由人民直接选举产生，任期从 4 年改为 6 年，并在许多事务上拥有了实质性的权力：新加坡总统构成立法体制的一部分，享有一定的立法权，国会通过的法案经总统签署批准后即成为法律，从公布之日起生效。总统行使广泛的行政权，如任命议会中的多数党领袖为总理，依照总理的建议任命各部部长，组成内阁；经自由斟酌后可拒绝同意解散议会的请求；经与总理磋商后，从公务委员会提交的名单中委派他挑选的公职人员为其私人职员。

总统在三方面对政府享有否决权：一是政府部门、法定机构和国有企业重要职位的任命；二是国家储备金的动用；三是涉及国家内部安全、贪污调查和种族和谐的重大事件的决定。总统对内阁权力的制约，有助于防止行政权的滥用，在传统的责任内阁制中引入了某种总统制的因素。

尽管新加坡民选总统已由人民直接选举产生而不是由国会选举产生，权力也有所加强，有别于其他议会内阁制国家，但总统依然只是国家元首，还构不成真正意义上的行政首脑。他在其他事务上行使的仍是象征性的权力。

新加坡总统行使的这些实质性的权力是英联邦国家元首所没有的，而同总统制国家的总统权力是远不能比的，因为总统的权力还是弱势的。

四、新加坡立法

新加坡的立法权由国会和总统共同行使。根据宪法规定，制定、修改和废止法律是国会的主要职权。其立法范围不受限制。

新加坡法律保护大多数人的利益，且以严刑峻法为保证。国家法律制度是为保护多数人的基本权利和安全而设立的，新加坡政府不为新加坡的法律和政策明显地偏护多数人而讳言，群体利益至上是新加坡司法制度的根本原则。

新加坡的立法程序主要分为法律案的起草和法律案的审议两个阶段。

（一）法律案的起草

从理论上说，政府和议员都可以提出法案，但实际上提出法案的主要是政府，议员个人很少提出法案。而政府提出的法案由总检察署负责起草。总检察署是相对独立的机构，总统按照总理的意见从那些有资格担任最高法院法官的人士中委任一位担任总检察长。总检察长是政府的首席法律顾问。总检察署下设的法律草拟处具体负责草拟向国会提出的法案及法令下的附属法规。法律案的起草主要经过三个阶段：第一，就拟制定的法案形成政策或计划，即立法项目的政策考虑、立法事实及背景的判断；第二，政府部门通知总检察署提供介绍政策和有关背景的详细资料；第三，在确定相关法案的范围后，由法律草拟处具体草拟法案。在草拟时，可以要求有关部门提供协助，如了解信息、协调利益取向等。法律草案最终形成并提交部门后经过内阁主管法律事务的常任秘书批准，该部门将草案抄本连同备忘录抄本一起送交内阁。如果法案的内容涉及几个部门的职权时，由律政部提请内阁批准并向国会提案。总检察署负责保存有关起草法律案的资料，有责任辅助法律案的修改。

（二）法律案的审议

第一，法案的提交。经内阁批准的法案，由相关的部长向国会提出。议员个人提出的法案要提前四天向秘书长提交提案通知。涉及税收、政府借贷、统一基金等有关的法案的提出还须经总统批准。第二，一读程序。由国会书记官向全体国会议员提出法案初稿总题，初稿副本交予各位议员参阅。法案在政府公报上公布七天后进入二读程序。第三，二读程序。主要是对法案涉及的政策问题进行辩论。由提交法案的部长就制定法案的目的与作用做出说明，议员提出问题，部长做出解答。议员以投票方式决定法案是否进入下一程序，如果被准予进入下一程序，国会书记官将再次提出发案初稿总题。第四，委员会审议。经过二读程序法案交由国会全院委员会审议，并有权进行修正。如果法案影响面广，公众普遍关心，也可将法案提交议员组成的特别委员会审议，特别委员会有权向公众寻求意见。特别委员会审议结束后，向全院委员会提交审议报告。第五，三读程序。可以提出修正案，但一般限于文字修正。议员亦可再次要求法案由全院委员会进行修改。法案经辩论后付诸表决。一般性法案经投票者半数以上赞成即可通过，宪法修正案则需要全体议员的2/3分以上的赞成才能通过。第六，总统签署和政府公报公布。国会通过的法案，经总统签署批准后即成为法律，在政府公报上公布后生效。为了让国民有一个知法和接受的过程，一般公布半年至一年后方正式实施。值得一提的是，为了保证法案内容与宪法的一致，宪法规定，国会通过的所有法案（除拨款法案，紧急法案，影响国防、安全、公安、和平或良好秩序的法案外）必须提交总统下属的少数民族权利总统理事会审查，以确保这些法案中没有种族或宗教歧视的内容。其审查报告呈交国会后，国会有权就报告的修改提议对法案进行修改，修改后的法案仍要呈交该理事会审查。国会也可以不接受该理事会的报告中的修改提议而直接将法案呈交总统。总统对未能获得少数民族权利总统理事会审查同意的法案有权不予签署，若不签署，该法案必须再次进入修正程序。少数民族权利总统理事会对有关法案的审查有助于保证立法质量。

五、新加坡行政

政府是行使新加坡对内对外职能的主要行政机构，在新加坡国家机构中居主导地位。新加坡政府的组织形式采用内阁制，其特点是：行政大权集中于内阁，特别是在总理手中；内阁总理由国会中占多数席位的政党领袖（经总统任命后）担任，内阁成员通常都是国会议员，由总理组阁，他们一面在政府担任行政工作，一面在国会参加立法工作；内阁总理和有关部长应定期向国会报告工作，对国会负责；内阁对政府所施行的政策负集体责任；国会对内阁表示不信任或通过不信任案时，或是内阁集体辞职，或是解散国会，重新举行大选，但新选的国会如仍通过不信任案时，内阁成员仍须辞职，重新组阁。

国会中占多数席位的政党是执政党，执政党的领袖自然成为内阁总理（政府首脑）。内阁（政府）的组成，一般是由总理、副总理、各部部长、政务部长和政务次长组成。政权组织形式是责任内阁制，即政府（内阁）成员必须由议员担任，内阁由国会选举产生，向国会负责，向国会报告工作，答复议员的质询，解释政府的政策，接受国会的监督。内阁负责制定所有政府政策以及国家的日常事务。它是以集体方式向国会负责，内阁为国会准备重要议案，并促使其通过，内阁掌握一切行政大权，制定一切内外政策。可以说，内阁是国家行政的最主要部门。其主要职权是推行国家政策，及提议法律的制定。内阁的政策和行为只有得到多数议员的赞同时，它才可以继续执政，如果国会拒绝或者否决内阁的提案，即视为对政府的不信任，这时内阁必须总辞职或解散国会，重新选举。但这种情况在新加坡还未出现过。内阁是通过国家的公务人员协助进行行政事务，所以内阁政府与公务员是政府日常政务与事务的执行者。

总理是新加坡国家行政机关的最高领导，是受到大多数国会议员信任的国会议员。根据新加坡宪法的规定：总统应任命一个他认为大概拥有议会多数议员信任的议员为总理，然后依照总理的建议从议会议员中委任各部部长。如果任命是在国会解散时作出的，曾是上届国会议员的人选也可以被任命为总理。如果被任命者没有当选下届国会的议员，在下届国会第一次集会时即不得留任。同时，总统还有权宣布总理缺位，这有两种情况：一是总理向总统提出书面辞呈；二是总统查明总理不再拥有国会多数议员的信任。在后一种情况下，总理也可以建议总统解散国会。

六、新加坡司法

新加坡的法律制度是建立在英国的法律制度的基础上的，这包括了英国的习惯法和衡平法。所以，新加坡法律制度中的法律原理、法理学、法律组织的结构、法律门类的原则及法庭程序等都与英国相似。

新加坡宪法确定司法机关的独立审判权。司法机关依法和公正程序独立地行使职权，不受政府或个人的干涉。司法官员享有司法豁免权，不可因其审判行为被民事起诉。为保证司法独立，宪法明确规定：除非 1/4 的国会议员请求审议，国会不可审议法官的司法行为。新加坡不实施错案责任追究制度，因为这可能破坏司法独立。法律也保证司法机关的权威，任何藐视法庭的人士，可被判坐牢或罚款。

（一）法院系统

新加坡宪法规定，司法权力属于最高法院及通过成文法规定设立的基层法院。宪法本身对法院体制没有规定，实际上司法体制基本上是沿袭英国的制度，并通过议会法律加以规定。法院体制分为三级，即基层法院、最高法院和英国枢密院。

1. 基层法院

最重要的基层法院是区法院和推事法院。两者均有民刑事案件的审判权，其管辖范围是由基层法院法和刑事诉讼法典来规定的。此外，还有一些涉及特别事项的基层法院，如死因调查法院、少年法院和伊斯兰婚姻法院等。初级法院在必要时可设立紧急法庭和夜间法庭。

初级法院法官及法律官员委任是由法律服务委员会决定，这些法官是国家的公务员。法律委员会的主席是全国首席大法官，大法官统一领导这些初级法院官员和法律官员，所以这些法官独立于其他政府部门，遵从大法官的领导，独立行使司法权，不受任何政府部门或个人的干涉或左右。

2. 最高法院

最高法院是由高等法院和上诉院所组成的。其中最高法院具有广泛的民事和刑事管辖权。

（1）高等法院

高等法院由大法官及高等法院各法官所组成。高等法院除了行使民事与刑事案件原审司法权之外，也拥有上诉审判权。除了具有司法权审理所有在新加坡境内的犯罪行为，在某些情况下，高等法院也可审理在新加坡境外的犯罪行为。如果一名被告被判某项罪名成立，高等法院可就该项罪名依法判处任何刑罚。

高等法院有权审理民事与刑事案件的初审和上诉审判权。高等法院还有一项权力即复核管辖权——审查由初级法院已经审结的案件。高等法院的法官可以要求提交和审查基层法院的卷宗，以判断案件的审理和判决是否正确、合法、适当以及是否符合程序。案件当事人请求或高等法院法官的提议均可引起这一程序。

除非成文法另有规定，否则在高等法院进行的每一宗诉讼程序都是由一名法官审理。在审理某些案件时，高等法院可委任一名或多名对所审事项具有丰富经验的专业人士充当顾问，到法庭协助审判。

高等法院法官是由总理向总统推荐，再由总统委任的，受宪法保护。高等法院法官享有"铁饭碗"的权利，不到法定退休年龄65岁，不可被革除职务，除非他自己辞职，或因犯罪行为而遭特设法庭依法定程序撤销其职，或因身体或健康关系而需辞职。上述法规保证了高院法官能毫无惧畏地独立行使司法权，不用担心因审判行为而去职。

（2）上诉法院

上诉法院负责审理任何不服高等法院法官在民事和刑事案件中所作的裁决而提出的上诉。根据形势变化，1994年4月8日，新加坡废除了向英国枢密院司法委员会上诉的司法程序，上诉法院遂成为新加坡的终审法院。

上诉法院由大法官以及上诉法院法官组成，由大法官担任上诉法院的院长。高等法院的法官也可以应大法官的要求审理上诉法院的案件。大法官若因任何原因缺席时，上诉法院的案件则由其中一名上诉法院法官主审。

上诉法院是新加坡的终审法院，即诉讼人士可以上诉的最后以及最高的法院。早期，民事上诉法院和刑事上诉法院分别是新加坡最高的民事和刑事法庭，负责行使上诉案件的管辖权，审理从高等法院上诉的民事和刑事案件。在上诉法院由3名法官组成合议庭负责审理案件，但在高等法院负责审理此案的法官不得包括在内。

20世纪90年代，杨邦孝大法官上任之后新加坡的法制才有了真正的改变和重组。在1993年7月1日，新加坡国会通过修正《最高法院法令》，废除了原本分开的民事上诉庭和刑事上诉庭，而设立单一的永久上诉庭，聆审民事与刑事上诉案件。

新加坡也设有高科技法院，它是最高法院的附属部分，成立于 1995 年 7 月 8 日。新加坡是世界上首先以高科技审理案件的国家之一，其法庭拥有最现代化的电脑、视听设备。诉讼当事人可以通过电脑陈述案情，即呈交证据；视听系统也使诉讼当事人能通过电视录像进行跨国协议，海外证人也可通过这个法庭的电脑视听系统出现在银幕上做证，不必特地赶到新加坡出庭。新加坡的司法制度网络化和现代化的程度逐渐提高。

最高法院的司法管辖范围和权力是由宪法和最高法院法规定的。最高法院由首席法官和法官组成，首席法官同时是最高法院的院长。法官由总统根据总理的建议任命。

3. 枢密院

从殖民地时代到 1994 年 4 月 8 日，新加坡法制的最终上诉庭是英国枢密院司法委员会，而这期间其判例对新加坡法院具有最高的权威和法律约束力。枢密院的司法委员会，也就是通常所指的枢密院，一直是英国殖民地、保护国以及作为独立国家的英联邦成员国的最高上诉法院。在整个殖民地时期，枢密院始终是新加坡的最高上诉法院，这一情况在 1963 年新加坡与马来亚合并以及 1965 年独立时仍继续存在。其法律根据源于宪法和司法委员会法。

1989 年，新加坡国会便立法限制诉讼当事人对枢密院提出上诉的权力，如专业行为不检被革除律师资格的律师和刑事案的诉讼当事人（除了被判死刑而新加坡上诉庭法官的判决不一致时）一律不准向枢密院提出上诉；而只有当立约当事人在契约中约定枢密院为立约当事人解决契约纠纷的终审法庭时，立约当事人才有权力向枢密院提出上诉。这种立法限制了枢密院的上诉权的司法策略，削弱了新加坡法院与英国枢密院的历史联系。

1994 年 1 月 8 日，新加坡大法官在新司法年开庭仪式上宣布一项司法判例诉讼程序声明，这项史无前例的声明清楚地指出：

第一，新加坡最高法院上诉庭在处理民事与刑事上诉案时，将不受到任何枢密院判决的约束，无论这些上诉案的判决是来自新加坡或来自其他国家，都一样不再对新加坡上诉庭具有法律约束力；

第二，作为新加坡的最终上诉庭，上诉庭也将不再受它本身过去所作的任何判例，或其前任具有同等审判权的法庭所作的任何判决的约束。

这项声明意味着新加坡最高法院上诉庭将可以为了追求公正和正义而在适当的案情背离判例原则，创造先例。过去的判例原则在当时的情况或许是正确公正的，但因新加坡环境的快速改变，过去的判例原则会因此过时而不适宜。

1994年4月8日，新加坡通过制定《司法委员会废除法令》，正式断绝与英国枢密院司法委员会的历史性联系。从此，新加坡法制的最终上诉庭便是新加坡最高法院上诉庭。在新加坡进行海事或金融的人士若想利用别国的法律解决纠纷，仍可选择英国或其他国家的仲裁庭，以仲裁庭判决解决纠纷。

上述改革和法制的主要结果是：英国法院的判例对新加坡法庭不再具有法律约束力，而只具有说服力，供新加坡法庭借鉴。新加坡的最高法院上诉庭成为终审法院。

宪法没有规定法院司法审查权问题，但普通法肯定了这种权力，同时也可以在法院的固有权力中找到依据。最高法院有权保证宪法得到立法和行政机关的遵守。它可以宣布任何行使权力的行为因违反宪法或超越宪法赋予的权限而无效。但在实践中这一权力几乎没有得到运用。1978年的宪法修正案对公民基本权利方面的内容进行了修改，并扩大了政府的权力，使宪法中所列的公民权利不会与任何根据公共安全、良好秩序和有关滥用毒品或麻醉品方面的法律进行的逮捕不一致。这实际上限制了最高法院的司法审查权。

（二）检察系统

1. 总检察长

新加坡的独立机构包括总检察署、审计署和公共服务委员会。其中，总检察署纳入政府行政系统，但其与立法、司法等有着密切的关系，负责为政府部门提供法律指导以及负责新加坡的一切检控事宜。

根据新加坡现行宪法的规定，总检察长是由总统根据总理的建议任命的。如果总统不同意总理的推荐，他可以拒绝总理的提名，但他这样做之前有责任征求总统咨议会的意见。总理在提出建议前，应与现任检察长、首席法官和公共服务委员会主席进行磋商。被提名者必须具有最高法院法官的任职资格。

总检察长的职能是为政府提出法律建议。总统和内阁均可以为其分配任务。另外，总检察长还有权就刑事犯罪提起公诉，即所谓的公诉人的角色。总检察长有权行使自由裁量权，决定提起、进行或中止刑事程序。除了宪法规定的职责以外，根据普通法，总检察长还是公共利益的保卫者，即他可以通过所谓的"促讼人诉讼"以其名义向任何当事人提起诉讼以保护公共利益。在这种制度下，任何普通的公民如果希望法院介入保护某些公共利益或权利，就可以对侵犯这些利益或权利者提起诉讼。尽管他自己的实际利益并没有受到损害，但他只要借助总检察长的名义就有权提起诉讼。

总检察长独立行使检察权，不受行政机关、社会团体和任何个人的干涉，唯高等法院享有权力纠正总检察长的检察权的行使。对于一切刑事案件，总检察长都可以大主控官或检察长的身份出庭公诉，但只有在关系到公共利益的重大刑事案件，总检察长才会出庭公诉。

2. 法律部

新加坡法律服务组的法律部隶属于新加坡总检察署，它的主要任务是为新加坡各政府部门提供法律咨询和履行法律事务。

本着依法治国而不是以人治国的精神，新加坡政府根据法律的规定执行各项国策。总检察署的法律部为各政府部门解释和分析法律，以确保各政府部门依法行事，依法治国。新加坡有依法治国的雄伟壮志和决心，这体现在各政府部门接受总检察署的法律部的法律官员所提供的法律释义。当国家的行政部门在执法中对某些法律有疑问时，便会向法律部门寻求释义。法律部门便会提供相应意见，政府部门便会依其意见处理行政事务。

当政府部门有意执行新的国策或项目，而又需要有法律规定为依据，总检察署的法律部便会代为拟定法律、法规以使新的国策或项目可依法执行。因此，总检察署的法律部是支持政府依法治国的基石。

法律部在法律和秩序的范畴内，为社会执行正义：如代表国家公诉犯罪者；对政府与他国或他人所签署的合同，法律部官员确保合同保护政府的合法权益；在国会的立法中，法律部代国会拟定法律；在公法的范畴内，法律部为各政府部门提供法律咨询，确保政府部门的行政行为免受法庭的复议或批判。可见，法律部也是新加坡民众的警卫，它确保政府的行为不违法、不越权。

七、关于公民基本权利的规定

李光耀认为发展中国家有时不得不牺牲一些自由以求发展、安全，一个好政府要比民主和人权更加重要。同时，新加坡立宪时，正值动荡时期，种族和宗教关系紧张，政治和经济都不稳定，这使制宪者对公民权利采取了十分务实的态度，如宪法没有规定财产权利等。

以下是新加坡宪法规定的几个比较重要的公民基本权利，并给予具有自身特点的补充和法律解释。

（一）宗教信仰自由

因为新加坡和马来西亚都有过种族冲突和骚乱的痛苦历史，所以在宪法上特别重视宗教信仰的保护。新加坡是一个移民人口占绝大多数的国家，不同民族之间的冲突加剧了社会的不安。1969年新加坡设立了少数民族权利总统理事会，其主要职能是就国会或政府提交的任何影响新加坡的种族或宗教社区的利益的事务提出报告，并就部长作出的禁令进行审议和提出建议。1991年，新加坡通过了维护宗教和谐法，创立了总统宗教和谐会议，授权部长限制那些利用宗教实现政治目的并威胁宗教和谐的人的自由。

进入21世纪后，新加坡公民和永久居民360.8万，常住人口448万（2006年）。华人占75.2%，马来人占13.6%，印度人占8.8%，其余是少数民族、混血人口、阿拉伯人以及来自世界各国的永久居民。可见，新加坡是一个多元种族、多元文化、多元宗教的国家，无论是在国家机构的设置和组成方面，还是在公民权利的保护方面，甚至包括在其他法规的立法以及操作实施上，都体现了对少数种族和宗教信仰者的特殊保护。

（二）言论、集会和结社的自由

新加坡宪法规定：任何公民都有言论和表达的自由。任何公民都有不携带武器进行和平集会的自由，任何公民都有结社的自由。

在许多国家的宪法中言论自由被作为首要的自由。在普通法下言论自由的界限是由法官来判定的，并不是所有的言论都可以得到宪法的保护：在新加坡，香烟广告是被法律禁止的；有些象征性的言论，如焚烧国旗在美国以前是受宪法保护的，但这在新加坡则是法律明确规定的犯罪。

需注意的是，新加坡宪法所准许的是有限制的言论自由权，即在不伤害其他公民合法权益基础上的言论自由。所以，任何人胡乱诽谤将须为此付出一笔金钱代价；新加坡的政治领袖，如国会议员等同普通人民一样享有诽谤法的保护，对无理的攻击，有权提起要求赔偿名誉的诉讼，而且新加坡法院的判例显示新加坡的国会议员或公务人员不因其政治职务而必须比别人有较大的宽容量，当名誉遭人破坏时，他们同普通人民一样有权起诉要求赔偿金及适当的法律救济。

新加坡宪法和马来西亚宪法及印度宪法一样均没有包括明确的新闻自由，这被认为是民权的一大障碍。新加坡强调"新闻责任"，新闻被看作是国家建设的重要工作而不是对政治权力的制衡。新加坡的出版管制始于1920年的出版令，现在是报纸和出版法。新加坡通过法律和监督制度管理新闻舆论，防止和抵制西方极端或腐朽思想文化的侵蚀与影响。新加坡政府指导人民的行为，但不干涉人们的思想。在舆论管理上，政府通过报业控股公司对华文、英文报纸和其他媒体进行有效的管理和控制，这可避免外国势力干涉新加坡的内政，同时也确保新加坡人不受污秽书刊或西方腐朽思想的侵蚀，如禁止《花花公子》和《撒旦诗篇》在新加坡销售。

集会的权利源于请愿的权利，但宪法没有将其限定为请愿的权利。宪法规定了公民有不带武器和平集会的权利，但也允许国会为国家安全和公共秩序的需要在必要时限制这些权利。新加坡限制这方面的立法包括刑法典、公共娱乐法、公共秩序法、维护和平法等。

结社自由也是新加坡宪法明确规定的权利。从历史上讲，结社自由与言论自由是紧密相连的。现代社会的一个特征是将个人组成不同的利益群体。和其他权利一样，这项权利当然也不是绝对的，而且在新加坡还允许国会通过立法来加以限制。

（三）平等权和平等保护权

"人生而平等""人人在法律面前一律平等"，这是各国公认并用法律文件固定下来的原则。这在新加坡体现为：坚持没有人能超越法律，法律在对待所有当事人时应是"瞎子"。平等是民主社会的基石之一。在民主社会中，每个人在选择谁来进行统治时具有相同的发言权。新加坡宪法没有规定投票权，投票权是由议会选举法来规定的。

但在多元种族的社会中，为了保障少数民族的利益，从 1988 年开始，新加坡实行集选区制度。这从形式上看似乎违反了平等的原则，因为少数民族在参与国家政治生活时得到特殊对待，但这是对过去因歧视所造成的后果的一种补救。宪法规定，政府有责任"照顾新加坡种族和宗教少数的利益"，承认"马来人的特殊地位"，保证马来人在国会中有一定数量的代表。法院在解释平等条款时，通过适用分类的原则来确认法律是否需要或确实存在歧视。

新加坡宪法确保"法律面前，人人平等"。法院严谨地将这原则付诸实施，不论内阁部长、普通民众、富贵名人、贫穷市民，不论种族、宗教、肤色、语言，也不论是外国人或新加坡公民，都一律受到法院依法庭程序平等的审理，同样享有诉讼及辩护的权力。任何刑事被告面对法律的制裁，不能也无法用金钱买通受害人达成庭外和解。

第四节　新加坡行政管理模式

一、新加坡行政管理体制的演变

1959 年新加坡人民行动党在民族主义的浪潮中通过大选上台执政，结束了英国在新加坡近 140 年的殖民统治。人民行动党上台后很快就对公共行政制度进行了改革。李光耀担任总理后做的第一件事，就是巡视政府各部门，明确各部门的功能和职责，并以此为基础制订调整和训练公务员的计划。

新加坡人民行动党采取"改良"的方式，即以旧公务员为主体，通过对他们不断地改造和逐步录用新人的方式把传统的公共行政改变为现代行政。旧公务员的思维方式是殖民化的，他们过去只为英国殖民者服务，自诩为精英阶层，对大多数普通人的要求漠不关心，而且他们对人民行动党也有对立情绪。为此，政府采取了相应措施：一是成立政治研究所，逐步教育感化；二是增加讲华语和马来语的人进入公务员队伍，改变公共行政被讲英语的公务员主导的结构；三是组织公务员参加一些社会劳动，降低了他们的某些待遇，增加公务员与普通群众的联系；四是实行严厉的公务员纪律，精选公务人员，让德才欠缺者提早退休。

人民行动党政府并没有在上台之初就对过去的行政体制进行全面的改组，而是逐步推开。新加坡自治初期便推行了三项重要的政治体制改革措施：一是建立文化部。在当时这是一个意识形态机构，任务是向人民宣传政府的政策，灌输爱国主义，激励建设祖国的热情。二是在各部设立政务次长和政治秘书，协助部长有效地开展工作，这项措施有利于保持工作的连续性，不至于因部长的更换而中断工作。三是加强对经济和社会事务的领导，改组和设立了一批法定机构。

法定机构的设立是新加坡行政改革的一大特色，是为了贯彻特定时期某项经济或社会计划而设立的。法定机构是指由国会批准设立（其撤销和合并也必须经国会批准）、担负特定职能的政府机构，它形式上隶属于但又相对独立于政府各部的半官方专业管理部门，政府只委任法定机构的总裁，其他内部管理权限全部下放，使它比政府部门享有更大的自主权和灵活性。新加坡现有 80 多个法定机构，如贸工部所属的经济发展局、贸易发展局、旅游促进局、国家生产力局、公用事业局等，如交通及信息科技部所属的电信局、港务局、广播局、民航局等。大部分法定机构具有政府行政和国有企业的双重职能。在行使行政职能方面，法定机构与政府部门的分工主要是：后者制定长远规划、政策和处理日常事务，而前者负责在法定的领域内推行社会经济发展计划，为经济发展提供各种具体的服务。服务、服务、再服务，是行使部分经济管理职能的法定机构的根本宗旨和最重要的特色。据了解，法定机构在新加坡经济发展和国家经济管理中扮演了积极独特的角色，为加速实现社会经济发展计划发挥了其他政府主管部门无法替代的作用。

比如经济发展局的设立，就是为了迅速发展经济，稳定当时风雨飘摇的社会基础。"新加坡政府的公共行政管理对经济的干预主要表现在五方面：（1）制定国民经济发展的战略目标；（2）集中财力投入基础设施建设，为吸引外资和经济发展提供良好环境；（3）运用汇率、税收手段引导资源配置、结构调整和国民经济各部门的平衡发展；（4）严格实施国家的经济法令；（5）通过税收、工资和住房政策协调社会各阶层的物质利益关系。"① 经济发展局在新加坡对外招商引资、国内产业升级和推进国际经济合作当中都发挥了重要作用。

再以建屋发展局为例，在摆脱英国殖民统治初期，新加坡面临住房危机，绝大多数居民都住在极为简陋的房屋中。政府早在 1960 年就设立了建屋发展局，它的宗旨是提供标准和符合人民购买力的住房，协助社区发展。建屋发展局首先促成国会通过了《建屋与发展法令》和《土地征用法令》，保证了土地的充分利用；然后积极迁置安排居民，征用土地；利用大批低息贷款，发展组屋和向购房者提供贷款。建屋发展局以经济核算为基础，调动了各方面的积极性，使新加坡的公共住房事业有了突飞猛进的发展，到 1977 年已经解决了几乎所有人的住房问题，从 1978 年开始全面改善居住环境，在 1989 年开始全面改进住房质量和扩大居住面积。现今已有 90% 以上的新加坡人居住在建屋发展局建造的房屋内。从建屋发展局的工作中可以看到，它有效地把公共行政管理与市场机制和法治化有机地结合了起来，这解决了两个最棘手的问题：机构臃肿和办事效率不高。经济核算使决策者不敢雇用过多的人员；法律的威严使其工作不敢有半点怠慢；加之不失时机地制定出符合实际的发展战略，有力地推进了新加坡的社会变迁。

以政府各部为核心的公共行政部门在自治以后也发生了重要的变化。人民行动党执政初期，政府共有 9 个行政部门：总理公署、副总理公署、国家发展部、卫生部、财政部、劳工律政部、文化部、内政部和教育部。显然从结构和促进社会进步及经济发展的角度来看，这不够科学。根据社会发展的需要，之后又设立了社会事务部、外交部、国防部、内政部、科学工艺部、交通部和环境发展部等。公务员由新加坡建国初的 2.8 万人发展到 20 世纪 90 年代初的 6.8 万人。

新加坡的公共行政服务从 20 世纪 60 年代初主要集中于解决温饱、住房、失业和社会政治稳定问题，到 70 年代则帮助推动工业革命和治理环境，80 年

① 李路曲，《新加坡公共行政的改革与现代性特色》，载于《政治学研究》，1995 年第 1 期。

代以来又以推动第二次工业革命，塑造新加坡共同价值观和政治改革等为目标。

二、新加坡公务员制度

（一）新加坡的公务员的分类和招聘

新加坡公务员，包括政务官（即政治领袖，主要是指国会议员、部长、政务次长等）、事务官（在政府各部门任职的各级各类工作人员）和国有企事业单位的雇员。在上述三类公务员中，政务官是通过选举而担任公职的，其余两类公务员均通过公开考试、平等竞争和择优录用的办法招聘。

新加坡公务员的遴选采用完全的、彻底的公开招聘，力求选贤任能。新加坡信奉精英主义，崇尚优才优用。一旦被任用为公务员，即享有优厚的待遇。有第一流的待遇，才能吸引第一流的人才；有第一流的人才，才有第一流的政府；有第一流的政府，才有第一流的经济发展和社会服务。

新加坡聘用公务员的工作每年都进行，各部门根据职位空缺和公务需要，由各部门人事局制订聘用公务员计划，分别上报公共服务委员会或有关委员会批准，然后发布公告、公开招聘公务员。新加坡聘用公务员一般不进行笔试，而重视学历与学习成绩，根据应聘者在校期间的学习成绩，并经面试，以决定录用与否。聘用为一级公务员的都是大学里学习成绩名次排列为前一二名，而且行为表现优秀者；学习成绩为三四名者只能聘为二级公务员。这种规定，有效地鼓励青年学生在校努力学习和加强品质修养。一旦被录用，应聘者还要接受必要的心理测验，接受基本素质和潜在能力的检查，以弥补录用时只凭学历条件之不足。同时，被录用的公务员有试用期，即录用后有两年的岗位试用期，两年期满，工作有成效，并经服务委员会考核合格，方可成为正式公务员，否则取消公务员资格。担任正式公务员后若无工作严重失误或贪污受贿犯罪等行为，即可终身任职。这保证公务员队伍的稳定、高素质、高效率。

政府部门公务员隶属于民事服务、司法服务和警察部队三大部门。但在政府部门里任职的不一定都是公务员，非公务员包括：法定机构雇员、武装部队人员、警察部队中警长以下的警员、日薪雇员等。从职务等级上分为四级：专业和管理人员类是一级（一级之上还有特级，包括常任秘书等高级官员），执行人员类是二级，书记类是三级，办事辅助及外勤人员类是四级。公务员主管机构是公共服务委员会。

新加坡公务员的工资比较高，最高等级公务员（特级，为高级常任秘书）年薪80万~100万新元（400万~500万元人民币），最低等级第四级的年薪为1.4万~2万元。确定公务员工资水平的一个原则是：公务员工资水平不低于私人机构的工资水平。1988年开始实行灵活工资制，即把工资分为固定部分（底薪）和灵活部分（常年津贴、不定额花红），灵活部分可增可减，其作用是把公务员的表现与国家经济发展挂钩，把公务员的工资收入与国家的财政收入挂钩，以保证在市场竞争机制下吸引优秀人才到公务员队伍中，并保持队伍的稳定性。高薪制既有利于吸引高素质人才，也有益于廉政建设。高素质和廉洁的公务员队伍又带来高效率的行政管理，一举数得。

（二）公务员考核与晋升

公务员的考核每年进行一次，采用表格打分法。其考核制度的特点一是注重实绩，内容主要包括：工作数量、质量、责任心、与公众接触的表现、组织协调能力、决策能力、在各种压力下的反应等，每方面分五个等级，分别给以不同的分数，并作出总体评价，分为特出、佳好、满意、中等下、很差五个等级。这种以工作能力和工作实绩为重点的考核，能有效地激励公务员高质高效地做好本职工作。考核制度的特点之二是注重潜能的评估，实际上是评估其晋升的前景、发展的可能性，其内容主要包括：宏观素质、人格素质、潜能估价等方面，评估结果是保密的，但公务员可以从几年都不能得到晋升的事实中了解到自己的发展前景，因而主动辞职。潜能评估有助于优胜劣汰。考核结果是晋升的根据之一，新加坡在废止了注重资历的做法后，看重的是工作表现和潜能排名，同时考虑知识、经验、性格、品德和人际能力，不再考虑年龄、资历等因素。

新加坡人事制度经过改革，从1995年开始实行分权化管理，把公共服务委员会、教育服务委员会、警察与民事服务委员会的特定权力分散给各部新成立的人事局。开除公务员的权力仍由机关服务委员会继续保留。新加坡把公务员的晋升视为提高行政效率和激励的手段，同时晋升程序更加严格——先由用人单位提出拟晋升的建议，报人事局审查批准，然后正式任命。凡正式录用满三年后工作中无重大失误者，均有晋升的机会。一是工作出色有成绩；二是具有胜任高一级职务的潜能。人事局在审查拟晋升人员时还要进行面试，通过向拟晋升对象提出一些问题，让其当场回答处理意见，以观察其对问题的分析、判断能力，决定晋升与否。

为着眼于跨世纪的人才素质要求，新加坡十分重视公务员的培训，隶属于公共服务局（设于总理公署下）的公务员进修学院专门负责培训任务，针对不同级别的公务员实行不同的培训课程。1995 年，新加坡政府提出公共服务培训政策，规定每个公务员每年培训的时间，由以前的 5 天，逐年增加至7.5 天、10.5 天，到 2000 年的 12.5 天。公务员自己也非常重视培训，认为培训不仅是自身应享有的权利，更是个人进步的加油站。

（三）法定机构和公职人员"零"增长

新加坡政府现设 15 个部，约有公职人员 6 万人，实行公务员制度。法定机构即国有企事业单位也有约 6 万人，参照公务员制度。1986 年，新加坡政府规定，政府部门和法定机构的员工总数按照 1986 年 12 月底的水平，实行"零"增长原则，多年来这一政策一直严格地贯彻执行。征聘公务员和晋升公务员必须在定员的基础上有职位空缺时才进行。法定机构征聘员工有一定自主权，但仍然在严格的人事经费预算幅度内。政府部门和法定机构的人事经费预算非常严格，实行严密的监察、审计，违反者必受处罚。从某种意义上讲，新加坡公职人员的精干、高效渊源于此。

（四）建立廉洁的公务员队伍

新加坡把廉政问题作为关系到执政党生死存亡的大事来认真对待。一个国家的经济发展速度和一个国家的廉政建设是紧密相关的。在对经济工作的管理中，一个官员的腐败可能带来国家重大的经济损失；一个政府的腐败将带来一个国家灭亡。李光耀总结出东南亚一些国家独立后发展缓慢的一个重要原因，是这些国家的政府工作人员道德沦丧、腐化盛行，从官僚政权的最高级到最低级，腐化已经成为当权人物的一种生活方式。一个腐败的政府毫无行政效率可言，有一支廉洁的公务员队伍才有一个行政工作高效率的政府。

新加坡政府在廉政建设中首先建立和健全防止政府官员贪污制度，重视法律在治贪倡廉中的重要作用。从 1986 年郑章远受贿案件，到 2023 年交通部长易华仁受贿案，新加坡政府态度坚决、行动迅速，处置一以贯之。

早在殖民地时期的 1937 年，新加坡便公布实施了《反贪污条例》，独立后的新加坡政府在这个基础上，先后于 1959 年、1966 年、1981 年、1988 年几次进行修订，使反贪污立法日益严密、详细、具体、完善。政府建立起廉政公署清查公务员贪污腐化、营私舞弊的行为，做到执法必严。公务员一经任命，其家庭财产要如数登记，任职后财产增加，如果被发现有不正常迹象，就要说明财产的合理来源，否则要被惩处。被革职入牢的公务员，受到的法律制裁十分严厉，其公积金可被全部没收。与此同时，社会监督也很完善，特别是新闻媒介，对不法行为予以曝光，形成对公务员的强有力的监督与制约机制。因此，公务员不可能利用贪污等手段得到任何利益。

新加坡政府在廉政建设中还十分注重高薪养廉，这也是新加坡政府廉政建设一个最具特色的方面。新加坡领导人得出的一个公式是：高薪＝高素质的人才＝高效率的政府。世界银行在其一份报告中指出："官吏制度就和几乎其他所有东西一样，你付出什么就得到什么。一般而言，公共服务的整体酬劳比私人界的酬劳越好，官吏制度的素质就越好。"报告直接以新加坡为例说："毫不意外的，在这个区域中被普遍认为拥有最能干和廉洁的官吏体系的新加坡，给官员的薪酬也是最好的。"新加坡政府根据经济发展情况不断调整公务员工资，使政府内阁部长的工资同 6 个私人专业领域里的每个领域的 4 名最高收入者挂钩。为了鼓励官员廉政，政府实行高薪制，一般官员月薪达 5000 美元。同时政府推行"优惠可以养廉"措施，若官员买公寓、买汽车，政府提供优惠贷款。这种高工资与优惠待遇，让官员自己权衡得失，自行杜绝营私舞弊。新加坡历届领导人一直坚持这样一个观点，即薪酬过低，就不可能保持政府廉洁。吴作栋说"如果人民希望自己的生活更安全，必须把治国的重任交付给最杰出的人才，这些人的收入都是全国最高的几百名之一，每个月至少能赚取 4 万元"，他认为薪酬过低，不可能保持政府廉洁，"一个交通警察的薪金，无法养活自己和家人，他必然无法抗拒金钱的诱惑，接受贿赂，而不发传票给驾驶的司机。从上到下，维持清廉的公共服务，而不让它的水准降低，对新加坡是至关重要的。"

阳光是最好的防腐剂，灯光是效率最高的警察。权力的行使和制度的运行若不见阳光，或有选择地见阳光，公信力就无法树立，体制和国家威信也可能风雨飘摇。

高薪的政府带来了高效率的社会、高水平的经济管理，为人民提供了良好的生活环境：不断提高的生活素质，经济波动小，物价长期稳定，经济呈良性循环，国民经济持续发展，社会生活秩序有条不紊，人民安居乐业，政府为人民提供了各种优质服务。虽然，新加坡人民为他们的公仆们付出世界上最高的工资，但性价比极高，他们得到的是世界上最高效率的行政服务，虽"买得贵"却"买得对"。

"小红点"运作效率之高，给人们带来深深的启发。新加坡的发展模式，囊括了其政治模式以及渗透着其价值观的经济、文化、社会与内外政策，东西融合，给世界各地观察者以耳目一新、极有个性的感觉。

这个小国的政治模式将来在人类文明史上会留下怎样的影响？新加坡是不是李光耀所期望的"现代雅典"？是不是会成为许倬云教授预见的"世界政

治文明的种子"？迄今无人能够回答。

世上没有乌托邦，但新加坡在当代的成就却如乌托邦一般鼓舞人心。① 人民行动党值得钦佩，它带领"小红点"多种族文化背景的人民，取得执政权60多年来总是敢于逆流而上、克服逆境、战胜挑战，终于造就了今日的奇迹。

---

① （美）约翰·佩里，《新加坡》，九州出版社，2021年11月，第5页。